主　编　王　战
副主编　徐明棋　李立凡

迈向高质量的"一带一路"：
海外学者的视角

Towards a High Quality "Belt and Road Initiative":
The Perspectives of Overseas Scholars

上海国际经济交流中心　组编

上海社会科学院出版社
SHANGHAI ACADEMY OF SOCIAL SCIENCES PRESS

序

2018年,在"一带一路"建设工作五周年座谈会上,习近平主席首次提出推动共建"一带一路"向高质量发展转变。2019年4月,在第二届"一带一路"国际合作高峰论坛上,习近平主席向全世界宣布,将推动共建"一带一路"沿着高质量发展方向不断前进,强调要把共商共建共享原则落到实处,要本着开放、绿色、廉洁理念,追求高标准、惠民生、可持续目标,核心是让各国受益,实现共同发展。至此,推动共建"一带一路"高质量发展的国内和国际共识均已形成,并持续转化为国际社会的共同努力方向。

新冠肺炎疫情下,中国提出的"双循环"战略正是秉持推动"一带一路"高质量全面发展的理念,加快国内国外两个市场的融合,协助更多的国家发展均衡和共生的经济,提升国家水平和奠定国家发展的道路。随着新冠肺炎疫情延续,"一带一路"高质量发展观的建构更加紧迫,共建"一带一路"的稳定器、放大器和制度公器功能更加重要。

共商、共建和共享是"一带一路"的核心理念。2020年9月15日在北京发布的《中国国家形象全球调查报告2019》显示,正是共建"一带一路",中国获得了更多海外认知与了解,如今海外民众对"一带一路"倡议的认知度逐年提升,"一带一路"是海外认知度最高的中国理念和主张。为配合"一带一路"与海外的共建思考,我们以上海国际经济交流中心为平台,由上海社会科学院各研究所的科研人员联系组稿,吸引了近20个国家的海外"一带一路"研究专家撰写了19份高质量的研究论文和报告,并翻译成中文,特此呈现给中国读者。这些海外专家以独特的视角,诠释了"一带一路"对驻在国的影响和发展对接,是一本不可多得的海外对"一带一路"研究的好集锦,值得我们学习和借鉴。

在百年未有之大变局的大背景下,新冠肺炎疫情对产业链、供应链、价值链等产生的巨大冲击,更进一步凸显了共建"一带一路"深化战略对接、强化放大器效应的重要性。因此,"一带一路"高质量发展观的建构,远超共建"一带一路"本身的高质量发展。它不仅是中国为国际社会提供的发展或经济性公共产品,也是理念和制度性公共产品,我们将为实现这个目标共同努力。

王 战
2021 年 7 月 6 日

目 录

东北亚地区

R1 "一带一路"与日中货币金融合作 3
 一、引言 3
 二、人民币的国际化与"一带一路"货币金融合作 4
 三、"一带一路"视角下的日中金融合作 15
 四、总结 24

R2 "一带一路"与中韩关系 26
 一、引言 26
 二、中国"一带一路"倡议提出的背景和国际社会舆论 29
 三、"一带一路"的意义 31
 四、"一带一路"与中韩关系 37
 五、总结 40

东南亚地区

R3 马来西亚政府对"一带一路"倡议的认知、政策和措施 45
 一、马来西亚政府对"一带一路"倡议的认知与观点 45
 二、"一带一路"倡议下马中合作项目与重点行业 49
 三、马来西亚政府与"一带一路"倡议对接的措施 58
 四、"一带一路"倡议对马来西亚经济的影响和预期成果 60
 五、总结 65

R4 缅甸政府合作对接"一带一路"项目的历史、现实和未来 …… 67
　一、中缅项目合作的历史与现实 …………………………… 68
　二、"一带一路"大型基础设施项目在缅甸的现状及问题 …… 74
　三、"一带一路"项目在缅甸的未来及相关建议 …………… 81
　四、总结 ……………………………………………………… 86

俄罗斯与欧亚地区

R5 "一带一路"与"大欧亚伙伴关系"：俄中合作之路 ……… 89
　一、引言 ……………………………………………………… 90
　二、将"一带一路"倡议纳入国际关系体系 ………………… 91
　三、俄罗斯一体化项目的起源："大欧亚伙伴关系"与俄中利益的
　　　结合点 …………………………………………………… 99
　四、总结 ……………………………………………………… 105

R6 全球舞台上的"一带一路"倡议：哈萨克斯坦的观点 …… 107
　一、全球舞台上的"一带一路"倡议 ………………………… 107
　二、中亚的"一带一路"倡议 ………………………………… 109
　三、欧亚经济联盟与"一带一路"对接 ……………………… 112
　四、中方"一带一路"倡议与哈方"光明之路"项目对接 …… 114
　五、总结：哈萨克斯坦在大运输博弈中的角色 …………… 116

R7 "一带一路"倡议与格鲁吉亚：前景与机遇 ……………… 119
　一、中部走廊的发展与机遇 ………………………………… 121
　二、巴库—第比利斯—卡尔斯铁路 ………………………… 125
　三、格鲁吉亚和阿塞拜疆的高加索联动 …………………… 126
　四、亚美尼亚—阿塞拜疆运输走廊是否会成为格鲁吉亚走廊的
　　　竞争对手 ………………………………………………… 127
　五、格鲁吉亚港口 …………………………………………… 129
　六、格鲁吉亚海港的竞争力 ………………………………… 130
　七、与中国的自由贸易协定 ………………………………… 132
　八、产业合作与投资 ………………………………………… 135

九、格鲁吉亚向中国出口葡萄酒 …………………………………… 138
　　十、格鲁吉亚与中国在农业和工业领域的合作 …………………… 139

R8 中国"一带一路"倡议与沙特"2030愿景"：可持续发展伙伴关系回顾 …………………………………………………………………… **142**
　　一、中国"一带一路"倡议在沙特阿拉伯实施现状 ………………… 143
　　二、碳循环经济下的新机遇 ………………………………………… 153
　　三、总结 ……………………………………………………………… 160

R9 "一带一路"倡议的埃及视角 ……………………………………… **163**
　　一、什么是"一带一路"倡议？ ……………………………………… 163
　　二、"一带一路"倡议背后的目标 …………………………………… 165
　　三、"一带一路"倡议面临的障碍 …………………………………… 167
　　四、埃及在该倡议中的作用 ………………………………………… 171
　　五、总结 ……………………………………………………………… 178

R10 "一带一路"倡议及其对中肯贸易合作的意义 ………………… **181**
　　一、研究背景 ………………………………………………………… 181
　　二、研究方法 ………………………………………………………… 184
　　三、文献综述 ………………………………………………………… 184
　　四、中肯经贸关系 …………………………………………………… 185
　　五、总结和建议 ……………………………………………………… 193

R11 "一带一路"与"16＋1"合作安全风险分析框架下的希腊共和国关键基础设施安全评估 ……………………………………………… **195**
　　一、引言 ……………………………………………………………… 196
　　二、企业关键基础设施保护策略 …………………………………… 198
　　三、希腊政治与安全状况综述 ……………………………………… 205
　　四、希腊关键基础设施安全状况 …………………………………… 207
　　五、可采取的措施 …………………………………………………… 214
　　六、总结 ……………………………………………………………… 218

R12 "一带一路"与"16+1"合作安全风险分析框架下的塞尔维亚共和国
关键基础设施安全评估 ………………………………………… **219**
　　一、引言 ……………………………………………………………… 220
　　二、政治、经济和安全局势概述 …………………………………… 225
　　三、关键基础设施相关安全问题 …………………………………… 232
　　四、前景和后续措施 ………………………………………………… 234
　　五、总结 ……………………………………………………………… 238

R13 "一带一路"框架下的黑山关键基础设施安全评估 ……………… **240**
　　一、引言 ……………………………………………………………… 241
　　二、关键基础设施保护概念概述 …………………………………… 242
　　三、黑山政治与安全状况概述 ……………………………………… 246
　　四、黑山关键基础设施安全 ………………………………………… 250
　　五、未来展望与后续措施 …………………………………………… 255
　　六、总结 ……………………………………………………………… 258

R14 "一带一路"与"16+1"合作安全风险分析框架下的波黑关键基础
设施安全评估 …………………………………………………… **260**
　　一、"一带一路"中波黑的变迁历史与参与起源 ………………… 262
　　二、波黑的关键基础设施 …………………………………………… 266
　　三、往何处去 ………………………………………………………… 268
　　四、东西方之间的波黑：现实 ……………………………………… 270
　　五、总结 ……………………………………………………………… 277

R15 "一带一路"与"16+1"合作安全风险分析框架下的北马其顿
安全风险评估 …………………………………………………… **279**
　　一、北马其顿和中国的经济合作 …………………………………… 282
　　二、北马其顿的地缘战略和地缘政治位置 ………………………… 284
　　三、安全体系的设置——一般基准 ………………………………… 284
　　四、政治制度和当前的政治和安全局势 …………………………… 287
　　五、"一带一路"背景下的评估和风险管理 ……………………… 287
　　六、"一带一路"和"16+1"合作项目安全风险评估指标 ……… 289
　　七、主要风险 ………………………………………………………… 296

八、总结和建议 …………………………………………… 297

R16 意大利与"一带一路"倡议：机遇与挑战 …………………… **301**
　　一、引言 …………………………………………………… 302
　　二、意大利经济与基础设施简介 ………………………… 305
　　三、"一带一路"与意大利：机遇 ………………………… 311
　　四、"一带一路"与意大利：挑战 ………………………… 316
　　五、总结 …………………………………………………… 317

区域

R17 "一带一路"倡议下中国与中东欧经济关系的发展：迄今为止的成果与即将面临的挑战 …………………………………… **321**
　　一、引言 …………………………………………………… 321
　　二、开展伙伴关系——中国与中东欧关系回顾 ………… 322
　　三、经济关系的发展 ……………………………………… 323
　　四、总结与建议 …………………………………………… 334

R18 "一带一路"倡议对中国与西巴尔干国家合作的影响 ……… **336**
　　一、引言 …………………………………………………… 336
　　二、"一带一路"倡议推出前中国与西巴尔干地区国家关系的发展历程 … 338
　　三、影响中国与西巴尔干国家在"一带一路"倡议内合作的因素 … 340
　　四、"一带一路"倡议提出前后中国与西巴尔干国家关系的
　　　　比较分析 ……………………………………………… 345
　　五、总结 …………………………………………………… 349

R19 "一带一路"与欧盟：为强化贸易和基础设施建设合作创造条件 … **352**
　　一、引言 …………………………………………………… 353
　　二、"一带一路"倡议下中国与欧盟的双边关系 ………… 355
　　三、欧盟对"一带一路"倡议的态度转变 ………………… 367
　　四、总结与建议 …………………………………………… 373

后记 …………………………………………………………… **375**

东北亚地区

R1 "一带一路"与日中货币金融合作

[日]露口洋介[①]

【摘要】货币金融合作是"一带一路"倡议的重要组成部分,"一带一路"也将促进人民币的国际化进展。日本和中国之间在很早以前就达成了货币互换协定,实现了货币之间的直接兑换交易等,其合作水平实际上超过了"一带一路"沿线国家和中国之间的合作水平。今后随着中国推进"双循环",资本流入中国的重要性可能会提高。日本可以通过增强其作为资本流入中国"窗口"的金融市场功能,进一步推动与中国的"一带一路"合作。

【关键词】"一带一路";人民币国际化;双循环;日中金融合作

一、引言

目前,日本尚未成为中国"一带一路"政策合作备忘录的签署国。但首相安倍于2017年7月在德国汉堡和中国国家主席习近平会晤时,表达了参与"一带一路"合作的意向,提出了在"可供所有人使用的开放制度"(开放性)、"透明公正的采购流程"(透明度)、"有经济效益的项目开展"(经济性)和"不损害借贷国财政状况的稳固"(财政稳固性)这四个条件下,推进第三国市场合作的方针。随后,2018年10月安倍首相访华时,以民间企业为主体的第三国市场合作论坛召开,在这次论坛上,签署了各类协议书共52份、总金额达180亿美元。

此外,在作为"一带一路"倡议重要组成部分的货币—金融合作领域,中日之间实质上超越"一带一路"国家水平的高水平合作正在取得进展。本文将以这种货币金融领域的合作为中心,探讨"一带一路"和今后日中之间的合作。

---

① 露口洋介,日本帝京大学经济学系教授。

二、人民币的国际化与"一带一路"货币金融合作

（一）人民币国际化的开始

中国于 2009 年开始人民币国际化。2009 年 7 月 2 日，人民币被批准使用进行跨境国外结算（以下简称"跨境结算"）。在此之前，中国境内的银行禁止向海外银行提供人民币支付的结算账户，因此，人民币基本不可能用于和海外的交易结算以及在海外进行的涉及交割的交易。中国人民银行在一份声明中说，允许人民币跨境结算的原因是："当前，受国际金融危机影响，美元、欧元等主要国际结算货币的汇率大幅波动，我国及周边国家和地区的企业在使用第三国货币进行贸易结算时面临较大的汇率波动风险。"[1]这里所说的"第三国货币"显然是指美元，声明还指出，允许人民币跨境结算的主要原因是为了摆脱对美元作为贸易交易结算货币的过度依赖。在 2008 年发生雷曼危机后，美元在全球金融市场上的流动性枯竭，这可能会阻碍国际结算，并且导致美元和欧元、日元等主要货币之间的汇率急剧波动。这使人们强烈地意识到过分依赖美元所带来的巨大汇兑风险。另外，如果使用美元进行结算，那么美元和人民币的汇兑交易就会在中国国内进行，但美元的最终结算却在纽约进行，因此在中国国内进行人民币交割和在纽约进行美元交割之间会有时差风险，有必要对此进行规避。

此外，美国政府命令位于美国国内的银行停止中国的美元结算这样的金融制裁也有可能发生。如果不能用美元结算，中国的对外交易将受到严重限制。这种国家安全保障角度的观点也被认为是中国试图摆脱对美元过度依赖的原因。[2]

最初，2009 年 7 月批准人民币跨境结算时，业务范围仅限于货物贸易，中国境内只允许上海和广东的 4 个城市（深圳市、广州市、东莞市、珠海市）共 5 个城市进行人民币结算。此外，境外地域范围也仅限于香港特区、澳门特区和

---

[1] 中国人民银行：《中国人民银行有关负责人就〈跨境贸易人民币结算试点管理办法〉有关问题答记者问》，2009 年 7 月 2 日，http://www.pbc.gov.cn/huobizhengceersi/214481/214511/214692/1196230/index.html，2021 年 1 月 21 日。
[2] 关于人民币国际化的开始情况，参见露口洋介、吴冰：《人民币国际化的现状和展望》，《国际经济评论》2011 年第 3 期；露口洋介、章沙娟：《人民币国际化和人民币对日元直接交易》，《国际经济评论》2014 年第 2 期。

东盟。人民币的国际化发展程度还非常有限。

2010年6月，人民币跨境结算业务范围扩大到货物贸易、服务贸易和其他经常项目人民币结算，取消了对境外地域的限制。此后，人民币的跨境结算规则逐步放宽、完善，人民币国际化进程取得了进展。[①] 2015年，人民币国际结算系统CIPS（跨境银行间支付系统）投入运行，这使得境外银行与中国境内银行之间的人民币对外支付和收款业务更加便捷。2020年5月，取消了合格境外机构投资者制度（QFII）和以人民币计价的合格境外机构投资者制度（RQFII）的单个机构的投资额度限制。QFII是一种制度，它允许被认可为合格的外国机构投资者将外币汇入中国，在国内兑换人民币，然后投资于以人民币计价的债券和股票等证券。RQFII是指QFII的海外汇款以人民币进行结算的制度。QFII和RQFII为每个机构设置了投资限额，RQFII还确定了认可的海外国家，并且对每个国家的投资限额都有限制，但在2020年5月这些限制全部被取消。

此外，在中国，有单独的人民币计价和外币计价管理规定。中国正努力使人民币汇款比外币汇款更为有利，从而增加以人民币计价的对外收付。例如，在对外贸易交易的收支方面，由于资本交易受到监管，因此有必要证明其不是资本交易的实际需求。在以外币计价的情况下，根据法令遵守情况将贸易企业分为A—C三类，对于B类、C类这些法令遵守情况不好的企业，其遵守情况越不好，监管方法就要越严格，一般A类企业支付进口价款时，需要向银行提交诸如"申报单"和发票等证明文件。[②] 而在以人民币计价的情况下，企业的分类被简化为一般企业和重点管理企业两种类型，[③]关于对外收付，一般企业只需提供发票等业务凭证或针对银行的"情况说明书"即可。[④]

（二）人民币国际化的现状

由于对人民币计价交易放松管制，2009年7月之前几乎为零的人民币

[①] 有关放宽和改善人民币跨境结算限制的详情，请参见人民银行：《2020年人民币国际化报告》，2020年8月17日。
[②] 国家外币管理局：《关于货物贸易外汇管理制度改革的公告》，国家外汇管理局公告2012年第1号，2012年6月27日。
[③] 中国人民银行：《关于出口货物贸易人民币结算企业管理有关问题的通知》，银发〔2012〕23号，2012年2月3日。
[④] 中国人民银行：《关于简化跨境人民币业务流程和完善有关政策的通知》，银发〔2013〕168号，2013年7月5日。

计价跨境结算在 10 年后的 2019 年达到 19.67 万亿元,与前一年相比,增长了 24.1%,占中国的对外收付总额的 38.1%,达到历史最高水平(见图1-1)。特别是与"一带一路"沿线国家之间的结算金额达到了 2.73 万亿元,比前一年增长了 32%之多。① 另据 SWIFT 数据显示,2020 年 11 月全球国际汇款中人民币计价的汇款占 2.0%,仅次于美元、欧元、英镑和日元,居第五位。②

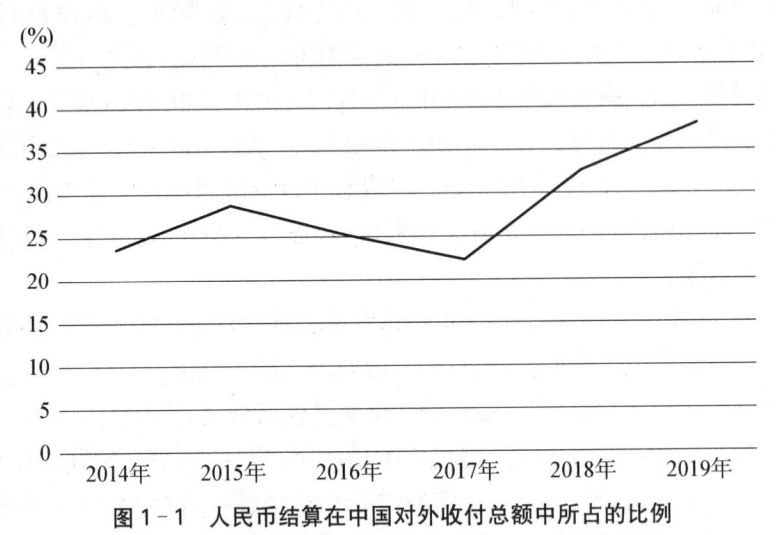

图 1-1 人民币结算在中国对外收付总额中所占的比例

资料来源:中国人民银行:《人民币国际化报告》。

在中国与其他国家进行的对外交易中,从试图摆脱对美元过度依赖的角度来看,人民币国际化取得了实实在在的成果。

另一方面,在 2019 年 4 月的最新统计数据中,人民币在全球外汇交易中所占的比例(见表 1-1)仍然很低,买卖双方交易货币的总数仅占全球合计总数 200%中的 4.3%,小于第 3 位日元的 16.8%和第 4 位英镑的 12.8%,排在第 8 位。

此外,人民币自 2016 年 10 月起成为国际货币基金组织特别提款权(SDR)的组成货币,并被认定为各国官方外汇储备货币的合格货币。SDR 的权重为:美元 41.73%,欧元 30.93%,人民币 10.92%,日元 8.33%和英镑 8.09%。

---

① 中国人民银行:《2020 年人民币国际化报告》,2020 年 8 月 17 日。
② "RMB Tracker", SWIFT, 2020 年 12 月。

表1-1　各类货币的外汇买卖交易额(每年4月的日平均交易量)

	2010年4月 份额(%)	位次	2013年4月 份额(%)	位次	2016年4月 份额(%)	位次	2019年4月 份额(%)	位次
美元	84.9	1	87.0	1	87.6	1	88.3	1
欧元	39.1	2	33.4	2	31.4	2	32.3	2
日元	19.0	3	23.1	3	21.6	3	16.8	3
英镑	12.9	4	11.8	4	12.8	4	12.8	4
澳元	7.6	5	8.6	5	6.9	5	6.8	5
加元	5.3	7	4.6	7	5.1	6	5.0	6
瑞士法郎	6.3	6	5.2	6	4.8	7	5.0	7
中国人民币(元)	0.9	17	2.2	9	4.0	8	4.3	8
港元	2.4	8	1.4	13	1.7	13	3.5	9
新西兰元	1.6	10	2.0	10	2.1	10	2.1	10
全球合计	200.0		200.0		200.0		200.0	
全球总交易量(10亿美元)	3 973		5 357		5 066		6 590	

资料来源：国际清算银行(BIS)。

从此后人民币在世界各国官方外汇储备中所占的比例来看，最近一直保持在2.1%，低于日元和英镑，位列第五(见表1-2)。

对于GDP位居世界第二、进出口总额居世界第一的中国来说，这些数字都是相当低的，从作为国际上广泛使用的货币这个层面来讲，人民币的国际化还没有得到充分的发展。

从货币的外汇交易量与该货币发行国的贸易交易金额(进出口总额)的比率看(见表1-3)，对日元等国际上被广泛交易的货币而言，该比率都达到了近200倍或以上，但中国只有15倍(即使考虑到经常项目交易的总金额略大于贸易交易的总金额，也可以看出外汇交易大部分不是经常项目交易，而是资本交易)。大家认为这是由于对资本交易的严格限制所致。如前所述，中国的资本交易限制正在逐步放松，但短期资本交易仍受到严格监管。例如，银行的外汇头寸限制和远期外汇交易的实际需求原则还存在。① 尽管人民币的国际化在中国与海外之间的交易中稳步发展，但为了使人民币成为在国际上交易更为广泛的货币，需要进一步开放资本交易，通过外汇交易和借贷交易在海外更自

---

① 在日本，1984年4月废除了外汇远期交易的实际需求原则，同年6月废除了日元兑换规定(即银行的外汇头寸规定)。这实际上释放了短期资本交易。

表1-2　世界官方外汇储备货币分类明细

	2015年末 合美元(10亿)	2015年末 份额(%)	2016年末 合美元(10亿)	2016年末 份额(%)	2017年末 合美元(10亿)	2017年末 份额(%)	2018年末 合美元(10亿)	2018年末 份额(%)	2019年末 合美元(10亿)	2019年末 份额(%)	2020年6月末 合美元(10亿)	2020年6月末 份额(%)
美元	4873	65.7	5502	65.3	6280	62.7	6623	61.7	6725	60.7	6901	61.2
欧元	1419	19.2	1611	19.1	2019	20.2	2217	20.7	2279	20.6	2284	20.3
日元	278	3.8	332	4.0	490	4.9	556	5.2	652	5.9	647	5.8
英镑	349	4.7	365	4.4	454	4.5	474	4.4	513	4.6	501	4.5
人民币(元)			90	1.1	123	1.2	203	1.9	214	1.9	230	2.1
澳元	131	1.8	142	1.7	180	1.8	174	1.6	187	1.7	190	1.7
加元	131	1.8	163	1.9	202	2.0	197	1.8	205	1.8	213	1.9
其他总计	10932	100.0	10727	100.0	11457	100.0	11436	100.0	11825	100.0	12013	100.0

资料来源：国际货币基金组织(IMF)。

由地获取人民币。

表 1-3　　　　　　　　外汇交易交易额与贸易额的比率

	2007年4月	2010年4月	2013年4月	2016年4月	2019年4月
美元	195倍	240倍	236倍	225倍	343倍
日元	104倍	145倍	161倍	186倍	188倍
人民币(元)	2倍	4倍	7倍	11倍	15倍

资料来源：国际清算银行(BIS)、联合国贸易与发展会议(UNCTAD)。

(三)"一带一路"和人民币的国际化

第一届"一带一路"国际合作高峰论坛于2017年5月14日至15日在北京举行。共有130多个国家参加了此次论坛,其中29个国家首脑参加。日本自民党的二阶秘书长率领代表团参加了此次会议。

在该论坛上,中国人民银行提出,"一带一路"有望推动人民币国际化,为此,与沿线国家之间的货币金融合作至关重要。时任人民银行行长周小川先生于5月14日发表讲话,[1]表示希望与"一带一路"沿线国家在投融资领域进行合作,并提到了一些具体合作内容,其中包括在"一带一路"国家中积极使用当地货币。周小川行长指出,这样可以直接利用区域内的储蓄,既可以降低货币交换的成本,也可以抑制金融风险。并且,关于当地货币的利用可以参考中国的经验,包括中国此前一直进行的人民币和对方国家货币之间的货币互换协定、人民币和对方国家货币的直接兑换交易、人民币清算银行的建立和人民币跨境支付系统(CIPS)等。

时任中国人民银行副行长易纲在论坛举行前接受《人民日报》的采访时表示,为"一带一路"提供长期稳定的金融支持是非常重要的。[2] 他指出,在"一带一路"建设中使用本币开展投融资方面,中国进行了一些有益尝试,并取得了重要进展。中国已与沿线国家中的21个国家签署了与当地货币之间的货币互换协定,有6个国家获得了人民币合格外国机构投资者制度(RQFII)的投资额度。

下面,我将就当时周小川行长和易纲副行长指出的各项措施进行探讨。

---

[1] 中国人民银行：《周小川行长在"一带一路"国际合作高峰论坛"促进资金融通"平行主题会议的发言》,2017年5月14日,http://www.pbc.gov.cn/goutongjiaoliu/113456/113469/3307453/index.html,2021年1月1日。

[2] 《中国人民银行副行长：为"一带一路"提供长期可靠金融支持》,《人民日报》,2017年5月11日。

1. 货币互换协定

货币互换协定,是指在协定的对方货币当局由于人民币不足而可能产生人民币结算滞后的情况下,对方的货币当局通过将对方货币提供给中国人民银行以换取人民币、为当地银行提供贷款等措施,以保证人民币供给的协定。它是中国与全球金融合作的重要内容,具有促进人民币国际化的作用。中国人民银行缔结以人民币为对象的货币互换协定的第一个例子是 2002 年 3 月与日本央行签订的人民币与日元的货币互换协定。但是,该协定是在 1997 年亚洲货币危机时,在清迈倡议的前提下签署的协定,旨在应对国际收支危机,它与目前中国人民银行与各国地区货币当局签订的互换协定性质不同。关于现在的货币互换协定,中国人民银行的网站上列出了 2008 年 12 月与韩国央行签署协定以后到 2017 年 7 月末为止签署货币互换协定的货币当局名单,再加上 2018 年 4 月签署协定的尼日利亚央行,中国人民银行已与 33 个国家和地区的货币当局签署了总价值达 3.066 万亿元人民币的协定(见表 1-4)。这些互换协定大部分是以"促进贸易投资"为目的签署的。例如,在对方货币当局由于不能筹集足够的人民币,而可能导致贸易和投资支付延迟的情况下,中国人民银行将为其筹集和供应人民币,有了这样的后盾支持,就可以放心使用人民币进行贸易和投资支付。在中国,使用对方的货币进行贸易、投资也有同样的效果。

表 1-4　中国人民银行签订的人民币计价货币互换协定

	国家/地区货币当局	签署时间	金额(亿元)		国家/地区货币当局	签署时间	金额(亿元)
1	韩国银行	2008 年 12 月	3600	8	新西兰储备银行	2011 年 4 月	250
2	香港金管局	2009 年 1 月	4000	9	蒙古国中央银行	2011 年 5 月	150
3	马来西亚国民银行	2009 年 2 月	1800	10	哈萨克斯坦中央银行	2011 年 6 月	70
4	白俄罗斯共和国国家银行	2009 年 3 月	70	11	泰国中央银行	2011 年 12 月	700
5	阿根廷中央银行	2009 年 4 月	700	12	巴基斯坦中央银行	2011 年 12 月	100
6	冰岛中央银行	2010 年 6 月	35	13	阿联酋中央银行	2012 年 1 月	350
7	新加坡金融管理局	2010 年 7 月	3000	14	土耳其中央银行	2012 年 2 月	120

续表

	国家/地区货币当局	签署时间	金额（亿元）		国家/地区货币当局	签署时间	金额（亿元）
15	澳大利亚中央银行	2012年3月	2000	25	苏里南中央银行	2015年3月	10
16	乌克兰国家银行	2012年6月	150	26	亚美尼亚中央银行	2015年3月	10
17	英格兰银行	2013年6月	3500	27	南非储备银行	2015年4月	300
18	匈牙利中央银行	2013年9月	100	28	智利中央银行	2015年5月	220
19	欧洲央行	2013年10月	3500	29	塔吉克斯坦中央银行	2015年9月	30
20	瑞士国家银行	2014年7月	1500	30	摩洛哥中央银行	2016年5月	100
21	斯里兰卡中央银行	2014年9月	100	31	塞尔维亚国家银行	2016年6月	15
22	俄罗斯中央银行	2014年10月	1500	32	埃及中央银行	2016年12月	180
23	卡塔尔中央银行	2014年11月	350	33	尼日利亚中央银行	2018年4月	150
24	加拿大中央银行	2014年11月	2000		合计		30660

资料来源：中国人民银行。

2. 双方货币的直接兑换交易

人民币与马来西亚林吉特和俄罗斯卢布的直接兑换分别从2010年8月、11月开始，与主要的国际交易货币进行直接兑换交易是从2012年6月与日元的兑换开始的。此后，中国与包括"一带一路"沿线国家在内的各国签署了金融合作协定，实施对方货币与人民币在银行间市场的直接兑换，成了中国与各国之间协定的重要内容。从中国的角度来看，有望使人民币与对方国家货币的兑换成本更低、更便利，并提高人民币在与对方国家进行交易结算时的使用比例。2016年9月阿联酋、沙特阿拉伯加入进来，随后，12月匈牙利、波兰、土耳其等沿线国家也加入进来，再加上2018年2月加入进来的泰铢，到2020年末为止已覆盖22种货币，即日元、欧元、英镑、澳元、新西兰元、新加坡元、瑞士法郎、马来西亚林吉特、俄罗斯卢布、加元、南非兰特、韩元、阿联酋迪拉姆、沙特阿拉伯里亚尔、匈牙利福林、波兰兹罗提、丹麦克朗、瑞典克朗、挪威克朗、土耳其里拉、墨西哥比索和泰铢。

3. 人民币合格境外机构投资者制度（RQFII）

从1991年开始，境外投资者可以从境外到中国境内进行对内证券投资，允许境外投资者直接进入以外币计价的B股市场。2002年，引入了合格境外机构投资者制度（QFII），允许在一定金额范围内使用外币汇款，并投资人民币计价的A股、国内债券等。QFII的总投资额度为1500亿美元，但每个机构投资者的投资额度都已设定，截至2020年5月末，分配给各个机构投资者的投资额度有295个，有1162.59亿美元。

人民币计价的对内证券投资允许境外的中央银行、清算银行和参与银行进入中国境内银行间债券市场。此外，2011年12月，中国香港获得了以人民币计价的合格境外机构投资者制度（RQFII）认证。

RQFII是一种制度，它允许经中国当局认证为合格机构投资者的境外投资者使用人民币向中国汇款，并在中国投资以人民币计价的证券。与QFII不同，它对每个国家/地区都设置了投资限额，并在该限额内为每个机构投资者设置了投资限额。继2011年12月的中国香港之后，2013年为英国、新加坡也分别设定了RQFII配额，到2020年5月为止，已为15个国家、地区和1个机构设定了机构投资者的配额。该清单已在国家外币管理局的网站上公布（见表1-5）。

另外，2020年5月取消了QFII和RQFII机构投资者以及RQFII的每个国家/地区的投资限额。

表1-5　RQFII的投资限额设定情况（截至2020年5月末）

	国家/地区/机构名	批准的限额（亿元）
1	中国香港	3651.57
2	新加坡	782.55
3	英国	484.84
4	法国	240.00
5	韩国	731.87
6	德国	105.43
7	澳大利亚	320.06
8	瑞士	96.00
9	加拿大	86.53
10	卢森堡	151.87

续表

	国家/地区/机构名	批准的限额（亿元）
11	泰国	21.00
12	美国	391.70
13	马来西亚	16.00
14	爱尔兰	18.50
15	日本	90.00
16	IMF	42.00
	合计	7 299.92

资料来源：中国国家外币管理局。

4. 人民币清算银行

人民币清算银行最初设立在中国香港和中国澳门，2013年在新加坡设立后，被允许在海外各国设立。2016年，人民币清算银行在纽约、莫斯科和阿联酋迪拜获得认可。2018年2月在纽约，摩根大通被认定为第二家人民币清算银行。在此之前，被认可的人民币清算银行都是位于各国和地区的中资银行，这是首次被认可的所在国家的当地银行。在日本，2018年10月中国银行东京分行、2019年6月三菱UFJ银行分别被指定为人民币清算银行。至此，已批准在24个国家和地区设立人民币清算银行，其中包括新加坡、马来西亚、泰国、韩国、卡塔尔和阿联酋等"一带一路"沿线国家。

最初，中国香港和中国澳门的清算银行直接与中国人民银行的人民币支付系统CNAPS（中国国家现代化支付系统）相连，成为中国境内银行间市场的直接交易主体。除此之外的清算银行通过其在中国境内的总部与CNAPS连接，并在银行间市场进行交易。由于离岸人民币的汇款途径原则上仅限于清算银行，因此香港和澳门以外的清算银行也具有很大的意义，但在下文所述的CIPS操作之后，便可以通过CIPS进行汇款，这就使清算银行的存在价值下降了。但是，对于中国当局已认证为清算银行，并且可以轻松地从中国境内的银行店铺接收人民币供应的银行来说，很容易将所在地的人民币结算账户集中起来，从而可以使人民币的汇款和结算更加安全、有效地进行。所以可以说，建立清算银行对于人民币的顺利交易仍然具有重要意义。

5. CIPS

跨境银行间支付系统（Cross-border Interbank Payment System：CIPS）于2015年10月8日启用。这是为了方便与境内进行跨境人民币结算的系统。该系统的境外间接参与银行可通过中国境内直接参与银行进行人民币跨境贸易结算、直接投资、融资、个人汇款等汇款结算。（见图 1-2）。与这些交易有关的直接参与银行之间的结算是通过直接参与银行在 CIPS 中开立的账户之间的转账来进行的。由此产生的超额或不足将通过在人民币境内银行间结算系统 CNAPS 中 CIPS 开设的账户和直接参与银行的 CNAPS 账户之间的转账来进行调整。为准备 CIPS 的运作，2013 年 7 月，中国人民银行取消了离岸人民币向内地汇款时必须通过清算银行的限制。① 此外，中国人民银行在 2015 年 8 月 13 日的通知中取消了境内银行与境外参与银行之间的人民币外汇买卖仅限于在 3 个月内结算的商品贸易交易的限制。②

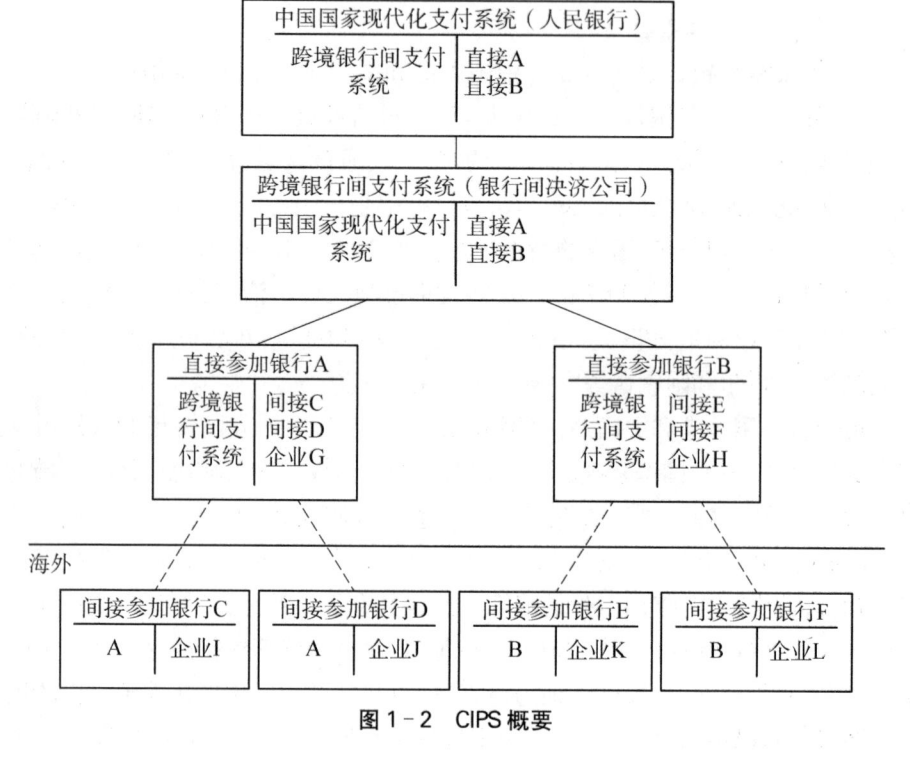

图 1-2 CIPS 概要

资料来源：作者整理。

---

① 中国人民银行：《关于简化跨境人民币业务流程和完善有关政策的通知》，银发〔2013〕168 号，2013 年 7 月 5 日。
② 中国人民银行：《关于拓宽人民币购售业务范围的通知》，银发〔2015〕250 号，2015 年 8 月 13 日。

这些放松管制的措施使境内银行可以通过CIPS更加方便地与中国境内银行之间进行人民币汇款。

据运营CIPS的跨境银行间支付清算有限责任公司的官网显示，截至2020年年末，共有42家直接参与银行和1050家间接参与银行。间接参与银行中，中国境内463家，中国境外，亚洲343家，欧洲143家，北美26家，南美17家，大洋洲19家，非洲39家。日本的银行中，三菱东京UFJ银行（当时）[1]和瑞穗银行的中国当地法人于2016年7月、三井住友银行的中国当地法人于2020年9月成为直接参与银行。

三、"一带一路"视角下的日中金融合作

（一）日中金融合作历史

如上所述，中国与"一带一路"沿线国家之间正在进行多方面的货币和金融合作，在这一领域，日本和中国之间从最早的阶段就已经实现了高水平的合作。

1. 货币互换协定

首先，关于货币互换协定，在东盟与日、中、韩三国为应对亚洲货币危机而达成的清迈倡议的背景下，日本于2002年3月与中国签署了价值30亿美元的日元和人民币的货币互换协定。该协定是中国第一笔使用人民币的货币互换协定。该协定的目的是在发生国际收支危机等动荡时提供短期流动性供给，以稳定金融汇兑市场。这与中国2008年以后主要以"促进贸易和投资"为目的而与各国/地区签署的协定性质不同。日中之间的这个协定在2013年到期时未能延续而失效。

2. 日中金融合作协议及日元与人民币的直接兑换交易

2011年12月，时任日本首相的野田佳彦和中国总理温家宝达成了"为发展日中金融市场而加强相互合作"的协议（即《日中金融合作协议》）。[2] 其中包括两点：(1)促进日元和人民币在两国间跨境交易中的使用；(2)支持日元与人民币之间直接兑换市场的发展。关于这件事，笔者本人也有很深的参与。

---

[1] 三菱东京UFJ银行已于2018年4月1日更名为三菱UFJ银行。
[2] 中国人民银行：《中日加强合作发展金融市场》，2011年12月25日，http://www.pbc.gov.cn/goutongjiaoliu/113456/113469/2900013/index.html，2021年1月3日。

如前所述，2009年7月开始的跨境人民币结算，其部分原因是为了摆脱对美元的过度依赖。[①] 关于这一点，笔者在与中国人民银行进行的密切交流中认识到，中国政府认为将降低美元的使用率放在首位，以此来提高人民币的使用率是最佳策略，但增加美元以外的其他货币（例如日元和欧元）的使用率也算是个次善之策。因此，从2010年年底到2011年，笔者向日本财务省提出了与中国实现日元和人民币直接兑换交易的建议，最终这一建议被加入2011年12月的《日中金融合作协议》，笔者被任命为日本财务省的日中金融合作顾问，并参与了后续的日中之间的谈判和实际业务。

上述的《日中金融合作协议》中，"促进日元和人民币在两国间的跨境交易中的使用"和"支持日元与人民币之间直接兑换市场的发展"这两点内容紧密相关。

第一点内容旨在降低双边交易中以美元计价的比率，并增加日元和人民币计价的比率。关于日中之间贸易交易等的结算货币，通常认为一直以来约有3—4成是日元计价，其余大部分以美元计价。第二点与银行之间的外汇交易有关，一直以来，在中国外汇交易中心（CFETS），人民币的交易对手货币几乎100%是美元。即使银行在对客户的交易中进行日元和人民币的外汇买卖，但是在银行间市场上也不总是能够找到日元和人民币交易的合作伙伴，因此通常将其分解为日元—美元、美元—人民币两笔交易。此类交易的成本可能比较高，并且美元—人民币汇兑交易的美元方面的结算通常要在纽约进行。由于时差的关系，会有在纽约确认收到美元之前必须在中国支付人民币的风险存在。另外，从摆脱过度依赖美元的角度出发，中国希望减少人民币与美元之间的不必要的交易。

根据《日中金融合作协议》，2012年6月1日，日元和人民币在银行间外汇市场上的直接兑换交易同时在东京和上海开始。在中国，银行之间的外汇交易必须集中在上海的中国外汇交易中心。因此，主管部门可以通过法规来确定外汇交易方式。中国政府已指定10家银行（包括3家日本银行）为日元和人民币交易做市商。这10家银行有义务提供日元和人民币的卖价和买入价，并接受交易。这将使希望在银行间市场上进行日元和人民币交易的银行可以随时找到交易对象，并且主管部门规定在交易中必须直接进行日元和人民币

[①] 参见露口洋介、吴冰：《人民币国际化的现状和展望》，《国际经济评论》2011年第3期；露口洋介、章沙娟：《人民币国际化和人民币对日元直接交易》，《国际经济评论》2014年第2期。

交易而不介入美元。

另一方面,在东京市场,自2012年6月1日起,各大银行已开始提供日元—人民币的交易价格,并开始了日元和人民币的直接交易。①

随着日元和人民币直接兑换交易的开始,中国大型银行在网站上公布的面向客户的人民币和日元的买卖价差普遍缩小,这反映出成本和风险的降低。以往,中间值到卖价、买价之间的乖离幅度是中间值的0.4%,现在已缩小到0.35%(见图1-3)。在日本,2012年6月至8月期间,大银行面向客户的日元和人民币买卖的公开价差也从以前的单程0.4—0.5日元缩小到0.3日元。对于企业等在日本和中国之间进行交易的主体来说,日元—人民币的兑换成本降低,意味着在跨境结算中使用日元或人民币相对于使用美元已经变得有利。

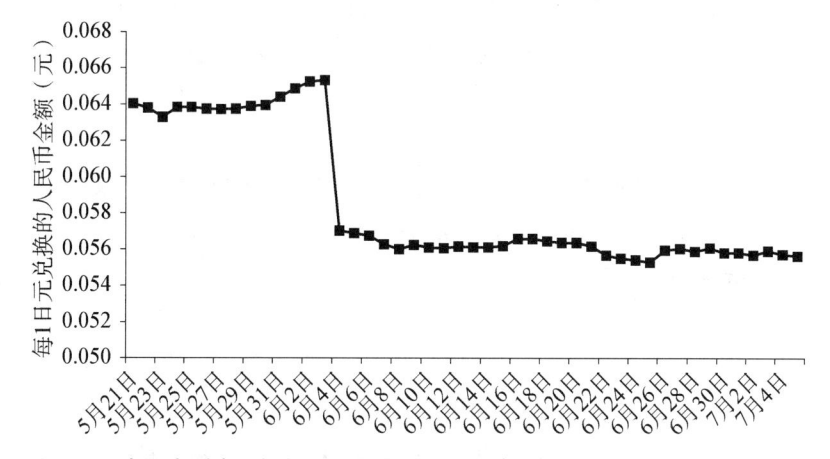

图1-3　中国大型商业银行日元和人民币的客户价差变化(2012年5月—7月)

资料来源:中国银行、工商银行、交通银行各网站的数值平均值(参考值)。

也就是说,《日中金融合作协议》的第二点,即日元—人民币的直接兑换交易,在促进第一点("促进日元和人民币在两国之间的跨境交易中的使用")上发挥了作用,因此,第一点和第二点紧密相关。

随着银行间市场日元和人民币的直接兑换的开始,在上海外汇交易中心,美元占人民币交易对象货币的比率从2012年第一季度的99.18%下降到

---

① 关于日元—人民币的直接兑换交易详情,请参见露口洋介、章沙娟:《人民币国际化和人民币对日元直接交易》,《国际经济评论》2014年第2期。

2013年第一季度的92.14%。同期,日元的比率从0.14%增加到6.65%,仅次于美元,位居第二。

如前所述,从最近的2020年第三季度外汇交易中心的交易量来看,许多货币开始与人民币进行直接交易,但美元的比重反而有所回升,达到96.04%。欧元以2.7%位居第二,日元以0.4%位居第三。[①]

(二) 日中金融合作恢复进展

2018年5月9日,安倍首相与访日的中国总理李克强举行了日中首脑会谈。在这次会谈中,还讨论了日中金融合作,并决定了以下项目:[②](1)中国授予日本2000亿元人民币的RQFII额度;(2)在日本设立人民币清算银行;(3)同意签署日元—人民币货币互换协定;(4)中国承诺向日资金融机构发放债券业务许可证,高效率地审查日本证券公司等进入中国市场的相关许可申请。由此,自2012年秋季以来停滞不前的日中金融合作进展得以恢复。

RQFII配额在现阶段首次被授予日本。日本的2000亿元人民币额度仅次于中国香港的5000亿元人民币和美国的2500亿元人民币。

关于人民币清算银行,如前所述,2018年10月中国银行东京分行、2019年6月三菱UFJ银行被指定为人民币清算银行。

自2013年以后失效的日元—人民币兑换协定,于2018年10月26日重新签署,金额相当于2000亿元人民币。[③] 与先前根据《清迈倡议》达成的协定不同,其目的是"维持两国的金融稳定,从而支持经济金融活动以促进经济发展"。可以说这符合中国自2008年以来与每个国家签署的互换协定的目的。

关于债券业务许可证,2019年9月,三菱UFJ银行和瑞穗银行的中国当地法人从中国银行间市场交易商协会(NAFMII)获得了一般商业债券承销资格。

另外,日本证券公司进入中国市场方面,2019年3月,野村证券成立合资公司野村东方国际证券,2020年8月,大和证券取得合资证券公司设立许可。

[①] 中国人民银行:《中国货币政策执行报告2020年第三季度》,2020年11月26日。
[②] 日本金融厅:《关于日中首脑会谈在金融领域的回应》,2018年5月10日,https://www.fsa.go.jp/inter/etc/20180509/20180509.html,2021年1月2日。
[③] 中国人民银行:《中日两国央行签署双边本币互换协议》,2018年10月26日,http://www.pbc.gov.cn/goutongjiaoliu/113456/113469/3651276/index.html,2021年1月2日。

(三) 双循环

1. 双循环的提案

在2020年5月14日举行的中共中央政治局常务委员会上,提出了"深化供给侧的结构性改革,充分发挥我国超大规模市场的优势和内需潜力,构建国内国际双循环相互促进的新发展格局"的方针。① 据此,5月22日至28日召开的全国人民代表大会政府工作报告提出"实施扩大内需战略,推动经济发展方式加快转变"。② 然后,2020年10月26日至29日举行的第十九届共产党中央委员会五中全会上,提出了"十四五"的主要内容,指出"要加快构建国内大循环为主体,国内国际双循环相互促进的新发展格局"。③ 此外,中央经济工作会议于2020年12月16日至18日举行,这次会议讨论了2021年的经济政策方针,也提出了与五中全会相同的意见。④

"双循环"的主要目的是在推进供给侧结构改革的同时,从传统的以外需为中心的增长模式转变为以内需特别是消费为中心的增长模式。提高经济增长对内需的依赖这个观点本身在近十年中一直被提起。如今,由于中美之间的贸易摩擦加剧以及新型冠状病毒肆虐等环境变化,人们更加强烈认识到依赖外需的不稳定性,转变成以内需为中心的增长模式迫在眉睫。当然,国际循环并没有被轻视。习近平总书记在2020年7月21日的企业家座谈会上明确了以下三点:⑤(1)对外开放的大门不会关闭。以国内循环为主体,绝不是关起门来封闭运行;(2)以国内循环为主体,就是通过发挥内需的潜力,使国内市场和国际市场更好联通,更好利用国际国内两个市场;(3)从长远看,经济全球化仍是历史潮流,坚持深化改革、扩大开放,加强科技领域开放与合作,推动建设开放型世界经济。

也就是说,中国将继续努力推进自身的对外开放,通过RCEP等多边或双

---

① 《中共中央政治局常务委员会召开会议习近平主持》,2020年5月14日,http://www.12371.cn/2020/05/14/ARTI1589456962744308.shtml,2021年1月2日。
② 《2020年政府工作报告》,2020年5月22日,http://www.gov.cn/zhuanti/2020lhzfgzbg/index.htm,2021年1月2日。
③ 《中国共产党第十九届中央委员会第五次全体会议公报》,2020年10月29日,http://news.ifeng.com/c/80y4tCbqmHo,2021年1月2日。
④ 《中央经济工作会议在北京举行》,2020年12月19日,http://paper.people.com.cn/rmrb/html/2020-12/19/nw.D110000renmrb_20201219_1-01.htm,2021年1月3日。
⑤ 《习近平:在企业家座谈会上的讲话》,2020年7月21日 http://www.xinhuanet.com/2020-07/21/c_1126267575.htm,2021年1月3日。

边协定促进贸易投资自由化。在中国自身的对外开放方面,进入2020年后,人寿保险公司和证券公司的外资出资比例的限制分别于1月和4月被取消。另外,5月取消了合格境外机构投资者制度(QFII)和人民币合格境外机构投资者制度(RQFII)的各个机构投资者的投资限额。① 对外开放正在朝着便利资本流入的方向发展。此外,在2020年12月的中央经济工作会议上,也将全面推进改革开放作为2021年的重点课题之一。

以"一带一路"沿线国家为中心的外需也非常重要,如果可以通过外需的增加来实现增长,那么我们当然会设法抓住这一需求。但是,由于外需的不确定性越来越大,所以应该更加注重通过自身努力来促进的内需。

2. 对中国经济的影响

中国的个人消费占GDP的比例在2019年不到4成,与超过5成的日本和近7成的美国相比,处于低位(见表1-6)。如果中国政府能够在未来大力推进收入再分配,则有足够的空间提高个人消费占GDP的比重,并有可能实现以个人消费为中心的内需主导型增长。同时,推进供给侧结构改革,提高供给能力的方针也被指出。中国的目标是到2035年人均GDP达到中等发达国家水平。由于迄今为止扩大内需的努力,经常账户顺差占GDP的比率在2007年达到约10%的峰值后持续下降,到2019年降至1%左右(见图1-4)。如果将来推进以消费为中心的内需主导型增长模式的转变,预计进口会增加,经常收支出现逆差的可能性也很大。当经常账户出现赤字时,金融收支就会自动超过流入。对中国经济来说,未来稳定的资本流入将变得越来越重要。如前所述,中国已经通过放宽资本流入方面的限制来寻求应对。

表1-6　　　　　　个人消费和投资占GDP的比例(%)

		最新值	前期值	历史最低纪录	历史最高纪录
个人消费	中国	38.8 (2019年)	38.7 (2018年)	34.6 (2010年)	71.0 (1962年)
	日本	54.6 (2020年9月)	53.5 (2020年6月)	50.4 (1997年12月)	59.2 (2009年9月)
	美国	67.5 (2020年9月)	66.8 (2020年6月)	57.7 (1952年3月)	69.0 (2016年12月)

---

① 关于中国的对外开放和日本的教训,参见露口洋介:《海外专家视点》,《开放导报》2020年第3期。

续表

		最新值	前期值	历史最低纪录	历史最高纪录
投资	中国	43.1 （2019年）	44.0 （2018年）	15.5 （1962年）	47.0 （2011年）
	日本	25.0 （2020年9月）	25.3 （2020年6月）	21.1 （2010年6月）	34.0 （1990年12月）
	美国	21.2 （2020年9月）	20.1 （2020年6月）	16.1 （1947年6月）	25.4 （1978年12月）

资料来源：CEIC。

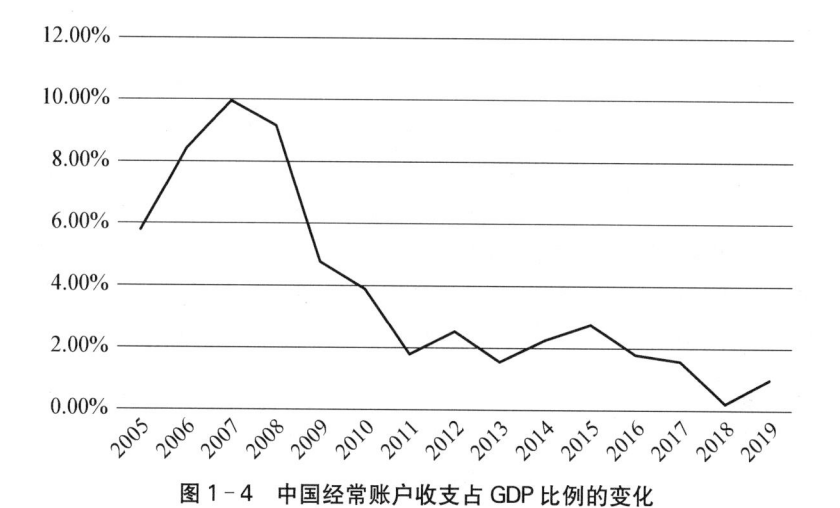

图1-4 中国经常账户收支占GDP比例的变化

资料来源：国家外币管理局、国际货币基金组织。

(四) 日中金融合作的前景

1. 作为中国资本流入窗口的功能

日本实际上是第一个与中国签署货币互换协定和进行货币直接兑换交易的国家，在积极推进与中国的货币金融合作方面取得了成绩。这些成绩为此后中国与包括"一带一路"沿线国家在内的海外各国签署金融合作协定作出了巨大贡献。

今后，作为中国资本流入增加的窗口，提高日本金融市场的功能变得非常重要。如果通过双循环向内需主导的增长模式转变，今后资本流入对中国的重要性很有可能会增加。届时，世界最大的净债权国日本的存在将不容忽视。

另一方面，日本也可以通过增强其作为中国资本流入窗口的功能来增强日本金融市场的国际竞争力。

在2020年7月公布的日本政府2020年基本方针中，提出了建立国际金融都市的目标。菅义伟首相在2020年10月的记者招待会上，提出了以实现国际金融都市构想为目标的吸引海外人才的方针。为了使日本金融市场与亚洲的中国香港市场和新加坡市场竞争，并提高其作为国际金融中心的地位，仅靠税制优惠和行政文件的英语化等环境方面的改善是不够的，还有必要宣传日本市场上存在可获得收益的商业活动。各种各样的商业活动都可以考虑，实现资本流入中国的窗口功能也可以成为这样的商业活动之一。

2. 日中金融合作的进一步进展

东京证券交易所和上海证券交易所于2019年6月开始了上市投资信托基金ETF的相互上市。[①] 东京证券交易所以日元计价，上海证券交易所以人民币计价。

今后可以考虑的政策是，通过允许在日本市场上进行人民币计价证券的发行和流通交易来进一步增强其作为资本流入中国的窗口功能。例如，最初可以考虑在中国经营的日本银行或日本企业在日本市场发行人民币债券，将筹集的资金汇往中国使用。此外，信用状况良好的中国企业也可以在日本市场筹集资金。

3. 东京市场上人民币债券的发行

在日本市场上已经有了发行人民币债券的先例。2015年6月，当时的三菱东京UFJ银行和瑞穗银行在东京市场发行离岸人民币债券。其中，三菱东京UFJ银行发行了3.5亿元私募债券，[②] 瑞穗银行发行了2.5亿元人民币，在东京证券交易所的东京专业债券市场上市。[③]

这些大型银行发行的人民币债券使东京市场的交易商品多样化，这可能会使东京市场的交易量扩大。可以说，由于它是由东京市场的投资者所熟知的大型银行发行的债券，使它成了一种信用风险低、易于投资的商品。尽管也

[①] 上海证券交易所：《双向开放再结硕果 中日ETF互通成功开通》，2019年6月25日，http://www.sse.com.cn/aboutus/mediacenter/hotandd/c/c_20190625_4846882.shtml，2021年1月6日。

[②] 三菱东京UFJ银行：《关于在日本境内发行离岸人民币债券的情况》，2015年6月18日，https://www.bk.mufg.jp/news/news2015/pdf/news0618.pdf，2021年1月6日。

[③] 瑞穗银行：《关于人民币计价债券在东京专业债券市场上的上市》，2015年6月30日，https://www.mizuhobank.co.jp/corporate/world/info/cndb/aboutmizuho/press/pdf/R515-0009-XF-0107.pdf，2021年1月6日。

会被人民币利率和汇率所左右,但预计今后,信用风险较低的知名大企业将更广泛地通过在东京市场发行人民币等外币债券筹集资金。

然而,2015年两家大型银行发行人民币债券也暴露了东京市场的一些问题。由于三菱东京UFJ银行的债券是未计划流通的私募债券,因此它们仍存放在证券保管转账机构中,而瑞穗银行的债券在东京专业债券市场上市并计划流通。但是,日本没有能够进行人民币等外币资金和证券同时结算(DVP, Delivery versus Payment)的支付基础设施。DVP是一种避免一方进行付款或交付但另一方不会进行相应付款或交付而无法取得应得价值的风险的系统。对于金融市场来说,具备这种结算基础设施已经是世界标准。因此,瑞穗银行发行的债券存入位于比利时的证券结算系统Euroclear,从而使DVP成为可能。这样一来,就只能等待在有时差的欧洲结算,而无法进行迅速高效的交易。

4. 股票连接和债券连接

2014年11月,上海证券交易所和香港证券交易所实现连接,在一个交易所交易的证券可以通过参与另一个交易所的证券公司进行相互投资。这被称为沪港通。境外投资者通过在香港证券交易所会员证券公司开设交易账户,可以投资在上海证券交易所交易的A股。2016年12月,同样在深圳证券交易所和香港证券交易所之间开通了深港通。这两个股票连接都设有每日交易额的上限,刚开始都规定,从中国内地到香港的投资上限为每日105亿元,从香港到中国内地的投资上限为每日130亿元。从2018年5月1日起,中国内地对香港的投资上限为420亿元,香港对中国内地的投资上限为520亿元,分别扩大了4倍。

从沪港通的资金和证券结算机制来看,负责管理上海和香港各地区的股票等证券的转让结算账户,并执行证券转让结算的机构——中国证券登记结算有限责任公司(China Clear)和香港中央支付有限公司(HKSCC)将相互在对方机构开设账户。例如,香港投资者通过香港证券交易所购买的上海证券交易所上市股票,将被转到HKSCC在China Clear所持有的账户,并将在香港投资者在HKSCC持有的账户中进行登记和结算。当香港投资者抛售在上海证券交易所上市的股票时,情况也是如此。在香港,这种证券买卖的证券和资金的结算可以通过DVP进行。

另外,2017年7月,国际机构投资者可以通过香港在中国内地的银行间债券市场进行交易的债券连接制度开始实施。国际机构投资者在中国人民银行注册后，在香港债券结算机构（CMU）设立账户，通过该账户可以直接与中国内地做市商进行交易。交易额没有上限。然后，2019 年 6 月 17 日，在伦敦证券交易所和上海证券交易所之间建立了沪伦通。在伦敦可以用美元、英镑、人民币进行交易和结算。最初是中国华泰证券的全球预托证券（GDR）在伦敦证券交易所上市。

希望将来日本和中国之间也能实现股票连接和债券连接，使单个股票的交易更加简便，日本方面也能够以人民币投资单个中国股票。

5. 日本人民币计价结算基础设施的完善

人民币计价证券在日本市场上顺利发行流通，为了实现日本和中国之间的股票连接和债券连接，人民币计价证券和人民币资金的 DVP 结算基础设施在日本市场上的存在是非常必要的。对日本来说，通过完善这样的人民币结算基础设施，可以实现投资资产的多样化。另外，还可以向国内外宣传日本市场是中国资本流入的窗口，通过提供新的收益机会，来提高金融市场的国际竞争力。另一方面，对中国来说，也将有助于稳定的资本流入和人民币国际化的稳步进展。

四、总结

"一带一路"倡议深度融入了中国与沿线国家之间货币当局之间的货币和金融合作。日本虽然不是"一带一路"备忘录的签署国，但其在 2017 年表明了参与"一带一路"合作的意愿。此外，在货币当局之间的货币和金融合作方面，在货币互换协定和双方货币的直接兑换交易等方面，日本和中国的合作先于其他国家。自 2018 年日中金融合作恢复以来，双方金融合作取得了进展，包括重新签署货币互换协定、设立 RQFII 额度等。2019 年，东京和上海两地证券交易所实现了 ETF 相互上市。在货币和金融合作方面，日本实际上与中国进行了超越中国与"一带一路"沿线国家合作水平的合作，说它作为"一带一路"沿线国家与中国有着密切的合作关系也不为过。

另一方面，如果中国的"双循环"方针能够扩大内需，加速资本流入，那么进一步增强日本作为中国资本流入窗口的功能，将成为活跃日本金融市场的有力选择。

人民币的国际化有望在未来稳步发展。为了促进人民币的国际化并增强其作为资本流入窗口的功能，在日本，首先，要建立人民币计价证券和资金的结算系统,实现DVP结算,以便发行和流通以人民币计价的证券。完善人民币结算基础设施,会使未来在东京证券交易所和上海证券交易所之间实现股票连接和债券连接成为可能。如果这一方案能够实现,日本就可以在货币和金融方面进一步推进"一带一路"政策的合作。我们期待日中两国政府和相关人士的进一步努力。

R2 "一带一路"与中韩关系

[韩]车在福[①]

【摘要】中国国家主席习近平提出了实现"中华民族伟大复兴"的中国梦。19世纪鸦片战争与中日甲午战争摧毁了传统中国的秩序。21世纪初,中国再次崛起为大国。但是,美国连同日本以及西方列强等,想要通过亚太再平衡战略、跨太平洋伙伴关系协定(TPP)、跨大西洋贸易和投资伙伴协定(TTIP)、印度—太平洋战略形成网络来抑制中国的崛起。对此,中国提出了恢复古代海陆丝绸之路的"一带一路"构想。中国的"一带一路"为东亚及其他沿线国家提供了经济发展的机遇。与此同时,中国的崛起也引发了周边国家对地缘政治变化的担忧。本文通过剖析中国"一带一路"倡议提出的历史背景、国际社会舆论,以及重大意义,探讨"一带一路"对于朝鲜半岛政策方面的影响。

【关键词】中华秩序;习近平;中国梦;"一带一路";周边外交;朝鲜半岛

一、引言

习近平主席在2012年11月召开的中国共产党第十八次全国代表大会上当选为总书记后表示:实现中华民族的伟大复兴,就是中华民族近代以来最伟大的梦想;到中华人民共和国成立100年时建成富强民主文明和谐的社会主义现代化国家的目标一定能实现,中华民族伟大复兴的梦想一定能实现。[②] 2013年9月和10月,习近平主席在中亚(哈萨克斯坦)与东南亚(印度

[①] 车在福,韩国东北亚历史财团研究委员,其研究领域包括:东北亚国际关系(史)、当代中韩关系、中国外交和"一带一路"倡议等。本文是《"一带一路"的战略意义与对朝鲜半岛的启示》(2019年发表于《现代中国的世界战略》)的修改,并不代表东北亚历史财团的官方立场,仅为研究者个人的学术见解。

[②] 习近平:《习近平谈治国理政》,外文出版社2014年版,第35—36页。

尼西亚)分别提出了共同建设"一带一路"①的倡议。所谓"一带",指的是以中国西部的西安为起点,经中亚到欧洲的"丝绸之路经济带"。"一路"指的是以中国浙江省和福建省等沿海地区为起点,经南中国海、马六甲海峡②、孟加拉湾和印度洋、阿拉伯海、中东、非洲,最终抵达欧洲的"21世纪海上丝绸之路"。

2017年,中国政府开通了"一带一路"官方网站③并运行至今。中国各研究机构纷纷设立"一带一路"研究所,致力于研究相关政策、理论、法规、制度等,并取得了丰硕的研究成果。中国现代国际关系研究院编写的《"一带一路"读本》(2015)作为一本简单易懂的介绍"一带一路"的入门级读物,共分为五部分,对"一带一路"的构想、政策、现状、项目、研究等进行了介绍。该书强调,"一带一路"构想的初衷是追求开放、包容、互利、共赢,而不是针对发展中国家的"援助"政策,更不是"中国版的马歇尔计划"。金玲也坚决否认把"一带一路"比喻成马歇尔计划,称"一带一路"不能与马歇尔计划相提并论。④

王义桅在《"一带一路":机遇与挑战》(2015)中回答了中国将通过怎样的手段与方式实现中华民族复兴这一问题,他确信答案就是"一带一路"。在历史中,中华文明总是局限在内陆,海洋仅被视作防御的屏障。而现在,根据"一带一路"的构想,中国可以促进海陆文明的相互发展,成长为兼具海陆的文明型国家。中国社会科学院的薛力从中国的对外战略层面角度分析,出版了《"一带一路"与"亚欧世纪"的到来》(2016),以及《"一带一路":中外学者的剖析》(2017)等著作。薛力认为,"一带一路"构想被提出以后,中国外交的优先顺序从"强国"转变为重视"周边"。

目前韩国有关经济和贸易领域的"一带一路"的研究比较活跃,但从21世纪中国的世界战略角度出发分析"一带一路"的论文并不多。其中有李东律从中美关系与中国的外交战略层面分析的《习近平政府"海洋国家"构想的地缘经济与地缘政治的困境》(2017)、李镐哲的《中国的崛起与地缘政治的回归》

---

① "一带一路"是"丝绸之路经济带(一带)"与"21世纪海上丝绸之路(一路)"的简称。英文全称译为"the Silk Road Economic Belt and the 21st-Century Maritime Silk Road",英文简称"One Belt and One Road",最近去除了One,缩写为"B&R"。原因是"One"无法描述"一带一路"的广泛含义。
② 马六甲海峡(Strait of Malacca)为海上石油运输线路,位于印度尼西亚、马来西亚、新加坡之间,是连接印度洋、南中国海与太平洋的海上通道。该海峡作为连接欧洲与远东的纽带,也是东西方航海路线的瓶颈。因此,不仅对于海上丝绸之路的贸易与交流,对于韩国的原油运输方面也是非常重要的海峡。
③ "一带一路"倡议官方网站,www. yidaiyilu. gov. cn。
④ 金玲:《"一带一路":中国的马歇尔计划?》,《国际问题研究》2015年第1期,第91—92页。

(2017)、元东旭的《中国的地缘政治与周边外交：以"一带一路"为中心》(2016)和金兴圭的《中国"一带一路"战略与东北亚国际关系变化：局限与展望》(2016)等。

根据李东律的观点，从结果上来说，中国的海洋强国战略激化了与东南亚国家联盟(ASEAN)部分国家之间的海洋权益争端，导致美国提出了以"航行自由"(Freedom of navigation)为原则的国际规范，使中国面临着(美日同盟的)牵制。因此，为了最大化减少阻力，中国以资本和制度革新(如设立亚洲基础设施投资银行)为核心，综合政治、经济、军事、文化等领域的发展，提出了"一带一路"的构想。

李镐哲认为，美国的再平衡战略是在地理上"包围中国"的地缘政治性战略。元东旭认为，比起美国因素，"一带一路"更关注"周边"。"一带一路"构想将主导中国的和平崛起路线、提升周边外交、整合区域经济和安全合作。但是，李贞太在《中国"一带一路"战略的政治意图和实际分析》(2017)中提出了与此不同的观点。他认为，习近平政府陷入了"修昔底德"陷阱与中等发达国家陷阱，为了摆脱困境，从政策上提出了"一带一路"的构想。

根据中国学者胡鞍钢的观点，中国将"一带一路"视为"党中央决定下的中国大战略"。这是习近平和李克强两位领导人在访问了20多个国家，视察了几乎所有大规模项目、进行调查研究之后最终提出的构想。通过"一带一路"，中国实现了中国内部格局与世界格局间的东西双向互动，构建了连接沿海地区与欧亚大陆桥的"大T字形"格局，并将此框架扩张至周边国家，形成经济地理视角上对内、对外的统筹规划。① 此外，张蕴岭也认为，虽然丝绸之路经济带与21世纪海上丝绸之路各自的重心不同，但是二者互为补充，"一带一路"是"一个整体的大战略"。另外，对于在海上丝绸之路用语之前加上21世纪的原因，他解释是为了与过去以霸权为目标的(西方的)海洋势力相区分，旨在建立开放与相互共享的海洋新秩序，重视发展、合作与共荣，将海洋通道建设和发展紧密结合在一起。②

但是，韩国学者全仁甲通过研究中国提出的"新型大国论"和习近平主席的言论，指责中国已正式开始"帝国化"，称"中国到目前虽然还没有帝国方面

---

① 胡鞍钢：《"一带一路"和经济地理》，载成均中国研究所编：《"一带一路"摘要》，茶山出版社(韩)2016版，第46页。
② 张蕴岭：《"一带一路"的概念与含意》，载成均中国研究所编：《"一带一路"摘要》，茶山出版社(韩)2016版，第26—27页。

的企图,或者尚未具备相应的能力,但是中国已确定了其在亚洲地区的'帝国'地位。此外,包含我们(韩国)在内的中国邻国,正在被迅速卷入'地区帝国'中国制造的旋风之中。因此,有必要关注中国的'帝国'属性"。①

笔者则认为,关键要看中国在推进"一带一路"政策的过程中,如何克服与周边国家之间敏感的历史与领土等问题,而这些问题又涉及中国"一带一路"倡议对于朝鲜半岛的隐含意义。因此,分析中国"一带一路"倡议上的意义对韩国而言非常重要。

二、中国"一带一路"倡议提出的背景和国际社会舆论

传统中国的朝贡、册封秩序,受近代时期鸦片战争和中日战争的影响而宣告解体。另一方面,早在1648年,欧洲建立了威斯特伐利亚体系。此后,欧洲在重建国家体系的同时,开始对外扩张,从19世纪中期开始在全世界范围内构建帝国主义殖民体系。在亚洲,日本于19世纪中期以后,同欧美列强一起垂涎衰落的东亚,并最终实现"脱亚入欧",走上了侵略、剥夺邻国的道路。"如果说鸦片战争是从外部冲击东北亚传统地区秩序,那么从东北亚内部摧毁华夷秩序的象征性事件即是1874年的台湾受到入侵,而1894年的中日甲午战争基本上是对于华夷秩序的最后一击。"②

中国要恢复丝绸之路、实现中华民族伟大复兴的"中国梦"的背景是这样一段耻辱历史:从鸦片战争开始,中国遭受西方列强侵略,中日甲午战争失败后被迫接受"日本对中国的二十一条要求(1915年)"而沦为半殖民地。根据阎学通的研究结果,鸦片战争以来,中国人民的最高利益是实现民族复兴与恢复失去的世界大国地位。③ 在此背景下,中国领导人自2003年以来提及的"中国崛起",被解释为实现中华民族复兴的具体表现。

中国的国歌《义勇军进行曲》歌词之中,包含着不再重演鸦片战争与中日战争惨败的历史教训的决心。如今已日渐强大的中国,决心不再重蹈20世纪西欧列强兴衰成败的覆辙,对全国人民进行了历史的教育。其中最具代表性的是中国中央电视台(CCTV)2003年制作并反复播放的12集历史纪录片《大

---

① 全仁甲:《现代中国的帝国梦》,学苦房2016年版,第49—54页。
② 杨伯江:《东北亚区域如何实现与历史的共存》,载车在福等:《中日韩三国关系:向着新的合作》,东北亚历史财团2015年版,第134页。
③ 阎学通、孙学峰:《中国崛起及其战略》,北京大学出版社2005年版,第4—6页。

国崛起》(The Rise of the Great Nations)①。"大国崛起"的制作长达3年,从2006年11月13日至11月24日,通过CCTV-2频道在中国播放。其主要内容记录了西班牙、葡萄牙、荷兰、英国、法国、德国、日本、俄罗斯、美国等9个国家兴亡盛衰的过程。这表明,中国以西方列强的兴亡盛衰作为他山之石,正在做"中国崛起"的准备。

2015年3月28日,中国政府在中国国家发展改革委、外交部、商务部联合发布的《推动共建丝绸之路经济带和21世纪海上丝绸之路的愿景与行动》中声称:"'一带一路'的建设,有利于促进沿线各国经济繁荣与区域经济合作,加强不同文明交流互鉴,促进世界和平发展,是一项造福世界各国人民的伟大事业。"并强调,中国的"一带一路"不同于20世纪西欧列强追求的霸权秩序。对此,国际社会舆论褒贬不一。

首先,从第三世界"南南援助合作"的观点来看是友好的。有中国台湾地区学者称:"毛泽东提出的东方体系中有关于中间地带的说法,其中存在有关于亚洲共同体的思想资源。"②此观点认为,"一带一路"不能被视为另一种殖民主义,而应该看作基于中国共产党曾经秉持的联合第三世界精神的产物。

其次,美国经济杂志《福布斯》(Forbes)上刊登的评论指出,从以共同经济开发为基础的新集体安全角度出发,"一带一路"具有积极的意义。根据韦德·谢培德(Wade Shepard)的阐述:"上海2014年5月召开的亚洲相互协作与信任措施会议(CICA)上,以共同经济开发为基础,作为新的集体安保概念被提及的'命运共同体','一带一路'与之完全一脉相承。'一带一路'是促进国际经济一体化、国家间经济相互作用、减少因国家间的战争以及(中国)与美国之间冲突风险的一种相互依存的机制。"③

与之相反,否定性舆论中的第一种观点认为,"一带一路"与过去"东印度公司"相类似,需警惕中国的过度扩张。布拉玛(Brahma)教授声称:(关于"一

---

① 该纪录片12集分别为:1.海洋时代:开篇暨葡萄牙、西班牙;2.小国大业:荷兰;3.走向现代:英国·上;4.工业先声:英国·下;5.激情岁月:法国;6.帝国春秋:德国;7.百年维新:日本;8.寻道图强:沙俄;9.风云新途:苏联;10.新国新梦:美国·上;11.危局新政:美国·下;12.大道行思:结篇。
② 白元淡、陈光兴:《中国与非中国:重看台湾和香港》,《黄海文化》2016年秋季通卷92号,第51页。
③ Wade Shepard, "Is China's 'New Silk Road' Really A Recipe For Peace?", Forbes, March 19, 2017, https://www.forbes.com/sites/wadeshepard/2017/03/19/is-chinas-new-silk-road-really-a-recipe-for-peace/#20f242ee4afc, March 22, 2017.

带一路"和AIIB)"在中国坚持政府对政府合作的情况下,借款方与出借方两方的风险持续扩大,透明性不足,关于社会或者环境方面的可持续性也未得到充分探讨,中国则以逐步牺牲其他国家为代价而从中获利。此外,'一带一路'与过去大英帝国东印度公司开启殖民主义新篇章相类似。即便如此,如果中国决心将自身打造成为帝国,那么无疑中国已经进入历史学者保罗·肯尼迪提出的著名的'帝国过度扩张'阶段了。"①

第二种观点,称其中隐含中国和周边国家之间的领土问题,强调必须提防"中华主义的回归"。2017年2月,前美国国防部长马蒂斯在东京与日本首相安倍晋三的会谈中提到:"(关于中国的南中国海动向)现在的中国好像试图恢复明朝时期的册封体制。可能正在计划把周边全部变成自己的势力范围。"②此外,3月马蒂斯还在美国参议院拨款委员会附属国防委员会上指出,中国正如同过去历代皇室对待朝贡国(tribute-nation)一样的方式对待他国,并强烈批判中国的对外政策为朝贡外交。韩国学术界的部分论文也表达了对中华主义下中国崛起的担忧,认为中国"一带一路"构想的根源是想再现过去数千年期间接受周边国家朝贡与享受绝对地位的荣耀。③

三、"一带一路"的意义

(一) 地缘经济意义

目前中国的大战略主要围绕"4+3"或"4+4"展开,即四个地区对应三四个构想。四个地区指将中国分为东部、中部、西部、东北部地区,三四个构想指中共中央提出的"一带一路"倡议、长江经济带发展、京津冀经济合作发展以及海洋强国。其中,海洋强国战略是在"十一五"经济社会发展规划与"十二五"经济社会发展规划中被提出的,并通过"十三五"经济社会发展规划(2013—2020)进一步推进。同时,通过"一带一路",中国将在未来重构世界经济地理与中国经济地理,最终实现经济一体化。④

---

① Brahma Chellaney, "China's Imperial Overreach", https://www.project-syndicate.org/commentary/one-belt-one-road-china-imperialism-by-brahma-chellaney-2017-05, May 26, 2017.
② 日本经济新闻:《美国防部长对中国"不再宽容"》, http://www.nikkei.com/article/DGXKZO12659850Y7A200C1EA1000/, March 24, 2017.
③ 金玉准:《中国的"一带一路"构想和政治经济含意:以建设丝绸之经济带为中心》,《国际政治研究》2015年第18辑1号,第292页。
④ 成均中国研究所编:《"一带一路"摘要》,茶山出版社2016年版,第35—45页。

自邓小平提倡改革开放以来,中国经济增长率长期保持在两位数,这种情况在2010年(10.3%)结束。此后经济增长率分别为:2011年(9.2%)、2012年(8.1%)、2013年(7.6%)、2014年(7.4%)、2015年(6.9%)、2016年(6.7%)、2017年(6.9%),多数年份均未能维持中国一度看重的8%(保八)。对此,习近平主席提出,中国经济已结束了改革开放以来的持续高速增长,进入新常态阶段。新常态意味着,与经济发展的速度相比,中国更注重经济的可持续发展;与量的增长相比,更应该适应质的增长。另一方面,还有一种见解认为,中国经济旨在摆脱"落后国家→高速增长→生产设备增加→生产过剩→内需萎缩→增长率降低"这一发展的结构性后遗症,并想要从"中等发达国家陷阱"(Middle income trap)中逃离出来。

自2000年以来,中国实行的以东部沿海地区为中心的对外开放战略逐渐遭遇瓶颈,在地区经济发展不平衡问题得不到解决的情况下,急需制定解决"挖掘新增长动力"和"中西部地区落后"两方面问题的政策。再加上2008年金融危机时投入了4万亿元的财政支出以振兴经济,受此影响,出现了相关产业设备供给过剩的情况,因此,当务之急是开发新市场,为钢铁、水泥以及相关基础设施产业设备创造需求。[1] 根据中国社会科学院的《经济蓝皮书:中国经济增长报告(2014—2015)》的内容,"十三五"经济社会发展规划期间,中国的经济增长率预计在6%左右,并提出了今后应对经济增长放缓速度的要求。[2]

"一带一路"构想是在中国经济从高速转向中高速增长的结构性转换期提出的,其最初是想以中国中西部地区为中心,通过欧亚大陆和印度洋扩大经济合作空间,开发新市场。此后,2015年中国发展改革委、外交部、商务部联合发布《推动共建丝绸之路经济带和21世纪海上丝绸之路的愿景与行动》文件,意味着"一带一路"已演变为中国的对外政策。并且,在2017年5月于北京召开的首届"一带一路"国际合作高峰论坛上,29个国家的元首以及100多个国家和国际机构的高级代表出席,引起了国际社会的巨大关注。从此以后,"一带一路"超越了单纯物流贸易新市场的意义,向市场和生产网络的互联和融合发

---

[1] 罗比·格雷默:《中国通过直达伦敦的"一带一路"铁路获得了什么》,http://www.newsweekjapan.jp/stories/world/2017/01/post-6662_1.php,2017年1月20日。
[2] 《社科院:今年GDP增速或至6.9%》,人民网,2015年9月22日,http://finance.people.com.cn/n/2015/0922/c1004-27616233.html,2015年9月25日。

展,不仅包括构建交通与通信、产业基础设施,还包含了完善"六大经济走廊"①的制度与组织的中国世界性构型。

"一带一路"沿线国家人口为44亿,占世界人口的63%。其经济规模达到21万亿美元,占世界经济规模的29%。与过去的美国和欧洲追求霸权性的国际秩序不同,"一带一路"倡议以平等互惠原则以及利益共同体为理念,致力于建立共同和平发展的世界新秩序。此外,为解决"一带一路"的财政问题,成立了亚洲基础设施投资银行(AIIB)。为支持"一带一路"事业,设立了4000亿美元的丝绸之路基金(Silk Road Fund)。在中国国家发展改革委员会秘书长张燕生看来,"一带一路"被赋予中国新35年(2014年—2049年)改革开放对外基本路线的意义。据其描述,如果说1978年至2014年的35年是中国走向改革开放的第一幕"韬光养晦时代",那么2014年至2049年的35年则是记录中国走向"一带一路"的第二幕,即中国和平崛起的"大国时代"。②

35年之后,未来中国所阐述的"一带一路"的经济意义为:首先,(现在的中国)通过进入新兴市场确保经济增长的动力,从而解决产能过剩以及过度产业的问题;其次,通过成为世界工厂和世界市场,中国逐渐跃居为世界最大的能源消耗国家,确保稳定提供所需的资源与能源;第三,消除地区间的不平衡发展以及城乡差距;第四,将经济范围扩大至中亚与东南亚,并进一步取得区域经济一体化的主导权。③ 因此,未来(2049年)的中国将面向"一带一路"沿线国家形成以中国为中心的超级经济圈,④实现人民币的国际化。

(二)地缘政治意义

每年"两会"后,中国外交部长在新闻发布会上发表事项的顺序,与中国外交政策优先次序基本一致。2017年3月8日,外交部长王毅在新闻发布会上,

---

① 中国在"一带一路"中提到的"经济走廊"(Economic Corridor),指的是用铁路、公路、输油管等将中国与沿线国家连接起来的构想。中国正在推进建设:中国-巴基斯坦、孟加拉国-中国-印度-缅甸、中国-蒙古-俄罗斯、欧洲-亚洲、中国-中亚-西亚和中国-中南半岛等六大区域经济走廊。中国的六大经济走廊建设计划在以主要经济圈的基础设施整合、人际网络交流、联动体制及机制等为基本原则上推进。
② 崔廷植:《中国式大国崛起:"一带一路"》,2015年6月17日,http://www.shanghaibang.com/shanghai/mobile/news.php?mode=view&num=44264,2017年7月10日。
③ 李强国:《中国的新丝绸之路战略:"一带一路"》,BookStar,2016年,第2页。
④ Jean-Marc F. Blanchard:《探索中国21世纪海上丝绸之路倡议(MSRI)——对"海上丝绸之路倡议(MSRI)"叙事的考察》,《地缘政治》2017年,第251—253页。

以"一带一路"、中美关系、习近平主席执政第一期外交事件总结的顺序发表了相关内容。从上述新闻发布会的内容可得知,中国首要外交政策是积极推进"一带一路",以及扩大习近平主席在其主持的"周边外交工作座谈会"(2013年10月)和"中央外事工作会议"(2014年11月)上提出的"周边友好合作带"。

扩大"周边友好合作带"的背景是,美国与日本分别推出"亚洲再平衡战略"和"价值观外交",美日同盟还试图建立一个亚洲版的北约来包围中国。对此,中国的战略是通过强化与周边国家的关系以及扩大相互之间共同利益的方式,摆脱美日同盟的包围圈。中国还提到:"中国与东亚国家同受儒家思想的深厚熏陶,与南亚国家共享佛教文化的宝贵遗产,与中亚国家拥有丝绸之路的历史纽带。"[1]

在中国共产党第十九次全国代表大会(2017年10月)上,"习近平新时代中国特色社会主义思想"被写入中国共产党的党章。在中国外交上,"习近平新时代"的意义在于强调实现中华民族复兴的伟大目标,切实履行"一带一路"和周边外交政策。2017年6月《党建研究》上刊登的中国商务部长钟山发表的文章中提到:"党的十八大以来,我国经济社会发展进入新阶段,迈上开放型经济的新台阶。新时代孕育新思想,新理论指引新征程。习近平总书记审时度势,统筹国内国际两个大局,全面谋划新时期对外开放大战略,以更加积极主动的姿态走向世界。从坚持互利共赢、树立正确义利观等经济外交思想,到提出'一带一路'重大合作倡议;从'真、实、亲、诚'的对非政策理念,到'亲、诚、惠、容'的周边外交理念;从设立上海自贸试验区,到加快实施自由贸易区战略;从构建开放型经济新体制,到阐释经济全球化新主张,习近平总书记的开放思想不断丰富和发展。这些重大理论创新成果,是我们党治国理政新理念新思想新战略的重要组成部分。"[2]

"一带一路"倡议提出以后,习近平主席本人也集中访问了亚洲、欧亚地区、非洲、欧洲等"一带一路"沿线主要国家,展开了多边首脑外交,凸显了对周边外交的重视。表2-1为整理的习近平主席"重视周边"的多边首脑外交与"一带一路"相关性的内容。

---

[1] 王毅:《坚定不移走和平发展道路,为实现民族复兴中国梦营造良好国际环境》,2014年8月21日,http://cpc.people.com.cn/n/2014/0717/c68742-25293883-4.html,2017年7月1日。
[2] 《钟山部长〈党建研究〉刊文:实现我国开放事业新发展新提高新突破》,2017年6月2日,http://www.mofcom.gov.cn/article/ae/ai/201706/20170602595587.shtml,2017年6月30日。

表 2-1　2014—2016 年习近平主席参与多边首脑外交与"一带一路"有关活动

时间	事件及取得的进展
2014 年 5 月	亚洲相互协作与信任措施会议第四次峰会(上海) ——习近平的亚洲安全观:"亚洲的安全问题应该由亚洲人处理" ——推动设立 AIIB、金砖国家(BRICS)开发银行、丝绸之路基金 ——在与普京举行首脑会谈时提出进一步加强"中俄全面战略协作伙伴关系"
2014 年 7 月	单独访问韩国 ——双边关系提升为中韩全面战略协作伙伴关系
2014 年 8 月	单独访问蒙古 ——双边关系提升为中蒙全面战略协作伙伴关系
2014 年 9 月	访问中南亚四国(塔吉克斯坦、马尔代夫、斯里兰卡、印度) ——习近平在印度日报《印度教徒报》上发文《携手共创繁荣振兴的亚洲世纪》 ——双边关系提升为中印全面战略协作伙伴关系
2014 年 11 月	以北京 APEC 峰会为契机,举行中日首脑会谈 ——中日就处理和改善双方关系达成四项原则共识,希望继续发展中日"战略互惠关系"(2008 年确立)
2014 年 11 月	习近平政府执政后首次召开"中央外事工作会议"
2015 年 4 月	访问巴基斯坦并出席在印度尼西亚召开的"万隆会议"60 周年纪念活动
2015 年 5 月	访问哈萨克斯坦并出席在俄罗斯举办的第二次世界大战胜利 70 周年纪念仪式、访问白俄罗斯
2015 年 7 月	访问俄罗斯,出席 BRICS 领导人第七次会议和上海合作组织(SCO)峰会第十五次会议
2015 年 9 月	访问美国,与奥巴马总统举行首脑会谈,并出席联合国成立 70 周年系列峰会
2015 年 10 月	访问英国,举行中英首脑会谈,并就加强人文交流等建立全新的中英关系
2015 年 11 月	访问越南,举行中国与越南的首脑会谈;访问新加坡,举行中国与新加坡的首脑会谈;出席在土耳其召开的二十国集团领导人(G20)峰会(11 月 14—16 日);出席在菲律宾召开的 APEC 会议(11 月 17—19 日);出席在巴黎召开的气候变化高峰会议(11 月 29—30 日)
2015 年 12 月	访问非洲赞比亚,举行中国与赞比亚的首脑会谈;出席在南非共和国召开的中非合作论坛(12 月 2—5 日)
2016 年 1 月	访问中东的沙特阿拉伯、埃及、伊朗等 3 个国家,推进中国-阿拉伯联盟共同建设"一带一路"
2016 年 3—4 月	访问捷克,出席核安全峰会。 ——发表中国-捷克联合声明并签订"一带一路"建设谅解备忘录,呼吁成立核安全命运共同体。
2016 年 6 月	访问塞尔维亚、波兰、乌兹别克斯坦 3 个国家,出席上合组织(SCO)峰会 ——中国与 3 个国家的关系全部从战略伙伴关系提升为全面战略伙伴关系 ——SCO 峰会上,签订印度与巴基斯坦加入 SCO 的谅解备忘录。

续表

时间	事件及取得的进展
2016年10月	访问柬埔寨、孟加拉国、印度，出席BRICS第八次峰会（印度） ——柬埔寨的"四角战略"与中国的"一带一路"相结合 ——中-孟"一带一路"建设与中-孟-印-缅甸经济走廊建设
2016年11月	访问厄瓜多尔、智利、秘鲁，并出席APEC峰会（秘鲁） ——中国与3个国家的关系全部从战略伙伴关系提升为全面战略伙伴关系

习近平主席仅2014年就访问了"一带一路"沿线的18个国家。此外，2015年共出访8次，访问了亚洲、欧洲、美国、非洲等"一带一路"沿线的10个国家，出席国际会议9次，总共开展了为期42天的首脑外交。在访问俄罗斯、哈萨克斯坦、巴基斯坦期间，与各国探讨了"一带一路"相关项目的事宜，其中在巴基斯坦决定签署丝绸之路基金的第一个海外投资项目。在纪念中国人民抗日战争暨世界反法西斯战争胜利70周年的阅兵仪式（2015年9月3日）上，和"一带一路"相关的39个国家的元首以及相关国际组织领导均到访出席，我们可以从中窥见2015年习近平主席通过多边首脑外交活动取得的成果。

2016年，习近平主席出访5次，到访了12个国家。其中，有4次的行动路线与阿拉伯、东欧、东南亚等"一带一路"的沿线相一致。1月，他访问了中东的沙特阿拉伯、埃及、伊朗3个国家。沙特阿拉伯是中国最大的原油供应国，同时也是"一带一路"的核心必经之地。习近平主席还积极推进"一带一路"倡议，将其延伸至欧洲与非洲地区，并抢先占领了被美国解除经济制裁的伊朗市场。10月，他访问了柬埔寨，在出席金砖峰会的同时还访问了印度，并到访了孟加拉国，集中宣传了"一带一路"的相关项目。其中，在中越、中菲南中国海主权争端中，柬埔寨是支持中国立场的国家之一。中国领导层首脑外交取得了成果，2016年1月AIIB正式成立时，获得了57个国家的参与，截至2017年5月，成员国增加至77个国家，确保了"一带一路"的推动力。

对此，中国学者薛力曾分析："1990年以来，中国一直以不结盟政策为宗旨，积极推进伙伴关系外交。这是因为在'韬光养晦'时期，在整体上与周边国家维持良好的关系对中国来说是非常重要的。而在现阶段，中国需要解决的问题是，如何超越美国成为世界第一大经济体？为此，习近平政府出台了内外结合并对外推进'一带一路'建设的政策，以实现2030年以前赶超美国的计划。为切实推进'一带一路'战略，中国需要打好点、线、面的战术。'点'指的是关注美国;'线'指的是建设几条海上丝绸之路;'面'指的是面向欧亚大陆开展。"①以"一带一路"为契机,习近平时期中国外交的优先顺序从以前政府的"强国中心外交"转变为现在的"重视周边外交",并随之调整着相应的战略和理念。

为了牵制中国,美国通过在亚太地区实施亚洲再平衡战略、"新丝绸之路计划"、②TPP、TTIP、印太战略等重新部署其权力网络。中国提出了"一带一路"的构想和设立 AIIB 及 BRICS 开发银行的建议,希望通过构建对外网络扩大自身对外的战略影响力。③ 也就是说,除了地缘政治因素,从地缘经济上来看,中国的"一带一路"是在开发中国西北部落后地区的同时,重新构建中国的经济地理,并通过建设发展中国家基础设施,重新构建世界经济地理。

四、"一带一路"与中韩关系

韩国前总统朴槿惠 2015 年 9 月出席纪念中国抗战胜利的天安门活动时,"中韩全面战略合作伙伴关系"达到了顶峰。此后,因受"萨德"事件影响,中韩之间的政治、经济、外交关系急剧下滑。李熙玉指出:"'萨德'事件给之后中韩关系的发展带来了'成长的阵痛'④。虽然我们难以预测"萨德"事件给中韩关系带来的冲击和影响是暂时性的,还是将会长期持续,但是中韩两国都应该妥善处理该问题,并探索可以相互合作的空间。

根据"周边外交"政策,中国的周边国家按照重要性排名,依次为俄罗斯、哈萨克斯坦、巴基斯坦、东南亚、韩国、日本。中国还认为,在"一带一路"建设中,对于东北亚地区的蒙古和朝鲜,可以扩大和他们之间的合作空间。而对于韩国,由于其与中国政治、经济方面的关系,鉴于(韩国)对"一带一路"表示出

---

① 薛力:《"一带一路"与"欧亚世纪"的到来》,中国社会科学出版社 2016 版,第 113 页。
② 2011 年 7 月 20 日,在新德里举行了第二次美国和印度的战略对话。此次对话中,美国前国务卿希拉里提出了"新丝绸之路计划"。该计划是为了应对美军撤离后的情况,希望把阿富汗作为连接中亚和南亚的枢纽,并通过交通及经济网络连接南亚、中亚甚至西亚。由此,有评价认为,此举意图通过"能源南下""商品北上"推进区域经济一体化,并同时遏制中国的西进战略。参考:涂波、元东旭:《中国—巴基斯坦经济走廊和南亚权力格局的变化前景:基于网络权力理论的分析》,《现代中国研究》2017 年第 4 期,第 42 页。
③ 涂波、元东旭:《中国—巴基斯坦经济走廊和南亚权力格局的变化前景:基于网络权力理论的分析》,《现代中国研究》2017 年第 4 期,第 53 页。
④ 成均中国研究所编:《中韩建交 25 年史》,成均馆大学出版社 2017 版,第 7 页。

积极肯定的态度,因此,韩国被中国视为其在东亚地区政策的重点合作对象。[1] 再加上,韩国虽然不是"一带一路"的沿线国家,但是中国的"一带一路"和韩国"欧亚倡议"(Eurasia Initiative)的目标方向一致,地域范围也有重合,可以成为两国欧亚战略对接的有利基础。[2]

韩国外交的目标是实现朝鲜无核化,进而通过朝鲜半岛的和平机制,将外交局面扩大至欧亚大陆。为此,韩国应有效管控中韩关系的矛盾,将朝鲜半岛与中国的"一带一路"构想联系起来,积极探索进军亚欧的方向,并加快着手相关政策的开发和研究。

第一,有必要对中国东北地区和朝鲜半岛的联系性再进行研究。韩国国内的很多研究者认为,"一带一路"是西进构想,所以东边被中国排除在外。但是,中国于2003年实施了《东北振兴计划》,2009年实施了《辽宁沿海经济带发展计划》、《长吉图开发项目》[3]以及《中国东北地区同俄罗斯远东及东西伯利亚地区合作规划纲要(2009—2018)》等。并且,中央政府以2007年《东北振兴三年评价报告》为基础,为将中国东北地区与太平洋相连接,还与朝鲜和俄罗斯签订了长期使用远东港口设施的合同。在中国东北交界地区,中国主导了一系列跨国境的地区连接性开发项目,不仅是因为与朝鲜、俄罗斯、蒙古等周边国家的关系,也是考虑与美国和日本等竞争关系的长期国家战略。因此,中韩两国在与朝鲜半岛接壤的中国东北地区,应该可以寻找到"新北方"政策和"一带一路"的结合点。

第二,研究与中国主导的"一带一路"六大经济走廊中的"中-蒙-俄经济走廊"的联系。六大经济走廊中,唯一一条可以连接朝鲜半岛的"一带一路"东进路线就是中国-蒙古-俄罗斯经济走廊。连接朝鲜半岛的路线有"图们江交通走廊"(2号路线)。该路线以蒙古为起点,经中国长春与珲春,沿着图们江进入日本海。该路线与韩国长期努力经营的图们江开发计划(GTI)相关联,是将来通过陆路连接大陆的重要路线。

韩国学者崔必洙表示,在中-蒙-俄经济走廊的1—3号路线中,引导开发韩国自己想要的路径虽然困难,但也并非完全没有希望。因为比起300万的

---

[1] 薛力:《"一带一路"与"欧亚世纪"的到来》,中国社会科学出版社2016版,第239页。
[2] 朴英爱、张国林:《中国"一带一路"与韩国"欧亚倡议"的战略对接解析》,《东北亚论坛》2016年第1期,第108页。
[3] 作为国家级开发计划,长吉图开发是中国连接吉林省的长春市—吉林市—延边自治州的图们市,最终连接朝鲜的罗津港和先锋港的建设中国东北亚物流中枢的工程项目。

蒙古人口与 640 万的远东俄罗斯人口来说，2 500 万的朝鲜人口与 5 000 万的韩国人口拥有相对更大的市场和工业背景。仅从蒙古、远东俄罗斯地区的需求来看，大规模基础设施投资的效用并不显著。拥有丰富需求和工业背景的朝鲜半岛可以为欧亚物流网络动脉供给血液，使投资的效用提升好几倍。① 问题的关键是与朝鲜的关系问题，考虑到 2018 年平昌冬奥会以来的朝鲜半岛的局势的变化，相关研究是非常重要的。

第三，推动中国正在运行中的陆上丝绸之路沿线与朝鲜半岛的铁路相连接。韩国总统文在寅在 2017 年 6 月的 AIIB 年会（济州）祝词中表示："用铁路将（朝鲜半岛）南北连接起来，才是完整地实现'一带一路'"，从而将"南北铁路连接"与"一带一路"的构想结合了起来。朝鲜半岛纵贯铁路（TKR）不仅能够促进（朝鲜半岛）南北之间的经济合作，还能节约运输费用和缩短运输时间等，可以为扩大东北亚经济合作做出巨大贡献。如果朝鲜半岛纵贯铁路与西伯利亚横贯铁路（TSR）、中国横贯铁路（TCR）、蒙古横贯铁路（TMGR）、青岛-俄罗斯横贯铁路（TMR）连接，那么从韩国的立场来看，通过陆路连接欧洲及东北亚市场的实践性研究迫在眉睫。

第四，分析中国"一带一路"建设落实方式的变化，并据此制定相应的政策。2018 年 8 月，习近平主席在推进"一带一路"建设工作 5 周年座谈会上指出，过去几年共建"一带一路"已完成了总体布局，今后要聚焦重点，努力共同绘制好共建"一带一路"的"工笔画"。此后，最受关注的政策变化就是第三方市场合作。为了消除"一带一路"可能被用作中国追求霸权地位的担忧，中国将与其他国家一起共同开发、投资第三方市场。可以说，通过多边框架，中国正努力改变外界对于"一带一路"是属于中国单方面的项目的错误认识。②

2015 年 10 月 31 日，在首尔举行的中韩首脑（朴槿惠总统和李克强总理）会谈结束后，中韩两国政府签署了《关于在丝绸之路经济带和 21 世纪海上丝绸之路建设以及欧亚倡议方面开展合作的谅解备忘录》以及《关于开展第三方市场合作的谅解备忘录》。当时，中韩两国政府再次确认，作为两国中长期对外发展战略的"欧亚倡议"和"一带一路"在推进目标、战略、领域等方面有很多

---

① 崔必洙：《中国的"一带一路"对我们来说是画中之饼吗？》，《中央日报》2017 年 9 月 19 日。
② 曹亨珍：《中国"一带一路"的调整与韩国的对应》，《国际·地域研究》29 卷（2020）1 号，第 188—189 页。

相同之处,具有很高的联系性,并决定扩大经济政策互助、基础设施连接、贸易与投资激活、金融合作、人才交流等多方面的经济合作。但是,"萨德"事件之后,中韩关系的发展停滞不前,没有取得任何显著的成果。最近的第十六次中韩经济部长会议(2020年10月16日,视频会议)上,双方以韩国新北方、新南方政策和中国"一带一路"倡议间对接与合作、第三方市场合作、服务产业合作、新兴产业领域合作、中国东北三省合作为主要议题进行了讨论。另外,中韩两国政府还决定,将为首脑会谈上讨论的新北方、新南方政策和"一带一路"倡议间的对接合作而持续努力。特别是为了推动中韩企业共同进军第三方市场,应该在加强合作渠道(韩国企划财政部、产业部和中国国家发展改革委员会、商务部成立局长级工作组)方面达成共识,并就具体方案继续保持协商。[①]

五、总结

中国在召开中国共产党第十九次全国代表大会和第十三届全国人民代表大会以后,将"一带一路"和"中华民族的伟大复兴"写入了党章和宪法。现在党、政府、专家团结在一起,表现出对"一带一路"的巨大凝聚力。正如笔者之前所言,除了地缘政治因素外,在地缘经济上,中国的"一带一路"是为了在开发中国西北部落后地区的同时,重新构建中国的经济地理,并通过对发展中国家的基础设施建设,重新构建世界经济地理的战略。

笔者不同意从纯地理的角度分析的观点,即认为中国的"一带一路"路线是以中国西部内陆和沿海地区为起点的西进、南进战略,和朝鲜半岛无关。相反,从中国在东北地区实际推动的一系列东北振兴政策和中-蒙-俄经济走廊的实际经济效益来看,"一带一路"和朝鲜半岛在未来将会直接联系在一起。因此,从韩国的立场来看,有必要积极分析和探讨"一带一路"具有的地缘经济意义。

第一,韩国卢泰愚政府的"北方政策"、金泳三总统和金日成主席的首脑会谈失败、金大中政府的阳光政策、卢武铉政府的"东北亚均衡者论"、李明博政府的"无核、开放、3000构想"、朴槿惠政府的"东北亚和平合作构想""朝鲜半岛

---

① 《第十六次中韩经济部长会议主要结果》,2020年10月19日,https://www.moef.go.kr/nw/nes/detailNesDtaView.do?searchBbsId＝MOSFBBS_000000000028&searchNttId＝MOSF_000000000051920&menuNo=4010100,2020年11月26日。

信赖进程""欧亚倡议"等历代韩国政府的北方政策和欧亚战略均因"朝鲜问题"而宣告失败。中国提出的"一带一路"倡议是21世纪中国的亚欧战略构想,如果能与朝鲜半岛对接起来,那么韩国有可能会成为亚欧地区的战略要地。

第二,近来韩国外交因为面临"朝核问题""韩美同盟""对华经济依赖度"等三大制约因素被指责。舆论主张,韩国未来的国家战略应立足于"北方"寻找出路。因此,可以同时分析韩国现有"北方政策"和中国现有"东北振兴战略"的局限性,考虑开展将"一带一路"和"新北方"政策与中国东北地区和朝鲜半岛对接起来的"战略性合作"。

第三,为了切实发展中韩两国建交以来建立的"战略合作伙伴关系",有必要减少地缘政治上的矛盾因素,并扩大地缘经济上的合作空间。如果可在中国(东北地区)的"一带一路"建设和韩国的"新北方"政策之间找到切入点,这不仅对中国外交上重视"扩大周边友好合作带"的战略有利,对于韩国来说,也有利于营造朝鲜改革开放的环境,进而实现超越"北核问题"的欧亚政策,因此具有重要的意义。换句话说,为了给中国和韩国营造和平稳定的周边环境,又或者即使是为了向朝鲜提供改革开放的环境,也需要寻找"一带一路"和"新北方"政策的切入点。中国学术界异口同声称"一带一路"是一项长期工程。中国要想在今后实现"一带一路"建设完全意义上的成功,长期与邻国(韩国、朝鲜、蒙古、日本、俄罗斯)构建和平的环境、扩大合作空间非常重要。其中,中国和朝鲜半岛之间的和平机制有可能成为中国在东北亚地区扩大友好合作带战略的试金石。

最后,韩国政府提议的"东亚铁路共同体"使韩国的外交局面跨越朝鲜,并延伸至欧亚,产生了巨大的协同效应。韩国不应该忘记100多年前的历史教训,即围绕朝鲜半岛和青岛-俄罗斯铁路铺设权等权利展开的列强间生死争夺战最终演变成日俄战争和半岛殖民化。

东南亚地区

R3　马来西亚政府对"一带一路"倡议的认知、政策和措施

[马]陈美颖　方奕鸿　黄雪菁[①]

【摘要】中国的"一带一路"倡议是一个恢弘且具备全球观的新经济典范。位处东南亚中心与东西海陆贸易路线之间的策略性位置,让马来西亚在"一带一路"倡议的全球布局中,具备了重要战略意义。马中关系源远流长,"一带一路"倡议的周全布局与两国友好邦交关系促使马来西亚自倡议于2013年宣布后,即成为最早支持并参与的国家之一。马中独特的历史发展,促使民间组织与机构在马来西亚政府对"一带一路"倡议的决策与布局上起着影响与辅助作用。马中许多大型项目都在"一带一路"倡议下计划或执行。除了建筑发展项目,马来西亚政府还确定了参与"一带一路"倡议的重点行业。所以,本文旨在探讨马来西亚政府对"一带一路"倡议的看法和政策。本文对2013年至2019年间的重点行业策划项目,以及当前进行着的马中大型合作项目进行评估。另外,也审视马来西亚相关当局对"一带一路"倡议所采取的措施。最后,本文分析"一带一路"倡议对马来西亚经济的影响和预期成果,并对"一带一路"倡议的落实与促进马来西亚经济增长提出建议。

【关键词】一带一路;马中关系;双边贸易;外交政策

一、马来西亚政府对"一带一路"倡议的认知与观点

马来半岛与中国有着悠久的文化交流、文化交融历史。即使马中在中华人民共和国成立后,有长达20多年时间不曾建立邦交,两国民间深厚的文化

[①] 陈美颖(Chin Mui Yin),拉曼大学学院商业与政策研究中心;方奕鸿(Hng Gaik Hong),拉曼大学学院社会经济研究中心;黄雪菁(Ng Swee Chin),拉曼大学学院商业与政策研究中心。

积累与不间断的民间贸易往来联系,在马中两国交往上却扮演了重要助力,成了维系两国关系的基础。1971年2月23日,出任总理的拉扎克为了确保东南亚得以成为一个和平、自由与中立的区域,而重新调整了马来西亚政府的外交政策:在国际关系上执行中立与不结盟政策,与各超级大国在相等距离下保持友善互动。马来西亚于1974年5月31日与中国建交,成为首个与中国建立邦交关系的东盟成员国。① 20世纪90年代,随着马中商贸与区域安全发展需要,两国政府间高层领导往来日见频密。中国国家领导人杨尚昆、江泽民、胡锦涛、李鹏、朱镕基、温家宝等曾对马来西亚进行国事访问,而马来西亚总理马哈蒂尔、阿都拉·巴达威等也曾到中国进行官访。国家领导人以下各级别官方领导互访更是不计其数。在友好互动及谅解下,两国签署了系列重要官方文件,诸如《1999年中华人民共和国政府和马来西亚政府关于未来双边合作框架的联合声明》《2004年中华人民共和国与马来西亚联合公报》《2005年中华人民共和国和马来西亚联合公报》,以不断提升双方的合作定位,为两国从政府到民间的密切合作关系建立了稳固平台。

马来西亚是最早表态支持并参与"一带一路"倡议的国家之一。自现任中国国家主席习近平于2013年倡议"一带一路"跨国经济合作以来,马来西亚共经历了三个政党联盟领导的政府。分别是,纳吉布总理的国民阵线政府(Barisan Nasional,2009—2018年)、马哈蒂尔总理②的希望联盟政府(Pakatan Harapan,2018—2020年),及穆希丁总理的国民联盟政府(Perikatan Nasional,2020至今)。虽然不同执政联盟政府对治国政策上做出了相应调整,但在对华事务及"一带一路"倡议上皆给予认同与支持。

极力推动马中关系的前马来西亚总理纳吉布在2009年4月3日上任后,同年6月2日首个出访的东盟以外国家就是中国;而习近平在2013年3月正式接任中国国家主席后,也于同年10月3日至5日对马来西亚进行国事访问。③ 两国首脑对彼此国家的重视可见一斑。此前,习近平刚刚于9月7日在哈萨克斯坦纳扎尔巴耶夫大学发表题为《弘扬人民友谊,共创美好未来》的重

---

① Ahmad Mokhtar Selat, *Malaysia's China Policy: The Bilateral Relationship*, Unpublished Master Thesis, Australia National University, April 1987, p.51.
② 马哈蒂尔(Mahathir bin Mohamad)曾两次出任马来西亚总理。首次,以马来西亚巫统党魁身份出任第四任总理,任期从1981年至2003年;随后,以土著团结党主席身份出任第七任总理,任期从2018年至2020年。
③ 叶汉伦:《马中圆梦:黄家定出任首相对华特使五年记》,马来西亚—中国商务理事会2016年版,第140—142页。

要演讲。① 这场演讲是"一带一路"倡议的起点。带着落实"五通"理念,②习近平的访马行程收获丰富,与纳吉布政府针对全面推进马中关系达成广泛共识,并决定将两国关系提升为全面战略伙伴关系。③

两国在联合声明中重申,愿保持密切高层接触,深化各领域友好交流与合作,推动马中关系取得新发展,同意增进并加强在贸易、投资、旅游、金融服务业、基础设施建设和防务等各领域上的合作。其间,也签署了《中华人民共和国政府与马来西亚政府经贸合作五年规划》(2013—2017年),明确了双边贸易发展路线图,以及在2017年达到1 600亿美元的贸易新目标。其中最突出的合作重点包括了2013年2月启动的马中关丹产业园区"两国双园"计划。此外,中国分别在亚庇(Kota Kinabalu)和槟城(Pulau Pinang)设总领事馆,马来西亚则在中国南宁设总领事馆,以加强双边民间往来与地方合作。④

纳吉布认为"一带一路"对马中两国以及东南亚国家而言是一个双赢的合作关系。受惠于"一带一路"倡议,马来西亚与东南亚国家的许多基建计划得以落实,这些基建计划将协助偏远地区的经济发展。此外,马来西亚也获得了许多中国企业的投资,推动本国的经济建设发展。他强调,只要中国的"一带一路"倡议继续秉持友爱互助的双赢模式,各国就应该参与、贡献,并给予支持,以确保"一带一路"的成功。⑤

2018年5月5日,领导希望联盟组织新政府的时任总理马哈蒂尔,于该年8月20日官访中国时表示,中国是马来西亚的重要伙伴,马中关系与合作使两国受益。他指出,中国在创业创新方面发展迅速,马方希望向中方学习,提升双方电子商务、创新合作水平。作为亚洲国家,马中同为亚洲价值观感到自豪,马来西亚愿和中国一道支持全球化,维护开放、自由、公平的国际经济体系。他也向中方强调,新政府将在相互尊重、平等互利基础上继续奉行对华友好政策,支持"一带一路"倡议,实现双方在经贸等各领域的互利共赢,推动马

---

① 《习近平在纳扎尔巴耶夫大学的演讲》,2013年9月8日,https://www.fmprc.gov.cn/web/ziliao_674904/zyjh_674906/t1074151.shtml。
② 习近平在2013年9月8日提出的五通理念为,"政策沟通、道路连通、贸易畅通、货币流通、民心相通"。
③ 《习近平同纳吉布总理举行会谈,决定建立中马全面战略伙伴关系》,2014年10月4日,http://www.xinhuanet.com/world/2013-10/04/c_117595519.htm。
④ 《中华人民共和国和马来西亚联合新闻稿》,2014年1月3日,http://my.chineseembassy.org/chn/zt/zmgxzywj/t1114355.htm。
⑤ Najib Razak, "Why Malaysia supports China's belt and road," 2017年5月13日, https://www.najibrazak.com/en/blog/why-malaysia-supports-chinas-belt-and-road/。

中关系提质升级,①双方更同意延续并共同编制新的《中马经贸合作五年规划》(2018—2022),开展双向投资,鼓励在信息通信技术、数据分析、设计研发、物联网、云计算和人工智能等高价值领域开展技术转移等合作。马中同意发挥好"两国双园"联合协调理事会机制作用,共同推进中马钦州产业园和马中关丹产业园建设。②

马哈蒂尔之后出任首相的穆希丁在组阁之际,适逢马来西亚爆发新冠肺炎疫情,其首要任务在于领导全民抗疫。虽然如此,穆希丁依然强调了马中合作的重要性。他于2020年10月13日接见访马的中国国务委员兼外交部长王毅时表示,中国是马来西亚重要伙伴,近年来双边关系取得长足发展,双方在经济、社会、文化、防务等方面合作不断深入,因此支持建立马中两国合作高级别委员会,为后疫情时期深化双边合作提供指导。③ 两国也发表了《马中外长联合声明》,积极探讨制定新的《马中经贸合作五年规划》(2021—2025),本着平等、相互尊重、互利共赢原则,在对方国家投资,鼓励在高附加值投资领域开展更广泛合作与技术转移。双方将鼓励在"一带一路"倡议下开展更多合作项目,展现两国互信及亲密友好的伙伴关系。中方也向马方承诺,将在新冠疫苗研制成功后,优先提供给马方。④

马中建立全面战略伙伴关系不但为促进区域和平带来巨大贡献,也为两国民众在各领域的往来合作带来巨大好处。当中最显而易见的是,受惠于"一带一路"倡议而不断攀升的马中双边经贸数额。马来西亚贸易与工业部(MITI, Ministry of International Trade and Industry)具体执行两国经贸往来措施。在对外贸易方面,贸工部下辖的马来西亚对外贸易发展机构(MATRADE,Malaysia External Trade Development Corporation)先后在中国的北京、上海、成都、广州与香港设立办事处。根据该机构指出,截至2020年9月,马中双边贸易占了马来西亚总贸易额的19.8%,或马币308.5亿,比2019年增长了21.5%;⑤在招商

---

① 《李克强总理同马来西亚总理马哈蒂尔举行会谈》,2018年8月20日,http://my.chineseembassy.org/chn/zmgx/t1586549.htm。
② 《中华人民共和国政府和马来西亚政府联合声明》,2018年8月20日,http://my.chineseembassy.org/chn/zmgx/t1586632.htm。
③ 《慕尤丁:支持建立合作高级别委员会,深化后疫情马中合作》,《星洲日报》2020年10月14日,第8版。
④ 《马中外长联合声明》,《星洲日报》2020年10月14日第8版。
⑤ "MATRADE and ICBC (Malaysia) Forge Collaboration in Intensifying Market Access into China", MATRADE. http://www.matrade.gov.my/en/about-matrade/media/press-releases/5206-matrade-and-icbc-malaysia-forge-collaboration-in-intensifying-market-access-into-china.

引资方面,贸工部则通过马来西亚投资发展局(MIDA,Malaysian Investment Development Authority),该局在北京、上海与广州均设有办事处。

二、"一带一路"倡议下马中合作项目与重点行业

虽然中国连续11年成为马来西亚的最大贸易伙伴国,但在过去数十年间,却不是马来西亚的主要外资来源国。此前,马来西亚多数大型项目的投资由西方先进国家,如美国、德国,或东方国家,如日本和韩国所主导。[1] 不过,这种格局自2013年"一带一路"倡议提出后开始出现变化。马来西亚由于符合"一带一路"倡议,以"五通"为主线的发展战略条件,而成为中国资金对外投资的目的地之一。中国在马来西亚的投资额也因此呈现稳步增长趋势。马来西亚国行历年报告分析,中国在马来西亚的投资额在2012年至2016年间平均每年达到马币39亿令吉(约为2.1%至6.2%),呈现稳健的增长趋势。[2] 然而,穆雷·邱本(Murray Hiebert)指出,自2013年以来,中国公司与马来西亚在内的东盟国家签署了许多在"一带一路"名义下,关于铁路、桥梁、水坝和经济特区等的发展项目协议。由于各国随后各自面对衍生自相关项目的贷款数额、环境污染与贪腐等问题,而导致许多项目被拖延,无法顺利启动。[3]

但是,根据马来西亚社会经济研究中心的数据,在2017年上半年,中国在马来西亚的投资总量激增,达马币62亿令吉,占了马来西亚外来投资总额的9.0%。[4] 中国在马来西亚和其他国家/地区的投资激增,可能源于中国国家主席习近平在2017年世界经济论坛上的主题演讲,以及当年其在全球的其他活动结果。习近平的讲话显然增强了与会国家,包括马来西亚,对中国"一带一

---

[1] W. M. Har, Lee Sin Yee, Chong Heng Lim, Tan Ai Lian, and Tan Chai Thing, "Impact of Belt and Road and Reversed Globalization to Malaysia china Economic Relationship", *International Journal of Business Management and Economic Review*, Vol. 2, No. 3, 2019.

[2] "China's investment in Malaysia: Perceptions, Issues and Prescriptions", Malaysia Socio-Economic Research Centre, 2017, https://www.acccimserc.com/images/researchpdf/Final-China-Investments-in-Malaysia-Perception-Issuess-and-Prescript.pdf.

[3] Murray Hiebert, "China's Belt and Road: From Malaysia To Philippines, Asean Projects Face Roadblocks", September 2020, *South China Morning Post*, https://www.scmp.com/week-asia/opinion/article/3100628/chinas-belt-and-road-malaysia-philippines-asean-projects-face.

[4] "China's investment in Malaysia: Perceptions, Issues and Prescriptions", 2017, Malaysia Socio-Economic Research Centre, https://www.acccimserc.com/images/researchpdf/Final-China-Investments-in-Malaysia-Perception-Issuess-and-Prescript.pdf.

路"跨国经济合作倡议的信心。习近平在讲话中向全世界呼吁,全球经济治理体系进行改革以确保其公平合理性是一项需要紧迫完成的任务,因为这是维持全球经济增长的唯一途径。他也以中国国内改革为例强调,中国坚持通过改革破解前进中遇到的困难和挑战,消除体制障碍,坚持对外开放基本国策,奉行互利共赢的开放战略,不断提升发展的内外联动性,在实现自身发展的同时更多惠及其他国家和人民。①

自"一带一路"倡议提出以来,从 2016 年至今,中国已成为马来西亚制造业领域最大的外来投资来源国。马来西亚贸工部副部长林万峰表示,马来西亚分别在 2019 年和新冠肺炎肆虐的 2020 年上半年,先后批准了 79 笔、价值 37.4 亿美元,以及 32 笔、总额 4.524 3 亿美元,来自中国的投资项目。② 截至 2020 年 9 月,马来西亚外来总投资额为马币 426 亿令吉,中国以马币 170 亿令吉成为马来西亚最大外来投资国家,一个国家的投资就占了马来西亚的外来投资总额约 40%,比位列第二名至第五名的国家,新加坡(80 亿令吉)、美国(28 亿令吉)、瑞士(28 亿令吉)与荷兰(24 亿令吉)的总和还多。③

(一)马中合作项目

中国在马来西亚投资的许多大型项目大都采取与当地人合资形式,以实践"一带一路"倡议的共商共建共享。下表仅列出在"一带一路"倡议下获得签署、执行和保证的标杆性大型中马合作项目:

表 3-1　　　　　　　　马中合作项目

序列	项目名称	规模 (土地面积)	价值 (亿马币)	年份 (签署/执行/担保)
1.	马中关丹产业园	3 500 英亩	200	2013
2.	马六甲皇京港项目	1 366 英亩	420	2014

---

① "Full Text of Chinese President Xi Jinping's keynote speech at the World Economic Forum in 2017", https://america.cgtn.com/2017/01/17/full-text-of-xi-jinping-keynote-at-the-world-economic-forum.
② "China remains Malaysia's largest foreign investor in manufacturing sector — MITI", 2020, *The Edge*, https://www.theedgemarkets.com/article/china-remains-malaysias-largest-foreign-investor-manufacturing-sector-%E2%80%94-miti.
③ "Malaysia Records Total Approved Investments of RM109. 8 Billion in the Economy, Creating 64, 701 Job Opportunities for January", December 2020, MIIDA, https://mida.gov.my/media-release/malaysia-records-total-approved-investments-of-rm109-8-billion-in-the-economy-creating-64701-job-opportunities-for-january-september-2020.

续表

序列	项目名称	规模 （土地面积）	价值 （亿马币）	年份 （签署/执行/担保）
3.	关丹港口扩展项目	扩展泊位1千米，水深18米和47公顷的集装箱码头	30	2015
4.	东海岸铁路项目	688千米	655	2016
5.	吉利和普腾汽车制造商合作	使用马来西亚组装厂的现有产能	7.7	2017
6.	浙江省XSD控股集团有限公司绿色造纸产业园项目	300英亩	12	2018
7.	马来西亚城项目	486英亩	1400	2019
8.	大马和中国在棕油方面的贸易与合作	—	45.6	2019

资料来源：马来西亚交通部、Railway Technology、New Straits Times、Melaka Gateway.com、Bernama-Malaysian National News Agency、MCKIP网、South China Morning Post、马来西亚投资发展局、Sime Darby Company Website。

根据表3-1，大型项目的总投资额自"一带一路"倡议宣布后增长超过马币2500亿令吉，这是对马来西亚的巨额资金流入。如果一切项目能够按照既定计划执行，这将惠及两国经贸，同时为马来西亚民众创造大量就业机会，推动经济增长。马中合作的首个项目，即马中关丹产业园自2013年"一带一路"倡议后正式启动。由于中国在钦州也同时设有一个马中产业园，因此这个项目也被称为"两国双园"。马中关丹产业园是吸引外国资金流入马来西亚的经济驱动力之一。这些投资将能够为当地人提供更多就业机会，并刺激包括马来西亚和中国在内的经济增长。[1] 在马中关丹产业园区内营运的行业包括钢铁和有色金属、研究与发展、电气和电子工程、机械和设备制造、清洁技术和可再生能源以及石化工程等。如果该项目成功执行，马来西亚的先进制造业将从技术转移中获益，并得以扩展及实现多元化目标。

2016年，总投资额高达马币650亿的东海岸铁路项目被视为马中合作的最大基建项目，总投资额高达马币650亿的东海岸铁路项目自宣布以来，即被

---

[1] "Introduction of MCKIP and MCKIP Development", 2020, Malaysia-China Kuantan Industrial Park, http://www.mckip.com.my/.

MIDA定为战略性基础设施项目,并作为带领马来西亚经济发展的火车头。① 马来西亚政府冀望通过该项目将经济效益最大化,通过增加客运和货运量,以及预期产生的经济增长来提升东海岸铁路项目沿线的经济活动,预计在整个施工期间可创造马币176亿令吉价值的就业机会。② 同时,关丹港口扩展项目则旨在马来西亚从南中国海的货船上运载更多的货物前往马来西亚半岛,再从马来西亚的巴生港运送出各国。这项措施可以大大节省运输时间。大众认为这是一个非常有潜力的项目。

此外,中国吉利入股马来西亚国产车宝腾(Proton,前称普腾),展开马中两国汽车制造业的合作,在马来西亚的汽车工业发展领域也起着举足轻重的作用。宝腾在吉利入股后所开发的第一辆汽车X70,已经成为马来西亚汽车工业领域的游戏规则改变者。据报道,在吉利入股宝腾前,其汽车销量一直呈下降趋势,如2017年只交付了71 239辆,2018年64 744辆。但是,自吉利入股后,宝腾借助吉利的汽车研发技术所推出首款新车X70,在2019年售出了10万辆之多,让宝腾再次攀上马来西亚汽车市场的第二名。③

马来西亚也和中国签署了与棕榈油行业相关的谅解备忘录。中国承诺从2019年至2024年间,在原有向马来西亚的采购量上,额外增加购买190万吨棕榈油。这项行动对马来西亚的棕榈油企业至关重要。马来西亚政府希望在中国扩展棕榈油需求市场,以弥补因为各种因素而造成需求萎缩的欧洲市场份额。

另外,浙江省XSD控股集团有限公司与投资吉打机构(Invest Kedah)计划在吉打州居林的巴东美哈(Padang Meha)投资建设绿色造纸产业园项目。这家为东南亚和中东市场生产涂层双面板的中国公司,预计将为马来西亚带来马币12亿令吉的投资规模,从而带动吉打州的地方经济增长,并为当地人提供1 300个就业机会。吉打州政府坚信,这项联营投资将增强中国投资者对

---

① "East Coast Rail Link (ECRL)-Economic Accelerator Projects (EAP)", 2020, Strategic Planning & Policy Advocacy (Manufacturing) Division, MIDA, https://www.mida.gov.my/home/administrator/system_files/modules/photo/uploads/20200304180553_01_MIDA.pdf.
② "East Coast Rail Link (ECRL) Project, Malaysia", 2020, *Railway Technology*, https://www.railway-technology.com/projects/east-coast-rail-link-ecrl-project/.
③ "Proton-Geely Partnership Yields Desired Results", December 2019, *The New Straits Time*. https://www.nst.com.my/business/2019/12/550181/proton-geely-partnership-yields-desired-results.

吉打州的信心。①

除了表 3-1 中所列出的大型项目以外，马来西亚当局还批准了许多中国公司在马的投资项目。自 2017 年以来，也有许多中国与马来西亚公司个别展开了多项大小不一的合作项目。简而言之，"一带一路"倡议加快了中国的资本流入，在马来西亚创造了商业与就业机会。

(二) 马中合作项目进展

如上节所述，所有已承诺和签署的项目如果皆按照计划与时间表执行，则将带动马来西亚的商贸与工作机会，促进经济增长。

然而，以东海岸铁道项目为例，这项于 2016 年签署、2017 年启动、预计将于 2024 年完工的马中最大型基建项目，②由于牵涉巨大的投资成本，在 2018 年新政府上台执政后，被要求重新审视工程细节而推延施工。马来西亚政府于 2019 年 4 月 12 日宣布，他们与中国达成协议，恢复这项由马来西亚铁道有限公司和中国交通建设股份有限公司合资的"一带一路"项目。新的东海岸铁道项目重新调整了原先的铁路网络规划，改善了马来西亚东海岸地区和西海岸之间的连接性。③新路线规划将总成本从马币 655 亿减少至马币 440 亿，将原先路程缩短 40 千米，总长度改为 648 千米。第一阶段的建设于 2019 年 5 月开始，预计将于 2026 年年底完工，比原定计划推迟两年。

相似的情况也发生在马中财团联营的马中关丹产业园。自协议签署后，产业园立即投入建设发展。但是，其整体进展却没有预期中快。马中关丹产业园在营运上面对两国在政治、法律法规、公司管理方式、文化和语言方面的差异，加上由于涉及许多不同单位，各单位的优先关注事项与观点、立场的不同，皆为该产业园在运作上增添了难度与挑战。此外，尽管当地有高达 92% 的民众希望马中关丹产业园能够刺激周边地区的经济增长，但是关注与知道马中关丹产业园活动的人不到 30.3%，而只有 20% 的当地人参与了马中关丹产业园的业务。根据格拉西报告所称，两国于 2019 年 6 月已签署了加强双边合

---

① "Zhejiang XSD to Invest RM1.2 Billion in Kedah." November 2018, Sime Darby Property Berhad, https://www.simedarbyproperty.com/press-releases/zhejiang-xsd-invest-rm12-billion-kedah.
② Kok Fay Chin, "Malaysia's Perception and Strategy toward China's BRI Expansion: Continuity or Change," *The Chinese Economy*, DOI: 10.1080/10971475.2020.1809814, August 2020.
③ "ECRL Project", 2020, Malaysia Rail Link Sdn. Bhd, http://www.mrl.com.my/en/ecrl-key-facts/.

作协议。该协议的目的是为了促进双边的贸易、投资,发展产业集群与改善区域价值链的管理。两国希望通过这项新协议,能够及时达致马中关丹产业园与两国双园的原定目标。①

另外,大马城(Bandar Malaysia),一个交通导向型的综合开发项目在2017年因为根本分歧原因被原政府终止。作为马来西亚首都吉隆坡的一项庞大综合性发展计划,大马城计划成为全球最大的地下城市之一。城内规划设有金融中心、室内主题公园、众多购物设施、住宅单位及东南亚最重要的铁路枢纽。2019年4月,在马中两国找到解决方案并达成协议后,马来西亚新政府恢复了大马城项目。由于该项目仅在一年前重启,大马城的建设目前仍然处于初始阶段。

马六甲皇京港项目是由KAJ Development Sdn. Bhd.与多家中国公司组成的财团联合开发。原本预计将于2025年建成,②但由于该项目涉及多家公司的参与而导致问题复杂化,该项目远远落后于原计划,不太可能在2025年完成。

另一方面,关丹港口的扩建工程则已经如期完成。新深水码头(NDWT)1A期的建设于2018年完工,而新深水码头1B期的建设于2019年完成。③ 此外,据关丹港口的首席运营官称,关丹港口仍然对港口扩张计划保持乐观态度。④

同样地,宝腾与吉利(Geely)的策略性合作也获得巨大成功,为这家国产车制造商在产品改善和销售量方面带来预期成果。宝腾在X70车款在马来西亚销售取得巨大成功后,于2020年再次发布新车款的原型,冀望再下一城,继续创造联营神话。⑤

---

① Sergio Grassi, "The Belt and Road Initiative in Malaysia", Asia and Pacific Department Hiroshimastr, February 2020, https://www.fes.de/referat-asien-und-pazifik.
② "Vision, Missions and Values", 2019, Melaka Gateway and KAJ Development Sdn. Bhd https://melakagateway.com/vision-mission-values/.
③ "Milestones", 2020, Kuantan Port, http://www.kuantanport.com.my/en_GB/about-us/milestones/.
④ "IJM's Kuantan Port Expands", November 2020, MIDA, https://www.mida.gov.my/mida-news/ijms-kuantan-port-expands/.
⑤ "PROTON Launches New X50 Crossover Based on Greely's leading BMA Architecture", October 2020, Zhejiang Geely Holding Group Media Center, http://zgh.com/media-center/?lang=en.

(三)"一带一路"倡议下的重点行业

马来西亚政府确认了参与"一带一路"倡议下的重点行业,例如农产业、先进制造业、电子商务和旅游业等。本文主要介绍上述4个行业。

1. 农产业

根据2019年马中两国签署的谅解备忘录,中国由于承诺在2019年到2024年间,从马来西亚进口900万吨棕榈油,而跃升成为马来西亚最大的棕榈油进口国之一。这项交易将对马来西亚的农产业发展带来正面效应,并为与棕榈油相关的业务,如农民、棕榈油加工供应商和贸易商带来更多商机。此外,中国驻马来西亚大使馆、马来西亚中华总商会和马来西亚中国银行三方,在马来西亚投资发展局、马来西亚对外贸易发展机构的支持下,联办中马企业合作对接会,重点领域就包括了棕榈油加工及出口、水果贸易及食品加工与清真食品贸易等行业。[1]

2. 先进制造业

为了达到工业4.0目标,马来西亚必须应用更先进的制造科技以为其产品生产流程注入更高附加值。当前,马来西亚正通过投资高科技基础设施以致力发展和提升其先进制造能力。[2] 作为世界工厂,中国国内在工业4.0转型上处于领先阶段,因此与中国在先进制造业领域的合作将为马来西亚企业开创更多机遇。

马来西亚和中国企业之间在高附加值汽车配件和零件、电子和电气、建筑材料以及医疗用品等方面的业务匹配,与马来西亚政府欲扩大其先进制造业领域的策略布局相符合。根据MIDA称,涉及先进技术和熟练劳动力的资本密集型项目主导了马来西亚的制造业格局。在2019年,该局共批准了108个,投资额超过1亿令吉或以上的类似项目。[3]

3. 电子商务

马来西亚数码经济机构(MDEC,Malaysia Digital Economy Corporation)是领导马来西亚电子商务产业并推动数码经济发展的政府机构。根据MDEC

---

[1] Malaysia-China Economic Conference,"Press Conference on One Belt One Road",2019,ACCIM,https://www.accim.org.my/en/press-conference-on-one-belt-one-road-malaysia-china-economic-conference/.

[2] "National Policy on Industry 4.0",2018,MITI,https://www.miti.gov.my/miti/resources/National%20Policy%20on%20Industry%204.0/Industry4WRD_Final.pdf.

[3] "Approved Investments in The Manufacturing, Services and Primary Sectors In 2019 Totalled RM207.9 Billion",April 2020,MIDA,https://www.mida.gov.my/media-release/approved-investments-in-the-manufacturing-services-and-primary-sectors-in-2019-totalled-rm207-9-billion/.

所述,马来西亚的数码经济计划着重于大数据分析、电子商务和物联网。马来西亚政府正在致力构建一个开放、健全与有利于人工智能技术创新的环境。同样,数码丝绸之路也为包括马来西亚在内的东盟国家带来了全新的高科技发展机遇。此举旨在将中国的科技公司的业务,主要是电子商务、智慧城市和工业化4.0、自动化和人工智能技术推广到东盟国家。[1]

鉴于新的经济形势,我们观察到了中马企业在数码经济生态系统方面的合作趋势。例如,在2017年,中国的阿里巴巴在马来西亚建立了第一个海外电子世界贸易平台(eWTP)枢纽,该中心与数码自由贸易区(DFTZ)计划相关联,加速电子商务领域的发展和机遇。通过推介电子商务模式给中小型企业,阿里巴巴在中国和马来西亚之间成功建立了双边商家的合作关系,为中小企业带来了更多商务机会。另外,由马来西亚G3 Global、中国港口工程公司和总部位于中国的商汤科技开发有限公司联合开发的马来西亚首个人工智能园区,预计自2020年起的未来5年内,将在该园区投资超过10亿美元。此外,马来西亚也被腾讯选中,成为在中国以外,首个使用微信支付技术的数码支付/电子钱包解决方案的国家;华为技术公司也继续与马来西亚紧密合作,发展马来西亚的数码生态系统。这些合作为马中两地的科技公司带来了许多新机会。根据MITI发布的数据,已有超过1900家准备出口的马来西亚中小型企业参与数码自由贸易区平台。其中,燕鸣资源有限公司自参与自贸区以来其出口量增长了5倍,而Green World Recycle Sdn. Bhd. 的销售额也增长了122%。[2] 此外,在2020年,腾讯与马来西亚知名技术集团Green Packet 的合作必将吸引公众对该行业的更多关注,有可能为全球企业带来数十亿美元的收入。[3] 总括而言,随着数码自由贸易区的启动,马来西亚的电子商务旨在2020年翻倍增长,预计为国内生产总值贡献马币2110亿令吉。[4]

---

[1] "The Digital Silk Road Series: How Chinese Companies Are Leveraging on ASEAN Opportunities", February 2020, MDEC, https://mdec.my/blog/?paged=8.

[2] "Digital Free Trade Zone", 2018, MITI, https://www.miti.gov.my/miti/resources/Media%20Release/Fact_Sheet_DFTZ_at_Malaysia_Digital_Economy_2018_SME_Fact_Sheet.pdf.

[3] "Exclusive: Tencent's entry lights up cloud computing segment", August 2020, *The Star*, https://www.thestar.com.my/business/business-news/2020/08/22/tencents-entry-lights-up-cloud-computing-segment.

[4] "Banner Go Global with Digital Free Trade Zone (DFTZ)", 2017, MATRADE, http://www.matrade.gov.my/en/malaysian-exporters/services-for-exporters/trade-market-information/trade-statistics/138-malaysian-exporters/etrade-programme.

4. 旅游业

旅游业在2019年为马来西亚经济带来了马币861亿令吉的收入,而中国游客在马来西亚的游客人数和游客支出方面名列前三名。[①] 旅游业的总增加值(GVATI)对马来西亚的国内生产总值贡献了15.9%。显然,旅游业对马来西亚经济增长发挥了重要作用。其中,马来西亚当局将重点旅游领域设定在农业旅游、医疗旅游、文化旅游和生态旅游方面。

据马来西亚旅游、艺术和文化部称,农业旅游是一种全新的旅游形式,并且日益获得旅客的欢迎。鉴于马来西亚是一个农业资源丰富的国家,农业旅游遂成为旅游部重点推销的旅游方式。马来西亚为游客提供了与农业相关的各种活动,例如参观果园、动物农场和农作物研究中心等。

马来西亚医疗保健旅游委员会(MHTC)则指出,由于拥有先进的整容手术、牙科和骨科治疗,马来西亚正迅速成为著名的医疗旅游目的地。另一方面,学者们指出,文化遗产旅游也已成为受外国旅客欢迎的一种潜在替代旅游形式。马来西亚的多元族群环境,带来了丰富多变的建筑、传统服饰、音乐和舞蹈风格,反映了跨族群文化特色。[②] 根据马来西亚世界自然基金会估计,马来西亚每年从生态旅游中获得马币6.55亿令吉收入。为了进一步促进生态旅游,马来西亚旅游同业协会(MATTA)增加了促销活动,以吸引更多中国游客莅马观光。该协会会长相信,中国游客可能偏爱具有吸引力的户外活动与生态旅游。[③]

由于中国旅客对马来西亚的旅游业发展举足轻重,因此政府当局与马中旅游文化促进商会(MICA)常年在中国开展旅游宣传路演,推展各类旅游活动与景点,让他们能在马来西亚过上一个美好愉快的热带假期。然而,由于新冠肺炎肆虐,马来西亚旅游业在2020年面对惨淡营收。随着疫苗面世,马来西

[①] "Tourism Contributes Rm86. 14 Billion to Malaysia Economy with 26. 1 Million Tourists in 2019", April 2020, Ministry of Tourism, Arts and Cultures of Malaysia, https://www.tourism.gov.my/media/view/tourism-contributes-rm86-14-billion-to-malaysia-economy-with-26-1-million-tourists-in-2019.

[②] Norhasimah Ismail, Tarmiji Masron, Azizul Ahmad, "Cultural Heritage Tourism in Malaysia: Issues and Challenges", paper dilivered to SHS Web of Conferences, EDP Sciences, November 2014, https://doi.org/10.1051/shsconf/20141201059.

[③] "Matta steps up ecotourism promotion to woo more Chinese tourists", January 2020, *Malay Mail*, https://www.malaymail.com/news/malaysia/2020/01/19/matta-steps-up-ecotourism-promotion-to-woo-more-chinese-tourists/1829573.

亚当局希望该行业能够在 2021 年实现反弹,再次迎来高峰。

三、马来西亚政府与"一带一路"倡议对接的措施

为了确保对华事务得以顺利执行,时任总理纳吉布于 2011 年 10 月 21 日委任马华公会前总会长,也是马来西亚内阁前房屋及地方政府部长黄家定为"马来西亚总理对华特使",直接向总理汇报。这项委任是纳吉布政府首创,也突显了纳吉布对马中关系的重视。对华特使位阶为正部长级,在对中国关系与双边贸易工作上,主要是协调与辅助包括马来西亚国际贸易及工业部、马来西亚驻华大使馆及相关的各政府单位,以更好地处理马中双边友好和经贸合作关系。对华特使首要任务为全面协调中马钦州产业园区及马中关丹产业园的"两国双园"计划,以确保计划得以成功落实。此外,也负责马中经贸对接,招商引资,以及其余与中国相关事务的协调工作。[①]

纳吉布政府的委任对华特使决策随后在马哈蒂尔政府、穆希丁政府时期也被保留下来。在黄家定(2011 年至 2018 年)之后,出任对华特使的有马来西亚民主行动党党主席陈国伟(2018 年至 2020 年),现任对华特使则是马来西亚民主进步党党主席张庆信。

对华特使身兼马来西亚-中国商务理事会(马中商务理事会)主席职。成立于 2002 年的马中商务理事会是一个半官方组织,主要作为中国国际贸易促进会(中国贸促会)在马来西亚的对口单位。两机构于 2002 年在时任马来西亚总理马哈蒂尔和访马的时任中国国家副主席胡锦涛的联合见证下,一起设立了中国-马来西亚联合商务理事会,以加强马中两国的双边关系,提升两国有关单位、企业乃至个体之间的交流与合作,利惠两国的商贸投资社群。马中商务理事会为在中国经商的马来西亚商家,也为在马来西亚经商的中国商家提供资讯与咨询,鉴定各类商务课题和困难,以寻求解决的方案。此外,马中商务理事会也扮演政府与商界桥梁,将马中商家在贸易方面的各种意见、困难整理汇报,以协助政府制定双边贸易政策。[②]

在对华关系上,除了两国政府在外交关系上密切互动以外,马来西亚民间

[①] "Taking Malaysia-China relationship to greater heights", Nov. 2011, Malaysia-China Business Council, http://www.mcbc.com.my/en/council-update/992.

[②] 《马中商务理事会简介》,马中商务理事会, http://www.mcbc.com.my/introduction。

组织同样在经贸、文化等各领域与中方民间对口单位广泛建立友好联系。许多马中民间组织间的友好互动关系甚至早在两国建交前即已存在。马来西亚华团组织众多,传统华团有:马来西亚中华大会堂总会、马来西亚中华总商会、马来西亚华校董事联合会总会、马来西亚华校教师会总会、马来西亚华校校友会联合会总会、马来西亚华人文化协会、马来西亚七大乡团协调委员会、马来西亚华人姓氏总会联合会,以及其他分布全国、州、县级逾万个乡团、会馆。与中国"一带一路"倡议及马中贸易相关组织有:马来西亚-中国总商会、马来西亚"一带一路"总商会、马来西亚"一带一路"委员会、马来西亚中资企业协会、马来西亚-广东投资促进会、马来西亚中国企业家联合会、马来西亚中国贸易促进委员会等。另外,还有推动马中友好及文化交流的组织,如马中友好协会、马来西亚—中和平统一促进会、马来西亚中国文化艺术协会、马来西亚中国公共关系交流协会等,不一而足。政府对于这些民间组织的成立,以及他们在马中友好关系上所扮演的促进与推动角色皆乐见其成。许多民间主办的马中友好交流活动都获得政府各相关部门与单位的支持、联办和赞助。

总体而言,马来西亚在外交政策上主要奉行中立与不结盟政策,与各大国在相等距离下保持友善互动。无论是在当前中美、中澳贸易战,或是在新冠肺炎疫苗采购上,马来西亚都以不偏不倚的务实态度面对波谲云诡的国际关系。马来西亚的立场与中国所奉行的外交政策原则一致,即"坚定不移地奉行独立自主的和平外交政策……维护中国的独立、主权和领土完整……建设创造一个良好的国际环境,维护世界和平,促进共同发展"。[1]

在对华关系上,民间亲善关系与历史渊源让马来西亚政府得以更全面的理解与把握中国国情。马来西亚视中国为区域大国,对区域内的和平、稳定与发展起着重要作用。由于同属亚洲国家,马来西亚与中国在价值观念上的共通性也让双方的交流互动更为顺利。马来西亚强调与中国在平等尊重、互利共赢的共识上成为战略合作伙伴。因此,马来西亚不认为中国国力的强盛是威胁。对中国的"一带一路"倡议,马来西亚更多是从区域与国家经济建设发展角度着眼,认同该倡议下"共商、共建、共享"理念。[2]

---

[1] 《中国独立自主的和平外交政策》,中华人民共和国常驻日内瓦办事处和瑞士其他国际组织代表团,http://www.china-un.ch/chn/ljzg/foreignpolicty/t155779.htm。
[2] 《习近平在第二届"一带一路"国际合作高峰论坛开幕式上的主旨演讲全文》,2019 年 4 月 26 日,第二届"一带一路"国际合作高峰论坛,http://www.beltandroadforum.org/n100/2019/0426/c26-1261.html。

作为亚洲的重要经济体,中国的高经济增长率对世界经济增长产生巨大而深远影响。马来西亚冀望通过参与"一带一路",能够从中国的强大科研与创新技术、庞大的国内外投资项目与活跃的进出口贸易量中获得更多的经贸发展机遇,而在国际关系上保持中立,采取务实外交政策显然让马来西亚从中受惠。自2009年起,中国已连续11年成为马来西亚最大贸易伙伴国。在可预见的未来,马中双边友好关系将持续获得深化,为两国在经贸上带来巨大贡献。

四、"一带一路"倡议对马来西亚经济的影响和预期成果

马来西亚政府对于马中合作项目予以高度重视,因为深信通过"一带一路"倡议中的"设施联通"与"贸易畅通",将能够协助马来西亚达到其经济发展目标,实现马中共荣。综上所述,本节将分析和评估来自中国的外来直接投资流入趋势,以及马来西亚与中国之间的双边贸易形势。

(一)中国的外来直接投资趋势

如前所述,自2016年以来,中国已成为马来西亚制造领域最大的外来投资来源国。表3-2展示了自2000年以来源自中国的外来投资流入量:

表3-2　2000年至2020年间中国流入马来西亚的外来直接投资总额

年份	贸易额(百万马币)
2000年	5.373
2001年	34.348
2002年	13.727
2003年	11.185
2004年	41.398
2005年	73.423
2006年	86.365
2007年	128.850
2008年	1 115.926
2009年	792.800
2010年	920.110
2011年	962.333
2012年	2 354.325

续表

年份	贸易额（百万马币）
2013年	2257.210
2014年	2325.559
2015年	3835.712
2016年	8829.545
2017年	9906.449
2018年	3900.549
2019年	4018.611
2020年第一至三季度	4079.521

资料来源：马来西亚国家银行(BNM) Month Bulletin October 2020。

根据分析，2013年以前，流入马来西亚的中国外来直接投资相对浮动。中国于2001年加入世贸组织后，2001年流入马来西亚的中国外来直接投资比上一年猛增539%。但是，在2002年则下降了60.03%。尽管如此，观察显示，虽然2000年至2013年全年其余时间的中国外来直接投资流入相对较高，但在2003年、2009年和2013年，中国的外来直接投资流入却出现负增长。平均而言，由于中国外来直接投资在某些年份(例如2001年、2004年和2012年)突然激增，因此年均增长率为136.4%。简而言之，尽管中国外来直接投资流入马来西亚的年增长率速度很快，但在这段时期内相对浮动。

2013年，在"一带一路"倡议宣布以后，我们看到了一个相对稳定增长的趋势。从2014年到2016年间，来自中国的外来直接投资流入量持续增长，年均增长率为52.59%。投资额激增也与马中合作项目的启动相吻合，例如2014年的马六甲皇京港项目、2015年的关丹港口扩建项目、东海岸铁路项目，以及2016年的马中关丹产业园启动项目。

尽管中国外来直接投资总额增长率比2000年至2013年间变缓，但却呈现逐年稳步增长趋势。此外，中国在马来西亚的外来直接投资额流入在2017年达致最高峰，企于马币990644万令吉，与中国国家主席习近平在2017年世界经济论坛上发表重要讲话的时间点吻合。这一年，也是中国吉利与马来西亚宝腾国产车制造商开展跨国合作的重要年份，再加上CGPV工业建筑系统公司也对马来西亚进行了超过马币4亿令吉的投资。2020年至第三季度止，尽管全球爆发新冠肺炎疫情，流入马来西亚的中国外来直接投资总值依然达到马币407952万令吉，比2019年全年的中国外来直接投资额高出6091万令吉。

总体而言,自2013年"一带一路"倡议宣布以来,中国对马来西亚的外来直接投资数额相对庞大,而且反映正面。此外,在中国国家主席习近平于2017年发表重要讲话后,中国对马来西亚的外来直接投资达到了顶峰,这一举措增加了包括马来西亚在内的当地公司对"一带一路"倡议的信心。

(二) 马中双边的贸易价值

自2009年以来,中国一直是马来西亚最大的贸易伙伴国。从2000年至2009年间马来西亚和中国双边的贸易增长情况,如表3-3所示。

表3-3　　　　2000年至2019年间马中双边贸易价值

年份	双边贸易价值（10亿美元）
2000	6.271
2001	7.625
2002	11.483
2003	14.11
2004	18.832
2005	22.458
2006	27.522
2007	34.285
2008	39.06
2009	36.35
2010	45.737
2011	54.533
2012	58.466
2013	64.504
2014	63.545
2015	59.305 5
2016	58.056
2017	67.612
2018	77.730
2019	76.055

资料来源:US COMTRADE Database。

根据表3-3,马来西亚和中国之间的双边贸易额在2000年至2013年间增长迅速,每年平均为20.35%。尽管自2009年以来中国已成为马来西亚的最大贸易伙伴国,但双边贸易增长率却下降了6.94%。鉴于全球化趋势,这种情况可能归因于美国在当时发生次贷危机所造成的影响。

自2013年"一带一路"倡议以来,两国的双边贸易额从2014年至2016年分别连续下降1.49%,6.67%和2.1%。这种现象可能是源于中国的外来直接投资主要由寻求市场因素(Market Seeking)所主导。根据Kavita Wadhwa和Sudhakara Reddy S的研究,由于外国企业直接提供服务于本地市场,他们寻求市场行为与衍生金额将不被计算在双边贸易总额内。[①] 所以,中国企业在马来西亚衍生金额不被计算在中马双边贸易总额内。2017年是马中贸易的转折点,中国国家主席习近平在世界经济论坛上的重要讲话提升了企业的信心。该年的中国外来直接投资和双边贸易额同时增长。此现象意味着中国企业在马来西亚进行多元化投资,除了寻求市场因素,寻求资源(Resource Seeking)和寻求效率(Efficacy Seeking)也是中国企业来马投资的主要导向。如有学者所提及那般,这两方面因素所主导的外来直接投资提升了马来西亚当年的贸易表现。综览2000年至2019年间的贸易表现,两国贸易额在2017年开始出现激增,于2018年,以777.3亿美元达到最高点,并在2019年,以760.55亿美元排名第二。这部分归功于吉利与宝腾结盟所推出的首款车型X70,该车款于2018年年底推介,在2019年创造了出色的销售记录。新车款的推出也为汽车相关行业业者诸如零件和配件等业务带来了正面的溢出效应。另外,中国承诺自2019年起从马来西亚进口大量棕榈油,也为双边的积极贸易表现做出了贡献。

总体而言,中马双边贸易表现斐然。尽管2013年宣布"一带一路"倡议并没有帮助加速贸易增长,但中国国家主席习近平于2017年对"一带一路"倡议的目标和动机进行了详尽的阐述后,不仅促使两国实现了外来直接投资措施的多样化,而且在贸易表现方面取得了卓越成就。

(三)马来西亚的经济增长

外来直接投资和贸易的最终目的是促进国家的经济增长,表3-4显示了"一带一路"倡议提出前后,马来西亚经济增长情况,即从2000年至2019年期

[①] Kavita Wadhwa, Sudhakara Reddy, "Foreign Direct Investment into Developing Asian Countries: The Role of Market Seeking, Resource Seeking and Efficiency Seeking Factors", *International Journal of Business and Management*, Vol. 6, No. 11. November 2011.

间马来西亚的国内生产总值,以及国内生产总值增长率所呈现出的经济增长率。

表3-4　2000年至2019年间马来西亚的国内生产总值与经济增长率

年份	马来西亚国内生产总值 (百万马币)	国内生产总值增长率 (%)
2000	0.356	8.859
2001	0.353	0.518
2002	0.383	5.391
2003	0.419	5.788
2004	0.474	6.783
2005	0.544	5.332
2006	0.61	5.585
2007	0.665	6.299
2008	0.77	4.832
2009	0.713	−1.514
2010	0.821	7.425
2011	0.912	5.294
2012	0.971	5.473
2013	1.019	4.694
2014	1.106	6.007
2015	1.177	5.092
2016	1.25	4.45
2017	1.372	5.813
2018	1.447	4.77
2019	1.511	4.303

资料来源:Department of Statistics, Malaysia and The World Bank Data。

根据表3-4,马来西亚的经济增长良好,从2000年至2013年间,平均每年以5.05%经济增长率呈现适度增长。与双边贸易的趋势相似,2009年的经济增长为负值1.51%。在次级抵押贷款危机的影响结束后,在2010年反弹。自2013年"一带一路"倡议提出以来,马来西亚经济一直保持正增长态势,直至2019年。据观察,在"一带一路"倡议下首个马中项目实施后,马来西亚的经济增长率在2014年上涨了1.31%。可是,在完成本报告期间,依然无法明显看到"一带一路"项目的宣布与实施为马来西亚经济增长率带来显著贡献。虽然2017年的经济增长率比2016年高出1.36%,但2018年和2019年增长率低于5%。这种情况可能源于本报告距离许多马中合作项目的启动时间太短,而且许多项目在近期才刚刚复工,无法看见其经济效应。此外,马来西亚的经济增长也受到许多外部因素影响,例如贸易战等地缘政治所造成的紧张局势、马来西亚和中国之间的商业文化差异、跨境立法定义以及民众因为各种各样因素而产生的负面观感和评价等。两国必须积极着手处理这些分歧与差异,才能携手合作,达到真正的共商、共建与共荣。

五、总结

为了确保马中合作项目能够依据"一带一路"倡议下的时间表达到预期成果,两国政府必须着手解决两国间的商业文化差异等问题。所有相关方或单位,需要在每个重大合作与交易前,进行更多、更深入的交流,确保达到良好沟通目的。重要的是,必须建立一套透明、高效的业务法规与流程机制。该机制必须与时并进,并能够为所有参与者带来益处。

这方面,马来西亚投资发展局就对本身业务流程进行调整,以提高机构各项职能的效率。其中一项措施是成立"项目加速与协调组"(Project Acceleration and Coordination Unit,PACU)。该组为所有获批准的投资项目提供"端到端"服务便利,确保获批准的项目在24个月内完成所有必要审批,让外国企业能够及时落实其投资项目。马来西亚致力于与中国投资者携手合作,以加速将马来西亚转型成为一个具包容性增长与发展的先进国家。[1]

另外,在2019年推介的中资特别通道(China Special Channel)(此前由投资吉隆坡(InvestKL)负责,现在由马来西亚投资发展局负责)希望在2020年吸引马币50亿令吉的中国资金,是一个为中资在马来西亚投资提供一条龙服务而特别成立的对华窗口。鉴于当前中国已是高科技与创新重镇,马来西亚冀望能够引进中国的高科技、高价值和高影响力企业的投资,以协助实现马来西亚的数码化转型议程。作者深信,更多具有上述性质执行机构的成立,将有助于确保"一带一路"倡议的成功,并反过来促进马来西亚经济建设

---

[1] "Malaysia's Economy Is Regaining Its Momentum With Total Approved Investments of RM64.8 Billion in January-June 2020", September 2020, MIDA, https://www.mida.gov.my/media-release/malaysias-economy-is-regaining-its-momentum-with-total-approved-investments-of-rm64-8-billion-in-january-june-2020/.

发展。①

  据东盟秘书处称，2020 年 11 月 15 日签署的《区域全面经济伙伴关系协定》(RCEP)是扩大和加深东盟与澳大利亚、中国、日本、韩国和新西兰交往的协定。RCEP 参与国约占了全球贸易总值的 30% 或 26.2 兆美元，涵盖 22 亿人口。同样，MITI 称，RCEP 协议旨在建立一个全面而高质量、互惠互利的新形式经济合作伙伴关系，这将促进区域贸易与扩大投资，为全球经济增长和发展做出贡献。基于 RCEP 协议倡导在法规基础上支持开放性与包容性的多边贸易体系，②它将能够提供一个平台，推动并确保在"一带一路"倡议下马中合作项目的成功落实，成为马来西亚高经济成长的巨大推动力。

---

① "InvestKL-led China Special Channel initiative to focus on high-impact investments"，2020，InvestKL，https://www.investkl.gov.my/Media_Release-@-InvestKL_is_One_of_the_Asia_Pacific_Regional_Top_Investment_Promotion_Agencies_for_2019_.aspx. "China Special Channel Update"，2020，Invest KL，https://www.investkl.gov.my/Media_Release-@-China_Special_Channel_Update.aspx.
② "MALAYSIA'S FREE TRADE Agreements"，2020，MITI，https://fta.miti.gov.my/index.php/pages/view/rcep.

R4 缅甸政府合作对接"一带一路"项目的历史、现实和未来[①]

[缅]李光宇[②]

【摘要】 缅甸位于中南半岛,地处中国与南亚次大陆之间的关键地缘节点,是中国出印度洋的重要通道,且拥有丰富的自然资源优势,对中国"一带一路"倡议的顺利推进有着重要的影响意义。中国在缅甸的大型基础设施建设项目喜忧参半,这不仅是由于项目本身的一些客观特性,更重要的是中缅两国之间在经济体量、政府和人民的经济意识以及政策法规方面的显著差异。本文旨在通过思考如何践行"一带一路"倡议中"民心相通"之意涵,循序渐进地对在缅项目进行风险评估和混合投资,在实务层面融通两国差异巨大的商业文化,甚至通过全球早期投资者的共同努力,改善中资在缅投资环境。尤其是在2021年2月缅甸政局变化的动荡局面中,为如何实现"一带一路"倡议下重大中资基础设施项目的顺利实施,确保长远资金安全奠定坚实的民意基础提出建议和务实对策。

【关键词】 缅甸;"一带一路"项目;基础设施建设;混合投资

中缅之间的大规模合作项目开启于"一带一路"倡议提出之前,2010年缅

[①] 该文撰写于2020年年底,2021年1月提交征稿单位审稿后,2021年2月缅甸发生了政局改变,此后缅甸社会经历了激烈的动荡,经济受到了极大影响,外商投资也受到巨大的冲击,尤其是中资企业在实业层面的投资,如纺织业等在缅甸工业经济中占大比重的行业,受到了暴力冲击。其他国家的外商投资也受到少许的冲击。然而,多国混合投资,尤其是通过资本市场融合了缅甸政府、企业和个人投资的企业则受冲击较少,甚至没有受到实质上的损失。如在仰光证券交易所上市的混合投资类的大众公司,特别是迪洛瓦经济特区大众控股公司——缅甸的第二家上市公司,以及其参与投资并运营的缅甸第三个——也是目前缅甸唯一建成并成功运营的经济特区,在这次社会动荡中,不仅没有受到暴力冲击,而且企业股价也几乎没有受到社会动荡的影响。后文将围绕缅甸如何应用混合全球投资者的多层次投资模式来推进"一带一路"倡议,保障中缅合作项目的顺利实施,以及中国海外利益进行建议探讨。

[②] 李光宇(John Lee),缅中投资服务有限公司CEO、缅甸投资报告总编辑。

甸政治转型后,这些项目都遭遇到不同程度的坎坷。随着缅甸全国民主联盟(简称民盟)在政治上不断获得上升的空间,连续两届大选获胜组阁,西方逐渐解除对缅制裁,各国投资者在缅甸这块全球最落后、也最具投资潜力的土地上,展开了博弈。遗憾的是,由于缺乏良好的合作机制、协商管道和沟通平台,各方非但没有能够实现在缅甸这一全球投资洼地上实现共同发展、共同获利的良好前景预期,反而使得缅甸在民粹主义思潮的影响下,错失了十年快速发展的大好机遇,国家经济的踟蹰不前甚至使得缅甸内外对民盟的执政能力表示怀疑。

2013年习近平主席提出的"一带一路"倡议,是基于在全球一体化的大趋势下,在很多欠发达国家大型基础设施相当缺乏、联通网络很不完善的情况下,通过提升基础设施的建设和连通水平,实现国家间政策沟通、设施联通、贸易畅通、资金融通和民心相通(即"五通")。本文将对中缅几个典型大型基础设施建设和投资项目,尤其是在"一带一路"倡议下实施的项目进行分析,探究这些基础设施项目已经实施的经验和未能实施的原因,并着重从缅甸政府、民间和企业的角度加以分析。

一、中缅项目合作的历史与现实

(一) 中缅项目合作的基本情况(2009—2013 年)

2009 年 12 月 20 日,在时任国家副主席习近平、缅甸国家和平和发展委员会副主席貌埃副大将的共同见证下,中缅两国签署了 16 个合作备忘录(企业签署的共 6 个)。其中中信集团总经理常振明代表集团,与缅甸国家计划和经济发展部签署了开发缅甸皎漂经济技术开发区、深水港和铁路项目的合作备忘录。[①] 其余的 3 个项目分别是中缅油气管道、蒙育瓦铜矿和达贡山镍矿等项目。另外,还有中缅高速公路和先前已经启动的伊江(密松)大型水力发电站项目。2009 年 3 月,中缅两国政府签署《关于合作开发缅甸水电资源的框架协议》,明确"两国政府支持国家电投开发伊江项目",伊江项目成为两国战略合作项目。2009 年 6 月,国家电投与缅甸政府签订了关于伊江项目开发的协议

---

① 《国家副主席习近平、缅甸国家和平和发展委员会副主席貌埃共同见证中信集团总经理常振明与缅国家计划和经济发展部签署合作备忘录》,2009 年 12 月 4 日,https://www.cici.citic.com/content/details_39_1060.html。

备忘录(MOA)。2008年至2011年,小其培电站、密松和其培电站先后完成了中缅两国政府核准和审批,2009年12月密松电站开工建设。[①]

这些项目的投资预算金额从最大的伊江上游水电梯级电站的300亿美元到最小的蒙育瓦铜矿项目的约10亿美元,包括预计200亿美元的高铁项目、100亿美元的高速公路、100亿美元的皎漂深水港和开发区项目,以及25亿美元的输油气管道项目,总计约合735亿美元(未包括达贡山镍矿项目),是当时缅甸的年国民生产总值(GDP)310亿美元[②]的近2.3倍。

密松水电站是伊江上游(伊洛瓦底江、恩迈开江和迈立开江)水电梯级电站项目规划的七座大坝之一。七座水电站规划装机容量约20 000兆瓦特,年平均发电量超过1 000亿千瓦时,2007年由长江水利勘测设计院实施地质钻探、库区勘测、水电设计。因当地严重缺乏电力,2007年4月,为密松、其培电站建设施工供电的9.9万千瓦的小其培水电站开工建设,并于2011年9月建成。2009年6月,中国电力投资集团(CPI)与缅甸电力部水电规划司(DHPP)签订了伊江上游水电项目协议备忘录,2009年12月21日,密松水电站举行正式开工仪式。项目开发方式为典型的"建设—经营—转让"(BOT)模式,开工前,密松电站在中缅两国的所有技术、法律文件均已完备,根据双方谈定的商务条款,缅甸政府获得10%的发电量与15%的项目股份。此外,缅甸政府还将征收所得税与出口税,项目运营50年后,其所有权将完全无偿移交给缅甸政府。在50年特许经营期内,缅甸政府将获得170亿美元收入。据估计,通过伊洛瓦底江盆地的7座规划水电站,缅甸政府可获得540亿美元的税收、发电量的免费份额、股份分红,缅甸政府得到的经济收益超出总收益的60%,而投资则不足40%。尽管如此,2011年6月,缅甸政府军与克钦独立军爆发武装冲突对项目产生了不利影响,2011年9月30日,缅甸总统吴登盛在缅甸国会突然宣布密松水电站在其总统任期内搁置。

密松项目在2009年开工建设至2011年9月被叫停"搁置"后,至今仍处于停滞状态,而且在2020年10月25日缅甸知名媒体《密兹玛》,更是以醒目标题"中国在缅甸:走上债务陷阱的道路?",将中缅"一带一路"的标志性项目的总集成——"中缅经济走廊"的38个项目的总投资额,定义为1 000亿美元

---

① "缅甸·伊江上游水电项目"项目介绍,国家电力投资集团有限公司官网,http://www.spic.com.cn/gjyw/qyfl/part3/,2020年12月15日。
② "Burma-Myanmar GDP-Gross Domestic Product", https://countryeconomy.com/gdp/burma?year=2009,2020年12月15日。

的债务。"这条线路的战略重要性体现在中国指定了1000亿美元用于发展必要的基础设施","那么,所有这些关于债务和风险的讨论与缅甸有什么关系呢",其最终结论是:"中国已经多次证明,所谓'债务陷阱'的说法是站不住脚的。然而,对中国债务的过度敞口可能导致结构性关系的改变,从而可能对该国的社会经济事务产生不适当的影响。缅甸应寻求一种外国直接投资的平衡,来减少这种风险,同时满足其公民对可持续增长的需求。"[1]

按照常识理解,如此大规模的基础设施建设投资,与彼时缅甸的GDP的确不相匹配。用个人借贷的不恰当比喻:如果个人家庭想改善住房条件,借了超出其一年所有收入2.3倍的钱来盖了一座房屋,今后数十年中除了所有正常支出外,只能剩余很少的钱来还债,这样的债务加上利息(可能高于剩余的钱),则可能是上百年都还不清的债务了。这是通常在缅甸媒体和民间的议论中,针对关于中缅之间大型基础设施项目提出反对意见的主要依据,即所谓的"债务陷阱"。[2] 可想而知,在商业文化程度普遍较低、经济意识淡薄的认知"沙漠"中,部分专家对于这一问题的理解也相当粗浅,这种简单化的解释在缅甸民间极易得到呼应,并掀起了媒体的舆论风暴。

更有甚者,普通民众通常不知道的是,这些项目的投资模式已经从简单的"政府对政府"(G2G)债务模式改变为"建设—运营—移交"等低风险的投资方自己承担债务的模式,这也是国际上通常采用的投资模式。正如过去十年(2011—2020年),外国投资者涌入缅甸后,绝大部分选择在仰光居住、生活和工作,由于公寓和住房的稀缺,高房价和高租金刺激了大批的本地投资人与仰光土地拥有者通常以50:50的对半分配比例的合作建房,该利益分配模式是依据当下缅甸民众普遍能够接受的商业模式而产生。缅甸民众将这种在缅甸民间被普遍认可并能够接受的投资观念,折射到中缅合资项目的比例分配上,对于基本上都是中资企业占大部分股份比例的项目表示难以理解。例如,在中缅合作项目中,预计投入额度最大的密松水电站建设项目,中方占股比例为85%,缅方为15%。为什么在缅甸国土上开发利用的资源,他们只获得15%的少量股份,获取收益仅10%?甚至有人怀疑中方之所以冒如此大的风险开

---

[1] "China in Myanmar: On a road to debt trap status?" October 25, 2020, http://mizzima.com/article/china-myanmar-road-debt-trap-status.

[2] U. Myint, *Centennial Magazine Myanmar: Going from Pause to Fast Forward with China's Belt and Road Initiative* (BRI), Republic of the Union of Myanmar Federation of Chamber of Commerce and Industry(UMFCCI), July 2019, p. 8.

发密松水电站项目是因为其背后有更大的、更隐蔽的利益收获。因此，无论是缅甸的普通民众还是政府官员，对于中国国企如此之大的投资项目，在某种程度上并不感兴趣甚至有"恐惧"之感，一些极少数的利益相关者或是熟知商业运作规律的精英即使发出"微弱"的"辩解"之声，常常也只是少数派；更加不利于中国项目的情况是，如果项目信息不透明，并带有所谓"腐败"的影子，就更加有可能成为社情舆论"众矢之的"，从而引发整个社会和众多民众的"反感"。

除了投资额度最大的密松项目以外，其他的中缅合作大项目（投资额近百亿美元）也都历经波折，没有实质性的进展，原因基本都是中方股份比例过高。我们将从投资额度最小的中缅合资蒙育瓦铜矿项目，到投资额度次之的中缅输油气管道分别加以简单介绍。蒙育瓦莱比塘铜矿是 2013 年中国正式提出"一带一路"倡议之前，中缅之间签订的系列大型合资合作项目中投资金额最小的一个，约为 10.65 亿美元。项目位于缅甸联邦西北部实皆省南部蒙育瓦镇，距离缅甸第二大城市曼德勒 120 千米。莱比塘铜矿是蒙育瓦铜矿三个开采矿区中最大的一个，原本由加拿大艾芬豪矿业公司经营，但因西方对缅甸的持续制裁，艾芬豪最终决定退出。2010 年 6 月 3 日，在中缅两国总理见证下，莱比塘铜矿项目合同正式签署，中方业主为万宝矿业有限公司，缅甸合作方是缅甸联邦经济控股公司。2012 年 3 月 20 日，蒙育瓦莱比塘铜矿项目举行奠基仪式，标志着中缅莱比塘铜矿项目的全面启动。然而，2012 年 6 月 4 日，莱比塘铜矿项目部接到业主方万宝矿产及缅甸经控公司的通知，项目因故全面停工。2012 年 11 月，当地居民再次针对铜矿项目进行大规模抗议，数百名当地农民、僧侣和维权人士进入莱比塘铜矿作业区抗议，在工地附近搭建了 6 个临时营地，投诉铜矿拆迁补偿不公、污染环境严重等问题，抗议者还占领了万宝公司在铜矿附近的营地，铜矿的建设工作被迫全部中断。

2012 年 11 月 24 日，针对不断升级的抗议活动，缅甸议会人民院决定成立一个联邦级的调查委员会，但调查启动需要以抗议者结束对铜矿的非法占领作为前提条件。11 月 29 日凌晨，缅甸警察对莱比塘铜矿抗议现场执行了清场任务。自 2012 年 12 月 2 日以来，以昂山素季为主席的调查委员会对该项目进行了全面、详细和深入的调查。调查委员会一共召开了六次全体大会，还多次深入项目所在的村镇以及项目建设现场，对铜矿开采、水质、土质、征地赔偿、移民新村建设、居民生活情况等各个方面进行了全面考察，并与缅甸经济和法律专家以及项目所在地的村民、僧侣、地方长老等进行了多次深入会谈，听取多方意见。2013 年 3 月 11 日，铜矿项目调查委员会向总统提交最终调查报告。报告认为,综合考虑经济、社会、环保、国际关系等因素,莱比塘铜矿项目应该继续实施,但需要采取改进措施。

这样一个10亿美元规模的项目历经波折,终于恢复,在媒体报道层面看到的是出于环境保护和社区利益考量所做出的负责任的决定,在经济上进行了事无巨细的磋商并最终达成妥协,然则"桌面下"的较量才是决定性。从代表长期收益的股份比例变化到缅方认为合理的成本分摊,中方在蒙育瓦铜矿项目上付出了巨大额外成本,在出资不变的情况下,中方的股份减少,其中既有今后中缅大型投资项目推进过程中需要避免的教训,也有值得借鉴的经验。

(二)中缅项目合作的成功案例:输油气管道(2013年至今)

"一带一路"以政策沟通、设施联通、贸易畅通、资金融通、民心相通为主要内容,缅甸是东南亚内陆面积第二大的国家,地区国家与缅甸基础设施的互联互通、缅甸本土的公路、铁路的建设升级是"五通"中极为关键的一环。在"一带一路"倡议下,中国和缅甸合作项目的实施主要通过云南省辐射向南亚和东南亚。

中缅输油气管道项目是两国项目合作中的成功案例。2009年12月,中国石油天然气集团公司与缅甸能源部签署了中缅原油管道权利与义务协议,明确了中石油作为控股方的东南亚原油管道有限公司在中缅原油管道建设运营中所承担的权利和义务。中缅油气管道境外和境内段分别于2010年6月3日和9月10日正式开工建设,总投资额25.4亿美元,其中石油管道投资额为15亿美元,天然气管道投资额为10.4亿美元。[①] 中缅油气管道从计划提出到开工建设,一直吸引着外界的关注。国际上的反缅政府势力散布谣言,不断诋毁,一些企图遏制中国发展的势力也借机推波助澜。2009年9月,西方媒体就曾联手缅甸流亡组织诋毁中缅合作。美国之音、路透社等西方媒体都替这个流亡组织做了宣传。[②] 然而,中缅油气管道项目是一个典型的国际化合作项目,中、缅、韩、印4个国家的6家公司共同参与投资。项目包括中缅原油管道、中缅天然气管道和配套原油码头工程。合资公司均采用股东会/董事会管理模式,在重要事务上共同决策。在股权结构设计上,形成了利益共享、风险

[①]《中缅油气管道中国境内段等两大项目同时开工》,中国新闻网报道,https://www.chinanews.com/ny/2010/09-10/2524882.shtml,2020年12月15日。

[②]《中缅油气管道'六年磨一剑'谈判初期曾有分歧》,http://news.sohu.com/20100611/n272721105.shtml。

共担的国际化多方合作模式；在公司治理上，油、气两家合资公司作为中缅油气管道项目运营的法律主体，分别在中国香港注册成立，按照中国香港特区公司法、公司章程和股东权利义务协议等规定规范运作。① 加之这是一个资源混合型项目，不像蒙育瓦铜矿那种完全的资源开采型项目，输油管道将把中国从中东和非洲产油国购买的原油输送到中国西部省份，缅方收取过路费和下载10%的原油作为收益。因此，如果阻挠输油管道的建设，导致停工的话，缅甸政府将不能获得相应的收益，实属"得不偿失"。

由此看来，混合投资模式——包括实业层面和资本投资两个层面的混合投资，以及其他国家投资企业的介入，平衡了缅甸民粹主义的偏激思维，也消除了印度和韩国期望获得缅甸油气的独家权益而与中国竞争的想法，以市场化的角度考虑多方的利益和长远的收益，从而使得各国的主流媒体没有借口对该项目进行歪曲炒作。另外，面对外界的一些疑问和抹黑，中国石油项目管理方及时公开披露信息，接受社会各界监督。管理方先后在缅召开3次媒体见面会，每年更新中、英、缅3种语言的《中缅油气管道项目手册》，积极正面回应社会关注的管道安全、环境保护、土地赔偿等问题。由此，路透社等西方媒体引用的缅甸流亡组织发布的报告中称："缅甸人民面临严重能源短缺，这种大规模能源出口只会加剧社会动荡"的谣言不攻自破。

对于投资额度超大的基础设施项目，在投资来源和融资模式的层次上，难度和复杂程度肯定比中缅管道项目要大得多，因此如何应用好媒体手段，先做好"纸上谈兵"的舆论宣传，将项目"透明"化，赢得多数民众的好感；同时对项目多元化投资的优势和益处给予耐心的解释，通过媒体反复解说国际上先进的投资理念、中国改革开放四十年的经验，将中国投入巨额资金在中缅基础设施项目上的主观意图，以及对缅甸当地各阶层客观上能够获得的利益，公开、公正地发布信息，客观地描述情况，包括列举其他国家的相关例子为证。对于能够参与进来的投资项目，还要鼓励和吸引缅甸以及其他国家在缅投资者积极参与。通过积极主动出击的外宣手段，可以将西方媒体，如路透社等的负面宣传进行反击和事实澄清。

在利益共享的基础上，细致地做好受项目直接影响的社区和民众的安抚工作，将有利于项目的"舆论"形象。如蒙育瓦铜矿项目中，万宝矿业的党委书

---

① 《中石油参建中缅油气管道项目纪实：四国六方合作共赢》，2017年6月6日，https://finance.huanqiu.com/article/9CaKrnK3gcu。

记罗大庆,在为蒙育瓦地区受项目影响的当地民众提供再就业和致富道路上,费尽心力,耐心细致地做好与社评和环评相关的工作,为中缅两国企业在资源类开发项目上树立了完好的形象。① 蒙育瓦铜矿项目经过股权比例变更、深入细致的社区安置工作,项目才能开始启动,后续没有成为媒体继续"攻击"的对象,这说明利益平衡是首要的条件。当然,如果对媒体能够做到先期解释项目情况,进行充分沟通后,再决定项目的股权结构、投资模式和社区安置等具体工作,并将项目环评等影响项目投资预算的因素考虑进去,则能够避免盲目快速抢夺项目造成投资过高,后续又被迫划出更多股份给予对方的困境。

中缅石油天然气管道项目无论在投资多元化、利润共享、平衡各方利益方面,以及当地社区和环保工作,还是在应对媒体方面都做出了一个很好的典范。综上所述可以看出,一个项目从项目可行性研究到规划设计,如果要将"一带一路"倡议所倡导的"共商、共建、共享"理念贯穿于项目实施的全过程,最为重要的一点就是要有别于中国早期的海外援建和投资模式,改变过去以政府对政府的、国家背书负债的投资模式,逐渐转换为以企业和投资者承担投资风险为主的模式,在有了项目投资本体"强壮"的基础上,就不再担心国外媒体和所谓的非政府组织的"兴风作浪",项目搁浅的风险大大降低。当然,如果能将媒体应用好并获得缅甸执政和在野党的共同支持,则更加能够为中国的国际形象添砖加瓦。

二、"一带一路"大型基础设施项目在缅甸的现状及问题

纵观中国在缅基础设施大项目中,能够克服困难、坚持执行下来的,无不是先平衡了东道国的利益,从政府到企业再到个人,只有将三个层面的工作都先行做好,项目方能得到快速积极的推进。不同国家的不同企业,在处理社会舆论和环境评估问题上,方法并不一样,效果也不一样,一致的地方是:只有发自内心地为弱势群众的利益考虑,真心地为地球这一大家共同的家园考虑,将短期和长期的利益都思虑周全,才能使项目最终得以成功启动、顺利推进。

缅甸一个缅外资合作成功的案例是缅日合资的迪洛瓦经济特区。它是缅

---

① 《万宝矿产缅甸铜业有限公司前党委书记罗大庆是如何做好缅甸社区的安置工作》,2020 年 1 月 5 日,https://mp.weixin.qq.com/s/q8nBhXaDt_EUYZz8g29ZhA。

甸第三个启动开发建设的经济特区,也是缅甸三个经济特区中,启动最晚然而却是最早建成并获得收益的经济特区。项目将缅甸政府和日本政府的战略利益、缅甸和日本企业在资本层面的利益、缅甸民众个人投资者的利益,通过资本市场做了很好的结合。入住该经济特区投资设厂进行"来料加工"出口业务模式的各国企业,也都成了该经济特区成功开发的受益者。

2012年年底日本和缅甸签署协议联合开发迪洛瓦经济特区,特区规划占地面积为2400公顷,包括深水港以及工业园区建设,建成后吸引汽车、机械、电子零部件和制药等生产制造型企业入驻,主要为"来料加工,出口创汇型企业;如达不到出口标准的产品,但非残次品可以在缅甸国内市场销售"。仰光近郊的缅日合资迪洛瓦经济特区,日方在其中占49%的股份,缅方占51%股份。第一期投资额度很小,仅1亿美元的投资,通过迪洛瓦经济特区控股公众公司向大众发行了214.5万股原始股,融取了5000多万美元,与日方49%股份需要提供的约5000万美元合在一起,凑够了第一期开发资金。项目也得益于先前已经具备的迪洛瓦码头和与仰光市中心相连的22千米道路,特别是跨仰光河的唯一一座公路铁路两用桥,该桥是20世纪80年代中国援建的项目,在短短的两年间,特区工业区就平整完土地,完成了水电道路的畅通工作,以每平方米平均83美元、略低于仰光周边14个工业区的价格出租空地,4年的时间就将第一期项目土地开发完毕,吸引了100家外资企业涌入。特区控股大众公司也因此获利丰厚,股价最高时是其在2014年发行的原始股的7倍,至今7年来,股价也一直稳定地保持在原始股的3倍以上,缅甸企业和个人在资本市场上都获得了丰厚的回报。

迪洛瓦经济特区的成功建成,是混合投资成功的一个好例子。在1亿美元的投资金额中,作为51%大股东的缅甸政府没有通过政府财政出资,或者政府借债贷款方式来缴纳约5100万美元的资本金,而是通过将经济特区建成后51%的收益权,政府通过特区管委会持有10%,其余的41%则卖给了缅甸9家大型集团公司,这些集团公司大部分为缅甸最大的私营行业组织——"缅甸工商总会"的主要会员企业。这9家缅甸私营大型集团公司用41%的经济特区收益权成立了一家"大众公司"——缅甸迪洛瓦经济特区大众公司(在缅甸成立的大众公司意味着该公司在未来满足上市条件后,即可登陆缅甸证券市场——仰光证券交易所上市融资),在该大众公司中,缅甸9家集团公司各出资购买了5%的股份,其余55%的股份通过缅甸银行系统向全缅甸民众限制数量发行——超过500股的申购者将被限制在500股以下,这样就将该大众公司的优质股票(原始股)分散到约八千余位缅甸中小投资者手里。此举带来的混合投资模式有如下优点：

其一，提供了中小企业，乃至个人投资者能够参与投资缅甸政府与外国政府和投资机构的合作项目，通常这些项目在缅甸这样的投资洼地中是非常稳健、包赚不赔的项目；给予了缅甸各个阶层都能分享缅甸改革开放带来的红利机遇，项目涉及的征地赔偿、环境保护等中资企业在缅项目普遍遇到的难题都迎刃而解了。因为众多的中小投资者通常也都是社区中的意见领袖，对于涉及自身利益的项目自然能够清晰而理智地判断是非曲直，不会给予不良媒体兴风作浪的机会。这也是混合投资模式中资本投资层面很好的例证。

其二，缅甸工商总会中的9家大型集团企业参与该经济特区的投资和开发，这起到了非常关键的作用，它们是混合投资的实业投资和资本投资的两方面的风险承担者和收益者。9家大型集团企业不仅作为大众公司的股东参与到资本投资层面中，同时也是开发区管委会的成员，参与到入住经济特区企业的筛选中，该委员会以略低于仰光地区工业区土地租赁价格的租金和接近海运码头等有利条件，①以及经济特区的税收和企业安全保险等便利条件，吸引了各国企业涌入，因此除了考虑入住企业在出口创汇、就业和环保等通常考量的因素以外，还给予了以9家缅资企业寻求与外国企业合作的机遇，即通过在经济特区中与外国企业从入住筛选，到后期"不合格"产品在缅甸销售，以及围绕入住特区外国企业产业链上下游的延伸扩展带来的投资机会，缅资企业均获得了与外国企业合作洽谈的优先机会和合作成功的概率。此举让这些在缅甸民生行业中起到主要作用的缅甸民族企业对于外国企业的进入没有抵触，反而持欢迎和积极配合的态度，因此该经济特区在缅甸现有的三个经济特区中，开建时间最晚、建设时间最短，然而却是入住企业最多，经济效益最好的缅甸经济特区。而其他两个经济特区历经十年以上，目前还处于"纸上谈兵"阶段，一直未能启动建设。

其三，缅日两国政府在该经济特区的合作中，缅甸政府"空手套白狼"，没

---

① 《缅甸迪洛瓦经济特区》，https://baike.baidu.com/item/%E7%BC%85%E7%94%B8%E8%BF%AA%E6%B4%9B%E7%93%A6%E7%BB%8F%E6%B5%8E%E7%89%B9%E5%8C%BA/4979868? fr= aladdin, 2020年12月20日; "PROSPECTUS DATED 27 FEBRUARY 2014", https://mtshmyanmar.com/sites/default/files/301-MTSH-Prospectus-27-Feb14-Final.pdf; "Instructions and Notices of Thilawa SEZ Management Committee", https://myanmarthilawa.gov.mm/sez-management-committee.

有投入任何资金,当然缅甸政府也缺乏资金,但其投入了资源和政策,获得了其国内民营资金和个人资金的支持,并为政策的实施铺平了道路;而日本政府也是通过日本国际协力机构(JICA)代表日本政府持有缅日合资公司中日方49%股份中的10%,其余39%的股份由日本三家财团公司持有。日本虽然在该合资公司占比是"小"股东股份,却通过参与经济特区管委会的入住企业筛选委员会,获取了对于入住企业选择的话语权,使得第一期入住的100家企业中,有60%都是来自日本的企业。在公开、公平的制度下,其实是给予日资企业入住的优先权,从而帮助更多日资企业进入仰光市场,同时这些日资企业作为"先头部队"又带入大量的上下游企业,进而扩大到对整个缅甸市场的渗透。由此可以看出,在缅日合作的缅甸第三个经济特区——迪洛瓦经济特区,两国政府和公司各得其所,日本通过缅甸金融业的参与和仰光证券交易所(也是缅日合资企业)的实际操作,帮助并影响了缅甸政府和企业的金融政策的制定和实施,虽然在迪洛瓦经济特区合资公司中作为小股东,却有大股东的影响力,最关键的是抵御住了政局变化等高风险。自2021年2月以来的政局变动中,该经济特区却稳如磐石般不受冲击和影响,不仅入住企业正常运作,而且在媒体端也鲜有负面的新闻报道和流言蜚语。

总结世界各国在缅甸的投资经验,结合缅甸实际情况加以应用,将会有助于中国"一带一路"倡议下的中缅合作项目顺利推进。在中资项目中,中缅石油天然气管道项目很好地体现了从政府到企业的利益平衡和共享,成为缅、中、外多方的利益都得到很好平衡的优秀项目。然而,作为"一带一路"沿线重点项目和中缅经济走廊的支点项目,皎漂项目的推进却是一波三折。皎漂经济技术开发区、深水港的合作备忘录,最早于2009年12月20日,在国家副主席习近平、缅甸国家和平和发展委员会副主席貌埃副大将的共同见证下,由时任中信集团总经理常振明代表集团签署。然而,2015年12月中信集团中标项目后,民盟政府在2016年通过谈判改变了中标结果,中缅双方的合资公司股份比例由中缅双方85∶15的股比改变为70∶30,而缅方将多要回去的15%股份给予了缅甸52家私营公司成立的政府指定实体,目前这15%的股份由缅甸政府的经济特区开发区管委会暂为代持。事实上,在缅甸政府、企业和个人都尝到"大众投资"的甜头后,对于皎漂经济特区一直存着"投资"的愿望,只是因为皎漂特区的投资额度远远大于迪洛瓦特区而有所顾虑。例如,由于皎漂经济特区不仅只是深水港和工业区的建设,还需要公路、铁路等物流基础设施的完善,才能具备迪洛瓦经济特区那样完善的功能,而所需的资金额度远远超出缅甸企业和民众目前具有的投资能力,皎漂经济特区大众控股公司迟迟无法开展公众融资和上市的工作。

  皎漂特区在外资融资层面取得的重大进展始于2015年,当时泰国正大和日本伊藤忠商事在香港证券市场共同注资中信集团在香港的上市公司——中信泰富,共投资约100亿美元,各占中信泰富10%的股份。[1] 因此,在国际层面是已经"万事俱备只欠东风了",而这股"东风"不仅来自缅甸中央政府层面的重视,若开邦当地的若开族利益团体与地方武装若开军(AA)在项目问题上的和解也相当重要。2018年迪洛瓦特区管委会主席吴赛昂被提拔为缅甸联邦计划、财税和工业部副部长后,兼任皎漂经济特区管委会主席,表明缅甸民盟政府极其希望缅日合资的迪洛瓦经济特区的经验(尽管迪洛瓦经济特区的投资模式是在登盛政府时代,于2013年采用实施的,并非民盟政府的经验和成果)能够复制到中缅合作的皎漂经济特区的开发建设中。2020年1月18日,习近平主席访缅期间与缅甸国务资政昂山素季共同见证了中信联合体与缅方交换深水港项目的交易文件。中信集团全力落实习近平主席访缅成果,努力克服新冠肺炎疫情带来的重重困难,推动深水港项目合资公司最终完成注册成立手续,为项目后续建设运营奠定了坚实的基础。2020年8月6日,缅甸投资与公司管理局(DICA)颁发证书,批准皎漂特别经济区深水港项目合资公司注册成立,标志着皎漂项目取得里程碑式重大进展。[2] 2020年11月缅甸大选期间,以及大选后若开邦的补选进展中,日本政府派出特使,不遗余力地帮助缅甸政府和军方达成一致意见,尽快实现政治和军事上缅甸军方与若开邦地方武装的和解,为创造一个和平的投资环境尽力努力,最终通过经济发展使得武装冲突消失。[3] 总之,皎漂经济特区项目经过十年的磨难,历经缅甸两届政府更迭,终于成立了具有法律地位和效力的项目合资公司,项目推进迎来了黎明的曙光。

  另一个推行不畅的例证是密松水电站项目。尽管这一投资额度巨大的项目也是资源类项目,但水资源并不像其他需要长时间才能再生的自然资源,它

---

[1]《缅极端的'骑墙民粹'商业文化,会耽误了缅甸的经济发展速度》,2020年12月18日,https://mp.weixin.qq.com/s/Pl8_PsPyjjjlq1cu0YKbQQ。

[2]《皎漂深水港项目合资公司正式成立》,2020年8月7日,https://mp.weixin.qq.com/s/Jb2jV5cpAXsfBOys-6f_Sg。

[3]《日本驻缅特使佐川洋平的穿梭外交,涉及若开邦事务,获得了民盟和军方的一致支持》,2020年12月4日,https://mp.weixin.qq.com/s/SZKdXV39vFcPNm5BOeDwpA。

年复一年、月复一月,乃至日复一日地再生和流失,其稀缺性并不大。但是,中缅双方就此没有进行充分、明确的论证、沟通,加之西方和日本公司眼见不能分得"一杯羹",就"拼命"地反对项目启动,而缅甸国内政客甚至要求永久停止密松项目,并以接受中缅经济走廊项目作为永久停止密松项目的互换条件。为此,重启密松项目的难度相当大。不过,也并非完全没有可能。细思之,日本企业早在第二次世界大战结束后,就利用其战争赔款为缅甸修建了一些中小型水电站,并就在密松建设水电站的可行性进行过调查研究,只不过当时缅甸的经济发展水平还消纳不了那么多电力,该地区民族地方武装(简称民地武)的存在,使得人员和投资安全都得不到保障,单靠日本的投资能力也尚不足以完成这一工程等,诸多因素导致没有开发密松水电资源。尽管如此,这一过程让各方都心知肚明——密松应该是缅甸开发水利水电资源的最佳地点。如果能够进行多方坦诚沟通,并且参照之前的一些成功案例,完全可以探讨出中缅双方都能接受的方案,让密松项目重启。下面将对密松电站项目的重启专门做一个"抛砖引玉"式的建议,期望能够对重启密松项目有所助益。

纵观十年来中缅"一带一路"项目合作的历史与现实,可以看出,缅甸对于中缅项目的社情舆论,尤其是几个大型基础设施项目的批评、反对和抨击意见,归纳起来主要集中在以下三个方面:

其一,中缅之间大型基础设施项目,由于投资额度过大,引起缅甸企业家精英们的思考和忧虑。他们对于项目的批评常常是依据主观臆断式的猜测和预判,实在没有恰当理由就编造诸多的表面化的理由,或者无足轻重的理由,通过媒体的发酵,形成舆论风暴给两国政府施加压力。

其二,在涉及项目用地的环境保护和社区安置工作上,由于各种复杂的因素交织在一起,原本极小的"不公平"事件没有处理好,通过媒体造成不利于项目的舆论环境,使得项目难以推进。

其三,项目所在地系民族地方武装控制区域,或者穿过少数民族聚集地区。如何处理好缅甸联邦政府与各地区少数民族和地方武装的关系,以及少数民族地区的利益相关方如何参与到中缅项目中和项目建成后利益分配的问题,考验着中缅双方的政治智慧和协调能力。

其中原因复杂、多元,但总体来看,由于缅甸国内政治转型所带来的结构性变化发挥着核心且关键性作用。例如,中缅合作项目无一例外都受到了媒体舆论的"轰击"。中方投资额度最大的基础设施项目——密松水电项目,就是在媒体舆论中偶然地被记者"质询"而引发关注的。然而,这种"偶然"其实蕴含在缅甸政治转型后的"必然"之中。缅甸政治转型的两大典型标志：释放几乎所有的政治犯、放开报禁等媒体管控，无疑是将对手解绑，然后给予其战斗的武器——"笔"。作为军政府和后军政府时代（指登盛政府时代），中缅之间签订的大型基础设施项目，似乎"先天"带有缅甸内部少数利益集团的"腐败"和"出卖国家利益"的烙印，在西方操纵的媒体"煽风点火"下，备受"口诛笔伐"的轰击。

2015年民盟在大选中获胜，中缅项目从纸面上被"轰击"，进入了实质上被重新"安排"的阶段。皎漂项目在登盛政府时期招标，后将股权比例加以重新划分；高铁项目虽然启动了由中国公司（中铁二院）以缅甸交通和通信部下属缅甸铁路公司研究院名义进行的可行性研究工作，但至今仍然没有实质性的进展；高速公路项目在2014年备忘录有效期过后就没了消息；仰光新城项目在"一带一路"倡议后提出，由中方公司递交了项目规划材料，但最终全部由缅方主导开发，包括投资方筛选模式采取了缅甸政府所倡导的"瑞士挑战法"。纵观这些项目的"签约—叫停—修改—重启"充满曲折的进程，无不是在重复"缩小投资规模、调整股份比例、最终以缅方为主、满足缅方各种诉求"，才有可能得以启动或重启的循环往复。

另外，中方在项目宣介上也负有一定的责任。例如，一些中缅项目虽然投资总额度的确很大，但也不像媒体所猜测的那样，几十亿甚至上百亿美元的投资在短期内会快速投入缅甸项目上，而是分阶段、分批次地逐步投入。然而，由于中资企业无法在各个层级有效面对缅甸等外国媒体的采访和质询，进行解释说明工作，包括对于项目的基本信息，如项目投资金额和投资方式等很少提供，"好奇"的媒体从业人士就只能依靠在网络上以讹传讹的"只言片语"，加上自己的猜测来撰写对于中缅项目的新闻报道。加之中资企业的国内宣传需要，总是以"金额大、人数多、利益巨"等醒目的极端字眼来形容项目投资额度很大、参与各方数量众多、获得收益巨大，外媒轻易就可以别有用心地进行倾向性报道，给缅甸公众制造出一种中缅之间的大型基础设施项目不仅"将会让缅甸人民背负百年的"沉重债务，而且是有利于"中国战略目的"、损害"缅甸国家利益"的可怕"陷阱"的印象。而缅甸本土企业和民众似乎与这些项目的建设、建成后带来的工作和生活便利，以及这些项目的投资收益毫无关系，所以民众也就对这些项目漠不关心，在遭到媒体对项目的指责和抨击的同时，少数极端分子煽动对项目的破坏还会赢得一部分民众的赞同。

三、"一带一路"项目在缅甸的未来及相关建议

(一)皎漂深水港及经济特区可能遇到的困难及建议

缅甸皎漂经济特区财团股份有限公司(MKSHC)是由缅甸52家私营公司共同组成的大众公司,最早成立于2013年,由17家缅甸仰光和若开邦的私营公司发起,目的是为皎漂项目的建设提供物流和建材等相关服务。[①] 2017年4月10日,在中缅两国元首的共同见证下,中信集团代表中信联合体与皎漂特区管委会签署了《关于开发实施皎漂特别经济区深水港和工业园项目》的换文,双方约定共同努力推动皎漂项目尽早签约与实施,标志着缅甸民盟政府确认了中标的结果。[②] 此后,民盟政府为了鼓励缅甸私营企业参与到皎漂项目中,将MKSHC扩充为52家私营公司组成的大众公司,MKSHC根据缅甸法律、法规在缅甸投资公司行政部门(DICA)注册,并作为政府指定企业实体(GDE)参与国际开发商中信集团中标的皎漂经济特区深水港和工业园区的建设,皎漂经济特区配套的住宅项目将完全由MKSHC开发和经营。

缅甸政府希望将迪洛瓦特区模式在皎漂经济特区重现,为此,登盛政府已经授标予中信联合体与缅甸政府成立"缅甸皎漂经济特区开发合资公司"进行皎漂经济特区开发,在该合资公司股份比例中标结果中,中方与缅方的股份比例为85%∶15%。然而,民盟政府上台后又与中信联合体谈判,索要回去15%股份,使得缅方股份达到30%,而且意图将索要回的15%股份给予MKSHC大众公司,而不是由缅甸政府持有,完全就是迪洛瓦模式的翻版。但

[①] 《皎漂深水港项目正式签约并在中缅领导人见证下举行协议交换仪式》,2021年1月18日,https://www.group.citic/html/2020/News_0118/2159.html;"A Chinese Special Economic Zone is deepening conflict in Myanmar's Rakhine State",https://www.aseantoday.com/2019/05/a-chinese-special-economic-zone-is-deepening-conflict-in-myanmars-rakhine-state/;"Establish MKSHC",https://www.google.com/search?q=http%3A%2F%2Fkpsez.org&source=hp&ei=7WjhYPKeMqySr7wP8aCH4AQ&iflsig=AINFCbYAAAAAYOF2_Sw7foXb48B2VkmyBB-gKK4JLpKr&oq=http%3A%2F%2Fkpsez.org&gs_lcp=Cgdnd3Mtd2l6EANQ1xZY1iFglShoAXAAeACAAcEBiAH8ApIBAzAuMpgBAKABAqABAaoBB2d3cy13aXqwAQA&sclient=gws-wiz&ved=0ahUKEwiyydva98jxAhUsyYsBHXHQAUwQ4dUDCAc&uact=5。

[②] 《皎漂深水港项目正式签约并在中缅领导人见证下举行协议交换仪式》,2021年1月18日,https://www.group.citic/html/2020/News_0118/2159.html;"A Chinese Special Economic Zone is deepening conflict in Myanmar's Rakhine State",https://www.aseantoday.com/2019/05/a-chinese-special-economic-zone-is-deepening-conflict-in-myanmars-rakhine-state/。

无奈皎漂经济特区基础设施和条件比迪洛瓦特区差很多,投资额太大,52家公司无法筹集出约6000万美元的初始入股资本金,也没有模仿迪洛瓦大众公司成立一家未来可以上市的大众公司来融取这部分资金,可以感受到缅甸各势力利益代表方的博弈激烈,但最关键的是我们没有像日本那样"耐心"扶持和培养合作伙伴,而不仅仅是将缅方作为竞争对手。2020年8月皎漂特别经济区深水港项目合资公司注册成立后,52家公司暂不进入深水港项目,其15%股份由缅甸政府代持。深水港的建设难度大,技术要求高,还需要特种设备,因此缅甸私营公司参与不进去,但工业园区的建设就相对简单。如果MKSHC出资问题持续得不到解决,将影响到工业园区的建设;工业园区如果不能启用,仅靠深水港的原油输送业务,短期内将无法达到13亿美元投资的盈亏平衡点,缅方是希望如仰光的迪洛瓦经济特区的模式操作,在第一期(仅两个深水码头)和配套的工业区及住宅区实现盈利后,才逐步开展后续8个深水码头的开发和建设,这又将影响到整个皎漂经济特区的建设进程,实质上是影响到"一带一路"倡议在该关键节点上的落实和推进。如此"恶性循环"下去,势必影响双方企业、相关部门的沟通乃至建立在合作基础上的信任关系,拖累"一带一路"在缅甸项目的整体推进。

为此我们建议,在资本市场方面我们如暂时不能帮助缅方成立大众公司,解决融资困难问题,那么在实业层面,其实可以帮助中国有一定实力的私营建筑企业,先行与缅甸MKSHC公司商谈入股该大众公司事宜,共同组成合资公司,由中方提供资本金和工程设备,共同参与工业园区的建设。如果中资私营公司不参与其中,其他国家的企业将会参与其中。如日本的伊藤忠商事的下属公司很早就与缅甸当地公司成立了合资物流企业,已做好从销售日本工程机械设备到为项目提供各项物流服务的准备。而如果能够从MKSHC大众公司股份入手,则不仅能够从资本层面获利,也能以直接股东的身份得到获标的优先地位。

(二)关于如何重启密松电站建设的建议

密松电站自2011年9月30日叫停以后,至今已经进入第十个年头。目前这一标志性的"一带一路"倡议项目,不仅重启无望,缅甸商界还不断有呼声要求永远终止密松项目,[①]并且提出以中缅经济走廊项目作为对密松项目终止

[①] U Myint, *Centennial Magazine Myanmar*: *Going from Pause to Fast Forward with China's Belt and Road Initiative* (BRI), p. 9. "Share Information", https://mtshmyanmar.com/502.

的"补偿"(搁置近十年,据项目业主国电投称,前期的投入和搁置期间的各类财务费用、贷款利息和人员费用,已经约10亿美元),其目的其实是不准备按照合同条款对这些损失进行赔偿。在研究缅日合资的迪洛瓦经济特区建设方式的过程中,笔者发现,特区建设之初,由9家缅甸私营企业财团组成了大众公司,采用股权融资模式,使得特区开发后期关于社区和环境保护的工作,得到整个项目的利益相关者——不仅有政府部门,还有企业层面,甚至还有8000多位缅甸(大部分是仰光地区)的意见领袖作为投资人参与其中——的支持和配合。① 因此,在整个项目的征地拆迁过程中,媒体对于极少数钉子户的炒作就没有了市场和呼应,无法对项目构成舆论反对的冲击。鉴于这一经验,对于一些受阻的中缅项目,不妨以"曲线迂回"的路径来探讨启动和重启的方法。具体做法如下:

第一,在资本层面多机构协调、多方面获利。考虑到密松大坝不仅影响到大坝所在地克钦邦的相关组织和企业,也将会影响到下游的伊洛瓦底省等区域,以缅甸现行行政管理部委来排列,与缅甸农业、畜牧及水利部,缅甸计划、财政与工业部,缅甸资源与环保部等部委都相关。因此,密松项目不仅是目前参与的缅甸电力能源部一家部委的事务了,而且与上面提及的相关部委,乃至与军方相关的三部委——国防部、内政部和边境事务部,以及间接相关的宗教与文化部和交通与通信部等,包括克钦邦和伊洛瓦底省地方政府,甚至周边的实皆省、掸邦、曼德勒省和勃固省等未来用电区域的地方政府等有关。如何将这些利益攸关方都包括进来是项目能否重启的重要影响因素,通过大众公司混合缅甸各部委的利益于其中,将缅甸民众的利益也直接体现其中,再利用《缅甸投资法》中外资股份比例只要低于35%仍然能够保持该公司为缅资公司的有利条件,即只要该大众公司中的外资比例不超过35%,那么这个大众公司就能够登陆仰光证券交易所——缅甸证券市场,去融资开发建设相关项目,如水电站、太阳能发电站和其他形式的电力开发项目。这种融入了项目利益相关方的混合投资模式,将避免项目受阻的各种情况,使得项目能够顺利推进。

缅甸各部委下属都有不少国有企业,除了电力能源部等少数部委拥有自然资源,如石油、天然气和矿产能够吸引外商投资,使其下属国有企业运营盈利以外,其余大部分国有企业都面临资金缺乏和技术落后,导致生产出来的产

---

① U. Myint, *Centennial Magazine Myanmar*: *Going from Pause to Fast Forward with China's Belt and Road Initiative* (BRI), p. 9; "Share Information", https://mtshmyanmar.com/502.

品缺乏市场竞争力,面临长期亏损的局面,大量产业工人面临失业危机。因此,缅甸农业部、工业部和军方控制的国防部等三部委,基本是拿不出资金来投资的,但如能将这些部委下面的国有企业拥有的土地等资源证券化,成立一家"缅甸电力能源开发控股集团大众公司",通过证券市场的模式换取各国各机构的资金用于伊江系列电站的开发;抑或促使那些愿意投资于缅甸电力能源的中小微企业和个人,通过购买该控股大众公司股票,参与项目,并在后期该控股公司上市后通过出让股票获利。这种方法将有利于项目的启动和发展,或者至少能够让密松项目的投资和执行方——中国国家电力能源投资公司与缅甸政府的合同能够以另外一种方式延续,而不至于一直搁置,导致财务和人员成本一再增加。不断扩大的合同违约金和贷款利息将变成一个巨大的、无法填补的窟窿,最终成为无法解决的问题,而如果将过去10年密松项目搁置形成的10亿美元的债务,通过债转股模式成为"缅甸电力能源开发控股集团公司"的外资股份,那么不仅解决了密松项目合同搁置的问题,还扩大了投资缅甸电力,尤其是水电开发的资金来源。中国国家电力能源投资公司在缅甸为密松项目成立的伊江上游电力开发公司将是"缅甸电力能源开发控股集团公司"的重要股东,获得缅甸水电乃至包括太阳能、天然气和煤炭发电等全电力发展市场的广阔空间,并携中国水电装机设备和大型水电站建设丰富经验的优势,必将以最优性价比获取缅甸电力能源投资开发控股集团公司的大部分水电项目的开发和工程承包合同,在资本和实业层面获得双丰收。

第二,该缅甸电力能源开发控股集团公司将全面规划缅甸境内的所有电力开发项目,根据缅甸电力能源的短、中、长期需要,股东组成的董事会聘请专家团队规划缅甸电力开发计划。通过全面梳理缅甸境内的可开发电力项目,并以每一位公民都能感受到直接收益的方式,通过媒体让大家接受一次全民电力开发带来国家发展的公关培训,让人们充分认识到密松是开发水电发电项目投资收益比最高的地方,也是能够保证缅甸民众在今后的生活和工作中,能够享受到的生活低电价、投资高收益的利民项目。目前,缅甸媒体炒作伊江是"绝对"不能开发水电的地方,2019年昂山素季前往北京参加第二次"一带一路"峰会前,缅甸各利益势力担心密松项目即将恢复而群起而攻之,甚至荒谬地提出全缅甸人民每人捐1美元偿还密松项目因搁置而产生的损失,最终达到终止密松项目的目的。如果成立了缅甸电力能源开发控股集团公司,全缅甸人民则不用捐资偿还债务,反而可以投资该大众公司,不仅获得今后投资和进行实业开发良好的基础设施条件,生活不断便利和优质,更获得了投资这些优质项目的权利和利益,那个时候对于电力输送到中国不仅不会反对,恐怕举双手赞成都显得不能够完全表达真心愿望。

第三,通过缅甸民间融资为主、其他各国融资为辅的模式重启密松项目。这样一个密切融入了各利益相关方的大众公司,也开启了缅甸和外国投资者分享密松电站建成后利益的渠道。在此基础上,各方方能理智地探讨密松水电站开发的可行性,而不是在媒体上一味地情绪化反对密松项目的重启。

该方案肯定有很多细节需要考虑,然而在初步论证可行的前提下,可以先以媒体舆论方式展开试探工作,最好的结果是让大家理性地认识到由国电投一家承担了全部投资风险,而缅甸全体国民可以享受到电力充分开发后经济实惠的电价,国家经济也能够进入快速发展的轨道,各行业的高速发展使得人民得以快速致富,最终自然而然地达到密松项目重启的目的;居中的结果是成立缅甸电力能源开发控股集团大众公司,国电投伊江(密松)公司以股东身份,以及先进的水电设备和全球顶尖的大型水坝施工技术,赢得密松七级大坝电站开发项目的工程承包和实施项目,而且中国政府和国电投不必全部承担密松电站开发所需的资金,以及融资风险;最次的结果是国电投伊江公司投资密松电站的所有费用,形成的债务转为缅甸电力能源开发控股集团大众公司的股份后,不仅经济上没有损失,更重要的是作为缅甸最大的电力能源投资上市公司的大股东,能够以优先地位参与缅甸所有电力开发项目,并分享相关利益。

密松项目的重启迂回方案是在资本层面,通过多方融资手段平衡各方利益,鼓励早期冒着最大风险进入的资本方和项目方,使得项目从小向大逐步孵化。这样的做法虽然前期少不了很多的协商、沟通过程,但项目和投资的安全性可以得到最大的保障,比起目前看似"占"住了一块资源,而多年启动不了,最后被迫放弃的情况要胜过百倍。中资公司过去 10 年在缅甸的大型基础设施和资源类项目,无论是 BOT 及其衍生模式,还是 EPC+F 的创新模式,都脱离不了需要政府背书的影子,其间公关工作所付出的巨大成本,以及造成的国际影响,都在东道国留下了不好的名声,不利于在"一带一路"倡议下的"共商、共建、共享"理念的发扬光大。在"一带一路"倡议下,中国未来在海外的投资将是一项长远事业,中国一定不会像美国那样通过航母和炮舰保护其海外利益和海外资金的安全,而应该是以"润物细无声"的和平融入方式,唯有此才符合所倡导的建立人类命运共同体的和平发展理念。

四、总结

缅甸位于中南半岛,处于中国和印度之间的关键地理位置,加之历史上对于东南亚各国的曾经的盟主地位,从英国殖民统治下独立后几十年经济领先的现实,给予了缅甸一种特殊的商业文化——携资源丰富、占据关键战略地理位置的优势,待价而沽,然而又不是非常主动进取,一而再再而三地等待的结果是成了全球最落后的国家之一。面对这样的落后局面,帮助其发展的唯一方式就是联合全球投资"早鸟",循序渐进地进行混合投资,在共同进步中融合不同的商业文化,进而逐步达到快速发展的目的,千万不能独资冒进,以为占据了先机,然而先机往往带来的是陷阱。如何将陷阱变成投资洼地,关键在于人,如果商业文化融合好了,陷阱就是投资洼地,这就是"一带一路"倡议中越来越强调民心相通的第五通。在这个领域,缅甸应该成为先行者。如果联合了全球的投资者都不能改变其商业文化,那么缅甸就只有到月球上寻找投资者,或者就一直保持目前这样落后的农耕社会。而全球投资者的觉悟和对缅甸商业文化的理解程度也不同,所以鼓励"早鸟"先行,作为先驱的风险投资者,是需要有鼓励"早鸟先吃"的投资保护制度,使得高风险投资后期能够得到高收益回报。

俄罗斯与欧亚地区

R5 "一带一路"与"大欧亚伙伴关系"：俄中合作之路

［俄］尤里·V.库林采夫[①]

【摘要】本文分析了俄中合作关系的发展情况，探讨了双方积极互动的地缘政治原因，同时也指出了"一带一路"(BRI)倡议和"大欧亚伙伴关系"(GEP)在欧亚一体化框架中的作用与地位。

中国一直在国家间、外交和经济层面采取一系列政治行动，目的是在全球范围内落实"丝绸之路经济带"倡议。同时，中国也更倾向于在不加入任何协会或联盟的情况下以双边形式谈判和缔结协议。

中国提出的"一带一路"倡议反映了整个人类社会的理想和价值观，也是寻找国际交往新模式的一种尝试。中国不主张经济霸权，也不主张排外。这一理念的主要内容与《联合国宪章》以及和平共处五项原则的主要目标是一致的。

"大欧亚伙伴关系"以及中国"一带一路"倡议提出的原因之一，就在于当前由西方国家主导的国际秩序的形式。

"大欧亚伙伴关系"提出的目的是保护莫斯科的国际地位，加强其区域影响力。从一开始，"大欧亚伙伴关系"的方向就是支持政治稳定和安全，为贸易经济、金融和投资发展创造条件。同时，"大欧亚伙伴关系"也反映了俄罗斯政治领导人对未来区域秩序的看法。

"大欧亚伙伴关系"项目的实施使俄罗斯能够最大限度地降低其国际地位被削弱的风险，保证中亚地区继续作为莫斯科的传统势力范围存在。俄罗斯的根本利益与中国对区域发展的理解不谋而合，这也就解释了为什么"大欧亚伙伴关系"和"一带一路"的共同点要比差异点多。"大欧亚伙伴关系"不是中

[①] 尤里·V.库林采夫(Yury V. Kulintsev)，俄罗斯科学院远东研究所东北亚与上合组织战略问题研究中心副研究员，该中心位于俄罗斯莫斯科。

国"丝绸之路经济带"的竞争对手。它力图为欧亚大陆已经存在的一体化模式发挥纽带作用,其中就包括上合组织和欧亚经济联盟内部的合作。

【关键词】"一带一路"倡议;大欧亚伙伴关系;俄罗斯;中国;国际关系

一、引言

欧亚大陆融汇了诸多资源禀赋迥异的国家,而这些国家的经济基础也能够成功地促进彼此的发展。这就为合作和共同发展创造了巨大的潜力。2010年以来,欧亚一体化当代进程启动的先决条件开始演变。在此期间,该地区各国面临着严重的外交政策挑战,而这与欧亚大陆经济和政治领导竞争加剧的趋势有关。

几乎每一个"大国"(包括区域外的参与者)都推出了自己的区域行动构想。例如,2011年,美国国务卿希拉里·克林顿宣布了美国关于该地区发展的想法——"新丝绸之路"战略。[1]2013年,中国领导人习近平提出了"丝绸之路经济带"倡议。俄罗斯也是最早认识到加快一体化进程必要性的国家之一。2010年,俄罗斯成为关税同盟的创始国之一,2015年该组织转变为欧亚经济联盟(EAEU)。而在这之后,俄罗斯又提出了"大欧亚伙伴关系"(GEP)的构想。

在上述时间段内,该区域的恐怖主义威胁增加,安全领域的局势由此变得复杂,而这被认为是上海合作组织(SCO)和即将到来的"大欧亚伙伴关系"的责任领域。因此,该区域各国在讨论区域发展的可能方向、现有一体化项目的未来以及是否参与中国"丝绸之路经济带"倡议的次区域基础设施项目计划时,就不得不考虑更多的安全因素。

区域主要国家提出的欧亚发展新概念模式取得了进步,这就意味着我们需要分析这些概念提出背后的地缘政治原因。此外,我们有必要分析新的发展概念与现有国际组织特别是上海合作组织融合的条件与可能性。

在这种情况下,上海合作组织继续作为一个开放性区域组织的典范在国

---

[1] D. Robert Hormats, *The United States'"New Silk Road"Strategy:What is it? Where is it Headed?* 2011, http://www.state.gov/e/rls/rmk/2011/174800.htm [Accessed on January 19, 2021].

际舞台上开展着活动。2020年,由俄罗斯、中国、哈萨克斯坦、吉尔吉斯斯坦、塔吉克斯坦和乌兹别克斯坦领导人共同创立的上海合作组织迎来了它的19岁生日。在最开始的时候,该组织的重点是建立一个体制框架,让观察国和对话伙伴国能一起加入这些国家的行列。然而,在过去的几年里,上合组织开始更加重视经贸合作与欧亚一体化进程,而北京也开始在中亚寻求更积极的外交政策,并已成为该地区国家的主要贸易伙伴之一。对俄罗斯来说,欧亚地区始终被视为主导莫斯科战略利益的重要地区。

二、将"一带一路"倡议纳入国际关系体系

2013年"丝绸之路经济带"这一中国倡议正式提出后,国际社会对其的关注便不断增加。这是由于中国外交政策的强化和中国在全球舞台上政治角色的变化所带来的。中国经济的高速增长和亚太地区地缘政治环境的变化也促进加强了这个亚洲巨人的重要性。

在此期间,以习近平为首的新一代中国领导人面临着全球经济增长普遍放缓、世界强国在亚洲地区的竞争日益激烈,以及中国与数个邻国外交关系恶化等挑战。中国在国际经贸关系中的地位上升到领先位置,这自然就使得北京对能源进口和海上贸易航线的依赖性有了增加。鉴于多边国际关系日益复杂,其中存在大量的不确定因素,政治领导层不得不寻求适当的对策,以应对中国作为一个成长中的大国在经济和外交政策稳定方面面临的新挑战。

正如俄罗斯科学院远东研究所前所长卢贾宁(S. Luzyanin)教授所指出的那样,中国认为其在欧亚的经济发展空间和一体化空间比其他区域参与者要宽广得多。事实上,中国的新倡议提出了一个从东亚到欧洲的巨型经济共同发展项目,而北京在其中则承担了地缘政治建筑师这一角色。此外,在这种情况下,我们谈论的不是某个欧亚自由贸易区的建立,而是欧亚大陆经济、交通和基础设施项目在中国帮助下的发展。[1]

2013年9月,在对中亚国家进行工作访问的过程中,中华人民共和国主席习近平于哈萨克斯坦提出了建设"丝绸之路经济带"的倡议。一个月后,在对印度尼西亚进行国事访问时,他提出了"21世纪海上丝绸之路"倡议。这两个

---

[1] S. GLuzyanin, *Absorption, conjunction or conflict? SCO, BRI and the EAEU: options for interaction in Eurasia*, Moscow: IFES RAS., 2016, p. 41. (In Russian.)

倡议在政界和学界都引起了争议。该倡议项目的专家层面初步规划历时一年半以上，在此期间，这些项目逐渐开始具体成型。

为了实施这一宏伟工程，中国在国际和国内采取了一系列一以贯之的政治和经济行动。中国领导人首先会宣布一个新的想法，然后与周边国家首脑举行会议，最后发表联合合作声明，并在中国的领导下举行有关这一主题的国际展览和商业论坛。

在国内层面上，中国决定在历史上"丝绸之路"的沿线省份进行经济、政治、教育、科学、文化等领域的合作改革。所有的这些政府行为要素串联起来便形成了总体经济带效应。

政治举措。2013年9月，习近平进行了被中国媒体称为具有历史意义的中亚之行。值得我们注意的是，他此行归来时带回了价值600多亿美元的已签署合同。①

例如，在哈萨克斯坦，谈判的重点是石油。访问结束后，双方计划建立一个新的炼油厂，并计划将连接哈萨克斯坦和中国的石油管道运输能力提高一倍。在习近平访问乌兹别克斯坦期间，双方签署了《关于进一步深化全面战略伙伴关系的联合声明》。② 除了建设新的石油管道外，中国与该地区各国还计划建设一条连接这些国家与中国的铁路。中国与吉尔吉斯斯坦也签署了联合声明，将中吉关系提升到战略伙伴的水平。文件强调希望"加强交通和通信领域的合作，共同探讨推进公路、铁路和其他基础设施项目的可能性"。③

2013年9月，中外丝绸之路沿线城市的代表在中国西安共同发表了《共建丝绸之路经济带西安宣言》，④同意共同打造丝绸之路经济带，并就指定区域内城市间的合作发展达成协议。与会人员表示，他们已做好准备打造便捷的智慧信息平台，开展富有成效的业务合作。

---

① D. Bulin, *China builds new Silk Road in Asia*, BBC Russian Service, 2013, http://www.bbc.co.uk/russian/international/2013/10/131022_china_central_asia_silk_road.shtml [Accessed on January 19, 2021]. (in Russian.)

② "Cooperation of the Republic of Uzbekistan with the countries of the Asia and the Pacific. Uzbekistan-China relations", Ministry of Foreign Affairs of the Republic of Uzbekistan, http://www.mfa.uz/en/cooperation/countries/374/ [Accessed on January 19, 2021].

③ "Where does the Great Silk Road lead?", *Parliamentary newspaper*, July 11, 2013, http://www.pnp.ru/column/detail/41015 [Accessed on January 19, 2021]. (In Russian.)

④ "Representatives of the cities along the SREB published the 'Xi'an Declaration'", *Chinese Information Internet Center*, Sep. 27, 2013, http://russian.china.org.cn/business/txt/2013-09-27/content_30155535.htm [Accessed on January 19, 2021]. (In Russian.)

中国一直在国家间、外交和经济层面采取一系列政治行动,目的是在全球范围内落实"丝绸之路经济带"倡议。这些行动的主体是习近平和中国政府。同时,中国也更倾向于在不加入任何协会或联盟的情况下以双边形式谈判和缔结协议。

经济举措。在倡议实施的下一阶段,中国促成各地区和城市的领导、大公司负责人,以及企业界代表举办了论坛、座谈会和磋商会。在这种情况下,这些行动的主体是下级管理层,他们已经开始将政治家们达成的协议付诸实践。

2013年11月初,阿斯塔纳举办了"第二届新丝绸之路国际运输物流商务论坛"。[1] 而在11月底,从西安市到阿拉木图的货运列车开始运行,这标志着丝绸之路经济带内重要交通动脉之一的开通。[2]

2013年11月,乌鲁木齐举办了"丝绸之路经济带城市合作发展论坛",来自俄罗斯、格鲁吉亚、土耳其、塔吉克斯坦和土库曼斯坦的地区代表出席了该论坛。根据《乌鲁木齐共识》,代表们一致同意确保各城市之间及时交流信息,并定期举行会议交流城市和交通基础设施建设与现代化的经验。除主要协议外,论坛还签署了关于各国在交通、文化、教育和医疗领域合作的若干文件。[3]

2014年1月,中国建立了一条连接中国东部和中亚五国的铁路路线。货运列车从浙江义乌出发,经边境口岸阿拉陶(新疆维吾尔自治区)到达阿拉木图,然后就可以前往乌兹别克斯坦、吉尔吉斯斯坦、土库曼斯坦、塔吉克斯坦。这趟列车可以在6天内完成1万千米的路线。[4]

科学发展观在"丝绸之路经济带"的形成中也得到了体现。[5] 为了开展研

---

[1] M. Zhakeev, "*The II International Transport and Logistics Business Forum was opened in Astana*", Network edition "*Zakon. kz*", Aug. 11, 2013, https://online. zakon. kz/Document/? doc_id=31467118♯pos=3;-80 [Accessed on January 19, 2021]. (In Russian.)

[2] "Xi'an ITL exceeds annual goals in 2013", *China Daily*, Jan. 22, 2014, http://www.chinadaily. com. cn/regional/2014-01/22/content_17255885. htm [Accessed on January 19, 2021].

[3] Zhen Zhao, *CIIS hold the International Conference on "Silk Road Economic Belt in the Context of Economic Globalization"*, China Institute of International Studies, Dec. 16, 2013, http://www.ciis. org. cn/english/2013-12/16/content_6540161. htm [Accessed on January 19, 2021].

[4] "Cargo train linking central Asia, east China begins operation", *China Daily*, January 22, 2014, http://www. chinadaily. com. cn/m/xinjiang/urumqi_toutunhe/2014-01/22/content_17250086. htm [Accessed on January 19, 2021].

[5] "Hu Jintao's Report at the 18th CPC Congress", *Russia and China*, Nov. 30, 2012, https://ruchina. org/china-article/china/61. html [Accessed on January 19, 2021]. (In Russian.)

究工作,提高专业知识的质量,不仅现有的研究中心参与其中,新的科学中心也建立了起来。

2013年12月,在西安电子工程大学和陕西省社会科学院的倡议下,丝绸之路经济带发展研究院在西安成立。创建该研究中心的目的是,就相关问题向感兴趣国家的政府提供建议,定期举办"丝绸之路经济带发展论坛",以及发布与丝绸之路经济带研究相关的科学文献。[1]

"丝绸之路经济带"倡议是全球性的,并且大多数国家都抱着很大的兴趣接受了这一倡议。中亚各国、俄罗斯、阿富汗、乌克兰等国的领导人和高级官员纷纷表示,这一倡议是重要的、有建设性的、及时的,他们的国家也都已做好了积极参与这一进程的准备。对于中亚国家来说,中国的多边项目看起来是最有利的,因为它可以自然地形成一个包括欧盟、高加索、中亚和中国在内的欧亚经济区。印度、巴基斯坦等南亚及东南亚国家也积极响应"一带一路"倡议。土耳其外长达武特奥卢指出,丝绸之路经济带建设为本地区和世界经济发展提供了更多机遇。[2]

在中国国务院的总体协调下,参与项目的各省和地区智库都制定了各自的"丝绸之路经济带"相应各部分的发展规划。

2015年3月,博鳌亚洲论坛发布了第一份明确阐述"一带一路"合作原则、架构、重点和机制的正式文件。这份由中华人民共和国国家发展和改革委员会、外交部和商务部参与制定的文件被命名为《推动共建丝绸之路经济带和21世纪海上丝绸之路的愿景与行动》。[3] 这个大型项目的既定目标是建立新的经济发展机制,借以促进该地区更有效的资源配置,并加强亚洲、欧洲和非洲国家之间的市场一体化。几个计划在经济走廊内实施的基础设施项目会把古丝绸之路沿线的65个国家联合起来。

---

[1] "The Institute for the Study of the Silk Road Economic Belt was established in Xi'an", *Xinhua*, Dec. 30, 2013, http://russian.cri.cn/841/2013/12/30/1s496190.htm [Accessed on January 19, 2021]. (In Russian.)

[2] "Silk Road initiatives enter new phase", *WantChinaTimes.com*, Dec. 17, 2014, http://www.wantchinatimes.com/news-subclass-cnt.aspx?id=20141217000063&cid=1102 [Accessed on January 19, 2021].

[3] National Development and Reform Commission, Ministry of Foreign Affairs and Ministry of Commerce of the People's Republic of China, *Vision and actions on jointly building Silk Road Economic Belt and 21st-Century Maritime Silk Road*, Mar. 28, 2015, http://en.ndrc.gov.cn/newsrelease/201503/t20150330_669367.html [Accessed on January 19, 2021].

"丝绸之路经济带"倡议是一个大型的地缘政治项目,旨在开发中国西部地区,同时扩大中国与国外特别是与中亚国家的联系。根据已公布的文件,在"丝绸之路经济带"项目框架内,一座亚欧大陆桥将被建立起来,通过俄罗斯和中亚国家连接中国和欧洲,让中国得以进入波罗的海。该陆桥也可通过中亚国家连接中国和西亚,并可进入波斯湾和地中海;它还可连接中国与东南亚、南亚,并能进入印度洋。循着这些方向,中国还计划形成经济走廊:"中蒙俄经济走廊"(2016年签署协议①)、"中国—中亚—西亚经济走廊""中国—中南半岛经济走廊""中巴经济走廊"(2015年签署了一系列基础设施建设文件②)以及"孟中印缅经济走廊"③。

已公布的《愿景与行动》文件之重要性在于,它确定了"一带一路"倡议所致力的五大合作支柱。其中阐述最为详尽的重点领域和项目是:建立单一基础设施网络、促进贸易与投资自由化、产业合作,以及人文交流与接触。

政策沟通,意味着各国就经济发展战略的各种问题不断交换意见,以便制定经济一体化的措施和方案。其主要任务是在政治和法律层面为区域经济的融合"开绿灯",简化海关、签证和其他程序,为企业家(包括该区域国家和中国的企业家)的活动提供便利、扩大合作规模。

设施联通,其内容包括建设从太平洋到波罗的海的统一交通基础设施。中国已经准备好了参与跨国运输基础设施的创建,形成覆盖中亚、东亚、西亚和南亚的运输网络。运输和物流基础设施的建立将确保货物(主要是中国的货物)向中亚、俄罗斯、欧洲国家、近东和中东市场成功运输。

贸易畅通,其目的是消除阻碍贸易的各种官僚和法律障碍,提高货物运输速度,建立适当的物流系统,以此扩大贸易关系。增加双边贸易量的目的是加快协调项目,以在乌兹别克斯坦和吉尔吉斯斯坦建立自由贸易区,以及增加与该区域所有国家的贸易量。

资金融通,意味着货币流动更为强劲。目前,中国已成功地与包括俄罗斯

---

① K. Latukhina, "Russia, China and Mongolia will create an economic corridor", *Rossiyskaya Gazeta*, June 23, 2016, https://rg. ru/2016/06/23/rossiia-kitaj-i-mongoliia-sozdadut-ekonomicheskij-koridor. html [Accessed on January 19, 2021]. (In Russian.)
② N. A. Zamaraeva, "China-Pakistan Economic Corridor and India's Position", *Eastern Analytics*, Mar. 25, 2017, http://va. ivran. ru/articles? artid = 7258 [Accessed on January 19, 2021]. (In Russian.)
③ "One belt, one road", *Reference of RIA Novosti*, July 16, 2017, https://ria. ru/spravka/20170514/1494097368. html [Accessed on January 19, 2021]. (In Russian.)

在内的一些国家进行不用美元而是本国货币支付的贸易活动。中国计划在与哈萨克斯坦和中亚国家进行贸易活动时也采用这种做法。这应该会降低现金成本,保护金融系统不受风险影响,也会提高本国经济的国际竞争力。用本国货币进行的贸易量扩大将可能使人民币在未来变成一种能够压制美元和欧元地位的区域性货币。

最后,民心相通,有利于进一步加强人民之间的联系。国与国之间的关系是建立在各国人民关系密切的基础之上的。区域合作应该得到各国人民的支持,应当有利于加强各国人民之间的友好交流,也应当有利于促进相互了解和传统友谊,而这些也都会为区域合作的发展奠定社会基础。

科技、教育、人文领域的联系扩大是合作的领域之一,这有利于增加到中国高校学习的"一带一路"沿线国家学生人数,从而能够帮助中国文化走出国门,在新一届中国领导人的外交政策中占据越发重要地位的软实力也可以由此更加彰显。此外也不乏其他益处。

北京聚焦这些合作领域并称它们为"合作新模式",希望通过共同努力建成"丝绸之路经济带"。

项目实施的具体措施将包括几个相互关联的步骤。仅在基础设施建设领域——包括修建公路和铁路、铺设石油管道和电力线路,以及修建桥梁和港口,就不断涌现出巨大的金融机遇。亚洲开发银行的专家曾在2014年预测,这一领域的投资需求到2020年将达到8万亿美元。[1]

中国提出的倡议反映了整个人类社会的理想与价值观,它是一种寻找国际交往新模式的尝试,能为世界发展注入积极动力,也有助于维护全球和平。中国不主张经济霸权,也不主张排外。该理念主要条款所依据的理论基础与《联合国宪章》以及和平共处五项原则[2]的主要目标是一致的。该项目并不仅限于历史上与古丝绸之路有关的国家,而是向国际社会所有成员完全开放。[3]

---

[1] S. Gafurov, "China is trying to change the world financial system for itself", *Business newspaper "Vzglyad"*, Jan. 14, 2015, https://vz.ru/economy/2015/4/14/739927.html [Accessed on January 19, 2021]. (In Russian.)

[2] "Agreement on trade and intercourse between Tibet Region of China and India. signed at Peking on 29 April 1954", United Nations Treaty Series, vol. 299, United Nations, pp. 57 – 81, http://treaties.un.org/doc/publication/unts/volume%20299/v299.pdf [Accessed on January 19, 2021].

[3] Y. V. Kulintsev, "'One Belt-One Road': an initiative with Chinese characteristics", Russian International Affairs Council, May 22, 2015, http://russiancouncil.ru/blogs/riacexperts/?id_4=1868 [Accessed on January 19, 2021]. (In Russian.)

《推动共建丝绸之路经济带和 21 世纪海上丝绸之路的愿景与行动》①这一文件明确阐述了该倡议的原则与架构,确定了合作的重点与机制。然而,除了提到亚投行、丝路基金以及丝路国际电影节、丝路书展等几项人文领域的合作活动外,该文件缺乏对具体项目的描述,这让一部分专家感到失望。其实,文件之所以主要包含定性的特点而没有定量的指标,原因正在于该文件的标题——"愿景"一词暗示了该文件只反映基本理念和主要方向。

通过分析"一带一路"倡议的共建行动方案可以看出,从项目的实施来看,中国期望扩大对外开放的规模,加强与参与国的互惠合作。而在该项目中,中国地缘政治目标的实现也同样重要,即北京希望根据其经济能力扩大其承担的政治义务和国际责任。该文件的总则明确指出,中国愿意为全人类的发展做出更大的贡献。

这一中国项目最吸引人的结构性因素是它采用了所有参与者都能受益的合作形式。同时,中国政府愿意保证多边开放性,推动各领域的务实合作,从而形成"人类命运共同体"。顺便要提到的是,2015 年习近平在博鳌亚洲论坛开幕式上的主旨演讲题目是《迈向命运共同体,开创亚洲新未来》。② 专家和学者普遍认为,中国国家主席的演讲中不会有随口一提的词汇,且他所宣扬的观点迟早会得到落实。实现的时间只是一个技术问题,而这个概念在政治、外交和宏观经济层面上则一直在不断改进和完善。

应该说,自习近平首次宣布这一战略性倡议以来的几年时间里,中国政府一直在积极实施这一宏伟工程。中国政府在与外国领导人交流时以及在国际会议上都会讨论这一构想,新丝绸之路也成了多个座谈会和论坛的主要议题。中国与多方签署了谅解备忘录,商定了经济交往计划,并就重点合作项目提供了沟通支持。

到 2017 年为止,"一带一路"倡议已经得到了一百多个国家和国际组织的

---

① National Development and Reform Commission, Ministry of Foreign Affairs and Ministry of Commerce of the People's Republic of China, *Vision and actions on jointly building Silk Road Economic Belt and 21st-Century Maritime Silk Road*, Mar. 28, 2015, http://en.ndrc.gov.cn/newsrelease/201503/t20150330_669367.html [Accessed on January 19, 2021].

② "Closing of BAF - 2015: Focus on 'Community of Common Destiny' and 'One Belt, One Road'", *People's Daily*, Mar. 30, 2015, http://russian.people.com.cn/n/2015/0330/c95181-8871312.html [Accessed on January 19, 2021]. (In Russian.)

支持。中国也与40多个国家和国际组织签署了谅解备忘录。① 2015年5月，俄中两国领导人签署了《关于丝绸之路经济带建设和欧亚经济联盟建设对接合作的联合声明》。②

区域和次区域层面的国际展览和论坛也对倡议的发展起到了建设性的作用。特别是"一带一路"倡议几乎是中国国内外政治学会议和经济论坛讨论的必选议题。在国际层面，2014年12月在伊斯坦布尔和2015年10月在马德里举行的论坛，③也探讨了如何落实中国倡议的问题。此外，2015年以来，俄罗斯还举行了（多次）"中国与俄罗斯：新时代的合作"国际会议，主办方为俄罗斯国际事务委员会（RIAC）和中国社会科学院。该论坛的议程包含莫斯科与北京之间的合作热点问题，如单边制裁和贸易战对欧亚大陆局势发展的影响、人道主义接触的重要性、欧亚经济联盟与中国"一带一路"倡议的融合等。④

2017年5月在北京举行的国际论坛是一个重要事件，标志着"一带一路"倡议第一阶段的完成，以及第二阶段的启动。该论坛聚集了来自130个国家的1500多名与会者。在此之前，中国还举行了多次专家会议，并就丝绸之路经济带的各个方面进行磋商。⑤ 论坛期间，中国国家主席习近平呼吁世界大国领导人放弃保护主义，支持全球化。一个长期、成功的全球战略不仅可以载入史册，而且可能会让一国元首顺利连任。北京的这一次高层论坛有助于中国在全球舞台游戏规则的制定中发挥更突出的作用。

根据新闻网站公布的有关消息，第二届"一带一路"参与国领导人会议于2019年在北京举行。第二届"一带一路"峰会比第一届更具代表性。这次会议有37位国家和政府首脑参加（2017年为29位领导人），也包括了国际货币基金组织总裁拉加德和联合国秘书长古特雷斯。欧盟国家领导人这次同样来到

---

① "'One Belt, One Road' — the strategy of economic development", *Reference of RIA Novosti*, May 14, 2017, https://ria. ru/spravka/20170514/1494097368. html [Accessed on January 19, 2021]. (In Russian.)

② *Joint statement of the Russian Federation and the PRC on cooperation in conjunction construction of the EAEU and the SREB*, President of the Russian Federation, May 8, 2015, http://www.kremlin. ru/supplement/4971 [Accessed on January 19, 2021]. (In Russian.)

③ A. V. Ostrovsky, "Chinese project 'Silk Road Economic Belt' — the way towards international economic cooperation", *Asia and Africa today*, Feb. 2016, pp. 8 – 12. (In Russian.)

④ K. A. Kuzmin, "Russia and China: cooperation in new epoch", *Asia and Africa today*, Mar. 2019, pp. 55 – 60 (In Russian.)

⑤ "A high-level forum 'One Belt-One Road' opened in Beijing", *RIA Novosti*, May 14, 2017, https://ria. ru/world/20170514/1494250680. html [Accessed on January 19, 2021]. (In Russian.)

了北京,这与首届峰会时他们的缺席形成了对照。

第二届"一带一路"论坛的地缘政治信息是,中国宣布了针对美国对抗性力量的最终立场。在北京和华盛顿在欧亚大陆的对抗中,莫斯科扮演了其中的一个主要角色。正如俄罗斯著名汉学家所指出的那样,大欧亚地区的"非美世界"是在欧亚经济联盟和"一带一路"倡议的框架下通过配合和互动而形成的。同时,这种形成方式的特殊性就是欧亚空间发展中平等方式的采用和对平等权利的承认。[1]

"一带一路"倡议的一个重要特点是,它具有坚实的文化和文明基础,它提到了参与项目的国家在古丝绸之路发展中的历史作用。对于像中亚国家、中国和巴基斯坦这样具有不同经济和政治潜力水平的国家来说,这是一个强有力的团结因素。从这个意义上说,中国不仅仅是经济上的领导者,而且也是一个对区域问题提出了自我解决方案的"意识形态"上的领导者。

中国"一带一路"倡议实施第一阶段所取得的成果表明,该项目是中国最重要的项目战略,涉及社会经济、政治外交、文化文明、地缘政治等各方面。该倡议的目标是确保中国在其周边、如果可能的话甚至在更远地方的自身利益。

三、俄罗斯一体化项目的起源:"大欧亚伙伴关系"与俄中利益的结合点

"大欧亚伙伴关系"以及中国"一带一路"倡议提出的原因之一,就在于当前由西方国家主导的国际秩序的形式。美国的外交政策在特朗普担任总统期间展现出了某些消极性变化,白宫当前的措辞仍然针对莫斯科和北京。尽管一些专家声称,西方国家的地位正在遭到削弱,但美国政策的方向仍以限制俄罗斯和中国的经济发展为导向。莫斯科和北京经济关系的拓展,将有助于欧亚大陆社会和政治的稳定,构成了这种稳定的必要前提。

2015年,已经有一些高级政府官员宣布,俄罗斯将继续支持建立从里斯本到符拉迪沃斯托克的共同经济空间。同时,其他国家和一体化组织也对与莫斯科的合作发展越来越感兴趣。

如今,欧亚地区的区域一体化是由两个主要参与者即俄罗斯与中国实施

---

[1] S. G. Luzyanin, "'Russia-China' or 'Great America'. Will the story end?", *Asia and Africa today*, Aug. 2019, pp. 2 - 4. (In Russian.)

的,它们所依赖的手段包括:欧亚经济联盟机制,中国的"一带一路"倡议,还有上海合作组织。

欧亚大陆有几个大型的一体化项目,这些项目有重叠的成员国和类似的目标,这就意味着参与者们需要找到一种新的方法来确立欧亚大陆一体化进程的发展趋势。

这些因素结合起来,确保了"大欧亚伙伴关系"构想的启动。"大欧亚伙伴关系"的目的是保护莫斯科的国际地位,加强其区域影响力。从一开始,"大欧亚伙伴关系"的方向就是支持政治稳定和安全,为贸易经济、金融和投资发展创造条件。同时,"大欧亚伙伴关系"也反映了俄罗斯政治领导人对未来区域秩序的看法。

"瓦尔代"国际辩论俱乐部的专家们首先在概念层面上讨论了"大欧亚伙伴关系"的想法。在"走向大洋"系列报告中,专家们证明了为什么上述一体化项目的成员面临同样的内部和外部挑战,以及为什么它们有动力去协调社会和经济的发展。这也是"大欧亚伙伴关系"理念的基础,且这样的理论能促进那些对欧亚区域发展感兴趣国家更加步调一致。①

外国政治专家们认为,"瓦尔代"俱乐部的报告材料是俄罗斯总统普京在2016年圣彼得堡国际经济论坛期间提出"大欧亚伙伴关系"构想的基础。② 普京提议建立"大欧亚伙伴关系",该伙伴关系涉及上合组织成员国、欧亚经济联盟国家、独联体国家、伊朗和其他一些国家。"大欧亚伙伴关系"的工作必须以创造欧亚大陆国际合作的新形式为导向,并支持欧亚大陆一体化项目与中国"一带一路"的结合。③

"大欧亚伙伴关系"的地理范围超出了整个欧亚地区,也就是说,它的范围已经超出了苏联的边界。这种扩大反映了俄罗斯政治精英们认识到,欧亚经济联盟本身不足以在欧亚地区建立全面的区域一体化体系。为了达到足以改变规则的经济发展指标,他们必须把强大的亚洲经济体吸引过来。

一些中国政治学者表示,俄罗斯正在将"大欧亚伙伴关系"内的区域一体

---

① *Towards Great Ocean. Chronicles of the Russian pivot to Asia*, Valdai club's book of reports, Moscow: Fond "Valdaj", 2019, p. 352. (In Russian.)
② Ziguo Li. "Greater Eurasian Partnership: Reshaping the Eurasian Order?", *International Studies*, Jan. 2017, pp. 25 – 37. (In Chinese.)
③ "Putin's verbatim report during SPIEF – 2016", *Rossiyskaya gazeta*, July 17, 2016, https://rg.ru/2016/06/17/reg-szfo/stenogramma-vystupleniia-vladimira-putina-na-pmef-2016.html [Accessed on January 19, 2021]. (In Russian.)

化作为一种新的地缘经济战略，其最终目标是以新的形式在前苏联的边界内重建共同的经济、政治和军事空间。① 值得注意的是，他们认为2014年的乌克兰危机是一个关键的里程碑，因为莫斯科的外交重点在此之后从大欧洲地区重新定位到了大欧亚大陆。

同时，俄罗斯的东移战略不仅仅是美国和西方国家地缘政治努力的结果，②也是俄罗斯自己的战略选择。2001年年初，俄中签署友好睦邻合作条约，为东移奠定了基础。此后的俄中接触也是俄罗斯全球政治和经济发展重心向亚太地区转移的结果。这为莫斯科提供了合作与发展的新选择，其中就包括"大欧亚伙伴关系"的框架。

一些中国专家担心，俄罗斯或许认为，中国的"一带一路"会对周边国家中的俄罗斯利益构成潜在威胁。③ 在中亚地区，中俄经济能力的不对称日益明显，这可能会引起莫斯科对原本的"小弟"在本地区地位上升的不快。

"大欧亚伙伴关系"项目的实施使俄罗斯能够最大限度地降低其国际地位被削弱的风险，保证中亚地区继续作为莫斯科的传统势力范围而存在。俄罗斯的根本利益与中国对区域发展的理解不谋而合，这也就解释了为什么"大欧亚伙伴关系"和"一带一路"的共同点要比差异点多。④

中亚地区安全与稳定的维护是俄中两国的共同利益，也是上合组织的责任所在。专家们一致认为，目前莫斯科在中亚地区的综合影响力大于北京。⑤ 因此，"大欧亚伙伴关系"项目对于包括上合组织和其他国际机构在内的这些国际参与者来说，就变得更加有意义了。他们希望利用俄罗斯积累的经验，发展与中亚国家的合作。

---

① Zhao Chuanjun, Xiao Wenhui, "How Should China Respond to Putin's 'Greater Eurasian Partnership' Plan", *Economic Research Guide*, June 2017, pp. 18-25. (In Chinese.)

② Y. Kulintsev, "Russia has turned to China seriously and for the long time", Russian International Affairs Council, Apr. 7, 2016, http://russiancouncil.ru/turn2china [Accessed on January 19, 2021]. (In Russian.)

③ Jiao Yiqiang, "From Cognitive Differences to Cooperation Consensus", *Contemporary Asia-Pacific*, Apr. 2018, https://www.ydylcn.com/zjgd/334409.shtml [Accessed on January 19, 2021]. (In Chinese.)

④ Yang Lei, "Russia's Greater Eurasia vs China's Belt and Road", 28.01.2016. Available at https://pit.ifeng.com/a/20180126/55485771_0.shtml?_cpb_xinxiliu_xgtj [Accessed on January 19, 2021]. (In Chinese.)

⑤ Zhao Chuanjun, Xiao Wenhui, "How Should China Respond to Putin's 'Greater Eurasian Partnership' Plan", *Economic Research Guide*, June 2017, pp. 18-25. (In Chinese.)

"大欧亚伙伴关系"成功发展的关键因素之一是上海合作组织国家之间的互利合作。上合组织是"大欧亚伙伴关系"的主要结构组成部分之一。[①] "大欧亚伙伴关系"不是中国"丝绸之路经济带"的竞争对手,而是在试图为欧亚大陆已经存在的一体化模式发挥纽带作用,其中就包括上合组织和欧亚经济联盟内部的合作等。

在上合组织发展的同时,印度和巴基斯坦作为正式成员的加入也带来了上合组织能力的扩展和新重点的确立。然而,上合组织并没有削弱其传统责任领域,即地区安全与反恐合作。

同时,我们有必要考虑到哪些国家将从欧亚一体化的发展中获益最大。从俄罗斯的角度来看,其对该项目的参与将带来基础设施的发展、能源供应方向的进一步多元化,以及与中国投资合作的加强。从另一方面来看,北京则能够进一步巩固其在中亚的地位,并能把原来主要经由东南亚而通往欧洲的物流改由经过本国北上通往欧洲。中国在这方面可以依靠的额外优势是其巨大的财政资源。

展示俄罗斯与中国谈判能力的最重要证据是,北京同意让"丝绸之路经济带"与欧亚经济联盟进行对接合作。尽管一些中国专家给出了否定的建议,但中国领导人还是同意进行联动,这显然是因为他们接受了俄罗斯的论点,即在某些领域,中国跟有着共同关税空间的欧亚经济联盟进行合作,比中国与该联盟的每个成员进行双边合作会更容易、也更有利。

"丝绸之路经济带"则已经成为另一个项目,其主要实施区域是中亚地区。从协调俄中在欧亚大陆利益的角度看,欧亚经济联盟、上合组织、丝绸之路经济带这三个相邻项目的交汇领域具有根本重要性。2015年乌法峰会的议程就反映了这一点。事实上,与会者着力探讨了一个项目,即希望能形成上合组织的中长期欧亚政策。

在最初的时候,上合组织、欧亚经济联盟、丝绸之路经济带的项目是并行存在的。它们相互独立,甚至在运输、能源以及经贸领域形成了一定的竞争。专家们对情况的进一步发展考虑了几种可选方案,特别包括这些方案:(1)由中国提出的丝绸之路经济带项目吸收其他两个项目,并在中国的主持下建立

[①] S. Luzianin, A. Klimenko, "Cooperation of Russia and China in SCO on implementation of the Greater Eurasian partnership concept", *China in World and Regional Politics*, Issue XXIV. Moscow: IFES RAN. 2019. (In Russian.)

一个一体化区;(2)维持当前现状;(3)建立一个互动结构,在这个结构中,上海合作组织将在丝绸之路经济带项目和欧亚经济联盟之间发挥其作为"欧亚桥梁"的核心连接作用。①

"丝绸之路"沿线国家和由俄罗斯、哈萨克斯坦、白俄罗斯发起的欧亚经济联盟成员国家在地理上接近。它们因区域经济合作而团结在一起,在政治、交通、贸易等领域有着密切的联系,在民族文化和历史传统上也很接近。中国专家认为,两个集团之间良好关系的建立是必然的。"丝绸之路经济带"倡议并不针对欧亚经济联盟,也不是要取而代之。中国提出应该平行运作项目、共同推动项目实施,并建立起伙伴关系。②

近来,北京对确保"丝绸之路经济带"经济项目安全性的问题表现出越来越多的关注。有一些专家提出,俄罗斯可以处理安全问题,欧亚经济联盟可以提供合作的监管框架,而中国则主要负责基础设施和发展方面的投资。此外,在当前的地缘政治形势下,中国显然有兴趣支持俄罗斯和欧亚一体化,因为它认为稳定的欧亚空间是阻碍美国遏制中国的最重要缓冲地带。

对于越来越重视打造大欧亚项目的俄罗斯来说,欧亚经济联盟的加强以及俄罗斯与中国关系的发展在其外交政策中起到至关重要的作用。俄罗斯未来在西方国家制裁下的发展情况,其独立的世界政治中心地位的形成,其现代化增长战略任务的实现,以及其东部地区的社会经济发展,在很大程度上与这两个方面合作的成功实施有关。从这个角度来看,两个项目对接联动的成功实现具有至关重要的意义。

与此同时,俄罗斯还面临着维持其在中亚地区政治影响力和经济地位的艰巨任务。莫斯科最佳的选择似乎是在"大欧亚伙伴关系"的基础上,寻找中国"一带一路"倡议与欧亚经济联盟和上合组织的共通点。

中国的主要经济利益包括为自己的经济提供原材料、产品销售市场,以及劳动力的就业机会。因此,中国唯一的选择就是"走出去"。

中国的政治利益导向是确保自身经济利益并维护欧亚空间的安全。"丝绸之路经济带"项目旨在通过促进区域内伙伴的经济发展,拓展中国与这些伙伴的经贸关系,而这也有利于维护这些国家的政治局势稳定。此外,从纯粹的

---

① S. G Luzyanin, I. SIvanov, 2015, *Shanghai Cooperation Organization*: *Model 2014 - 2015*, Workbook No. 21/2015, Moscow: Russian International Affairs Council. (In Russian.)
② S. G. Luzyanin, I. S. Ivanov, Huasheng Zhao, 2015, *Russian-Chinese Dialogue*: *Model 2015*, Report No. 18/2015, Moscow: Russian International Affairs Council. (In Russian.)

地缘政治意义上讲,中国对美国和西方国家在其周边地区的政策持反对态度。在中国看来,这些政策破坏了对中国有利的稳定局面,政策的目的本身也是为了遏制中国的经济增长,限制中国在世界范围内日益增长的影响力。

同时,各方要清醒地认识到在共同实施该倡议的过程中出现的挑战和风险。发展运输线路以及建立中国货物运往欧洲的高速运输通道,就会导致俄罗斯西伯利亚大铁路和贝加尔湖—阿穆尔河干线的运输量减少,而重点发展原材料项目,则会导致其他合作参与者在经济上完全依赖资金实力较强的合作伙伴。中国与项目参与国文化和思想上的差异也会给中国带来一定的风险,尤其是在项目参与国总数达到数十个的情况下。

2015年5月,习近平对莫斯科进行正式访问期间,两国领导人做出了一个重要政治决定。所签署的联合声明指出,在希望确保本地区经济持续和可持续增长这一想法的指引下,两国将加强区域经济一体化建设,并将共同努力,把建设欧亚经济联盟与丝绸之路经济带的进程结合起来。俄中两国的基本利益并不总是一致的,因此,两个项目的对接应建立在相互靠近的基础上(其中也包括相互让步),牢牢遵循透明、相互尊重、平等、各种一体化机制互补、对亚洲和欧洲所有利益相关者开放的原则。文件指出,各国将开展以上海合作组织为主要平台的双边和多边形式的联合工作。合作将由俄罗斯外交部和中国外交部领导的工作小组进行协调。①

此种级别的大型国际项目需要总览世界各大进程的全球视野。这些项目会引起公众的注意,而且由于资金流动量大,它们也可能会对世界上某些地区的经济、政治、社会和环境状况产生重大的影响。

俄罗斯和该地区其他国家面临的主要挑战之一是:没有可以用来填充丝绸之路经济带的具体项目。2017年3月在欧亚经济联盟和丝绸之路经济带对接框架内商定的基础设施项目清单至今还未全部公布。目前我们仅仅知道,这些项目涉及新道路的建设和现有道路的现代化建设、交通和物流中心的建立以及关键交通枢纽的发展。②

因此,除了建立运输、物流、贸易和金融基础设施外,丝绸之路经济带的预

---

① *Joint statement of the Russian Federation and the PRC on cooperation in conjunction construction of the EAEU and the SREB*,President of the Russian Federation,May 8,2015,http://www.kremlin.ru/supplement/4971[Accessed on January 19,2021].(In Russian.)
② Eurasian Economic Commission,Mar. 2, 2017,http://www. eurasiancommission. org/-ru/nae/news/Pages/2-03-2017-1. aspx[Accessed on January 19,2021].(In Russian.)

设目标仍然不是很明确。为了消除这些担忧,北京需要提出具体的突破性项目,比如大家所熟知的中亚至中国的天然气管道。然而,这将是非常困难的,因为北京优先考虑的是原材料部门的合作、优惠贷款的提供,以及主要消费品的供应。

值得注意的是,除了在能源领域的合作和建立运输通道外,中国最近也开始积极收购国外那些最有吸引力的资产。同时,北京计划将部分生产设施转移到周边国家,并已成为一些国家的主要债权人。考虑到中国向基础设施项目实施地输出劳动力的策略,交通项目似乎不仅可以让中国掌控货物、服务、资本以及人员流动,还可以显著扩大中国在各国的人口,从而扩大其在这些国家的地缘政治存在。

因此,在实施中国提出的所有项目时,应该首先要考虑到该地区各国的国家利益。对于每一个项目,各国不仅要进行全面的可行性研究,还要进行市场调研,在这个过程中要考虑到国民经济的需求和能力,以及项目实施过程中可能出现的风险。

四、总结

中国提出的"丝绸之路经济带"倡议极大地加速了欧亚大陆的多边经济合作。北京试图通过提出这一倡议来弥补上合组织中在其看来不够积极活跃的经济成分。中国对欧亚一体化的支持还可以从中国的地缘政治利益角度来解释,即北京希望建立一个稳定的欧亚空间来打造其政权发展的重要支柱。

在当前的地缘政治形势下,中国在欧亚大陆影响力的增长是不可避免的。从利于自身发展的角度考虑,俄罗斯的最佳战略是找到一条与中国合作而非竞争的道路。这主要是因为中国在欧亚大陆的利益在大多数情况下与俄罗斯的利益是一致的,尤其是在经济发展和维护政治稳定方面。

目前欧亚大陆区域一体化的推动者是该地区最大的两个国家,即俄罗斯和中国。由于该区域存在数个大规模的一体化项目,且参与国名单有重合,宣称的目标也相似,因此,中俄需要寻找一种新的办法来协调欧亚大陆一体化进程进一步发展的总方向。

俄罗斯越来越重视建立"大欧亚伙伴关系",因为这有助于加强欧亚经济联盟的地位,也有助于促进其与关键伙伴中国的关系。莫斯科对欧亚一体化的发展很感兴趣,特别是在面临西方国家制裁的情况下更是如此。俄罗斯参与欧亚一体化项目有利于其推进现代化增长的战略任务,也会促进其东部地区的社会经济发展。俄罗斯在"大欧亚伙伴关系"内的地缘政治利益决定了其是否能形成独立的世界政治中心地位,也决定了其是否能确保在中亚地区的政治影响力和经济地位。

"大欧亚伙伴关系"参与者的主要利益在于促进区域经济一体化。同时,从战略上讲,"大欧亚伙伴关系"与"一带一路"的结合可以为共同的经济和政治空间创造一种新的形式。在这种空间里,社会经济的稳定是基础设施建设、经济增长、投资合作的催化剂。

"大欧亚伙伴关系"项目的地理范围已被扩大到了欧亚空间以外,这反映出俄罗斯领导人认识到,为了实现突破性的经济发展指标,他们必须吸引强大的亚洲经济体进入该地区。这中间,需要跟中国的"一带一路"倡议进行对接,也需要发挥上海合作组织的潜力。

有人以为,"大欧亚伙伴关系"项目与中国"一带一路"存在竞争可能,这会导致莫斯科和北京之间出现紧张关系,但这一假设在实践层面上并没有得到证实。如果我们对两国政治领导人采取的行动进行分析就会发现,情况恰恰相反。在意识到地缘政治竞争风险的情况下,俄中两国在联合声明中表现出自信的一致性,表示会共同致力于避免不必要的竞争,并专注于建立一个合作框架,使他们各自在欧亚大陆提出的旗舰计划能够切实对接。

R6　全球舞台上的"一带一路"倡议：
哈萨克斯坦的观点

[哈]扎卡谢娃·拉扎特[①]

【摘要】 本文分析了中国"一带一路"倡议在全球舞台上的战略作用。要强调的是，现代条件下复兴伟大的丝绸之路经济对于建立新的全球经济秩序至关重要；减少从亚太地区到欧洲的运输时间可以使许多国家受益；必须让诸如欧亚联盟、上合组织之类的国际组织和中亚国家参与共建"一带一路"。文章还强调了哈萨克斯坦的"光明之路"项目与中国的"一带一路"倡议对接的关键作用。

【关键词】 "一带一路"倡议；欧亚联盟；中亚；哈萨克斯坦；"光明之路"

一、全球舞台上的"一带一路"倡议

2013年秋，中国国家领导人习近平发起了创建"丝绸之路经济带"的倡议，这意味着中国和位于这条著名的贸易路线沿线国家将加快联动发展。这项举措很快得到了另一项被称为"21世纪海上丝绸之路"倡议的补充。两项举措都出人意料且规模宏大，一开始它们在欧亚大陆国家招来误解，甚至引起了不信任。预言了"历史的终结"的美国哲学家福山称之为"双重倡议"（简称"一带一路"），是"21世纪最伟大的构想"。[②] 他在为《报业辛迪加》(*Project Syndicate*)撰写的文章中写道："如果'一带一路'项目实现了中国规划者的期望，那么整

[①] 扎卡谢娃·拉扎特(Zakisheva Lazzat)，哈萨克斯坦教科部博拉沙克(Bolashaq)发展基金会亚洲事务部主任、博士。
[②] 《"一带一路"与中国的西向支点：过去、现在和未来会议报告》，https://pure.diis.dk/ws/files/1258174/Durham_OBOR_Conference_Report.pdf。

个欧亚大陆（从印度尼西亚到波兰）将在一代人的时间内发生转变。"①中国模式将在中国以外蓬勃发展，人民收入将会增长，进而新市场对中国产品的需求也将增加，这些市场将取代世界其他地区停滞不前的市场。

事实上，通过向欧亚大陆的邻国提供联合建造基础设施和工业项目的宏伟计划大纲，中国希望创造新的市场并扩大现有市场来增加其产品的销售，这是可以理解的。它已经以最优惠的条件在中亚、巴基斯坦、印度尼西亚、斯里兰卡、希腊、匈牙利、塞尔维亚、白俄罗斯建设了铁路和公路、隧道、大坝以及自由贸易区。②

"一带一路"倡议是现代中国最雄心勃勃的外交政策倡议，其基础是参与该倡议的各国互惠互利，并且整合政治、贸易、金融体系、基础设施和人力资源。在"一带一路"倡议中，运输走廊、过境和物流都扮演着特殊的角色。

"一带一路"倡议是动态发展的，随着中国与其他参与国的优先事项和利益的变化而不断演变。"一带一路"倡议不是一成不变的，而是一个不断发展的概念。最初只是建造基础设施项目，现在它提供了更多的机会，涵盖了更广泛的领域，包括健康、教育、信息技术、人文等领域积极的文化交流，以及从科学界、媒体界到青年界的扩大接触。"一带一路"不断变化的特性意味着很难明确定义倡议及其提供的机会。但是，很明显，如今的倡议为中国与世界各国的关系打下了基础，这意味着它已成为中国现代外交政策的地缘政治目标得以实现的基石和手段。

应当指出，"一带一路"倡议的构想是为未来几十年设计的。因此，2017年中国共产党第十九次代表大会上提出中国进入了新时代，并确定了分两步将中国建成社会主义现代化强国的未来30年的目标。③

《纽约时报》报道说，习近平主席正在寻求利用中国的财富和工业知识打造一种新型的全球化，以摆脱西方国家过时的机构规则。"其目标是通过进一步让各国和企业纳入中国的轨道，来重塑全球经济秩序。"④中国开始从全球化的使用者转变为全球化的引擎。中华人民共和国正在加大力度与世界深度融

---

① 尤里·塔夫罗夫斯基：《新的丝绸之路：用自己的眼睛，用自己的语言》，http://www.infoshos.ru/ru/?idn=16560。
② 尤里·塔夫罗夫斯基：《"新丝绸之路"二十一世纪的主要项目》，第17—18页。
③ 《习近平在中国共产党第十九次全国代表大会上的报告》，2017年10月18日，http://www.gov.cn/zhuanti/2017-10/27/content_5234876.htm。
④ 《中国斥资1万亿美元重建经济秩序计划背后的故事》，《纽约时报》2017年5月13日。

合,进而也产生了一系列新的风险和前景。① 一系列战略因素和内部因素促进了基础设施倡议"一带一路"的产生和后续发展,这些因素可分为三个主要层次:国际层面、国家层面、思想层面。

在国际层面,中国正在通过投资过境运输和物流而努力加强国际经贸关系,在邻国的文化圈和政界建立一个对北京更友好的群体,并推动创立中国领导下的新型金融体系。

在国家层面,该倡议是中国内部改革的一部分,旨在发展和刺激中国境内的经济增长以及中国西部省份(主要是新疆维吾尔自治区)的发展。

从思想层面或中国民族观念的"空间"上看,中国的现代外交政策倡议具有深远的历史意义:古老的丝绸之路是中国"黄金时期"②即唐代③的象征。当时,古代中国占世界生产总值的50%。因此,在中国内部,"一带一路"倡议借着恢复国民经济并提高中国的世界地位与增加中国人民族自豪感挂钩。这有助于在项目实施的整个期间(超过30年),保持国内对项目本身的热情和积极态度。中国媒体形容"一带一路"是人类历史上最雄心勃勃的项目之一。香港历史最悠久的英文报纸《南华早报》把"一带一路"描述为"国家提出的意义最重大、影响最深远的项目"。也有评论说中国倡议与帮助战后欧洲重建的"马歇尔计划"④很相似,那个计划在20世纪40年代至60年代由美国所资助。

二、中亚的"一带一路"倡议

著名的俄罗斯汉学家卢金认为,北京对中亚的兴趣"主要不是经济上的,而是战略性的,但不是为了建立控制权,而是为了消除这里滋生的动荡和恐怖

---

① 斯蒂芬·罗奇:《重新思考下一个中国》,project-syndicate. org/commentary/global-chinarisks-and-opportunities-by-stephen-s-roach-2017-05? barrier=accessreg。
② 13世纪早期蒙古帝国分裂后,这条路线的贸易量显著下降,但这条路线在19世纪仍在使用。"丝绸之路"(Silk Road)一词起源于欧洲,1877年由德国探险家、地理学家费迪南德·冯·李希霍芬(Ferdinand von Richthofen)首次使用(德语:Seidenstraße,丝绸之路)。
③ 唐朝,中国封建王朝(618—907年),由李渊建立。传统上,唐朝被认为是中国最强大的时期,中国在此时期的发展领先于当时世界其他国家。
④ 马歇尔计划即欧洲复兴计划,与"一带一路"倡议相比,马歇尔计划经常被视为一个先例。事实上,与马歇尔计划不同,中华人民共和国的倡议关注于发展,而不是重建。更重要的区别是马歇尔计划的覆盖范围有限。它是在战后欧洲美国和苏联意识形态及地缘政治对抗的非常具体的政治背景下构思和执行的。在经济上,与之最接近的是20世纪80年代和90年代初日本的资本、制造业和技术出口。

主义威胁。这些问题大多数与安全有关,而不是与经济有关"。① 显然,对中国而言,中亚从地缘经济和地缘战略的角度来看,都很重要。

该地区对中国如此重要的主要原因之一是,中亚是向中国供应石油尤其是天然气的重要通道。哈萨克斯坦和土库曼斯坦具有向中国源源不断地大规模供应能源的巨大潜力。因此,这两个国家能使对中国很重要的能源原材料的供应多样化。此外,北京让这些国家供应能源也能够平衡其西部地区和东部地区经济发展。当然,也不能忽视中亚对于丝绸之路经济带的重要性。

正如2015年3月28日编写并发表的极其重要的文件《推动共建丝绸之路经济带和21世纪海上丝绸之路的愿景与行动》②所指出的那样,丝绸之路经济带穿过中亚。国家发展和改革委员会会同外交部和商务部负责经济带的主要线路,从中国到俄罗斯,再到欧洲(波罗的海),从中国到西亚,再到波斯湾和地中海。文件还要求利用新疆作为通往西方窗口的独特的区位优势,深化与中亚国家的交流与合作。③

对该地区感兴趣的另一个原因是,中国面临的挑战仍然是减少这里的反华情绪。时至今日,由于中国实力的迅速增长,中亚国家对"中国威胁"的恐惧仍然普遍存在,因为该地区大多数人对中国的认识还停留在20世纪六七十年代苏联反华运动时期。

第四个原因是打击恐怖主义、分裂主义、极端主义等"三股恶势力"的国家安全需要。北京打算把上海合作组织作为地区维稳的一种机制,在其内部加深与中亚国家的合作。

中国在中亚地区的地位上升直接影响着欧亚一体化的前景,因为莫斯科和北京都提出了一体化倡议,即欧亚经济联盟和丝绸之路经济带,目的都是要使邻国的经济和政治结构以他们自己为核心。

关于欧亚一体化项目与中国在该地区的经济倡议的相互关系,至少有两种看法。根据第一种观点,中亚正在成为各种一体化项目并存、有效互补的地区。不再是殖民对象的中亚各共和国自身的主观性也越来越强,如今,这些国家正在积极制定自己的议程,并在不同程度上倾向于多线发展政策。

---

① 卢金:《"丝绸之路经济带"与欧亚一体化的构想》,《国际生活》2014年第7号,第84—98页。
② 《推动共建丝绸之路经济带和21世纪海上丝绸之路的愿景与行动》,https://www.fmprc.gov.cn/rus/zxxx/t1254925.shtml。
③ 国家发展和改革委员会、外交部、商务部:《推动共建丝绸之路经济带和21世纪海上丝绸之路的愿景与行动》,经中华人民共和国国务院批准公布,2015年028号文件,2015年3月28日。

第二种观点暗示莫斯科和北京的一体化项目之间存在竞争,这是一种零和博弈。

中国在中亚的经济政策的优势是:(1)双边互动灵活;(2)可获得重要的财政资源;(3)能够提供广泛的合作领域。

中亚大多数国家工业相对较弱,资源禀赋明显,与中国的经济合作会更有内生动力,因为中国生产的产品种类繁多,同时又是资源消费大国。

考虑到中国和哈萨克斯坦以及俄罗斯与这个中亚国家关系的性质,值得注意的是这里有两个非常有影响力的地缘战略轴心,北京—阿斯塔纳和莫斯科—阿斯塔纳。他们都在欧亚经济联盟和丝绸之路经济带的同步方面发挥了令人印象深刻的战略作用,当然,在中国和俄罗斯在中亚的势力发展上也是如此。可以毫不夸张地说,哈萨克斯坦已经成为欧亚经济联盟和丝绸之路经济带之间的一种桥梁。哈萨克斯坦是欧亚经济联盟的主要枢纽之一,它在上海合作组织和集体安全条约组织中的平衡作用也很重要,这些都促成了它的地位。与此同时,阿斯塔纳创建类似欧安组织的亚洲联盟等世界政治举措,举办穆斯林间论坛、重大文化节等倡议也值得一提。哈萨克斯坦正在巧妙地履行其在国家间,更准确地说,在俄罗斯与中国之间的调解和安抚的重要使命。阿斯塔纳与西方以及土耳其、巴西、韩国等不断增长的经济体进行谈判的能力也很高明。习近平在哈萨克斯坦首都刚宣布创建丝绸之路经济带的计划,阿斯塔纳就成功地向北京提出将这一倡议与自己的项目"光明之路"("Nurly Zol")相结合。2015年9月,哈萨克斯坦第一任总统努尔苏丹·纳扎尔巴耶夫在北京逗留期间,不仅与中国最高政治领导人,还与许多中国商界领袖进行了富有成效的谈判。

哈萨克斯坦在与"一带一路"倡议相关的"哈萨克斯坦—2050年"计划框架内开始与中国开展合作,包括在哈萨克斯坦实施联合工业项目。此外,努尔苏丹希望2015年8月与北京签署的《产能与投资领域合作政府间框架协议》能推动哈萨克斯坦的再工业化进程。这一盘算是为了更积极地吸引来自中国的信贷资金进入哈萨克斯坦的经济领域。两个项目的联动也是为了在外部市场恶化的情况下支持哈萨克斯坦的某些经济部门。

2018—2023年,计划建设并启动连接中国和西欧的欧亚运输通道。这条高速公路将从北京出发,途经努尔苏丹、莫斯科和明斯克到达柏林。根据预测,到2050年,这条高速公路每年将运送2000万吨货物和3700万人次。

三、欧亚经济联盟与"一带一路"对接

中国是欧亚经济联盟的长期战略伙伴,是仅次于欧盟国家的第二大对外经济伙伴,而且中国的份额还在不断增长。中国不仅通过发展贸易关系,而且通过不断增长的直接投资,继续在联盟国家内建立其经济存在。中国投资的主要目的地是哈萨克斯坦和俄罗斯,其中哈萨克斯坦占最大头。

2018年5月,欧亚经济联盟与中国在阿斯塔纳签署经贸合作协定。这是一份非优惠协议,没有规定取消关税或自动减少非关税壁垒。[①] 然而,它为有兴趣的企业提供了一个有针对性地降低进入中国市场门槛的机会,并增加了监管的透明度。对中国来说,与欧亚经济联盟的合作是一个机会,可以通过与其他国家互动,将风险降至最低,特别是在与美国对抗的情况下。

此前,2015年5月,俄罗斯总统普京和中国国家主席习近平签署了丝绸之路经济带倡议与欧亚经济联盟对接协议。同时,协议指出,上海合作组织将成为讨论对接问题的主要平台。俄罗斯政府尤其感兴趣的是,确保丝绸之路经济带倡议框架内规划的从中国到欧洲的铁路线途经俄罗斯联邦领土,而不是绕过它取道中亚。在纳扎尔巴耶夫大学的演讲中,中华人民共和国主席习近平回忆了一个故事:"2100多年前,中国汉朝的使者张骞两次前往中亚,执行和平与友谊的使命。正是这些出访,奠定了中国与中亚国家友好交往的基础,打通了从东到西的丝绸之路。"后来,一些俄罗斯媒体得出结论说,中国领导人借此提醒俄罗斯,中国和中亚一度并不需要俄罗斯的居间。

根据多位专家的说法,丝绸之路经济带倡议是为了应对欧亚经济联盟的成立,因为欧亚经济联盟不仅严重限制了中国的地缘政治考虑,而且还束缚了中国,使其无法扩大在中亚的经济影响。

几乎所有俄罗斯专家都对"一带一路"与欧亚经济联盟项目之间不可避免的竞争、对项目实施过程中制度化和超国家监管的威胁表示担忧。

有意见认为,"一带一路"项目仍在发展中,需要足够的时间才能真正实施。因此,尽管"一带一路"和欧亚经济联盟并不矛盾,而且非常兼容,但这些

---

① 《"一带一路"倡议实施的五年中取得了出色的成绩》,http://russian.cri.cn/economy/weekly/356/20180528/133857.html。

项目并不会在中期对接。①

欧亚经济联盟和丝绸之路经济带倡议的结合是在2015年宣布的,但实际上,这方面的谈判直到2017年夏天才开始。根据观察家的说法,中国在中亚的影响力日益增长,俄罗斯很难感到高兴,因为这会导致莫斯科在该地区失去地位。与此同时,俄罗斯正试图发展自己的经济项目——欧亚经济联盟,但莫斯科缺乏财力与中国的倡议竞争。② 实践表明,欧亚经济联盟伙伴国更愿意与中国开展双边合作。

欧亚经济联盟在该地区实施的可能性因其固有的一些特征而变小。与丝绸之路经济带倡议不同,丝绸之路经济带倡议几乎没有制度化安排,而欧亚经济联盟是一个国际组织,官僚化程度相当高。在其框架内,决策的速度和质量因需要协调参与者的立场而受影响。

该联盟的财力也不如中国。根据创始文件,北京创建的亚洲基础设施投资银行的法定资本为1000亿美元。欧亚经济联盟的主要金融机构欧亚开发银行的法定资本为70亿美元。近年来的经济动荡和对莫斯科的制裁压力导致该联盟内部矛盾加剧。

到目前为止,推动欧亚经济联盟国家通过共同方式参与"一带一路"倡议的条件已经成熟,体现为:

其一,俄罗斯有兴趣投资中国的大型基础设施和能源项目。问题是要找到双方都能接受的投资条件。

其二,俄罗斯和哈萨克斯坦以及其他欧亚经济联盟国家都位于中国的倡议框架要计划发展的运输路线上。因此,各国需要协调其运输系统的互联互通,主要是在技术和监管方面。

其三,欧亚联盟国家,特别是哈萨克斯坦认识到,在与中国的对话中以集体形式保护国家利益会更有效。这对哈萨克斯坦来说尤其重要,因为该国对与中国修好的怀疑情绪日益高涨。

因此,无论是在俄中双边对话的框架内,还是在欧亚经济联盟与中国的层面上,工作组的运作和工作取得的重大成果都已经具备了必要的体制形式。因此,早在2016年6月,双方就签署了联合声明,启动欧亚经济联盟与中华人

---

① 《欧亚经济联盟与中国之间建立自由贸易区的协议中期内不会实现》,《哈萨克斯坦商业》,2015年5月22日。

② 《中国的新丝绸之路:期望与现实》,www.dw.com/ru/новый шелковый-путь-китая-ожидание-и-реальность/a-38826261。

民共和国经贸合作协定谈判。① 按计划,这项协议为非优惠协议,没有将取消关税限制的问题列入议程。2017 年初,欧亚经济委员会(EEC)公布了联盟成员国实施的丝绸之路经济带倡议中的重点项目清单。其中 39 项涉及新建道路和升级现有道路,创建运输和物流中心,发展关键运输枢纽。②

总统卡西姆-约马特·托卡耶夫(Kassym-Jomart Tokayev)在哈萨克斯坦接任自 2021 年 1 月 1 日起的欧亚联盟轮值主席国之际发表讲话时指出,哈萨克斯坦一定要充分利用跨境交通要道和物流枢纽的潜力。这一领域的有效合作将对扩大欧亚大陆的经贸联系和建立信任起决定性作用。为此,共和国元首建议加大工作力度,开发互利的联合项目,确保欧亚一体化联盟与"一带一路"倡议的对接。③

托卡耶夫认为,欧亚运输路线应该成为欧亚贸易和运输轴沿线对国际贸易最具吸引力和竞争力的线路。

总体而言,应该指出的是,在中国与欧亚经济联盟关系中,一体化的乐观情绪主要与经济增长息息相关。只有在哈萨克斯坦、俄罗斯和其他欧亚经济联盟国家恢复可持续经济增长的情况下,与外部伙伴的一体化才会更具活力。因为,首先,它们的利益将增加,因此它们愿意做出让步;其次,欧亚经济联盟企业将拥有更多金融和其他资源,并有动力积极利用现有贸易协定,并在签订新协定时充当说客。

四、中方"一带一路"倡议与哈方"光明之路"项目对接

2014 年 11 月,哈萨克斯坦第一任总统纳扎尔巴耶夫正式提出了"光明之路"计划,这是哈萨克斯坦的一项国家发展计划。如今,该计划成文确定国家发展方向和步伐的主要参照。"光明之路"是哈萨克斯坦的一项国家发展计划,由哈萨克斯坦首任总统纳扎尔巴耶夫于 2014 年 11 月正式提出。经过七年的实施,这一国家计划已经证明了它能成功地发挥作用,提高哈萨克斯坦的

---

① 欧亚经济委员会:《欧亚经济联盟与中国准备着手就"贸易与经济合作协定"进行谈判》,2016 年 6 月 27 日。
② 欧亚经济委员会:《欧亚经济联盟与丝绸之路经济带对接正在成形:基础设施项目清单已经商定》,2017 年 3 月 1 日。
③ 《卡西姆-约马特·托卡耶夫向 EAEU 国家的领导人发出呼吁》,https://kapital.kz/economic/92769/kasym-zhomart-tokayev-obratilsya-k-glavam-stran-yeaes.html。

经济福祉。但是,在世界政治变幻莫测和全球化的情况下,需要对形势进行仔细的监测,以维护我们自己的国家利益。

如前文所述,中国"一带一路"倡议的切实落实,将带动形成欧亚大陆地缘经济和地缘政治空间的新架构,中亚可以成为主要的连接纽带。同时,毫无疑问,哈萨克斯坦将作为中亚最大的国家和地区最大的经济体发挥重要作用。这个国家可以真正成为中国产品和商品供应到欧亚经济联盟国家市场和周边国家和地区(中亚国家、高加索国家、土耳其、伊朗等)的"窗口"。此外,哈萨克斯坦独特的地缘政治地位使其成为连接欧盟和中国这两个经济巨人的"桥梁"。

据中国海关统计,2020 年 1—11 月,中哈双边贸易额 199.6 亿美元,同比增长 1%。其中,中国从哈萨克斯坦进口 91.5 亿美元,同比增长 10.2%。有着"铁马大篷车"美誉的中欧快铁列车数量已突破 1 万列。两国达成协议后,近千名中国专家返回哈萨克斯坦"一带一路"项目现场,为按时完成项目、造福当地居民创造了有利条件。今年,中国公司在阿拉木图地区建成并投产了一座太阳能发电厂,在赞比勒地区建成了纳塔斯风力发电厂,在卡拉干达地区建成了 YDD 硅铁矿石热电炉。此外,图尔古松水电站恢复建设。哈萨克斯坦企业积极参加第三届中国进口博览会,国产乳制品等优质产品首次进入中国市场,成为中国消费者的新宠。[1]

双边关系保持稳定。"一带一路"倡议与哈萨克斯坦的"光明之路"倡议密切相关,这也具有象征意义。这两项倡议都旨在发展基础设施和实现哈萨克斯坦的工业化,哈萨克斯坦专家认为,这两项倡议的联合实施可以为哈萨克斯坦的经济发展提供协同效应。这对哈萨克斯坦经济现代化尤其重要,哈萨克斯坦经济以石油为主导而世界石油价格不断下降的情况下,这样的协同也颇有必要。

S. G. Lousianin 和 A. V. Afonasyeva 表示,哈萨克斯坦对中国的"一带一路"倡议抱有很高的期望,因为作为中国和西方的理想交汇点,哈萨克斯坦对"一带一路"的兴趣是毋庸置疑的。哈萨克斯坦政府已经投入到了"光明之路"计划中。"光明之路"是一项 90 亿美元的国内经济刺激计划,旨在修建公路和改造公路、铁路等。作为"一带一路"与"光明之路"对接的一部分,联合产业项

---

[1] 张宵:《守得云开见月明——2021 年中哈关系展望》,https://www.kt.kz/rus/opinions/nam_vmeste_obyazatelno_budet_luchshe_-_perspektivy_1377909795.html。

目包括约45个项目,其中25个项目已签署协议,总金额达230亿美元。据哈萨克斯坦共和国投资和发展部副部长E.哈伊洛夫介绍,工业投资领域总的合作计划准备实施51个项目,中方协议投资额为260亿美元。①

下一个与"光明之路"对接的领域是科学密集型产业和高科技领域的合作。这一块正与中国讨论选择两个方向,哈萨克斯坦和中国将在科研院所、大学和建立合资企业两个方面进行合作。到目前为止,这一领域将实施的具体项目尚未达成一致。

未来"一带一路"项目的实施及其与欧亚经济联盟的对接,将使哈萨克斯坦获得以下利益:通往成员国海港;加快哈萨克斯坦商品运往世界市场的速度并降低成本;增加与参与国的对外贸易和相互贸易额;实现哈萨克斯坦经济和基础设施的现代化。中国的倡议将帮助该地区摆脱交通阻隔的困境。事实上,今天的问题是,中亚国家开采的资源是以高昂的成本交付给消费者的,需要费尽周折才能借道过境国的领土运输——通常不是一个,而是两到三个过境国。

五、总结:哈萨克斯坦在大运输博弈中的角色

在2015年9月的第70届联合国大会上,哈萨克斯坦首任总统努尔苏丹·纳扎尔巴耶夫(Nursultan Nazarbayev)指出:"伟大的丝绸之路经济以现代水平复兴对欧亚大陆国家非常重要。这将减少从亚太地区到欧洲的过境运输,从而使许多国家受益。我们正在通过修建连接太平洋与欧洲和中东的铁路和公路来铺设基础设施。"②

人们普遍认为,世界的进程就是对市场和资源的争夺过程。然而,线路争夺和新运输走廊的竞争同样激烈。世界上有43个国家的边境不通海。这些国家大多位于非洲(15个)、欧洲(14个)、亚洲(12个)和南美洲(2个)。此外还包括所有中亚国家——哈萨克斯坦、乌兹别克斯坦、土库曼斯坦、塔吉克斯坦和吉尔吉斯斯坦。因此,中亚正在成为各种交通项目的竞技场也就不足为奇了。该地区同时面临着几个可选项目:俄罗斯的欧亚联盟愿景,美国新丝绸之路概念,以及中国的丝绸之路经济带项目。在许多项目中,地缘政治往往

---

① 盖尔维格·斯维拉纳:《2020年中哈经济合作与"一带一路"建设》,《科学评论》2021年3月。
② 《能源地缘经济》,2020年,https://i-sng.ru/img/2020/11/Geo-1-9-2020.pdf。

使经济利益靠边。争夺新线路的筹码大幅增加,特别是在中国宣布设立400亿美元的基础设施丝路基金之后。地缘政治竞争加剧肯定会给本地区带来巨大风险。为了避免或尽量减少主要参与者之间的竞争,哈萨克斯坦正在努力实施受益国尽可能多的交通项目。尽管政客们争论不休,提出了不同的选择,但哈萨克斯坦已经开始复兴伟大的丝绸之路。

近年来,世界贸易的重心向亚洲转移,客观上增加了运输领域在国家间合作中的重要性。哈萨克斯坦是欧亚大陆最便捷、最安全的过境路线,具有得天独厚的地位。目前,有四条连接中国和欧洲的国际运输通道贯穿其国土,其中包括亚洲运输走廊(TRACECA)。换句话说,条条大路通哈萨克斯坦。而"光明之路"的新经济政策将增加这一潜力。中国经济的强劲增长,特别是其西部地区,如今已经需要向世界市场运输各种不同的商品。

2015年1月1日,欧亚经济联盟开始运作,通过在经济部门实行协调、商定或统一的政策,确保了四项自由(货物、服务、资本和劳动力的流动)。考虑到运输系统在确保贸易经济关系方面的作用,该协定规定了运输政策相互协调(商定)。

新的"光明之路"项目的前提是,首先要积极建设道路;毫无疑问,交通网络运营良好对商业非常重要。21世纪经济的常态是,货物、人员、服务和资本应该在国内自由流动,有时还应该在经济联盟境内自由流动。

中国正在推进的"一带一路"项目和"光明之路"项目相辅相成,为哈中两国商业发展提供了巨大机遇。从本质上讲,"光明之路"的内容与"一带一路"的理念紧密呼应。这一政策还包括其他优先战略和目标,如改善基础设施、振兴经济等。

2012年,哈萨克斯坦共和国首任总统在投资者理事会第25次全体会议上提出,要把哈萨克斯坦打造成最大的商业中转枢纽,成为欧亚之间的一座桥梁,从而为伟大的丝绸之路的新的历史发展周期奠定基础。2012年,政府制定了实施"哈萨克斯坦-新丝绸之路"项目的综合行动计划。

这项计划目前正在积极进行中。2012年12月,哈中阿腾科里—霍尔果斯口岸第二条铁路开通。有趣的事实:1991年开通的第一条多斯特克—阿拉山口口岸的建设耗时5年。为了达到每年100万吨货运量的里程碑,在运营的第一年,通过阿腾科里—霍尔果斯运输了170万吨货物。

在此背景下,哈中两国存在利益交汇点。两国签署了一系列经济领域的合作协议,包括冶金、机械工程、石油产品精炼等。中方也愿深化在铁路、能源、农业等领域的伙伴关系。以下事实证明,两国互利合作发展迅速。欧亚铁路途经阿拉山口和霍尔果斯,列车线路从中国中部城市经阿拉木图通往欧洲。首个集装箱班列在短短 6 天内开通,从海滨城市连云港开往阿拉木图。这意味着我们国家真正有可能出海。这些都印证了哈萨克斯坦作为东西方可靠桥梁的重要作用和无限潜力。得益于现代丝绸之路等项目,欧亚大陆将整体发展。此外,哈萨克斯坦还有机会进一步走进中国和欧盟国家。统计数据显示,大型国际企业对比海运更快、更高效、更便宜的路线更有兴趣。现代丝绸之路可以垄断欧亚大陆的交通运输整整几十年,直到交通运输领域发生另一场技术革命。

总结哈萨克斯坦的交通战略及其参与"一带一路"合作伙伴项目后,可以说:一是获得了东西两个海港的通道;二是哈萨克斯坦在国内建立了据点;三是建成了两条国际大陆运输走廊。至此,执行将哈萨克斯坦纳入全球交通基础设施的任务所需环节都已形成。哈萨克斯坦及时进入大运输游戏,为成为全球运输强国奠定了基础。

但对哈萨克斯坦来说,发挥过境潜力本身并不是目的。我们的战略任务是发展经济、发展市场、增进国家间的政治互信。这些因素相互成就、缺一不可。因此,哈萨克斯坦正在将各种项目与相关倡议结合起来:欧亚一体化、亚信、文化和宗教对话国际论坛等。这些每一个都是谜题,但当它们结合在一起时,将产生主要的预期效果——国家的繁荣和安全。

R7 "一带一路"倡议与格鲁吉亚：前景与机遇

[格]利亚娜[①]

【摘要】 格鲁吉亚位于高加索地区的黑海沿岸，是古丝绸之路和现代欧亚走廊必经之地，被称为亚欧大陆的"十字路口"。南高加索地区是丝绸之路经济带中线的必经之路，地理位置优越，地区内国家是"一带一路"沿线重要的合作伙伴，积极响应和支持共建"一带一路"倡议。近年来，格鲁吉亚的交通产业发展迅速，但也面临着新的难题与挑战。本文试图探讨格鲁吉亚的港口如何吸引中国企业、如何深挖"跨里海（中部）走廊"，以及如何推动"巴库—第比利斯—卡尔斯铁路"成为"一带一路"项目中中欧班列的运输通道等。同时作者也探讨了如何推动格鲁吉亚向中国出口优质葡萄酒，以及中国与格鲁吉亚在农业等产业的合作。作者相信随着"一带一路"倡议的不断深化，将有更多的中国企业沿着"丝绸之路经济带"来到格鲁吉亚。

【关键词】 格鲁吉亚；丝绸之路；跨里海走廊

中华人民共和国主席习近平提出了一项倡议，即旨在创建新的贸易走廊、改善双边合作的"一带一路"倡议，格鲁吉亚是首批对此做出回应的国家之一。随着当代经济的一体化和全球化，参与新丝绸之路对格鲁吉亚至关重要。

2013年，中国国家主席习近平提出了"一带一路"倡议，即"丝绸之路经济带"和"21世纪海上丝绸之路"，这一倡议得到了150多个国家和国际组织的响应。格鲁吉亚支持这一倡议，并于2015年3月9日与中方签署了《关于合作发展新丝绸之路经济带的备忘录》，这成为深化中格经济关系的新动力。

中国于1992年6月9日和格鲁吉亚建立外交关系，是首批承认格鲁吉亚独立并开设大使馆的国家之一，这为两国双边合作创造了新机遇。

---

① 利亚娜（Liana Jorjolianii），《格鲁吉亚经济报》首席记者，格鲁吉亚"经济中心网"编辑。

几个世纪以来,格鲁吉亚一直处于丝绸之路的一条线路上。从历史上看,它在丝绸之路的发展中发挥了核心作用。通过格鲁吉亚的跨洲贸易路线,中国与地中海和黑海地区以及欧洲和中东国家得以连接起来。格鲁吉亚与中国的交通和经济联系可以追溯到公元前 2 世纪。

然而,途经格鲁吉亚的线路从来不是伟大丝绸之路的关键路线,它经常被用作替代路线之一。格鲁吉亚内的货物流动情况,取决于其内部和外部的政治和经济因素。此外,格鲁吉亚有一条从北到南的贸易道路,用于与中东国家的交往。

"一带一路"项目的规模不仅覆盖亚洲,而且覆盖整个世界。"一带一路"项目为包括格鲁吉亚在内的参与国开辟了新的机遇,设立了新的目标。然而,南高加索跨境走廊还没有放到"一带一路"项目的框架内去准确划定,该项目提供了发展海洋、空中和地面基础设施的机会,有助于最大限度地参与到全球项目中。

在当今世界,亚欧之间发展新的运输走廊不仅是机遇,也是支撑国际贸易的必然。国际贸易便利化是经济发展道路上的重要一步,企业是经济发展的重要推动力,是改革的最终受益者。减少行政、物流和运输壁垒可以激发国与国之间的贸易。

为本地区的跨国企业创造一个稳定、可预测和有吸引力的环境非常重要。格鲁吉亚拥有世界上最自由的贸易政策之一:超过 80%的进口商品免税。在过去几年中,格鲁吉亚在基础设施、立法基础和融入国际运输系统方面,采取了认真步骤,进一步改善了过境和物流职能。

格鲁吉亚自"欧亚运输走廊"(TRACEKA)成立之日起就是其成员之一。最重要的是,格鲁吉亚于 2016 年加入了中亚区域经济合作(CAREC)计划,并一直是积极参与合作的成员国,它还加入了"青金石"(Lapis Lazuli)项目。格鲁吉亚欢迎并支持发展"南方天然气走廊"(也被称为"能源丝绸之路"),支持南高加索天然气管道的拓宽,支持跨亚得里亚海天然气管道(TAP)和跨安纳托利亚天然气管道(TANAP)的开发。为使格鲁吉亚等沿线国家完全融入中国发起的"一带一路"全球项目,从而有机会获得地缘战略的红利,中国正在采取非常重要的步骤。特别是,正在重塑横跨格鲁吉亚的运输走廊的经济基础。

格鲁吉亚通过陆路和海路连接中国和欧洲。陆上路线是跨里海国际运输路线(中间走廊)的一部分,即 2014 年建成并开始运营跨里海国际走廊。

一、中部走廊的发展与机遇

在"一带一路"倡议框架内,开发跨里海国际运输走廊非常重要,它是从中国到欧洲的货物运输走廊。中部走廊是横跨中国、哈萨克斯坦、里海水域、阿塞拜疆、格鲁吉亚、土耳其和欧洲国家的国际运输走廊。

2013年11月7日,在阿斯塔纳举行的第二届国际运输物流商业论坛"新丝绸之路"会议期间,"哈萨克斯坦国有股份公司""阿塞拜疆铁路股份公司""格鲁吉亚铁路股份公司"的领导人签署了《关于建立跨里海国际运输线路发展协调委员会协议》。

为了增加跨里海国际运输路线的货物流量,2014年2月跨里海国际运输线路发展协调委员会(下称"TITR")成立,创始成员包括"阿塞拜疆里海航运股份公司""阿塞拜疆铁路股份公司""巴库国际海港股份公司""格鲁吉亚铁路股份公司""阿克套海上国际商务港国有股份公司""哈萨克斯坦铁路国有股份公司""巴统海港有限责任公司"。

后来,中国最大的运营商西安陆港大陆桥国际物流(中国)有限公司作为准会员加入了协调理事会,毫不夸张地强调了这条走廊对中国的吸引力。

2016年12月,协调委员会与会各方决定成立跨里海国际运输路线国际协会。

协会在2019年的业绩表明,集装箱运输量大幅增长,过去一年,TITR沿线运输了2.6万个标准集装箱,比2018年增长了70%。TITR集装箱运输量增加的关键驱动因素是2019年4月在阿克套港和巴库港之间的里海区域推出的一项新的支线服务。

委员会还审议了协会2020年前9个月的活动和关于TITR沿线交通计划执行情况的报告。按照2020年TITR计划运输指标,沿线货运量实现情况略有放缓,但有些项目的增长超出了最初的预期。哈萨克斯坦的出口货物额超过计划10%,这主要是因为二甲苯的发货量增加了77%,以及新增货物取道TITR路线运输,如到土耳其的铝、到荷兰和阿尔及利亚的苯。此外,集装箱过境货运量增长52%,包括TITR路线中部走廊中欧方向的战略性货运增长33%,以及吸引了从乌兹别克斯坦到土耳其的有色金属运输。

从中国到中部走廊的铁路集装箱运输一般由以下中国城市提供:乌鲁木齐、十堰和连云港。

欧洲国家与土耳其、哈萨克斯坦等南高加索国家和中国的贸易量达1.56亿吨,约合900万个集装箱。通过北方走廊(中国—俄罗斯—欧盟)的铁路运输覆盖了欧洲和中国之间1‰的货物周转量,而且占比还在不断增加。在短期内,上述周转量可能至少有9万个集装箱将途经格鲁吉亚,到2026年,这一数量可能会增加到22万个。值得注意的是,中亚和欧洲之间的贸易集装箱,可能有16万个被吸引过来。如上所述,格鲁吉亚铁路和走廊的其他参与者的一项任务是消除中部走廊存在的障碍,并通过中部走廊进行数十亿美元的大规模货物运输。面对上述挑战,有必要建立一个综合统一的电子系统,开发一个空箱运输终端,并推出固定编组的定期班列。

中部走廊的潜力没有完全被释放。从这一点来看,主要挑战是:

其一,运营困难。中部走廊4个转运点局限在里海和黑海。这使运营复杂化,增加了费用。里海的气候特点不适合航运,在某些情况下会增加中转期。强风暴来临时,支线船只无法正常运营。中部走廊协会的大多数成员没有运营国际整编列车的经验,这会导致诸多法律程序障碍。

其二,东西方货物周转量失衡。中国与欧洲、中国与土耳其和格鲁吉亚之间的货物周转量不相等。例如,格鲁吉亚从中国的进口是对其出口的4倍;中国和土耳其之间的差额更大。贸易逆差导致租用集装箱的成本升高,最终增加了消费者的支出。

其三,发展定期整编班列的必要性。来自中国通过中部走廊的集装箱使用整编班列运输。它们的缺点是,这种列车没有固定时刻表,导致对这种服务的信任度较低。值得注意的是,2018年11月,连云港至伊斯坦布尔的定期列车开通运行。然而,提供定期铁路货运仍然是一项挑战。

其四,缺乏集装箱跟踪系统。在现阶段,中间走廊没有集装箱定位监测GPS和其他相关系统。相比之下,在货运车辆中经常使用GPS系统会使客户放心。

其五,在黑海上发展直航集装箱支线/船只的必要性。要吸引更多货物流到格鲁吉亚,在一定程度上取决于黑海上航线和/或集装箱/支线运输是否能持续有效运营。在黑海地区不同的海港进一步发展直航和集装箱/支线服务,将为打造国家运输走廊发挥核心作用,因为海路是格鲁吉亚与罗马尼亚、保加利亚和乌克兰等黑海沿岸国家之间最短的交通线路。为了发展格鲁吉亚、罗马尼亚、保加利亚和乌克兰海运港口之间的船舶/集装箱运输,格鲁吉亚经济和可持续发展部委派"毕马威"进行了一项技术经济研究,包括市场试验、对现有运输路线的比较、对优先路线的财务分析、营销战略和计划。此外，2019年10月，敖德萨和波季海港之间开通了集装箱船的定期直航，大大缩短了过境时间，降低了运输成本。剩下的挑战是装载能力在方向上并不相等，普通货流主要来自乌克兰。目前，格鲁吉亚铁路公司和罗马尼亚一家公司正在就开通两国之间的直达集装箱船进行谈判。在黑海现有船运线路改善的背景下，在格鲁吉亚—乌克兰和格鲁吉亚—罗马尼亚航线上启动集装箱船直航将大大提高我们运输路线的竞争力，吸引更多货物。

其六，里海航行问题。由于里海天气恶劣，经常发生库雷克（哈萨克斯坦）、阿克套（哈萨克斯坦）和阿里亚提（阿塞拜疆）港口船只停航的情况。阿里亚提和库雷克口岸的地理位置相对较好，但也有问题存在。集装箱支线船在里海暂停了一段时间，直到2019年4月才恢复。值得注意的是，船运过里海的成本比支线服务的成本要高。由于需求上升，在疫情开始之前就做出了在指定方向加开第二艘集装箱船的决定。但在现阶段，疫情使情况发生了变化。为了增加国际货运量和发展经贸关系，格鲁吉亚正在实施能促进中部走廊发展、提高格鲁吉亚运输功能的大型基础设施项目，包括巴库—第比利斯—卡尔西铁路、格鲁吉亚铁路现代化、对高速公路基础设施的投资。

格鲁吉亚铁路是连接欧洲和中亚的欧亚运输走廊的重要组成部分。铁路连接两大洲的想法可以追溯到19世纪30年代。黑海和里海铁路线的建设始于1865年。1871年，波季至克维里拉（今泽斯塔福尼）段铁路开通运营。1872年10月10日，第一列旅客列车从波季开往第比利斯。这一天被认为是格鲁吉亚铁路的诞生日。铁路总长2083.99千米，其中维护线路1145.53千米，单线区段长度850千米，复线区段长度294.84千米。电气化铁路线全长1125千米。

最近，格鲁吉亚铁路100%的股份由伙伴基金（政府全资拥有）持有。它是格鲁吉亚唯一的铁路运营商。综合铁路公司拥有铁路、终点站、其他基础设施场地和机车车辆并提供维护。

2011年9月20日，格鲁吉亚铁路股份公司在铁路现代化工程框架内启动了铁路现代化建设。第比利斯至马金贾里（Makhinjauri）铁路段现代化工程的建设和设计工作，是根据2011年8月12日格鲁吉亚铁路股份公司与中铁23局签订的协议进行的。建造工程预计在最近两年内完成。该项目投入运行后，铁路年运载量将由2700万吨提高到4800万吨，若拆除自动拦降系统后，通过能力可提高到1亿吨。现代化项目的一个关键目标是提高安全性，并减少运输时间和基础设施支出。

如果我们看看格鲁吉亚铁路的周转量动态图，它的年运力是2800万吨。2013—2018年期间，格鲁吉亚铁路运输的货物数量有所减少，但应该指出的是，2019年货运量比2018年有所上升。2019年铁路运力使用率为39%，铁路货物发送量增长8.6%，达到1090万吨。尽管有疫情，2020年保持了上升的趋势，2020年6—7月，铁路处理了630万吨，与2019年同期相比增长了7.1%。值得注意的是，铁路出货量占陆路国际出货量的比例在2018年为47.3%，2019年为46.1%，2020年1—7月为48.1%。

值得一提的是，2019年，在中格运输合作专题会议上，双方讨论了中部走廊发展机遇，主要讨论了跨里海（中部）走廊对格鲁吉亚的补贴问题。格鲁吉亚经济和可持续发展部长纳蒂亚·图尔纳瓦（Natia Turnava）、格鲁吉亚铁路总长戴维特·佩拉泽（Davit Peradze）率领代表团访华，并与中国交通部部长李小鹏会见。会议特别关注了交通运输的发展以及"一带一路"的倡议。格鲁吉亚代表团提出了从中国连云港经欧洲港口（伊斯坦布尔方向除外）到格鲁吉亚的集装箱补贴问题。这项补贴考虑为中国境内的集装箱运输提供资金。这项补贴每年约为1000亿美元。这一机制预期能降低40英尺集装箱单位运输成本（相当于2500美元），从中国到欧洲的总运输成本将降低35%—50%。这里需要提及的是，补贴机制使中国每年通过陆上走廊（一般是经哈萨克斯坦，部分通过西伯利亚大通道）的集装箱流量翻一番。

通过中国和格鲁吉亚港口吸引更多的集装箱流量，自然会对在中国境内启动补贴机制产生积极的经济影响。此外，未来还将进一步推动通过安纳托利亚口岸吸引货物。目前，该港口尚未建造，还在项目论证阶段。

2020年9月10日，首列中国—格鲁吉亚整编列车离开陕西西安，于10月4日抵达第比利斯，车上载有41个集装箱。整编列车是在中部走廊沿线由马士基（Maersk）欧亚铁路服务承运。这是马士基首次采用补贴机制进行运输。在使用这一机制时，由于吸引了更多的集装箱货物，走廊将更可持续，格鲁吉亚的整个运输系统将会被运用起来。

首先，值得注意的是，在任何运输走廊中，当集装箱运输在特定时间内具有可持续性和连续性时，借助整编列车进行集装箱运输将产生积极的效果。经统计数据分析，我们看到通过格鲁吉亚走廊来往中国的集装箱流量趋于增加（2016年132个集装箱，2017年198个集装箱，2018年1332个集装箱，2019年7400个集装箱，2020前6个月3200个集装箱）。从统计数据中可以清楚地看到一种上升的动力,这需要政府无条件的额外支持。在中国—欧洲—中国方向,98%的集装箱通过海运,剩下的2%通过陆路通道运输。中国的战略是显而易见的:使陆路运输走廊多样化,设立许多陆上走廊作为海上航线的替代线路。最近,集装箱线路列车在29个陆路方向上运行。

中国相当有效地利用了哈萨克斯坦—俄罗斯—波兰—德国的陆地走廊。使用哈萨克斯坦的交通基础设施,过境集装箱数量明显上升。使用上述基础设施,过境集装箱运输确实呈增长势头:2017年为34.7万标准箱,2018年为53.7万标准箱,2019年为66.5万标准箱,2020年前6个月为45万标准箱。

如上所述,尽管通过格鲁吉亚走廊的陆路集装箱运输大幅增加,但此类运输在集装箱运输总量中所占份额并不大:2019年为1.1%,2020年前6个月为0.7%。

要吸引走廊沿线集装箱货物途经格鲁吉亚,运输条件非常重要。特别是,马士基的货物承运只需24天,明显少于海运(45—60天),但运输时间明显落后于其他陆路替代方案。

二、巴库—第比利斯—卡尔斯铁路

这条走廊的一部分是巴库—第比利斯—卡尔斯(BTK)铁路,可以将从中国到欧洲的货物交付时间缩短1/3。BTK是连接阿塞拜疆、土耳其和格鲁吉亚铁路网的运输走廊。

从长远来看,BTK可能成为途经格鲁吉亚的欧亚走廊的关键路线之一。开辟一条从中国到欧洲的商品新通道,将促进国家之间经济联系,造福这些国家的公民。有了这条铁路,未来土耳其货主将出口货物从汽车运输转向铁路运输。考虑到格鲁吉亚的地缘政治地位,我们可以得出结论,它是中国和欧洲之间最短的路线。如今,人们可以在10天内通过陆路运输从西亚到达格鲁吉亚,然后继续前往欧洲的任何一个港口。

BTK铁路是根据阿塞拜疆、格鲁吉亚和土耳其在2007年签署的政府间协议而实施的项目。该项目已于2008年开始实施,在2017年10月30日举行了BTK沿线货运通车仪式。BTK的预计运载能力为每年650万吨货物。下一步,运输走廊的载客量将提高到每年300万人次,货物吞吐量达到2 000万吨。

2019年11月，土耳其首都安卡拉举行了首列经BTK从中国开往欧洲的集装箱列车到达仪式。从中国西安发出的装有42个家用设备集装箱的首列直达中铁快车，途经土耳其马尔马里斯隧道，途经保加利亚、塞尔维亚、匈牙利和斯洛伐克，到达目的地布拉格。2019年，巴库—第比利斯—卡尔斯铁路过境货物达15万吨。使用巴统和波季的海港也是一个非常重要的方案。

2020年12月，经巴库—第比利斯—卡尔斯铁路开往中国的第一个出口班列，运载着土耳其生产的货物和家用电器出发。这列来自土耳其伊斯坦布尔的火车沿着中部铁路走廊（包括途经BTK的铁路）前往西安（中国的一个省会），路线全长8693千米。线路跨越两大洲、两个海、五个国家，12天后货物交付。格鲁吉亚政府认为这一活动是史无前例的，因为这条运输走廊一直是从中国向欧洲运输货物。而在过去的两年里，这条走廊开始运输从亚洲向欧洲和中国出口的货物。

然而，运输走廊的发展不仅包括建设相关的基础设施，还应伴随着通关和过境程序的简化和数字化，这样才能带来明确的优势。最重要的是，我们可以看到格鲁吉亚与邻国之间在海上、陆地和铁路运送链上存在着多样化的机会。同时，各方就国内（包括港口）和运输走廊的运输系统着手开展数字化工作。上述项目和活动对于提高格鲁吉亚运输走廊的竞争力具有重要意义。

三、格鲁吉亚和阿塞拜疆的高加索联动

所谓的"高加索联动"对于发展该地区的贸易经济非常重要。特别是格鲁吉亚和阿塞拜疆之间的合作，对"一带一路"项目的发展至关紧要。尽管阿塞拜疆现阶段没有与中国和欧盟就自由贸易达成任何协议，但在"高加索联动"的框架下，阿塞拜疆可能与格鲁吉亚合作，在发展中欧经济关系中发挥战略作用。值得一提的是，阿塞拜疆宣布独立后，对格鲁吉亚经济的投资超过36亿美元。阿塞拜疆是格鲁吉亚经济的前十大投资来源地之一。

欧盟和中国之间贸易的扩大将有助于"高加索联动"的建设和发展，为连接中国和欧盟的物流枢纽（新建巴库—第比利斯—卡尔斯铁路和建设深水港，主要是里海的阿拉塔港和黑海的阿纳克利亚，都非常重要）。此外，还有利于加强中高加索地区的安全，由于里海的石油和天然气通过其领土运往土耳其，阿塞拜疆和格鲁吉亚（加上土耳其）已经成为能源资源的运输枢纽。阿塞拜疆在中高加索也发挥了同样的作用。"高加索联动"在中亚—西亚经济走廊项目

中的地位,给阿塞拜疆和格鲁吉亚的经济发展创造了全新的机遇。

阿塞拜疆和格鲁吉亚是中国倡议中参与度最高的国家。他们加入穿越中国、哈萨克斯坦、里海水域、阿塞拜疆、格鲁吉亚、土耳其和欧洲国家的跨里海国际运输路线(TMTM)即中西部走廊。另外还有一条通过俄罗斯、哈萨克斯坦和白俄罗斯向欧洲运输货物的新丝绸之路北线之外的线路,把阿塞拜疆和格鲁吉亚发展成为欧亚之间的交通枢纽,是两国政府的关键优先事项之一。因此,他们尽一切努力提高 TMTM 沿线货物运输的吸引力。为加快货物运输进程,阿塞拜疆和格鲁吉亚计划在"一带一路"倡议框架内建立首个合作边境点。

格鲁吉亚和阿塞拜疆正在探讨在格阿边境设立一个新的海关检查站,这将促进两国转运和物流机会,并加强该地区的运输和贸易联系。新的海关检查站以集体管理的原则为基础,将使各方能够避免重复强制性海关控制程序,从而减少办理过境手续的时间,增加跨境贸易流动。此外,这还符合世界贸易组织贸易便利化协定(WTO TFA)关于边境部门合作的第 8 条,以及欧盟在边境协调管理领域的合作第三款和税务局关于简化过境手续的战略。该项目的实施需要从国际捐助者那里获得资源。据专家称,在土耳其边境设立这样的检查点可以减少过境时间。交货时间将从目前的 14—21 天缩短至 10 天。

亚洲基础设施投资银行对"一带一路"项目的开展发挥了关键作用。其来自南高加索的成员有格鲁吉亚和阿塞拜疆。上述国家的代表也加入了董事会。2016 年 11 月,阿塞拜疆从亚投行获得了 6 亿美元用于建设横贯安纳托利亚的天然气管道,格鲁吉亚获得 1.14 亿美元用于修建巴统绕城公路。亚投行还给格鲁吉亚 4500 万欧元抗击新冠病毒。这是该行今年第二次给格鲁吉亚提供信贷。该国在 5 月收到了第一笔资金(金额为 9134 万欧元),用于建设卫生保障基础设施。中国在亚投行有 26.6％的投票权,决策需要赞成票达到 75％。北京放弃了对政治和信贷问题的一票否决权,从而使其他国家加入亚投行更有利可图。

四、亚美尼亚—阿塞拜疆运输走廊是否会成为格鲁吉亚走廊的竞争对手

应该指出的是,在关于解决巴库和埃里温冲突(即 2020 年纳卡冲突)的三

边协议中，观察家和专家详细关注了启动纳希切万—梅格里—巴库走廊计划，以期与新的卡尔斯—久姆里支线相连，他们认为该支线可能成为BTK项目的替代项目。2020年11月9日，亚美尼亚、阿塞拜疆和俄罗斯在纳戈尔诺—卡拉巴赫达成全面停火协议。

定期运输走廊会成为格鲁吉亚线路的竞争对手吗？在线平台"格鲁吉亚枢纽"（HubGeorgia）分析了这个问题。要对这个问题给出一个详尽的答案，首先我们应该评估亚美尼亚和阿塞拜疆领土上将要修复的基础设施的状况、修复条件和资金来源。此外，我们应该对可能从格鲁吉亚运输走廊改道到土耳其—亚美尼亚—阿塞拜疆的货流进行评估。从铁路运输的角度来看，格鲁吉亚运输走廊及其巴库—第比利斯—卡尔斯支线的替代方案是卡尔斯—久姆里—纳希切万—梅赫里—巴库线路，由于政治误解，该通道目前尚未运营。

为了给阿塞拜疆—亚美尼亚新铁路的开通对我国运输潜力的影响做出明确的结论，我们应该对各种可能性进行评估。国家分析家们说第一个是开通卡尔斯—久姆里—纳希切万—梅赫里—巴库走廊，这将是阿塞拜疆—伊朗（阿斯塔拉）铁路线的支线。第二个方案是开通卡尔斯—久姆里—纳希切万—梅赫里走廊，这将是亚美尼亚—伊朗（焦勒法 Julfa）铁路分支的交汇处。

根据格鲁吉亚枢纽（Hub Georgia）的分析，从货物再分配的角度来看，如果不交叉，卡尔斯—久姆里—纳希切万—巴库走廊投入运营将无法激发格鲁吉亚的运输潜力。最不可行的是，进出格鲁吉亚港口并经由阿塞拜疆运往中亚或俄罗斯的货物通过卡尔斯—久姆里—纳希切万—巴库群山中漫长"昂贵的"公路。

卡尔斯—纳希切万—巴库线路可能成为巴库—第比利斯—卡尔斯铁路的竞争对手的可能性有多大？如果我们评估一个现有的现实，答案不可能是单一的。巴库—第比利斯—卡尔斯公路上的普通货物主要从俄罗斯和哈萨克斯坦出发，途经格鲁吉亚到达土耳其和地中海港口（主要是金属、金属建材和小麦）。因此，如果从上述地区分流货物，将优先考虑巴库—第比利斯—卡尔斯公路。

如果货物来自伊朗中部地区，并与阿塞拜疆铁路支线卡兹温—雷士特—阿斯塔拉（Kazvin-Resht-Astara）相连，这些货物很可能是流向土耳其和土耳其的地中海港口，它们可以通过"阿塞拜疆—亚美尼亚—土耳其三角"轻松到达，无需经过格鲁吉亚。如果亚美尼亚和伊朗之间的铁路支线焦勒法（位于伊朗西北部与纳希切万交界处的一个城镇）全面投入运营，格鲁吉亚的运输潜力将遭到严重损害。

我们应该强调格鲁吉亚港口可能失去集装箱货流。主要是因为从经济吸引力的角度,中国运往高加索地区的集装箱货主,与其走格鲁吉亚的港口,更愿意使用伊朗最大的本德尔-阿巴斯港口,然后用铁路通过焦勒法从亚美尼亚和阿塞拜疆运出,这将对格鲁吉亚港口的集装箱运输发展产生负面影响。

亚美尼亚的主要出口产品(铜、钼、珍珠岩等)的生产和消费都在快速增长,目前运往中国和欧洲的出口产品会通过格鲁吉亚。未来,中国很可能不会通过格鲁吉亚港口运输亚美尼亚产品,而是通过伊朗南部的港口,以及地中海地区的土耳其港口,这将使格鲁吉亚的过境运输大大减少,并失去价格不菲的运单。根据这一分析,我们可以得出结论,亚美尼亚—阿塞拜疆运输走廊的投入运营将削弱格鲁吉亚的过境运输潜力。

发展过境运输职能是格鲁吉亚政府的优先事项之一。根据世界银行发布的《2019年全球竞争力指数》报告,格鲁吉亚的交通基础设施在141个国家中排名第83位。要发展交通运输业,应吸引外国私人资本在国内提供交通、物流和相关基础设施的综合服务。过去几年,格鲁吉亚外国直接投资的减少相当突出地反映在运输部门。

根据格鲁吉亚统计局的数据,2015年外国对交通运输业的直接投资总额为6.1亿美元。2019年,外商对交通运输业的直接投资额比2015年下降11.3%,为5400万美元。实际上,在2015—2019年,运输部门的投资占外国直接投资总额的比例从35.1%下降到4.2%。值得注意的是,根据疫情期间的数据,主要是2020年的前9个月,外国对交通运输业的直接投资额总计410万美元,占外国投资总额的0.6%。根据上述分析,可以得出结论,这一战略性经济部门的投资流入已暂停。

最近,阿塞拜疆、格鲁吉亚、哈萨克斯坦、土库曼斯坦、土耳其等本地区国家都在努力为东西方向的货物运输创造良好的条件。巴库—第比利斯—卡尔斯铁路、阿塞拜疆阿利亚特海港、格鲁吉亚波季港和阿纳克利亚港、哈萨克斯坦阿克套港、土库曼斯坦的土库曼斯坦巴什港等交通基础设施项目为该地区创造了新的条件,这一巨大潜力应该随着旧丝绸之路的修复而得到发挥。

五、格鲁吉亚港口

在国际航运业方面,格鲁吉亚有四个海运港口,由私营公司拥有和管理。

各种货物(干散货、集装箱、液体货物)都在波季港和巴统港装运。在库列维港运送液化石油气、原油,在苏普萨港运送原油和成品油。

巴统港口由哈萨克斯坦国有公司"哈萨克油运"(KasTransOil)管理,库列维港由阿塞拜疆共和国国家石油公司(SOCAR)管理。现有港口的深度不足以容纳中型货船或油轮。为消除这一缺陷,格鲁吉亚政府决定考虑在阿纳克利亚建造深度为20.5米的海运港口(巴统为14米,波季8.5米)。

阿纳克利亚港将能够接收50—150吨的巴拿马级和福斯巴拿马级大型船舶。预计新港口将成为南高加索地区的主要物流中心之一。港口的潜在吞吐能力应达到每年1亿吨。

格鲁吉亚政府决定在阿纳克利亚建造深水港,以增加过境运输潜力,并加入连接东西方的"新丝绸之路"项目。阿布哈兹附近格鲁吉亚黑海岸边阿纳克利亚深水港建设中标方,与美国康蒂国际公司和格鲁吉亚银行TBC合作成立了"阿纳克利亚发展联盟"。

许多人没有想到,中国公司未能中标,而正是他们表示要在黑海上建造一个年货物周转量1亿吨的港口,而且中国独自重启了从亚洲到欧洲的"大丝绸之路"计划。值得一提的是,由于未能履行义务,格鲁吉亚政府于2020年1月9日中断了与格鲁吉亚发展联盟的协议,因为投资者在2019年12月再次未能履行其义务并提交与银行的信贷协议文件。

格鲁吉亚政府计划再次就港口建设招标。格政府称,在阿纳克利亚建设港口是其战略优先事项,也是格鲁吉亚唯一宪法规定的项目。格鲁吉亚政府表示愿意通过提供相关地块等财政方式、法律和政策建议支持阿纳克利亚港口项目的实施。中方对阿纳克利亚港项目比较感兴趣,这一点从中方加入竞标和未来参与的愿望中可见一斑。

六、格鲁吉亚海港的竞争力

格鲁吉亚港口的大部分货物都是过境货物。邻国经济活动的减少对干散货和液体货物产生了负面影响。由于港口经常因恶劣天气而关闭,货物转运到其他港口/路线/走廊,货流也受到影响。尽管私人管理公司对波季港和巴统海港进行了投资,但由于条件限制,它们的运营受到很大的局限。它们还存在水深的问题,这绝对限制了大型船舶的使用。由于上述问题,港口经营者必须不断监控港口入口通道,并斥资进行疏浚。

制定固定船期表有明显的困难。由于进入黑海的船只要经过博斯普鲁斯海峡,进入黑海的时间表很难预测。此外,我们还必须考虑到格鲁吉亚只有三个集装箱港口:一个在巴统,两个在波季。

2017年,波季海港采购了可以在更恶劣气象条件下工作的新的功率更大的引航船和拖船。自此,封航的时间从每年的90天缩短到每年15天。

2019年,巴统口岸累计处理货物320万吨。2013—2019年期间,由于石油产品的减少,巴统港口的装运货运量总体下滑。2019年,上升趋势主要在集装箱(29.0%)和绳索操作货物(14.6%)的出货量上。2020年1—6月处理货物170万吨。与2019年同期160万吨相比增加了11%。此外,集装箱数量也出现了增长,主要是在2020年1—6月期间,巴统海运港口处理了60761标箱,比2019年同期增长了38.4%(43890标箱)。2019年波季海运港口处理的货物总量为860万吨。与巴统海港相比,2013—2019年,波季海港的货物处理量并没有明显增加或下降的趋势。

2014年和2019年处理的货物数量最多,860万吨主要包括普通/散装货物以及液体货物。2019年,普通/散装货运量增长37.9%,液体货运量增长21.6%。2019年集装箱数量增加了46.1%,但渡轮服务减少了27.7%。2020年1—6月,处理了395万吨,比2019年同期(404万吨)减少了2.2%。处理集装箱数量有所下降,主要是在2020年1—6月波季海港处理了206790个标准箱,与2019年同期(240257个标准箱)相比下降了13.9%。

值得注意的是,波季海港集装箱数量的减少是由于2019年向亚美尼亚运输了大量车辆造成的,因为在2020年实施的《欧亚经济交流法》将大幅提高关税,政府试图进口和清关尽可能多的车辆。由于上述原因,2020年向亚美尼亚运输车辆很少或几乎没有。

最近,格鲁吉亚拥有三个国际机场(第比利斯、库泰西、巴统)和四个地方机场(梅斯蒂亚、安布罗劳里、特拉维和纳塔赫塔里),其中两个(特拉维和纳塔赫塔里)为私人所有,其余为国有有限责任公司格鲁吉亚联合机场所有。根据特许权协议,第比利斯和巴统国际机场由格鲁吉亚塔夫城市公司管理至2027年(巴统则是根据租赁和持股管理协议管理),库泰西机场由格鲁吉亚联合机场有限公司管理。在过去的几十年里,这三个机场都进行了现代化改造。

在"一带一路"项目范围内,格鲁吉亚和中国之间的合作相当有限,两国之间的经济联系仍存在进一步发展的巨大机遇。中国在格鲁吉亚经济中投资越多,与格鲁吉亚其他最大的投资国建立的关系就会更谨慎和互补。格鲁吉亚可以成为中国与世界的重要的运输走廊，特别是在中国—欧盟的方向上。

不幸的是，这只是愿望，而非现实。目前阶段，格鲁吉亚并不能替代那些中欧贸易的常规路线。

当然，巴库—第比利斯—卡尔斯（Baku-Tbilisi-Kars）可以在欧洲和亚洲之间运输货物；这个项目将在货物运输领域占据一席之地。然而，如果考虑到只有一小段路线经过格鲁吉亚，格鲁吉亚的收入就不会很高。

从地理上看，包括中亚—高加索的各条运输走廊的中部走廊是欧亚运输路线的一部分。亚欧铁路运输的一个竞争优势是速度。从中国港口到欧洲交货需要35天，而铁路只需要14天。然而，铁路运输成本要比海运成本贵得多（是海运成本的3倍）。南部—西部走廊对格鲁吉亚来说也可能有很大的潜力，因为它通过格鲁吉亚将波斯湾国家和印度与欧盟国家连接起来。但是，伊朗与西方国家不稳定的政治关系使这条走廊的发展前景遥遥无期。这一因素可能会对未来运输类型和路线的选择产生重要影响，这意味着越来越多昂贵的货物会选择快速和可靠的路线运输。

根据格鲁吉亚物流协会的测算，如果集装箱货物总成本超过30万美元，亚欧铁路运输比海运更有竞争力。世界贸易的趋势表明，贵重商品在贸易总额中所占的份额急剧上升。随着托运人储存昂贵货物的机会成本不断上升，这一趋势导致了快速发货成为竞争优势。国际实践表明，港口、铁路、物流服务提供商和支出之间发展战略伙伴关系和联盟对于运输走廊的有效运作是必不可少的。

如今，竞争激烈的运输走廊作为一个统一的物流网络在展开运作。在许多情况下，有竞争力的公司被整合到一个协会中，以提高走廊的竞争优势，并吸引更多的货物进入走廊。中部走廊参与者之间建立这种伙伴关系有助于减少运输壁垒，实施综合关税政策，降低运输费用，提高走廊的可靠性。如今的物流行业是一个技术含量很高的领域，它的管理需要领先的技术和合格的人才。如果中部走廊国家没有发展相关能力的可能性，昂贵的基础设施和技术投资将不会取得成果。

七、与中国的自由贸易协定

格鲁吉亚是本地区第一个与中国签订自由贸易协定的国家。该协定于2018年1月1日生效。根据该协议，格鲁吉亚94%的产品和服务将以零税率出口到中国。一般来说出口品有葡萄酒、酒精和非酒精饮料、茶、坚果、蜂蜜、蔬菜和水果的出口，以及氮基矿物肥料、塑料等。

2015年9月，在中国大连举行的世界经济论坛上，格鲁吉亚总理和中国总理会晤时决定启动格鲁吉亚和中国自由贸易谈判。同年12月，中国经贸部和格鲁吉亚经济和可持续发展部经贸委员会签署了相互合作备忘录，并启动了协定的筹备进程。

该协议是中国政府在"一带一路"倡议下的全球新政策的一部分。在"一带一路"倡议框架内，中国计划与65个国家签署自由贸易协定，至今已有12个国家加入该协定。

格鲁吉亚成为与中国实施自由贸易模式的第11个国家或地区。双边关系在进一步深化，格中自贸协定于2017年5月13日生效（谈判于2015年9月启动），格鲁吉亚94%的输华商品和服务不收取关税，价值14亿美元。

与中国的自由贸易协定意味着，最大的市场可以获得格鲁吉亚的商品和服务。协定签署后，格鲁吉亚是为数不多的与欧盟和中国都签订这一协定的国家。

与中国的自由贸易协定意味着可以在中国市场上销售许多产品，这是一个独特的机会。然而，目前我们的产品数量还不足以满足中国市场的需求，自由贸易模式将刺激格鲁吉亚制造商提高生产能力。为了最大限度地发挥现有的潜力，格鲁吉亚应该在中国利用不同主题的展览资源，包括路演、旅游和行业展览、商业论坛和其他活动。

该协定不仅从出口的角度是互惠互利的，在投资方面也是如此。它包括中国对格鲁吉亚增加投资，运用各种贸易协议，简化商业活动和放宽税收政策，同时也包括直接和间接地在格鲁吉亚分享中国的经验，传授新的技术和知识。协议达成后，格鲁吉亚成为世界上第一批与欧盟和中国都签订协议的国家，这使得格鲁吉亚对中国投资者具有潜在的吸引力。特别是，他们可以在格制造和部分制造销往欧洲的商品。中国企业可以向格鲁吉亚出口制造所需的零部件，然后将成品免税出口到欧洲。格中经济关系呈现上升势头，主要是格鲁吉亚产品对华出口呈逐年增长趋势。

2019年格鲁吉亚对华出口同比增长12%，出口额2.2313亿美元。根据2020年前9个月的数据，出口总额为3.553亿美元，比去年同期高出184%。2020年前9个月，中华人民共和国成为格鲁吉亚最大的出口市场，占格鲁吉亚出口总额的14.8%，居首位。根据格鲁吉亚统计局的数据，本国出口的货物按行业分如下：铜矿 41.1%，车辆 24.2%，铁基合金 14.4%，葡萄酒 11.1%，酒精产品 6.9%。2020 年 1—11 月，格鲁吉亚前十大贸易伙伴在格鲁吉亚对外贸易总额中的份额为 70.4%。几个最大的贸易伙伴是：土耳其（14.293 亿美元）、俄罗斯（11.857 亿美元）、中国（10.922 亿美元）。

在过去的几年里，格鲁吉亚和中国之间的商业关系得到稳步发展。2018 年货物周转额首次突破 10 亿美元。此外，尽管自 2016 年以来双方签署了自由贸易协定，但格鲁吉亚公司进入中国市场非常复杂，格鲁吉亚出口增长势头不强，产品多样化程度较低。

格鲁吉亚有在第比利斯举办"一带一路"论坛的传统。首届论坛于 2015 年 10 月 15—16 日在格鲁吉亚总理倡议下举行，由中国政府主办。34 个国家的政府和私营部门代表参加了 2015 年"第比利斯丝绸之路国际论坛"。此后一届论坛于 2017 年 11 月 28—29 日举行，有来自 54 个国家的约 2 000 名代表出席。

第比利斯丝绸之路国际论坛每两年举办一次，每次论坛吸引不同的国家和代表。上届论坛于 2019 年 10 月 22—23 日举行，成员国增至 60 个，与会代表超过 2 000 人。论坛的主要目标是组织政府部门、私企和国际组织参与双边和多边洽谈，为格鲁吉亚创造机会，增加吸引力，并促进招商引资和国际合作。

在格鲁吉亚总理乔尔吉·加哈里亚的主持下，第三届"第比利斯丝绸之路国际论坛"在第比利斯举行。亚美尼亚和乌兹别克斯坦的副总理，其他国家的贸易、能源和交通部长，外交使团和国际组织（欧洲投资银行、欧洲复兴开发银行、亚洲开发银行、联合国、世界银行和世界贸易组织）的代表以及国际专家和知名记者出席了论坛。论坛成为讨论和解决当前区域经济问题、交流经验的有效平台。

中国欧亚事务特别代表李辉参加了"第比利斯丝绸之路国际论坛"下专题为"高层对话共创未来：可持续发展模式"专题小组的开幕式，并报告了项目框架内国家合作的重要性。他说，格鲁吉亚积极参与了这些进程。由于中国企业在格鲁吉亚的投资，许多企业和公司在不同的行业开展业务。他说："我们知道格鲁吉亚有欧亚之间最短的线路。这个高层次论坛在社会和政府各界反响热烈。它反映了丝路之魂，我们希望企业和政府代表能参与到本届论坛中来，积极磋商，实现高效的合作。"

会议的小组讨论涉及有效实施丝绸之路新概念的关键领域。与会代表讨论了运输领域、国际贸易前景、促进经济合作进一步发展的现代技术。在小组讨论期间，进行了一项调查。主办方向代表们发放调查表。关于格鲁吉亚投资潜力的优势问题，44%的代表回答说，格鲁吉亚是地区商业中心。32%的代表认为，这种优势体现在自由贸易模式上。18%的人强调低税收，6%的人强调有竞争力的劳动力。关于在格鲁吉亚投资能达到的目标这一问题，45%的代表回答说，这将带来市场多样化，其中大多数人关注的是支出效率，10%的代表表示他们将能够获得资源。最重要的是，格鲁吉亚在地区关税政策上与伙伴国合作，与走廊的其他参与者调整法律法规，以简化运营管理，并使该国的过境路线更具吸引力。

就商业环境和自由贸易协定的实施来看，我们可以自豪地说，格鲁吉亚正在成为该地区的领导者。该项目使格鲁吉亚不仅成为过境路线，而且成为交通枢纽，并成为一个有吸引力、可靠和稳定的投资地，这将反过来刺激我国的基础设施、技术和经济发展。

八、产业合作与投资

中国对格直接投资最早出现在2002年，达250万美元，2014年最高达2.2亿美元，占格外国直接投资总额的12%。

值得注意的是，2014年是格鲁吉亚历史上外国直接投资创纪录的一年，流入金额达到18.3亿美元。目前，中国对格投资总额已达6.79亿美元。2019年外国直接投资总额达到9.09亿美元，增长4%。就总投资额而言，第一位是来自欧盟的（43%），紧随其后的是土耳其（17%）、爱尔兰（15%）（在一笔交易框架内）和英国（13%）。

最新的统计数据显示，中国投资的行业有建筑、房地产和金融行业。在其他领域，中国资本覆盖的规模较小。

值得一提的是，有一些重要的项目正在申报但尚未上马，它们具有关键的经济影响，特别是在格鲁吉亚，主要有中国华信能源有限公司和欧亚投资有限责任公司于2018年宣布成立资本10亿美元的格鲁吉亚开发银行。该银行的战略规划是成为吸引中国投资者到格鲁吉亚的磁石，并将支持格鲁吉亚茶叶产业的发展；设立格鲁吉亚—中国格鲁吉亚再生基金，为格鲁吉亚初创企业提供资金；创建"丝绸之路共同市场"以推动创新贸易模式的发展。

此外，中国公司的经验及其在不同领域的参与都非常重要，这些领域包括：业务流程外包、旅游、建筑和房地产、轻工和巨型工业、海洋工业、物流中心、传统能源和可再生能源,包括太阳能和风能。

最后,中国对格鲁吉亚经济的投资涉及电力工程、基础设施、建筑、房地产、银行业等不同领域。截至2019年,在格鲁吉亚注册的中资公司约有200家,都处于在业状态。在房地产业最成功的是华凌集团、旅游业(MyWay Airlines-100%)和金融领域(巴塞斯银行-95%)。

自2004年以来,东方电力公司一直在格鲁吉亚的电力工程领域耕耘。它拥有卡杜里水电站,这是格鲁吉亚独立后建造的第一个水电站。它还拥有鲁斯塔维钢铁有限公司,这是一家在鲁斯塔维郊区的电枢制造工厂。

此外,在格最大的中国公司是中国核工业二三建设有限公司,它参与了格鲁吉亚第一座风力发电站项目的开发,该项目于2016年12月成功投产,装机容量为20.7兆瓦。2020年1月,在中国天辰工程公司(TCC)的参与下,另一座现有产能为230兆瓦的热电站格达巴尼二期竣工。根据目前的形势分析,中国资金有兴趣保持自己在格鲁吉亚经济空间中的地位。

在过去的一段时间里,中国资本进入了设在波季、库塔伊西、第比利斯的经济区。值得一提的是,中国投资的最重要项目之一是在库塔伊西的电动汽车工厂。该项目将由电动汽车领域的世界领先者中国长安公司实施,长安公司也是大众、沃尔沃和福特等大型制造商的合作伙伴。

华凌集团目前在格鲁吉亚最大的投资项目是"华凌第比利斯海新城",位于第比利斯西北部郊区的420公顷土地上。它的建设始于2013年。中国华凌集团在该市投资约1.7亿美元,建造了一家五星级酒店、一个格鲁吉亚最大的贸易中心。该公司出资在第比利斯建立了经济特区,这是库泰西的一个免税工业区,并投资商业银行,值得注意的是,2015年的欧洲青年奥运会期间,运动员就被安排在华凌第比利斯海新城。目前,华陵第比利斯海新城仍是中国对格鲁吉亚的最大投资项目。

最重要的是,中国华凌集团在2018年成立了"MyWay航空公司",但目前该公司暂停了航班。如今,该公司帮助格鲁吉亚从世界各地撤侨,特别是该公司于4月31日包机前往保加利亚撤回格鲁吉亚国侨民。机票成本定为100欧元,体现了社会责任。据公司管理层介绍,这家高科技企业每年可生产四款车型和4万辆电动汽车,其中50%的产品将面向国外市场,并打上"格鲁吉亚制造"的字样。

这个项目是一个很好的机会,可以在自由贸易协定的框架内,在领先的世界市场上占据一席之地,这将有助于格鲁吉亚发展工业、新技术和就业。

格鲁吉亚和中国在创新和技术领域的合作规模相对较小,但这是个至关重要的方向。中国政府已经拨了约720万美元的赠款资金,将考虑在第比利斯建设一个科技园,配备创新和制作原型机所需的所有设备。

中国企业积极参与格鲁吉亚道路建设和维修。发展格鲁吉亚的过境能力是政府的优先事项之一。改善道路基础设施的大部分资金来自地区发展和基础设施部的预算,旨在将格鲁吉亚的公路网转变为国际道路交通系统,增加道路的承载能力,发展运输走廊,提高格鲁吉亚在过境运输方面的竞争力。

格鲁吉亚汽车公路部与中标企业贵州公路工程集团和中国技术进出口总公司达成协议。这些公司将完成瑞克提隧道上绍拉帕尼(Shorapani)至阿格维塔(Argveta)公路的最后一段建设,这是欧洲第二大运输走廊东西主干道和欧洲运输公路E60的一部分,起点是法国的布列斯特,终点是吉尔吉斯斯坦的伊尔克什坦。

在格鲁吉亚,E60始于与阿塞拜疆的边境,终于波季港(Poti Port)附近的黑海岸边。走廊在格鲁吉亚领土上长达392千米。据相关部门称,这一史无前例的基础设施项目(在瑞克提隧道上方建造一段东西向的高速公路)正在紧锣密鼓地实施中。亚洲开发银行发放了超过2.02亿美元的贷款,用于建设长达14.7千米的绍拉帕尼—阿格维塔高速公路。目前,一条四轨沥青混凝土道路、14座桥梁和12条隧道已经建成。这项工作将在三年内完成。这条新路有96座桥梁和53条隧道,符合道路安全的所有标准,其中有51.6千米建造在瑞克提隧道上。

因此,如果今天从红桥(与阿塞拜疆接壤)到萨尔皮(从阿扎尔与土耳其接壤)的路程需要8个小时,那么主干道建成后只需要4—5个小时。这条公路的建设将于2022年6月结束。

发展格鲁吉亚过境运输功能是政府的重中之重。2019年创纪录的15亿里拉用于基础建设项目。2019年汽车道路部总共修复800千米的道路,是前一年的4倍。

除上述外,已建成、修缮桥梁52座。总体而言,拥有7 000千米对国际和本国很重要的公路(1600座桥梁和32条隧道)。格鲁吉亚与中国中铁23局集团有限公司达成协议,该公司将建设一条13千米长的新的汽车公路克维谢蒂(Kvesheti)至科比(Kobi)段,其中包括一条通往格鲁吉亚—俄罗斯边境的9 000米隧道。它将从特斯克尔(Tskere)村到科比(Kobi)村,在克罗斯山口(Cross Passage)下方穿过,绕过冬季被雪覆盖难走的路线。此外,中国铁路第

23局集团公司还建设了全长40千米的卡舒里—泽斯塔波尼铁路段。

九、格鲁吉亚向中国出口葡萄酒

葡萄酒是格鲁吉亚最大和最重要的出口产品之一，近年来呈高涨趋势。2018年，格鲁吉亚向53个国家出口了8620万瓶葡萄酒，金额为2.03亿美元，在世界葡萄酒出口国排名第17位。值得一提的是，在过去的2—3年里，中国葡萄酒贸易的发展呈现出不断上升的趋势。2018年，中国在格鲁吉亚葡萄酒出口国家排行榜上位列第二。这种出口在过去的4—5年里开始活跃起来。向中国出口葡萄酒始于在大约10年前。

根据2019年的数据，出口葡萄酒9400万瓶，增加9%，出口金额高达2.4亿美元。与传统市场相比，中国对格鲁吉亚葡萄酒来说是一个相对较新的市场，具有上升的势头。

根据同年的数据，中国以进口7 089 259瓶葡萄酒跻身最大葡萄酒出口目的地国之列，居俄罗斯和乌克兰之后，排位第三。根据国家葡萄酒局（National Wine Agency）的数据，最近一段时间，对中国的葡萄酒出口增加了两倍。中国与俄罗斯、乌克兰、波兰和哈萨克斯坦一起跻身前五大出口目的地国之列。根据2020年1—2月的结果，中国进口了562 600瓶葡萄酒，交货量下降了7%。根据2020年1—10月的最新数据，格鲁吉亚向中国出口的天然葡萄酒总额为1 086.8万美元，而去年同期为1 542.9万美元。

在自由贸易协定的背景下，格鲁吉亚葡萄酒在中国市场的营销活动（展览、葡萄酒节、葡萄酒、葡萄酒周等）已经启动，以提高人们对格鲁吉亚及其葡萄酒传统的认识。在过去的几年里，在中国各个省份都举办了许多格鲁吉亚葡萄酒推广活动。格鲁吉亚经常组织中国葡萄酒进口商实地考察，让他们了解葡萄酒种类、酿酒技术，会见当地生产商，讨论未来的计划，效果显著，这一点有统计数据为证。在过去的六年里，对中国的葡萄酒出口增长了八倍，而在过去的四年里，格鲁吉亚葡萄酒在中国市场上的排名从第18位上升到了第9位。陶罐装葡萄酒也越来越受欢迎。根据这项研究，中国中高端市场对干红有特殊的需求。

2013—2017年，格鲁吉亚葡萄酒在中国市场的出口量屡创新高，2017年达到顶峰，出口量约为800万瓶。自那以后，2018年下降了8%，但在2019年上升了约1.5%。其实，2017年中国企业囤货因为中国政府有"一带一路"补贴。自由贸易模式发挥了巨大的作用,公司可以追溯和监督过程。如今,中国企业根据当地市场的需求进行采购。

国家葡萄酒局与以中国热带农业科学院香料饮料研究所为首的中国合作伙伴开展积极合作。该研究所在制定葡萄酒在中国的分销战略、将格鲁吉亚名称正确翻译成中文方面做出了贡献。另外,香港葡萄酒大师还为格鲁吉亚葡萄酒在中国的推广提供帮助。

此外,我们还与四川省的进口商签订了一份备忘录,进口葡萄酒大约10年之久。第一家格鲁吉亚葡萄酒酒屋在这个位于中国西南部的省份开业。格鲁吉亚葡萄酒的商店兼沙龙在中国逐渐流行起来;目前有数十个类似的地方从事葡萄酒的销售和普及。人们不仅可以了解格鲁吉亚的葡萄酒,还可以了解它的文化和历史。

值得注意的是,中国当地企业开设这样的进口商品销售点,决定应该进口哪种酒,政府机构帮助他们寻找合作伙伴。此外,中国的社交网络也被用来推广葡萄酒。中国方面帮助准备中文申请和有关格鲁吉亚葡萄酒和其他信息的网页。现在,可以在网上购买格鲁吉亚的葡萄酒。在格鲁吉亚商会的支持下,格鲁吉亚代表团多次访问中国不同省份,许多格鲁吉亚生产商在现场找到了合作伙伴。在广州,格鲁吉亚商会和格鲁吉亚伙伴关系基金的代表开设了合作代表处,进行招商引资,加强中格经贸关系,促进项目合作。与中国四个省级商会签署了相互谅解备忘录。格鲁吉亚商会还与由中国工商界代表组成的中国国际贸易促进委员会(贸促会)总会签订了一项协议。

2019年,格鲁吉亚旅游业创纪录地吸引了935万外国游客。由于简化了中国公民网上申办格鲁吉亚签证手续以及指定航空公司,前往格鲁吉亚的中国游客数量正在迅速增加。2019年,格鲁吉亚接待中国游客48 071人次,同比增长51%。中国游客在各国游客消费榜中排第七,平均花费相当于2 253拉里。

十、格鲁吉亚与中国在农业和工业领域的合作

中华人民共和国设有格鲁吉亚农业促进赠款项目。这份备忘录是两国科研中心之间签订的,有着确定具体的合作方向。从格鲁吉亚茶文化发展的角度来看,两国之间存在着历史渊源。

茶文化是在19世纪由刘峻周先生从中国带到格鲁吉亚的,他的茶被称为刘茶。然而,茶叶的工业化生产始于100多年前。茶和葡萄酒一样是格鲁吉

亚文化的元素，可以成为两国文化和经济关系新的增长点。

格鲁吉亚的第一个茶园出现在19世纪，茶叶为格鲁吉亚带来了商机。茶叶生产的高峰期出现在20世纪70年代，几乎所有社会主义阵营国家都喝格鲁吉亚茶。在此期间，茶叶是格鲁吉亚的主要出口产品。

但今天，我们失去了该地区茶叶生产的领导地位，这一领域的复兴对格鲁吉亚尤为重要。为了恢复茶叶生产，格鲁吉亚开始实施国家项目"格鲁吉亚茶"，恢复茶园。目前计划对7 000公顷政府所有的茶园进行分阶段的修复。中国"金丰恒业"公司正在协助格鲁吉亚恢复上斯瓦涅吉亚州萨梅格列罗的茶园。在萨梅格列罗拿了一块20公顷的土地进行试验，第一次收获了大约5吨茶叶。

在中国公司的帮助下，格鲁吉亚开始了振兴茶叶生产的复杂工程。格鲁吉亚国家伙伴基金、格鲁吉亚农业部与中国"北京金丰恒业农业发展有限公司"和新疆华凌商贸(集团)有限公司签署了有关备忘录。

工商文化旅游项目由几个部分组成，包括茶园恢复、茶叶加工、振兴茶叶产业和发展生态旅游。这家中国公司还计划在格鲁吉亚建造一家茶厂，并生产出口产品。

2014年1月，中国和格鲁吉亚达成蔬菜大棚种植技术合作协议。中国政府拨款2 000万元人民币(300万美元)，支持该技术项目。本项目由中方与格鲁吉亚农业部科学研究中心共同实施。

科研中心的示范大棚由湖南省的专家协助下建成。在5公顷的地块上建造了6个大温室和27个小温室，并配备了先进的技术。种植获利颇丰，使用太阳能，减少了电费，使农民能够在面积600平方米的土地上获得丰收。该项目的目的是引进蔬菜栽培新品种，这些新品种在中国广受欢迎，也是格鲁吉亚人愿意种、种得好的品种。除了在格鲁吉亚进行培训外，该试点项目还在中国湖南省为格鲁吉亚农民提供再培训，已经组织格鲁吉亚农民两次赴华，培训由中华人民共和国商务部拨款举办。中方已经决定开展第二期技术援助，第二批拨款2 000万美元。

除了经济联系，两国之间的文化联系也在发展。汉语学习意义重大。值得一提的是，2019年2月15日，格鲁吉亚教育、科学、文化和体育部签署了《关于支持汉语教学的合作备忘录》，正式审议了关于在格鲁吉亚中学教授汉语作为第二外语的决定。大学视意愿也可将中文作为第二外语。根据政府规定，从五年级开始，所有公立学校都可以选择汉语作为第二外语。

尽管格鲁吉亚和中国的外交关系始于格鲁吉亚宣布独立，但在过去的5

年里,两国密切的经济合作也得到了加强,并呈现出相当积极的势头。尽管两国关系日益密切,但来自中国的资金并不是很多。无论是游客数量,还是资金转移和投资,中国都没有在相应领域中有多大占比。唯一一个上升速度较快的领域是格鲁吉亚和中国之间的外贸。与其他大国伙伴不同,格鲁吉亚经济并不与中国挂钩,如果中国发生危机,不会导致格鲁吉亚经济出现重大问题。

中国经济的发展带来了明显的机会,但格鲁吉亚没有充分利用这些机会。这是有一定客观因素的,因为格鲁吉亚产品对中国市场来说很陌生,进入中国市场是一个相当复杂、昂贵和长期的过程。

因此,我们认为有理由提出以下建议:

第一,制订长期经济合作计划,包括分行业制订大规模销售格鲁吉亚商品和服务的行动计划和战略方案。

第二,使用不同平台(展览、会议、论坛和其他)推广格鲁吉亚产品(葡萄酒和其他产品)。

第三,分享中国在可再生能源(主要是太阳能和风能)方面的经验。

第四,吸引中国投资和以出口为导向的合作投资(包括欧盟),主要在轻工业、海洋经济、农业等领域;在创新和技术领域进行合作,包括科技园区现代化和初创企业的相互支持。

第五,最大限度地推广格鲁吉亚与全球经济参与者(中国和欧盟)的自由贸易模式,以吸引不同国家的投资。

第六,在启动与中国经济合作的同时,与美国积极沟通,为消除西方的危险奠定基础。

R8 中国"一带一路"倡议与沙特"2030愿景"：可持续发展伙伴关系回顾

[沙特阿拉伯]陈冬梅[①]

【摘要】 本报告旨在全面分析中沙合作的进程，深入探索"一带一路"政策如何推动沙特"2030愿景"和中国的发展目标，明确中沙两国未来的改变措施，擘画未来发展宏图。展望未来，新冠肺炎疫情仍然形势严峻，气候变化全球行动协调日益增强，产业链由全球化布局向区域性集聚演化，全球及区域政治力量正在重塑，所有这些都会对中沙两国的合作模式和合作范围产生影响。只有中沙两国加强"一带一路"与"2030愿景"的对接与合作一体化，才能在这样一个充满挑战与变化的环境里，持续推动两国经济的转型发展。本报告还分析了中沙两国在循环低碳经济框架下实现可持续经济发展的契机，未来合作的挑战与风险等。

【关键词】 沙特阿拉伯；中沙合作；能源

2016年对于沙特阿拉伯和中沙关系注定是一个历史性的里程碑。2016年1月，沙特阿拉伯与中国签订了《中华人民共和国政府与沙特阿拉伯王国政府关于共同推进丝绸之路经济带和21世纪海上丝绸之路以及开展产能合作的谅解备忘录》，并发表了关于建立全面战略伙伴关系的联合声明。2016年4月，沙特阿拉伯发布了沙特"2030愿景"（Vision 2030），致力于改变以石油为主导的产业结构，走向更加多元化和可持续的经济发展道路。"一带一路"合作备忘录签订五年之后，中沙合作实现了从政府对话到工业和基础设施产业的飞速发展。

[①] 陈冬梅（Chen Dongmei），现为沙特阿拉伯阿卜杜拉国王石油研究中心（KAPSARC）研究员，曾任世界自然基金会（WWF）中国气候变化和能源项目负责人，工业生产力研究所（IIP）中国办事处高级顾问和主任。电子邮箱地址：dongmei.chen@kapsarc.org。

一、中国"一带一路"倡议在沙特阿拉伯实施现状

中国"一带一路"和沙特"2030愿景"在战略层面上彼此互应契合。中国"一带一路"在沙特阿拉伯被视为实现"2030愿景"的一个重要支撑,可以推动沙特阿拉伯基础设施互通互联和产业现代化。而沙特"2030愿景"的贯彻实施也有利于推进中国实现"一带一路"沿线地区的贸易投资流动、提高供应链效率、缓解融资与技术层面的约束。

自从2016年中沙两国签订"一带一路"合作备忘录以来,"一带一路"与"2030愿景"在项目对接、实施层面也取得重大进展。能源合作仍然是两国贸易与投资合作的基石,但其合作范围已经从单纯的石油贸易扩展到能源项目全产业链。随着沙特阿拉伯加大对基础设施和新兴产业的投资与建设,两国在智慧城市、智慧产业和新兴科技之间的合作机遇也大大增加。

(一)战略伙伴关系持续加深

中沙两国之间高层高频互访,双边关系发展良好,大大促进了两国的战略合作伙伴关系。自2008年6月建立友好战略合作关系起,中沙两国便达成了双边合作的深刻共识。习近平主席于2016年1月到利雅得进行访问,将中沙双边关系提升为全面战略伙伴关系。[1] 这是中国外交关系的最高级别,标志着在区域性和国际事务中全面的合作和发展。

沙特"2030愿景"与中国"一带一路"的战略协同推动了在关键领域的合作。中沙在能源、工业产能和基础建设的投资合作与沙特"2030愿景"的战略目标尤为契合,[2] 为沙特阿拉伯创造了大量的就业机会,推动了本地制造和产业发展,促进了沙特阿拉伯经济发展的多元化。

中沙两国外交关系的提升和经济转型的共同需求直接推动了双边合作的发展。2016年,在中国国务院副总理张高丽和沙特王储穆罕默德·本·萨勒曼的共同领导下,中沙高级别联合委员会正式成立,为中沙两国就战略合作问

---

[1] Jonathan Fulton, 2020, "Strangers to Strategic Partners: Thirty Years of Sino-Saudi Relations", Atlantic Council, August.
[2] Arab news, 2016, "Fusing Vision 2030 with Belt Road Initiative", September 3.

题的讨论和决策提供了官方渠道。① 两国都建立了独立部门,从而促进了跨政府、跨私人企业合作,加深了与国际伙伴之间的合作。沙特国际战略伙伴关系中心于 2017 年成立,直属沙特经济发展事务理事会;中国国际发展合作署于 2018 年成立,直属中国国务院。虽然这两个部门自身担负着更为广泛的外交任务,但是它们的成立和运作却使"一带一路"倡议和沙特"2030 愿景"的关联更加紧密、更为完整。

在执行层面上,中沙高级别联合委员会下设六个分委会,聚焦于政治外交事务,"一带一路"重大投资合作项目及能源合作、贸易和投资,文化、科技和旅游,安全和军事合作等。② 双方分别设立了定点企业,促进双方在具体领域内的合作。例如,中国国家发展和改革委员会和沙特能源、工业和矿产资源部在"一带一路"重大投资合作项目和能源合作方面一直扮演着非常积极的角色。两国政府部门于 2017 年签署了合作备忘录,共同成立规模为 200 亿美元的产业投资基金,为沙特阿拉伯的基础建设、能源和矿产资源发展提供融资支持。另外,两国还就能源合作达成了一揽子计划,就双方共同在沙特吉赞省建设中国工业园达成了一致。

除了双边合作框架之外,多边和区域性平台也在中沙合作进程中发挥了至关重要的作用。中阿合作论坛于 2004 年正式成立,有效搭建了中国与包括海湾国家在内的阿拉伯国家合作谈判的桥梁。中阿合作论坛在近几年的显著成果为中国国家主席习近平于 2014 年提出的"1+2+3"合作框架,即以能源合作为主轴,以基础设施建设、贸易和投资便利化为两翼,以核能、航天卫星、新能源三大高新领域为新的突破口。该合作框架也为中沙合作奠定了基础。

中国和海湾合作委员会战略对话成立于 2010 年,对中国和海湾合作委员会自由贸易协定的合作谈判起到了至关重要的促进作用。中国-海合会自由贸易协定经历了长达十几年的谈判历程。双方都寄希望于通过签署自由贸易协定促进监管趋同和贸易自由化,进一步推动中国和海湾合作委员会各地区的合作关系。沙特与中东和北非国家、新加坡和欧洲自由贸易联盟已签有自由贸易协定。③ 中

---

① Chen Dongmei and Han Wenke, 2019, "Deepening Cooperation Between Saudi Arabia and China", March, KAPSARC Discussion Paper, Doi: 10.30573/KS-2019-DP53.
② Bao Chengzhang, 2018, "Current Status, Risks and Countermeasures for China's BRI Implementation in Saudi Arabia", *Arab World Studies*, July.
③ KAPSARC, 2020a, "The Future of the Petrochemicals Industry and Sino-Saudi Cooperation", December, KAPSARC Workshop Brief, Doi: 10.30573/KS-2020-WB12.

国也于近期达成了全球最大的自由贸易协定——区域全面经济伙伴关系协定,其中包括东盟10个成员国,以及日本、韩国、澳大利亚和新西兰。中国与海合会如果能尽快达成自由贸易协定,将是对中沙现有自贸协定的一个重要补充和跨接。

双边和多边合作构建了中沙两国自上而下的战略合作体系,而文化、教育等领域的交流则自下而上地进一步夯实了两国合作关系的基础。

自2016年起,中沙两国共同举办了一系列的文化展示,标志着两国之间的文化交流越来越紧密。2016年,中国国家博物馆举办了"阿拉伯之路——沙特出土文物"展览。随后,沙特阿拉伯国家博物馆于2018年举办了中国首次著名文物展览"华夏瑰宝展"。2018年,中沙两国创立的联合考古团队首次在沙特赛林发现海上丝绸之路的贸易路线印迹。[1]

教育领域的交流在近几年也成就颇丰。中国每年接收的沙特留学生多达1000人以上。中国留学生在阿卜杜拉国王科技大学是人数最多的外国学生群体。2017年阿卜杜勒阿齐兹国王公共图书馆北京大学分馆的正式落成,2019年设立的"沙特阿拉伯与中华人民共和国穆罕默德·本·萨勒曼亲王文化合作奖",都积极促进了两国语言文化的学习和交流。[2] 中文被纳入沙特阿拉伯所有教育阶段的课程之中。至2020年1月,共有8所沙特学校设立了中文课程。2019年,沙特吉达大学与中国孔子学院开展合作,共同在沙特推动中文的学习和教育。2020年,吉达大学孔子学院正式成立。

中东地区的大部分民众对中国经济发展和中国所带来的影响持正面看法。尽管在该地区开展公众调查存在一定的困难,建立适宜的样本受到一定的限制,但皮尤研究中心和马里兰大学的研究一致发现,中东地区多数国家对中国持支持态度,[3]媒体很少见到关于"一带一路"项目实施的负面评价。[4] 中

---

[1] Alarabiya News, "Watch: Chinese, Saudi Archeologists Unearth Cultural Relics in Saudi Arabia", April 10, 2018, Accessed February 20, 2021, https://english.alarabiya.net/features/2018/04/10/WATCH-Chinese-Saudi-archeologists-unearth-cultural-relics-in-Saudi-Arabia.

[2] Alarabiya News, "Saudi Arabia Announces cultural Cooperation Award with China", February 21, 2019, Accessed February 20, 2021, https://english.alarabiya.net/life-style/2019/02/21/Saudi-Arabia-announces-a-cultural-cooperation-award-with-China.

[3] Guy Burton, "Public Opinion in the Middle East toward China", The Middle East Institute, December 11, 2018, https://www.mei.edu/publications/public-opinion-middle-east-toward-china.

[4] John Calabrese, "China's Maritime Silk Road and the Middle East: Tacking Against the Wind", May 19, 2020, https://www.mei.edu/publications/chinas-maritime-silk-road-and-middle-east-tacking-against-wind.

沙两国在文化教育领域的广泛交流有助于促进沙特对中国产业发展和知识经济运行的经验学习，推动贸易与投资，还可以进一步发展沙特的旅游业，这是沙特经济多元化的一个重要构成。①

（二）贸易、投资与融资发展

在沙特"2030 愿景"的指引下，沙特政府投入了大量的资金与人力物力，进行了一系列的社会经济改革。为了提高国家财政的平衡稳健，一方面减少了对民众的补贴，另一方面挖掘新的收入来源。这些改革措施，包括 2016 年和 2018 年分阶段实施的能源价格改革，以及 2018 年 1 月开征的 5% 增值税。该增值税后于 2020 年 5 月提至 15%。2019 年 12 月，沙特阿拉伯国家石油公司首次公开募股，反映了沙特政府利用石油财富投资经济多元化的努力，以实现将公共投资基金（PIF）打造为全球最大主权财富基金的目标。沙特在社会改革方面最为显著的成果是解除了对女性在社会和劳动力参与方面的种种限制，不仅为社会增加了劳动力供应，还为旅游业、娱乐产业和体育产业的发展提供了更为友好的环境。

沙特政府工作和企业服务的电子化显著提高了经济运行的效率和透明度。2018 年正式运行的电子平台 Etimad 简化了政府采购流程，提高了企业参与的透明度。2019 年启动的 Fasah 系统是首个面向所有进出口活动的全国统一线上系统，可提供超过 135 种辅助清关和流程追踪的服务。另外一个电子平台 Saber 于 2019 年正式启动，用于注册和颁发进口产品的合格评审证书。② 除此之外，还有专门服务于担保、应收款项和应付款项的电子平台。这些平台的建立对沙特的贸易便利化产生了切实效果，强化了沙特阿拉伯的区域物流枢纽的地位。

沙特的政府与私人资本合作项目（PPP）法律框架也取得明显进展，为扩大基础设施和产业升级项目的投资奠定了重要基础。2018 年 7 月，沙特政府颁布了"私营机构参与法"意见征询草案，极大地激励了国际投资者的热情。

---

① The Media Line, "Saudi Arabia to Teach Chinese as Third Language", January 20, 2020, Accessed February 20, 2021, https://themedialine.org/by-region/saudi-arabia-to-teach-chinese-as-third-language/#:~:text=In%20an%20effort%20to%20enhance, taught%20in%20schools%20and%20universities.

② Arab News, "Speedier shipment processes after e-platforms linked in Saudi Arabia", May 18, 2020, Accessed February 25, 2021, https://www.arabnews.com/node/1676186/saudi-arabia.

这份草案清晰阐述了PPP项目的法律框架和激励机制，包括国外法人实体的平等待遇问题，PPP项目不用再遵循《采购法》条款，解除对医疗保健和私人教育市场的投资限制，推出一揽子金融政策以降低投资风险。商业抵押是传统PPP项目保障资金安全的一个重要内容。2018年4月《商业抵押法》的更新极大促进了融资机构权利证券化的发展，从而鼓励更多贷款机构参与PPP项目的开发建设。[①] 2018年8月生效的《破产法》、2019年7月通过的《投标采购法》，以及2019年9月生效的《竞争法》，所有这些法律的颁布都进一步推动了沙特投资环境和法律框架的改善。

沙特在经济、社会及法律等层面的改革以及商务电子化的发展极大地促进了贸易便利化，推动了外国直接投资，提升了外国企业在基础设施项目中的参与程度，促进了融资方式的多样化发展。

不断增长、结构互补的贸易往来仍然是中沙两国经济合作的支柱。2013年至2020年间，中国向沙特出口总额从180亿美元迅速增长至280亿美元，复合年均增长率为6%（如图8-1所示）。中国出口产品主要包含工业品、电气和机械设备。如果用中沙两国贸易额与沙特的全球贸易额进行占比计算来衡量沙特对中国的贸易依存度，我们可以看到这一指标是逐年上升的，从2013年的13%增长至2019年的19%。沙特对中国的产品出口依然以石油和石油化工产品为主。2013年至2020年间，尽管油价下跌了近60%，从2013年每桶均价105美元降到2020年每桶均价42美元，但是沙特出口到中国的原油总量仍保持着稳速增长，从2013年的3.64亿桶稳步增长到2020年的6.22亿桶。在过去十年间，除了2016—2018年期间俄罗斯对中国的石油出口总量居于首位，沙特一直都是中国最大的石油进口合作伙伴。

中国对沙特的投资总额在2013年达到高峰，4.87亿美元。这比"一带一路"倡议发布前一年增长了200%。经历了2016年的投资萎缩和2017年的项目撤资，中国对沙特的投资自2018年起开始攀升，于2019年达到历史最高，6.54亿美元（如图8-2所示）。其中最为显著的是中国丝路基金在沙特投资的可再生能源项目。

---

① Tim Burbury and Timm Smith, "Ten Reasons Why International Investors Should Be Excited About Saudi Arabia's New PSP (PPP) Law", March 11, 2019, https://www.kslaw.com/blog-posts/ten-reasons-why-international-investors-should-be-excited-about-saudi-arabias-new-psp-ppp-law.

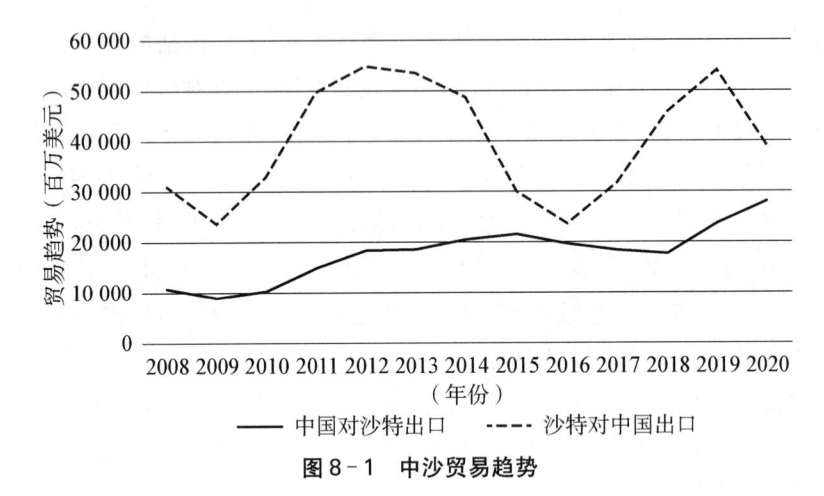

148 / 迈向高质量的"一带一路"：海外学者的视角

图 8-1 中沙贸易趋势

资料来源：KAPSARC，数据来自 CEIC。

图 8-2 中沙投资趋势

资料来源：KAPSARC，数据来自 CEIC。

沙特商业环境的日益开放以及蓬勃增长的经济发展新机遇，使其成为中国在"一带一路"沿线国家中承包工程总额位居第二的项目市场。2019 年，中国企业在沙特承包的工程项目合同共有 163 份，总价值达 110 亿美元，比 2018 年的合同总额增长了 70%。[①] 中国企业在 2013 年至 2020 年期间获得的沙特工程承包合同总额达 210 亿美元，是 2005 年至 2012 年期间工程承包合同总

---

① Ministry of Commerce of the People's Republic of China（MOFCOM），"Outward Investment Guideline (Saudi Arabia)"，December 2020.

额的两倍。①

项目建设的庞大资金需求和有限的公共资金来源也进一步推动了中沙两国在金融领域的合作。2017年,沙特与中国共同设立了总额达200亿美元的产业投资基金,旨在为基础设施、能源和矿产资源开发等提供融资支持。继中国工商银行2015年在沙特利雅得成立第一家分行,中国银行于2020年1月获批在沙特建立分行。作为中国主要的信用保险供应商,中国出口信用保险公司在沙特的业务也得到进一步拓展,进入出口信用保险、投资保险、债券和担保业务、债务和资本回收业务以及信用评估等业务。

中沙两国在金融领域的合作也延伸进入"一带一路"多边金融机构的设立和运行。亚洲基础设施投资银行是中国牵头成立的首家专注于"一带一路"项目投资的国际银行。沙特于2016年加入,成为亚洲基础设施投资银行的57个创始成员国之一。2017年,为了完善"一带一路"项目投资全球治理,中国设立了"多边开发融资合作中心"(MCDF),沙特也是八个基金设立国之一。亚洲基础设施投资银行随后成为多边开发融资合作中心的资金托管机构和执行代理机构。

(三) 商业合作经营走强

通过积极参与沙特基础设施项目,中国企业的国际竞争力得以大大提高。沙特在公用事业、交通、房产、健康医疗、零售和酒店等领域实施的建设项目为中国企业创造了投资和发展的机遇。中国在沙特最大的工程总承包商——中国电力建设集团有限公司2018年获得沙特萨拉曼国王国际综合港务设施项目合同,总额超过30亿美元。这是中国电力建设集团成立以来从海外市场获得的最大现汇项目。② 中国铁路建设股份有限公司2010年承接了麦加轻轨项目的设计与建设工程,合同总额为17.7亿美元却遭遇损失6亿美元。③ 吸取一期项目实施过程中的经验教训,中国铁建重新整合提升了国际项目的财务、

---

① The American Enterprise Institute and the Heritage Foundation, China global investment tracker, 2020, Accessed February 23, 2021. https://www.aei.org/china-global-investment-tracker/.
② Si, Katherine, 2018, "PowerChina wins $3bn construction project for Saudi mega-yard", *Seatrade Maritime News*, November 30, 2018, Accessed February 20, 2021. https://www.seatrade-maritime.com/asia/powerchina-wins-3bn-construction-project-saudi-mega-yard.
③ CGGT, "Lessons from China Railway Construction Corporation (CRRC)'s Failed Light Rail Project in Mecca, Saudi Arabia", March 14, 2014, Accessed February 20, 2021. http://www.cggthinktank.com/2014-03-14/100071557.html.

管理与技术能力,终于在2018年再次获得该轻轨项目的运营合同。2019年12月,中国国家电网公司从沙特电力公司获得了价值11亿美元的工程合同,在沙特安装1000万只智能电表,这是中国智能电网技术第一次迈入国际市场。①

虽然PPP模式在沙特仍处于起步阶段,但PPP项目框架的初步形成和不断改善的商业环境都在一定程度上增强了私人和商业投资的信心。2019年,沙特在水务、医疗和运输领域有七个PPP项目完成商业交割和融资方案,有上百个项目已经进入准备阶段。② 中国企业开始进入住房、医疗、运输和可再生能源等领域的PPP项目,每个项目所处阶段各有不同。③ 其中最引人关注的项目是中国电建参与的红海基础设施项目。④ 该PPP项目协议包括为酒店、国际机场和基础设施提供可再生能源、饮用水、废水处理、固废管理和区域供冷,由沙特国际电力和水务公司牵头组织的联合体负责项目的投融资和建设运营。

为了提高项目的财务盈利能力,中国企业运营模式也在不断进化发展。近年来,不断提升的增值税、外籍员工费用以及沙化政策实施导致的劳动力成本增加,使得承包工程的利润率进一步下降。在这之前,2015年承包工程的利润率已经缩小至5%—7%之间。此外,沙特在项目规划设计、生产经营和质量监控等方面更为认可西方的标准,中国企业进入沙特市场还要面对新标准的挑战。为了提高自身竞争力,中国企业与供应链合作伙伴创建了一种高度集成的商业模式,从融资、工程设计、项目建设、运营管理到设备供应展开全产业链的协调与合作。正如专栏1所示,其他模式还包括中央企业与地方企业的战略联盟,以及政府牵头组织中国企业在项目国建设中国工业园区。⑤ 中国企

---

① Saudi Gulf Projects, "Saudi Electricity Company Awards $2.5 billion Smart Meters Project", December 16, 2019, Accessed February 22, 2021, https://www.saudigulfprojects.com/2019/12/saudi-electricity-company-awards-2-5-billion-smart-meters-project/.
② MEED, "PPP progress for Saudi Arabia", August 25, 2020, Accessed February 22, 2021, https://www.meed.com/saudi-ppp-and-privatisation-progress-and-prospects.
③ Cross, Yvonne, "Public Private Partnerships and the New Economy: the changing face of the Saudi infrastructure market", April 16, 2018, Accessed February 22, 2021, https://www.ashurst.com/en/news-and-insights/insights/public-private-partnerships-and-the-new-economy/.
④ Energy Utilities, "Acwa Power Selected as Preferred Bidder for Red Sea Utilities PPP Scheme", September 16, 2020, https://energy-utilities.com/acwa-power-selected-as-preferred-bidder-for-red-news084860.html.
⑤ MOFCOM and China International Project Contracting Association, Annual Report on China International Project Contracting 2018-2019, 2020.

业也逐渐开始寻求与第三方企业的合作,借助于他们的专业经验来提高中国企业的管理能力和项目的长期盈利能力。①

政府的大力支持和商业联盟的形成推动了沙特5G生态系统的迅速发展。其中,中国电信巨头华为公司在沙特的数字化转型过程中表现尤为突出。在过去三年期间,综合电信公司、沙特电信和沙特领先的电信服务提供商ZAIN SKA 都与华为建立了密切合作,深化无线网络现代化和5G网络建设进程,大大提高了沙特的数字化基础设施连接。华为的智慧城市解决方案已经在全球40多个国家上百个城市成功应用。自从2016年华为在沙特延布实施第一个智慧城市项目以来,其与沙特投资公司巴迪克、智慧城市解决方案公司和沙特铁路公司的合作不断深化,将智慧交通、智慧停车、智能家居等解决方案逐步推向沙特全国。② 此外,华为还参与了NEOM创新中心的建设以及沙特油气产业的数字化转型。③ 华为与沙特政府机构的合作,包括沙特数据与人工智能管理局和通信及资讯科技委员会,进一步扩大了华为在沙特人工智能科技发展和信息通信技术人才培养中的积极作用。④

(四) 石油化工产业链的整合

提高石化产业的价值与竞争力是沙特经济转型的重要组成部分。沙特的"石化技术战略规划"综合了技术开发、本地化生产和技术转化等方面的重要力量。沙特"国家产业聚集发展计划"中一个重要板块就是打造石化产业核心竞争力,加强石化产业与汽车制造、生物制药和能源产业的关联。同时,沙特国家石油公司(沙特阿美)收购沙特基础工业公司(沙比克)进一步推动了从原油到化学品全综合产业链的形成,这无疑是沙特实施国家战略的重要举措。

---

① The Economist Corporate Network,"BRI beyond 2020: Embracing New Routes and Opportunities Along the Belt and Road", November 2019, Accessed February 20, 2021, https://www.bakermckenzie.com/-/media/files/insight/publications/2019/11/bri-beyond-2020.pdf?la=en
② Arab News, Huawei Strikes Saudi Smart Cities Deal with Batic, July 1,2020, Accessed February 22,2021. https://www.arabnews.com/node/1697971/business-economy.
③ Arab News, "Aramco, STC & Huawei to study 5G uses in oil & gas", January 13,2021, Accessed February 22,2021, https://www.arabnews.com/node/1801166/corporate-news.
④ Reuters, "Saudi Arabia Signs MOUs with IBM, Alibaba and Huawei on AI", October 22,2020, Accessed February 22, 2021, https://www.reuters.com/article/us-saudi-tech/saudi-arabia-signs-mous-with-ibm-alibaba-and-huawei-on-ai-idUKKBN2771LN.

中国石化市场需求的持续增长推动了沙特与中国企业的合资合作。沙特在中国的第一个项目是沙特阿美参与投资的一个炼油与石化一体化生产的工厂——福建炼油化工有限公司，由沙特提供生产用油。2019年，沙特先后与荣盛石化、巨化集团、桐昆集团以及浙江能源建立了合作关系，进一步加强了沙特阿美在中国油气下游市场的业务布局。沙比克与中石化在天津的合资企业又扩建了一个新的化工生产项目，预计将于2021年正式开始运营。随着更多的合资合作项目在福建、云南、宁夏、浙江和辽宁开展，到2025年，沙特在中国投资的石化项目总金额预计可达350亿美元，总产能可达2170万吨。

虽然中国企业在沙特市场的投资表现远远比不上沙特在中国的投资力度，但中国企业在沙特的投资也是处于增长态势。沙特阿美与中石化在沙特建立的第一个合资企业——延布阿美-中石化炼厂，于2016年1月正式运营。广州泛亚聚酯有限公司正在沙特吉赞省投资建设一个聚酯综合生产项目，总投资额为38亿美元。项目完工投产后，将会是中国在沙特独资的第一个石化项目。到2025年，中国在沙特投资的石化项目总金额预计将达到125亿美元，总产能达500万吨。

中沙两国优势互补，可在石化价值链上开展更为深入的合作。双方通过提高上游原料灵活性，加强供应链保障，拓宽产品组合，可以增强两国石化产业对当前和未来市场变动的应对能力。石化产业长期发展的动力来自技术创新，对电子化学品、高端膜材料和可降解材料等高端产品的研究投入可以获取更高的利润空间。[1] 新技术新工艺的开发日益得到政府的重视，而这些新技术的应用也可以提高石化产业的环境可持续性。在极富挑战的市场环境下，中沙两国在综合数字解决方案、信息管理和战略规划等方面的合作，有助于提高石化产业的灵敏度和可选性。

海合会-中国自由贸易协定的达成也可以进一步推动监管趋同与贸易自由化，重建全球贸易与投资合作的信心。降低中国对海合会产品的进口关税和非关税壁垒可以改善海合会石化企业的财务表现，提高其投资潜力。同样的措施也可以扩大海合会国家从中国进口下游石化产品，从而使中国经济受益。[2]

---

[1] KAPSARC, "The Future of the Petrochemicals Industry and Sino-Saudi Cooperation", December 2020, KAPSARC Workshop Brief. Doi: 10.30573/KS-2020-WB12.

[2] KAPSARC, "The Future of the Petrochemicals Industry and Sino-Saudi Cooperation", December 2020, KAPSARC Workshop Brief. Doi: 10.30573/KS-2020-WB12.

专栏1　沙特吉赞中国工业园

吉赞上下游产业城项目是中国"一带一路"倡议和沙特"2030愿景"战略伙伴关系的一部分，是专为中国投资者规划的一个特殊发展区域。

2016年，朱拜勒和延布皇家委员会、沙特阿美，以及广东省、宁夏自治区达成共识，在吉赞产业城成立一个合资企业——沙特丝绸之路工业服务有限公司。该合资企业负责吸引中国投资，并在特定的发展区域内为相关企业提供产业服务。该区域拥有指定工业用途土地30平方千米，住宅用土地为2平方千米。该工业园的设计旨在将广东和宁夏两省的技术、制造产能和投资资源引入沙特的工业化进程。吉赞地处战略要地，拥有连接欧洲、非洲和中东市场的地理优势。沙特丝绸之路工业服务有限公司计划在园区内开发建设电力设备、石化产品、汽车零部件、食品加工以及重工业等工业产能。

中国聚酯瓶三大供应商之一，广州泛亚聚酯有限公司在吉赞投资38亿美元成立一个聚酯制造公司，这是发展吉赞下游产业项目的第一步。2017年3月，朱拜勒和延布皇家委员会与广州泛亚聚酯有限公司签署协议，为吉赞石化厂划定了工业用土地，并由沙特工业发展基金提供资金支持。

二、碳循环经济下的新机遇

各国政府应对气候变化的行动日益加强，城市与企业的自愿行动也在不断扩大，这些都对政策法规、企业决策和资金流向带来了前所未有的变化。至2021年初，占全球碳排放量65%以上、全球经济总量70%以上的国家都做出了碳中和承诺。[1] 欧盟、日本、韩国以及其他110个国家承诺在2050年实现碳中和。中国承诺在2030年前达到碳排放高峰，在2060年前实现碳中和。

在2020年G20峰会上，沙特提出"碳循环经济"的框架，旨在加强碳排放控制的情况下推动经济可持续发展。这项提案于2020年11月得到G20各国领导人的批准。该提案主要内容为4个"R"。[2]

（1）Reduce：推行能效措施、可再生能源以及核能的广泛应用，减少碳排放。

---

[1] UN, "The Race to Zero Emissions, and Why the World Depends on it", December 2, 2020, Accessed February 22, 2021, https://news.un.org/en/story/2020/12/1078612.

[2] KAPSARC, "CCE Guide Overview: A Guide to the Circular Carbon Economy (CCE)", August 2020, https://www.cceguide.org/guide/.

（2）Reuse：通过碳捕捉和碳转化技术，将碳变为工业产品原料，或者将碳注入油气田以提高开采产能，实现碳的再利用。

（3）Recycle：通过生物能和碳在土地、森林和海洋中的自然沉降，实现碳的自然循环。

（4）Remove：通过地质或化学的方法进行碳的捕获和储存，实现碳的消除。

在气候变化行动对全球经济发展的影响越来越显著的环境下，中沙合作的内容也会发生相应变化。2021年2月，中国发布了《关于加快建立健全绿色低碳循环发展经济体系的指导意见》。该文件的发布表明了中国在全力推进绿色环保技术在国内应用的同时，也会把气候变化作为未来贸易和海外投资的一个重要考虑。这一发展趋势会改变中沙合作的内容范围，增强双方在碳循环经济框架下合作的可能性。

（一）优先投资可再生能源

可再生能源是沙特实现"2030愿景"长期经济发展目标不可分割的一个部分。在提高政府整体办公效率和企业参与透明度的改革过程中，沙特政府在可再生能源发展的制度建设和市场监管方面也取得了重大进展。不仅明确了各政府主管部门的职责和工作范围，还为私人投资者提供了一系列的激励措施。沙特政府建立的可再生能源资源地图为可再生能源项目的选址、设计和研究提供了支持。政府建立的另外一个公共数据库汇集了100多家可再生能源行业当地公司的信息，以促进私人企业对可再生能源项目的参与，推动沙特本土企业和国际开发商的合作。

2020年，沙特能源部长阿卜杜勒·阿齐兹·本·萨勒曼亲王宣布，2030年沙特50%的电力需求将由可再生能源供应。[1] 按照这个计划，沙特至少要建立35个可再生能源发电园以及配套的设备和技术生产基地。在海合会区域电网现有基础设施的支持下，沙特蓬勃发展的可再生能源电力还可以出口至中东和北非地区市场。海合会电力互联监管局正在与相关国家协商将海合会区域电网延伸至伊朗、约旦和埃及。[2]

---

[1] Saudi Gazette, "Saudi Arabia Aims to Produce World's Lowest-cost Electricity", June 27, 2020, Accessed February 22, 2021, https://saudigazette.com.sa/article/594786.

[2] Abdel Aziz Aluwaisheg, "The Benefits of Saudi Arabia's Renewable Energy Push", *Arab News*, June 29, 2020, Accessed February 22, 2021, https://www.arabnews.com/node/1697306.

沙特发展可再生能源的宏伟计划掀起了中国企业参与沙特项目的新浪潮。作为专门为推动"一带一路"重大项目投资而成立的中国国有基金——中国丝路基金于2020年正式成为ACWA的股东之一,在其可再生能源子公司拥有49%的股份。[1] 同年,沙特公共投资基金将其在ACWA的股份提高至50%。[2] 作为沙特领先的电力与水务项目开发、投资以及运营商,ACWA公司的成功也离不开与中国企业的密切合作。ACWA公司与中国银行、上海电力、华为、中国能建、中国电力建设以及中国葛洲坝集团公司都有着广泛的合作。这些合作加强了ACWA公司的技术和融资能力,为其拓展中东与北非地区、非洲、亚洲和中亚市场的新机遇提供了支持。[3] 萨卡卡光伏项目在沙特的成功建设和运营就是案例之一(专栏2)。

可再生能源的规模化发展离不开本地能力的打造。中国的风能和太阳能装机位居全球首位,中国也是全球投资可再生能源金额最高的国家。2020年,全球十大太阳能电池制造商中有七家是中国的公司,全球十大风力发电机制造商中有六家是中国的公司。从科技发展到大范围的可再生能源部署,中国在整个可再生能源投资供应链设立了一系列的国内激励机制,并且对"一带一路"沿线地区带来了外溢效应。中沙双方可以从开发可再生能源市场到建立沙特国内地方产业,从而深化两国之间的合作。除了进行经济与技术合作大规模开发可再生能源,中沙合作还可以延展到以下方面:可再生能源开发激励机制的经验和知识分享,为当地发展能力建设提供培训和技术转让,联合为当地市场量身打造技术和解决方案。[4]

---

[1] ACWA Power, "ACWA Power and Silk Road Fund Announce the Completion of Partnership Over ACWA Power Renewable Energy Holding LTD", May 10, 2020, Accessed February 22, 2021, https://www.acwapower.com/news/acwa-power-and-silk-road-fund-announce-the-completion-of-partnership-over-acwa-power-renewable-energy-holding-ltd/.

[2] ACWA Power, "The Public Investment Fund Announces Increases in State in ACWA Power", November 30, 2020, Accessed February 22, 2021, https://www.acwapower.com/news/the-public-investment-fund-announces-increase-in-stake-in-acwa-power/.

[3] ACWA Power, "ACWA Power Signs Strategic Agreements with Three Chinese entities During the Second Belt and Road Forum", April 29, 2019, Accessed February 22, 2021, https://www.acwapower.com/news/acwa-power-signs-strategic-agreements-with-three-chinese-entities-during-the-second-belt-and-road-forum/.

[4] KAPSARC, Policy and Economic Frameworks to Deepen Sino-Saudi Cooperation, February, 2020, KAPSARC Workshop Brief, Doi: 10.30573/KS - 2020 - WB04.

专栏2　沙特萨卡卡光伏项目

萨卡卡光伏电厂是沙特第一个规模化可再生能源项目，总投资额为3.29亿美元，总装机容量为300 MW。这也是沙特国家可再生能源项目开发办公室在国家可再生能源计划下执行的第一个项目。

ACWA公司组建的投标体对这个项目确定的投标电价为0.0234美元/千瓦时，创造了2018年世界太阳能发电项目最低电价纪录。ACWA公司（70%）和AIgIHAZ公司（30%）合资成立的萨卡卡太阳能公司与沙特国家电力公司签署了为期25年的购电协议。Mahindra Susten和浙江正泰太阳能集团组建的联合体负责太阳能电厂的设计、采购和施工。Mahindra Susten是一家总部位于印度的太阳能设计、采购与施工服务公司，而浙江正泰太阳能是一家总部位于中国的太阳能光伏组件制造商。中国华为公司获得了FusionSolar 1500 V智能光伏解决方案以及多MPPT串式逆变器的供货合同。Diaa Sakaka运营与维护公司获得了该项目的运营与维护合同。

ACWA于2019年12月宣布该项目已经完成建设并与国家电网顺利连接。该项目在第一年运营期内就实现了100%的本地就业率，其中90%的劳动力来自朱夫地区（Al Jouf）的年轻人。此外，萨卡卡光伏电厂在建设和开发阶段签署的合同中有30%都授予了本地公司。

（二）能效提升收益显著

过去几十年中，中国在降低能源强度方面取得了令世界瞩目的成绩。这一方面是因为高附加值和高科技产业的持续发展以及中国在国际贸易和国际产业链中的重要作用，推动了产业价值总量的不断提升。另一方面，中国全面系统地开展能源效率提升行动，也为能源强度的降低做出了重要的贡献。在能效行动实施的早期阶段，政府以设定能效目标，推广节能技术和制定能效标准为工作重点。随着各级政府机构和市场参与主体能力的逐步增强，能效政策的重心转向能源管理体系的建立和市场化机制的推广利用。[①] 市场化的机制包括深化各个领域的能源价格改革、建立能效服务市场和碳排放交易体系。2006年以来中国开始实施的分部门分行业强制性节能目标设定及监管。政策

---

① Chen Dongmei, Guanyun Fu, Nicholas Howarth, Alessandro Lanza, and Padu S. Padmanabhan, "Toward Economic Prosperity Through Industrial Energy Productivity Improvement", February, 2018, KAPSARC Discussion Paper, Doi: 10.30573/KS-2018-DP28.

则对能源消耗产生了长期下行压力。得益于这些能效措施的设计与实施,中国才能够成为全球最大的能源效率投资国和能源效率服务市场。

沙特在推动国家经济多元化、降低对石油依赖的同时,也要满足不断增长的人口的需求,因此建筑、工业和运输部门的能源强度都在不断增加。在2003—2006年期间,第一个"国家能源效率计划"正式实施,其工作重点是提高沙特电力生产和消费的管理和效率。自2010年"沙特能源效率中心"成立以来,国家能源效率政策的设计和实施能力得到加强,跨部门的协调也更为有效。2012年,沙特能源效率中心制订了沙特能源效率计划,能源效率政策从制定家用电器的最低能效标准,强制实施新建筑外墙保温以及开展能源管理师培训,迅速扩展到为石化、水泥和钢铁等高能耗行业制定更具激励性的节能目标。这些能效措施从2010年起对能源消耗产生了下行压力。[1] 2016年以来持续进行的能源价格改革进一步提高了沙特的能源利用效率。所有这些措施使得沙特的碳排放在2018年达到历史最低水平,与前一年相比下降了3.4%。[2]

虽然沙特和中国在经济规模和能源结构等方面各有不同,但相同的是高耗能行业都在能源消费中占很大比重。能效政策的实施可以帮助推进经济多元化的进程和发展低碳竞争力。例如,中国的经验表明,合适的能效政策框架可以推动并培养一个全新的能源产业市场,能源服务公司、能效融资机构以及能源信息和管理都是这个市场的重要构成。沙特与中国之间的合作可以促进能效政策最佳实践的学习,尤其是在以下领域:[3]

● 如何利用行政、金融和技术等措施来支持高耗能企业的能力建设和节能技术的应用?

● 如何通过能效的提高和新知识的创造来推动高价值产业的发展?

● 如何提高地方监管方法与区域(海湾合作委员会国家)和全球标准的一致性,以减少沙特能源转型过程中对基础设施和新技术投资的风险?

---

[1] Shahad Alarenan, Anwar A. Gasim, Lester C. Hunt, "Modeling Industrial Energy Demand in Saudi Arabia and Understanding Its Drivers", July 2019, *KAPSARC discussion paper*.

[2] Baltasar Manzano, Rolando Fuentes and Nicholas Howarth, "How Does Saudi Arabia's Recent Energy Performance Compare with Other G20 Countries?", July 29, 2019, *KAPSARC Instant Insight*.

[3] KAPSARC, "Fostering Joint Leadership on Energy Productivity Transitions in Saudi Arabia and China", July 2018, *KAPSARC Workshop Brief*, Doi: 10.30573/KS-2018-WB18.

(三) 扩大碳捕获与储存技术的应用

碳循环经济的一个重要理念就是将二氧化碳用于燃料、化学品和材料的生产过程,而碳去除是整个过程形成闭环的重要构成。很显然,在难以减碳的行业必须要大规模采用碳捕获和碳储存技术。全球共有 21 座碳捕获与碳储存商业设施,每年总储存能力达 4 000 万吨二氧化碳。此外,还有 3 座设施正在建设中,16 座处于开发末期阶段,约 20 座处于开发早期阶段。[1] 推动碳捕获与碳储存技术的快速规模化应用,以实现全球气候目标仍面临着巨大的技术和经济挑战。政府的政策激励和法规支持对于克服这些挑战至关重要。

沙特在碳排放管理方面制订了全面的计划。沙比克公司设定的目标是到 2025 年其温室气体排放强度比 2010 年降低 25%,材料损失强度比 2010 年降低 50%。沙比克建立的世界上最大的碳捕获与利用工厂已于 2015 年正式投入运营。在该项目中,每年从乙二醇生产过程中捕获的碳大约为 50 万吨,被广泛应用于尿素、甲醇和液化二氧化碳的生产。[2] 为了测试碳储存技术对油气采收率的影响,沙特阿美公司在 Uthmaniyah 油田开展了第一个示范项目。该项目从 Hawiyah 煤气厂捕获二氧化碳,每年约 80 万吨二氧化碳,将其输送注入油田。自 2015 年首次注入二氧化碳以来,四口井的产油率翻了一番。除此之外,沙特在汽车和卡车领域也进行了碳捕获与储存技术的测试。该技术的最新发展是可以捕获车辆尾气中 25% 的二氧化碳。二氧化碳转化技术也可用于聚酯生产线,用于生产黏合剂、保温材料、食品包装、密封胶和弹性体等,为居民消费和工业应用提供高价值的化学品和材料。[3]

过去的十几年间,通过政府支持的研究和示范计划,中国在碳捕获和碳储存技术方面取得了巨大进步。在六个正在运营的示范项目中,有五个应用于提高石油采集率,每年捕获二氧化碳总量达 76 万吨。中国目前为止最大的碳捕获与碳储存项目已于 2021 年 2 月完成建设。一旦投入运行,该项目每年可从陕西省一家燃煤电厂捕获 15 万吨二氧化碳。2001 年至 2012 年,中国对碳捕获与碳储存技术的地质储存容量开展了持续的研究评估。这些项目的并展

---

[1] Global CCS Institute, 2020, "Remove: Carbon Capture and Storage", August. Accessed February 23, 2021, https://www.ccsguide.org/guide/.

[2] Sabic, "Creating the World's Largest Carbon Capture and Utilization Plant", 2021, Accessed February 24, 2021, https://www.sabic.com/en/newsandmedia/stories/our-world/creating-the-worlds-largest-carbon-capture-and-utilization-plant.

[3] Aramco, "Carbon Capture, Utilization & Storage", 2020, Accessed February 21, 2021, https://www.aramco.com/en/making-a-difference/planet/carbon-capture-utilization-and-storage.

对验证碳捕获与碳储存的技术可行性和应用成本提供了重要支撑。① 中国对二氧化碳的利用研究也从提高油气采收率，培育生物燃料或生物肥料的藻类，发展到生产可生物降解的塑料。只有通过大规模应用提高其技术可行性和经济吸引力，碳捕获与碳储存技术才能为中国实现碳中和目标做出实质性贡献。

在交流分享政策激励和技术应用最佳实践的基础上，中沙两国在碳捕获与碳储存领域的合作可以促进跨境公私合作伙伴关系的形成，扩展碳捕获与碳储存项目的融资渠道。双方还可以合作探索建立碳储存信用额，并推动其在范围更广的碳交易系统中的应用。碳储存信用额的应用可以给化石燃料的生产贴上标签，表明生产的燃料中所包含的碳有一部分或全部都通过碳储存得以抵消。给碳储存信用额定价也可以进一步提高碳捕获与碳储存技术的商业化进程，推动该技术的规模化应用。② 此外，新技术的开发将进一步推动二氧化碳的转化利用，将二氧化碳应用于燃料、化学品和建筑材料的生产会具有广阔的发展前景。

（四）氢能供应链合作

近年来，氢能的发展受到了前所未有的关注。澳大利亚、德国、日本、韩国和荷兰等国都已将氢能发展纳入国家战略考虑。氢能的生产过程中结合碳捕获与碳储存技术，水电解所用电能由低碳电力提供，以及采用生物质能或热化学水分解法等低碳技术，可以使氢能的利用成为建设清洁能源系统的一个重要构成。③

沙特可再生能源开发的成本优势可以成为其扩大绿氢生产和出口的支撑。2020年8月，沙特宣布要在未来新城（Neom）建立由4吉瓦可再生能源电力供能的绿氢项目。这个项目投资总额达50亿美元，迈出了极具历史性的一大步，是将未来新城打造成全球可再生能源和绿氢中心的重要行动之一。2020年9月，沙特阿美公司宣布已从沙特向日本运送了第一批蓝氢——40吨高等级氨，以用于日本的零碳发电项目。沙特阿美公司与日本三菱公司的合作覆盖整个供应链，包括碳捕获，将碳氢化合物转化为氢再制成氨，以及用于

---

① Yang Xiaoliang, Wolfgang Heidug and Douglas Cooke, *Policy Lessons From China's CCS Experience*, KAPSARC Discussion Paper, Doi：10.30573/KS-2018-DP37.
② KAPSARC, "Paris Agreement CCS Policy and Mechanisms", 2019, *KAPSARC Workshop Brief*, Doi：10.30573/KS-2019-WB27.
③ IEA, "Cross-cutting：Hydrogen", August 2020, https://www.cceguide.org/guide/.

运输氨的港口。①

中国是世界上最大的氢能生产国。2019年全球氢能生产总量达7000万吨,其中中国的生产量超过2100万吨。根据《中国氢和燃料电池行业白皮书》,到2050年中国氢能总需求将达到6000万吨,其中交通用氢占40%,工业用氢占56%。届时,将有500万辆燃料电池汽车投入运行,并建造1万个加氢站。② 2020年11月国务院颁布的《新能源汽车发展计划》(2021—2035)。已经不再提及油基汽车的节能改进,战略重心已经完全集中在电动汽车、燃料电池汽车技术及相关基础设施的建设上。中国有十多个省份宣布了自己的氢能产业发展计划。③ 中国的氢能产业集群已经在五个区域初具规模,技术研发与市场布局各有侧重。但是,中国目前的氢气主要是通过工业副产气和煤气化生产的,推动绿氢的生产以及在化石燃料制氢路线中推广碳捕获与碳储存的应用,对实现中国的碳中和目标也至关重要。

实现低碳未来,提高氢能开发经济潜力,还需要克服一些重大障碍。只有氢能技术得到规模化利用才有可能降低总体成本。电解制氢的效率和成本在很大程度上决定了绿氢的成本,而碳捕获技术的发展会直接影响蓝氢的成本。④ 氢能的存储和运输环节会消耗很高的能源。促进氢能在工业和运输部门的使用,还需要大量的资金投入以建设相关的基础设施。中沙两国合作可以加速氢能的规模化应用及国际贸易。具体合作领域包括通过供应链整合降低生产和应用成本,统一绿氢规模化应用的标准,完善二氧化碳核查和验证的方法学。

三、总结

在过去七年之中,中国的"一带一路"不断吸纳新的伙伴关系,项目活动的

---

① Arab News, "World Energy Supply Must Be Sustainable, Says Aramco Officer", November 18, 2020, Accessed February 23, 2021, https://www.arabnews.com/node/1764706/business-economy.

② China Hydrogen Alliance, *China Hydrogen and Fuel Cell Industry White Paper*, July 2019, Accessed February 23, 2021, http://www.h2cn.org/Uploads/File/2019/07/25/u5d396adeac15e.pdf.

③ Development Research Center (DRC), "Fastening the Development of Hydrogen Industry for Achieving Carbon Neutrality Target", January 19, 2021, Accessed February 23, 2021, https://www.drc.gov.cn/DocView.aspx?chnid=379&leafid=1338&docid=2902509.

④ Hatem Alatawi, and Abdulelah Darandary, "The Saudi Move into Hydrogen: A Paradigm Shift", *KAPSARC Instant Insight*, December 22, 2020.

范围也逐渐拓宽。项目实施过程中积累的经验和教训也在改变"一带一路"的实践,使其愈来愈趋于国际公认的方法和标准。为了降低在环境影响、债务可持续性、项目透明度和公众参与度等方面的风险,中国政府已经着手对"一带一路"的治理结构和实践操作进行调整。① 2017年多边开发融资合作中心的成立,表明"一带一路"倡议已经朝着多边化的方向迈出了重要一步。2017年至2020年间,中国政府和相关机构更是颁布了一系列引导"一带一路"融资、投资和绿色发展的指南文件。这些都对中国企业在"一带一路"沿线区域的项目活动提出了更高的要求和更为严格的监管。

沙特的国家稳定、社会开放和经济持续发展也为"一带一路"的投资和项目实施提供了至关重要的保障。在"2030愿景"指引下,沙特政府在推进经济和社会改革方面取得重大进展。资本市场和银行体系的发展、监管体系的不断完善以及各种服务的数字化,这些都极大地改善了商业运营环境。但是,在抓住沙特市场发展的机遇与潜力的同时,中国投资者和企业需要管理应对日益增加的合规成本,包括增值税提升和沙化政策强制全面实施等带来的挑战。中国企业在制定整体业务规划的时候还需充分考虑沙特本地化生产和本地能力建设的要求,只有加强与本地经济的充分融合,才能实现"一带一路"项目的可持续繁荣。

中沙双边关系的深化发展符合两国共同利益的需求,中国的"一带一路"倡议与沙特的"2030愿景"优势互补。中国以经济和发展为基础的合作模式极具吸引力,对沙特发展多元化可持续的经济战略是一个重要支撑。② 中沙合作已经从传统产业和基础设施建设扩展到了新兴产业,还可以加强政策协调,在金融、新技术、物流和旅游业等领域仍有很大的合作空间。③ 在后疫情时代,基于5G的智慧城市和智能新产业解决方案日益凸显其重要性。出行方式和消费者行为的改变对基础设施的建设也会产生重大影响。④ 对此,中沙已经开始

---

① John Calabrese, "China's Maritime Silk Road and the Middle East: Tacking Against the Wind", May 19, 2020, https://www.mei.edu/publications/chinas-maritime-silk-road-and-middle-east-tacking-against-wind.

② Mercy Kuo, "China and Saudi Arabia: The Global Ambitions of Mohammad bin Salman", *The Diplomat*, 2019, https://thediplomat.com/2019/03/china-and-saudi-arabia-the-global-ambitions-of-mohammad-bin-salman/.

③ Mordechai Chaziza, "Geopolitical and Geoeconomic Challenges to China's Silk Road Strategy in the Middle East", June 9, 2020, https://www.mei.edu/publications/geopolitical-and-geoeconomic-challenges-chinas-silk-road-strategy-middle-east.

④ The Economist Corporate Network, "BRI Beyond 2020: Partnership for Progress and Sustainability Along the Belt and Road", 2020.

加强合作，协力构建数字基础设施，推广数字技术在更广泛经济领域的应用。这一生态系统的核心是建立灵活安全的金融系统以及发展极具竞争力的物流产业，这很可能会成为中沙双方合作的下一个风口。

全球对气候变化的认识逐渐深入，各国统一行动也在加强，这一环境变化也会影响中沙两国在投资和项目层面的合作。能源仍然是中沙合作的基石，但可再生能源和能效领域的合作会成为双方实现低碳目标的首要选择。碳循环经济的概念框架也为难以减排的行业提供了去碳的解决方案。在碳捕获与碳储存技术和氢能领域的合作可以创造新的跨国价值链，对工业选址、产业集群和产业链会形成一连串的影响。此外，中沙两国在石化产业链上的融合可以帮助双方超越零和博弈，降低市场结构性变化带来的风险。

全球和区域地缘政治的变化和调整会对中沙合作伙伴关系的发展产生一定的不确定性。其中，中美关系的持续紧张对中沙合作的影响最大。几十年来，美国一直是海合会的战略盟友。中国在贸易、投资和产业发展方面与海湾地区的合作日渐密切，在这一区域的重要性也在上升。中美紧张局势的升级会削弱双方在投资和供应链上的彼此依赖，导致各自会将一部分对外投资和经济合作活动转向海湾地区。也有可能会导致双方在海湾地区的竞争加剧。[1] 中美关系的变化在多大程度上会影响中沙合作，还有待观察。但是有一点很清楚，中沙两国建立的合作框架制度将继续发挥重要作用，会减少在实施"一带一路"倡议过程中可能遇到的政治风险和不确定性。[2]

---

[1] Dongmei Chen, "The Impact of the US-China Trade Dispute on the GCC", September 1, 2020, KAPSARC instant insight.
[2] Muhammad Zulfikar Rakhmat, "InstitutionalsingInstitutionalizing China's Relations with the Gulf", April 15, 2019, Accessed February 20, 2021, https://intpolicydigest.org/institutionalising-china-s-relations-with-the-gulf/.

R9 "一带一路"倡议的埃及视角

[埃及]黄马瀚[①]

【摘要】中国已经取得了重要的经济成就,经济规模仅次于美国,成为世界第二大经济体。中国正在利用自己的软实力努力扩大对外影响力。在此背景下,中国国家主席习近平提出了"一带一路"倡议,这是世界上最雄心勃勃的发展计划之一。中国共产党第十九次全国代表大会确认,这一倡议是一个世纪工程,已被置于中国内外政策的核心。基于此,本文从作者的域外视角分析了中国"一带一路"倡议的战略目标,包括作为发起方的中国目标和作为响应方的参与国的目标。作为来自埃及的学者,作者提供了埃及视角下"一带一路"倡议面对的主要挑战和风险,并重点介绍了埃及学者对"一带一路"的看法和担忧,最后提出了对中国和埃及的政策建议。

【关键词】"一带一路";埃及;投资项目;地缘政治

一、什么是"一带一路"倡议?

(一)倡议的起源

中国"一带一路"倡议是古老丝绸之路的复兴。古代丝绸之路可以追溯到公元前2世纪,它在东方的起点是中国。

1877年,德国旅行家和地理学家费迪南德·弗莱厄尔·冯·李希霍芬(Ferdinand Freiherr Von Richthofen)第一个使用"丝绸之路"这个词来描述(汉朝)生产的中国丝绸输往欧洲的路线。贸易走廊并不局限于道路,不仅有

---

① 黄马瀚(Mohamea Hasson),上海外国语大学的埃及研究员。他主修中国问题研究,主要关注中国与中东北非国家之间的能源安全问题。他于2012年在埃及亚历山大大学获得公法专业学士学位,并于2017年移居中国继续学业。现为华东政法大学国际贸易法专业硕士研究生。

陆路,还有一条海上走廊连接中国与亚洲和非洲地区。

丝绸之路对许多古代文明的繁荣产生过巨大影响,如中国、印度、埃及文明等。丝绸之路沿线居民见证了科学、艺术、文学和宗教的交流和传播。然而,由于多种因素,如闭关政策,(明朝)在中国实行了锁国政策,加之地理大发现后其他海上航线的开通,与丝绸之路相关的活动逐渐消退。

中国国家主席习近平再次复活了古代丝绸之路的构想。2013年9月在访问哈萨克斯坦时,他宣布创建新的经济带。一个月后,在访问印度尼西亚期间,他批准创立"21世纪海上丝绸之路"。这两个项目被称为"一带一路",后来英文名字被改成"中国的带路倡议",因为中国政府认为"一"这个字容易引起误解。这个倡议后被写入《中国共产党章程》,使其更具政治分量,也加大了成功推动的力度。这表明,即使国家主席习近平任期届满,中国也有强烈的政治意愿落实这个项目。

"一带一路"倡议是一个长期项目,它将持续到2050年,即中华人民共和国成立一百周年之际。这并不是史无前例的项目,此前就有很多类似的提法,如前国家主席江泽民1999年启动了旨在促进中国在海外投资的"走出去"政策。但是中国的"一带一路"倡议更宏大、更雄心勃勃,因为它提出时,中国拥有了更强大的金融和外交等能力来支持这一倡议。

(二)倡议的内容

"一带一路"倡议一方面包括连接中国和欧洲的海上航线,另一方面包括陆上经济带,这是一个旨在连接亚非欧三大洲的陆路网络,陆路带包括六条走廊,它们是:(1)新的亚欧大陆桥,从中国西部延伸到俄罗斯西部;(2)中蒙俄走廊,从中国北部延伸到俄罗斯东部;(3)中国—中亚—西亚走廊,从中国西部延伸到土耳其;(4)中国—印度半岛走廊,从中国南部延伸到新加坡;(5)中巴走廊,从中国西南部延伸到巴基斯坦;(6)孟中印缅走廊,从中国南部延伸到印度。

应该指出的是,项目内的走廊没有框定,自启动以来,无论是从覆盖区域还是涉及行业都在不断扩大。地理范围随着愿意加入的国家的增加而扩大,最新宣布的一条走廊是2018年1月公布的极地丝绸之路。在2018年1月19日至22日举行的中国与拉丁美洲和加勒比国家集团会议期间,智利和玻利维亚等拉美国家也表示希望加入。

"一带一路"倡议也规划要沿着横跨各国的走廊建立一个基础设施网络,

具体包括：
- 在交通方面,建设公路、铁路、港口和机场。
- 在能源方面,铺设石油和天然气管道,如在中国和俄罗斯之间建一条石油管道和一条天然气管道,在中国和哈萨克斯坦之间建一条天然气管道,等等。
- 在通信方面,建设先进的电子基础设施网络,如光缆和移动电话网络。
- 设立工业特区。

二、"一带一路"倡议背后的目标

中国方面强调这一倡议旨在加强经济合作和资源有效配置。它还寻求扩大各国市场之间的整合,从而实现经济发展,惠及所有参与国。有关目标特介绍如下。

(一) 中国的目标

促使中国不顾高昂成本推出这一倡议的最重要动机和原因,可以概括为以下几点:

其一,提高中国出口。这被认为是该倡议的主要目标之一,因为中国的出口在 2013 年至 2016 年第三季度期间有所下降,这一倡议预计将加快生产步伐,为中国企业开辟新的市场。例如,作为中国经济增长和就业的引擎之一,建设 2 万千米的铁路预计将在这一倡议的框架内完成,这将有助于为中国的钢铁生产寻找销路。而且,这一倡议在中国建筑业放缓的情况下也很重要,这为中国建筑企业在海外投资打开了市场。此外,该倡议还将发展数字产业,加强中国企业在通信技术领域的活动,增加在全球电子商务领域的市场份额。特别是该倡议能为参与的国家提供贸易增长的巨大机会。华为和中兴等中国电信公司在这些国家的通信和信息网络建设中发挥着举足轻重的作用。例如,华为与巴基斯坦政府签署了一项协议,2017 年开始建设连接巴基斯坦、吉布提和肯尼亚的光缆,名为巴基斯坦—东非电缆快线。

其二,缩短货物运输时间。通过将在该倡议框架内新建立的走廊和基础设施,中国货物运往欧盟(中国最大的贸易伙伴)市场的时间将缩短。例如,在中国上海和荷兰鹿特丹之间,通过海运运输货物需要至少一个月的时间,而通过铁路运输只需要 3 周,卡车运输仅需要 15 天。所以,中国领导人的目标是缩短运输时间,如在中国东部省份与波兰之间建一条直达铁路线,这样货物运输平均需要16天,可以比海路少3周。通过极地丝绸之路航行到欧洲,将比穿越苏伊士运河的传统路线少走20天的时间。开辟新的路线也能减轻中国老港口和铁路的压力。

其三,确保能源供应。中国是世界上第一大燃料进口国。为此,中国正试图使供应多元化,减少对海湾国家和非洲能源的依赖。中国在2014年5月与俄罗斯签署了一份价值4000亿美元的天然气供应合同,企业投资相应翻了一番,此外,中国国家能源企业在中亚建设了中哈输油管道和中土天然气管道。

中国还希望能源运输距离更近、更安全,以减少对海上运输走廊的依赖,因为它认为海上运输走廊不够安全,原因有两个:

- 海盗:广泛存在于马六甲海峡、霍尔木兹海峡、亚丁湾和中国南海。
- 美国海军:在中国与美国存在巨大分歧的情况下,部署在印度洋和太平洋的海军会对中国的能源供应构成威胁,因为它可以对这些供应实施海上封锁。

为避免这两种危险,中国建设了两条能源走廊:第一条走廊从巴基斯坦(瓜达尔港)直通中国新疆,第二条通道是从缅甸(皎漂港)直达中国云南。

其四,加强人民币在全球的地位,使其成为全球贸易往来的主要货币。这一倡议将使中国与倡议参与国之间的交易用人民币结算,中国已成功地将其货币加入国际货币基金组织(IMF)的特别提款权(SDR)货币篮子。

其五,开发中国贫困地区,平衡地区间经济增长。中国将这一倡议视为其中西部发展战略的根本支柱。与东部地区(如北京、上海和广东)相比,中国中西部地区在经济上欠发达,这种地区之间的发展差距使中国政府担心长此以往会产生政治问题。因此,中国力图发展贫困地区,寻求内部稳定。让该倡议的主要走廊穿过这些地区,可以带动当地经济发展。

其六,加强睦邻友好,应对安全考虑。例如,加强与哈萨克斯坦、塔吉克斯坦和吉尔吉斯斯坦的关系对北京来说是一个优先问题,因为这三个国家都与新疆相邻,民族相近,中亚可能是不稳定的根源,可能会加剧中国的极端主义或分离主义问题。所以中国致力于巩固与邻国的关系,支持该地区的稳定,并通过"一带一路"倡议实现该地区的经济发展,以解决安全问题,特别是西部边境的安全问题。

(二)"一带一路"倡议参与国的目标

"一带一路"倡议对参与国具有重要的经济意义,这可以从以下几个方面加以解释:

其一,参与该倡议对许多国家是发展基础设施的绝佳机会,这些国家一直没有资金进行此类对推进发展非常重要的投资,基础设施建设可以为这些国家的可持续增长奠定基础。中国的增长模式是基础设施投资拉动的,这对那些国家也会奏效。为了重振贸易和工业,许多国家需要巨额资金发展基础设施,而其中大部分国家却没有足够的财力,因此,中国的"一带一路"倡议对需要发展基础设施的国家是一个机会。2017年,中国对倡议覆盖国的直接投资额达到85.5亿美元。

其二,在这些国家发展基础设施,如道路、港口、电网和光缆,将刺激对其他经济部门的投资,并将创造更多就业机会,消除失业。

其三,这一倡议能促使地区间平衡增长,从而降低暴力动乱和不稳定局势的风险。

其四,吸引发展中国家与中国打交道的是中国坚持不干涉别国内政的原则,这点有别于西方国家。这就是为什么发展中国家认为中国可以替代西方国家,特别是因为中国是联合国安理会常任理事国,握有否决权,所以加强与中国的关系可使其免受安理会的制裁。

三、"一带一路"倡议面临的障碍

(一)"一带一路"倡议面临的最严峻挑战和障碍

这一倡议面临几个障碍和挑战,使其难以在实地具体实施,这些障碍可以概括为以下几点:

其一,地理障碍。倡议框架内预计完成的走廊跨越沙漠和山脉,使得修建公路和铁路变得很困难。此外,这些项目是在人口密度较低的地区进行的,例如,连接贝尔格莱德和布达佩斯的铁路并不通过塞格德市(匈牙利第三大城市),因此这些项目在当地没有经济意义。

其二,安全威胁。在许多参与该倡议的国家中,存在国际恐怖主义、海盗、有组织犯罪,冲突、紧张、动荡的温床在蔓延,这些对保护已建成的基础设施构成了巨大而危险的挑战。由于这些项目规模巨大,很难为其提供军事保护。例如,2013年初步完工、耗资540亿美元的中巴经济走廊项目就是俾路支省分离主义叛军的攻击目标,他们在那里炸毁了天然气管道和火车,并袭击中国工程师。

其三,当地人反对。由于该倡议的许多项目因土地所有权问题而被当地人拒绝,其中许多项目已经或将在具有部落性质的乡村完成,问题是这些部落拒绝出让他们的土地。例如,在印度尼西亚,由于铁路线经过的村庄里的村民拒绝放弃土地,雅加达—万隆高铁项目延迟完工。

其四,财政障碍。许多参与该倡议的国家财政资源薄弱,导致一些项目的实施被取消或推迟,这是意料之中的,因为这些项目规模巨大,成本高昂。例如,在泰国的一个项目,一部分工期被推迟。由于缺乏资金,一列本应连接中国和新加坡的特快列车建设也被推延。

其五,地缘政治障碍。地缘政治利害关系将极大地影响中国"一带一路"倡议的实施,因为项目的完成将取决于中国和沿线国家的关系,如与俄罗斯、伊朗、土耳其的关系。况且,有些走廊在国家间造成了分歧,如通过印度和巴基斯坦之间有争议的克什米尔地区的中巴经济走廊,构成了中印之间的争议点之一,因为印度认为这是对其主权的侵犯。

(二)"一带一路"倡议对伙伴国最重要的影响

中国官方的说法强调了该倡议对伙伴国的有利方面和重要性,以及它实现经济发展的能力。但在现实中,这一倡议可能会产生负面影响,这可以概括为以下几点:

其一,许多已经完工的项目尽管成本很高,却没有达到预期的回报和利润。例如,连接坦桑尼亚和赞比亚的铁路,由于缺乏维护和未能实现预期利润而被废弃;在斯里兰卡,本应每年接待100万名旅客的国际机场(Mahinda Rajapaksa)每天接待的旅客很少;耗资10.5亿美元的汉班托塔港(Hambantota)没有迎来大批船只,斯里兰卡更愿意使用首都的科伦坡港口。

其二,通过对基础设施的投资,中国的"一带一路"倡议本应有助于提高参与国的运营水平,推动项目满足当地对设备的需求,刺激经济增长。但事实上,这一倡议只符合中国的利益,因为项目往往授予中国机构,而不是当地企业,因为中国只向分配给自己企业的项目提供资金支持,这一点在第四次峰会上得到了中国总理李克强的证实。问题是,这些到中东欧国家投资的机构不仅使用中国的商品和设备,而且还引入中国工人,并没有雇用当地工人,这就解释了为什么当地人拒绝这一倡议。

其三，中国希望在"一带一路"倡议通过的地区购买农地，这导致当地民众的担忧加剧。例如，哈萨克斯坦起草了一项法案，旨在将对外国投资者的农地租期从 10 年延长到 25 年，这导致了一系列抗议活动。由于当地人反对，致使这个项目被取消。

其四，有可能导致债务陷阱。例如，在老挝，连接中国南方和新加坡的一段长达 415 千米的铁路项目引起了极大的争议，因为它的成本估计高达 58 亿美元。关于这个贫穷的国家能从这个耗资相当于其国民生产总值一半的项目中获得什么，一直存在许多疑问。

由于成本过高和国家无力偿还债务，一些项目被取消。巴基斯坦由于债务问题，于 2017 年 11 月退出了一个价值 140 亿美元的投资项目，尼泊尔也取消了一个正在进行的价值 25 亿美元的水电项目。马来西亚也撤销了几个项目，其中包括一条价值 200 亿美元的铁路建设项目。马来西亚总理马哈蒂尔（Muhammad Mahathir）证实，他的国家负担不起这些项目。

惠誉国际信用评级（Fitch International Credit Rating）确认，由于基础设施的投资回报可能不大，参与这一倡议的国家将发现自己陷入了对中国的债务危机中。还应指出，各国内部债务危机加剧，将导致卫生和教育等几个重要部门的公共支出减少。各国还将被迫放弃与中国"一带一路"倡议没有关联的基础设施项目，尽管它们可能实际上需要这些项目。这一方面会对实现经济增长产生负面影响，另一方面也会影响政治稳定。

其五，这一举措也可能对环境产生负面后果。人们担心，初期项目完工后将交给污染最严重的中国机构，特别是该倡议规定要在新走廊沿线建设燃煤电厂。

（三）中国部分竞争对手在倡议上的立场

1. 美国的立场

唐纳德·特朗普担任总统期间，美国并未就该倡议提出官方立场，但在此期间中美之间的分歧仍在加剧。美国 2017 年 12 月宣布的国家安全战略指出，中国是美国的战略竞争对手，美方认为中国目前使用的手段是为了提高其世界影响力。在特朗普总统于 2017 年 11 月通过的所谓"印太战略"中关于自由和开放的海洋战略，呼吁加强美国、日本、澳大利亚、印度之间的合作。但到目前为止，这一想法仍然停留在理论上，没有像中国全方位的"一带一路"倡议那样有真正的切实合作。

2. 日本的立场

一方面，中国投入巨资开发基础设施，符合日本的利益；但另一方面，这一倡议被认为是一个地缘战略项目，可能会扩大中国在相关地区的影响力，这又对日本的利益构成了威胁。为了利用可能带来的机遇，日本首相于 2017 年 6 月宣布，有条件支持这一倡议。2018 年 5 月，中日两国签署了对外投资经济合作框架协议。然而，与此同时，日本试图提出替代中国"一带一路"倡议的方案，因为它是第一个宣布"自由开放的印太战略"的国家，那是在 2016 年 8 月，并确认这将为该地区的发展和进步以及捍卫自由价值观做出贡献。

即使日本不可能在投资规模上与中国竞争，但日本将赌注押在其工程质量和管理透明度上，因此，它推出了所谓的"高质量基础设施伙伴关系"（Partnership For Quality Infrastructure），该伙伴关系已拨款 2 000 亿美元为世界各地基础设施提供资金。

3. 俄罗斯的立场

俄罗斯对这一倡议持谨慎态度，因为它担心中国在中亚地区的经济和地缘政治扩张会损害俄罗斯的利益。于是诞生了"欧亚经济联盟"，这是俄罗斯、白俄罗斯、哈萨克斯坦于 2014 年 5 月通过条约建立的联盟，亚美尼亚于 2014 年 10 月签署了入盟条约，吉尔吉斯斯坦随后于 2015 年 8 月签署了入盟条约。然而，中俄之间仍然存在共同利益。一方面，中国正在寻找能源来源和路线的多样化，减少对海湾国家的依赖，还希望找到进入欧洲市场更快的走廊；而俄罗斯希望利用中国"一带一路"倡议提供的便利开发一些地区，如西伯利亚和俄罗斯远东地区。特别是考虑到西方因乌克兰危机对俄实施的制裁，俄罗斯加入了这一倡议，以引导倡议走上符合俄罗斯利益的道路。比如，要优先考虑穿越俄罗斯的走廊线路，减少让中国与中亚更趋密切的双边关系，力图避免欧亚经济联盟成员国和中国之间进行双边谈判。

4. 印度的立场

南亚地区正在经历一场中印竞争，两国都在寻求扩大自己的影响力。此外，两国在南海油气勘探问题和渔业问题上龃龉不断，加上两国之间边界冲突，这就解释了为什么印度拒绝中国的"一带一路"倡议。印度没有派遣官方代表团参加 2017 年 5 月召开的首届论坛，并在 2018 年 6 月举行的上海合作组织峰会上明确拒绝这一倡议，还批评说该倡议是对其主权和领土完整的侵犯。因为中巴经济走廊项目横跨印巴争议克什米尔地区的吉尔吉特，因此印度认为这侵犯其主权和领土完整。

印度试图对抗中国的"一带一路"倡议,遂建立了一条名为"亚非增长走廊"的新走廊,意图取而代之。实施这条走廊的想法是在2016年11月印度总理和日本首相发表的联合声明中提出的,这主要是一条连接非洲与印度和其他东南亚国家的海上走廊,旨在促进非洲的贸易和投资增长。印度和日本称,与中国的倡议相比,这条新走廊将是一个低成本的选择,碳排放更少。

四、埃及在该倡议中的作用

(一)"一带一路"倡议对埃及经济的影响

这部分内容主要是关于中国的"一带一路"倡议及其对埃及经济的影响。中国于2013年宣布的这个倡议,旨在通过建立陆海丝绸之路实现与世界各国的经济融合,并降低经济走廊上的运输和物流成本。在商业上,这项倡议是以"一带一路"的名义宣布的。该倡议旨在重建古老的海上航道网络,创建海上丝绸之路,以加强国际互联互通,支持通过65个国家的国际贸易运输。

该倡议包括两个主要分支:陆上丝绸之路带和海上丝绸之路。海上丝绸之路从中国福州出发,途经越南、印度尼西亚、孟加拉国、印度、斯里兰卡、马尔代夫,再沿着非洲海岸从东非前往红海,穿过苏伊士运河到达地中海。它从中国海岸延伸到斯里兰卡西部的科伦坡国际集装箱港。自2014年以来,科伦坡国际集装箱港由中国港口总公司(CM)与斯里兰卡港口当局共同管理,为科伦坡港转型成为全球市场增长最快的港口之一做出了贡献。2018年上半年,集装箱领域的增长速度最快。

以埃及为首的阿拉伯国家对中国的倡议表示欢迎。该倡议的实施需要参与国政府消除障碍,简化海关手续,实现基础设施和上层建筑的现代化。对于中东和非洲来说,苏伊士运河是通往地中海的门户,因为它是连接东西方的主要航道,是通过丝绸之路运往欧洲的货物的必经之地。苏伊士运河地区的轴心区将是一个物流中心,为丝绸之路上的船只和货物提供服务。埃及寻求最大限度地发挥与丝绸之路相关的本国港口的投资枢纽作用,特别是在过境贸易、物流服务和多式联运方面。

关于埃及,我们发现阿卜杜勒·法塔赫·塞西总统透露了埃及在政治和经济方面的准备情况。考虑到地缘舞台上这条巨大的商业走廊和自己独特的战略位置,埃及是中国项目的"咽喉",正如我们曾是大英帝国的咽喉一样。也许这象征着在地理位置和政治地位上,埃及重新回到了圈子中心、权力中心和影响力中心。

通过对中国项目的研究,我们发现它主要依赖途经国家的基础设施,我们将在这里找到埃及几年来一直在见证发展的国家项目的可行性和重要性的答案,特别是新苏伊士运河和开发苏伊士运河轴心区和阿拉曼新城等项目。

因此,苏伊士运河被认为是中国政府正确投资的重点,因为它对前往欧洲的海上交通非常重要。2014年,中国在埃及的投资开始于以下几个方面:

1. 艾因索克纳的泰达合作区

中国公司泰达正在索克纳开发7.34平方千米的土地,预计耗资3.5亿美元。它的目标是分阶段吸引超过60亿美元的投资,吸引如纺纱、编织、玻璃纤维、石膏板和印刷以及印染和摩托车制造等行业的中国大公司。

到目前为止,中国在埃及的泰达公司在分给中国的面积为1.34平方千米的起步区成功吸引了11亿美元的投资,并为面积2000平方米的区域签署了价值50亿美元新的投资协议,这些协议最近由经济委员会移交给泰达公司,因为这是6000平方米中国区扩张期的第一阶段。

在大众层面上,埃及人开始称这个项目为"中国城"。它产生了巨大的影响,因为该项目直接或间接提供了1000多个新的就业机会。

2. 中国建筑集团有限公司(CSCEC)

这是世界上最大的摩天大楼建筑公司之一,主要在行政首都建设中央商务区,商务区包括20座用于居住、行政和商业用途的塔楼,其中位于金融和商务区中央的非洲最高的塔楼高约384米。

3. CGC中地海外集团有限公司

埃及新城市管理局与中国中地海外集团于2018年5月签署了一份谅解备忘录,在新阿拉梅因市建立第一个工业区。双方将共同努力,把城市中的大片沙漠转化为农田,给工业区提供农产品。

4. 第一条电气化火车线路

2017年,与中国中航工业公司签署了建设首条电气化铁路线"萨拉姆 行政首都—斋月十日城"合同,将投资12亿美元,沿线66千米,包括11个车站。

5. 协作打造新的金融产品

2017年,随着人民币开始在埃及流通,中国金融机构与埃及银行合作打造了新的金融产品。埃及央行行长透露,将与中国续签价值27亿美元的货币互换协议。埃及和中国之间的货币兑换协议,意味着两国之间的商业交流以两国货币进行,而不限于美元,特别是自2017年以来,中国人民币已被国际货币基金组织采纳为国际贸易交流的官方货币。

6. 在阿斯旺建造六座太阳能发电站

两家中国公司2017年签署了在阿斯旺建造六座太阳能发电站的合同,其中一家公司为特变电工,决定向三座太阳能发电站提供20%以上的投资,中国工商银行和亚洲基础设施投资银行提供贷款建造这些发电站。

7. 合作组织培训课程和就业

在能力建设和旅游领域的合作方面,近两年来,已有1000多名埃及人参加了培训课程,埃中双方正在研究培训课程和就业方面的合作,因为中国赴埃及旅游的人数正逐年增加。

总之,中国在埃及的现有投资约112亿美元,在埃及"自由区和投资总局"设立的中国公司达到1345家,实付资金达到7.92035亿美元。中国在埃及外商投资国中排名第21位。几位中国官员和经济界人士证实,埃及将在未来一段时间内又要获得约310亿美元的中国投资,其中200亿美元投资于行政首都,其余投资于苏伊士运河轴心区和埃及各省不同地区的一些工业公司。

关于两国合作的最新进展是,2020年9月25日,埃及投资和自由贸易区管理局首席执行官与中国驻开罗大使会晤,讨论了埃及吸引中国投资的便利化程序,以及加强双方在各投资领域的合作。双方同意由埃及投资局和中国驻开罗大使馆组成一个联合工作组,跟进中国现有投资,并研究中国企业在埃及进行新投资的要求。这证明,尽管全球爆发了新冠肺炎疫情,但项目和投资仍在进行。

(二) 埃及视角下的"一带一路"项目

埃及议会经济、计划和预算委员会的几名成员肯定了"一带一路"倡议的目标是通过建立连接亚洲大陆与欧洲和非洲的丝绸之路和海上丝绸之路经济带,重振古老的贸易路线,中国将花费数十亿美元实施这一倡议。他们表示,埃及受益于"一带一路"倡议,可以利用独特的区位优势在苏伊士运河建立工业区,提高埃及的经济规模和国内生产总值,并创造就业机会。他们强调,埃及需要在"一带一路"倡议中发挥重要作用,因为埃及是通往非洲的门户,因此埃及必须发挥关键作用,通过制订投资计划,使埃及能够进行进出口贸易。

首先,埃及议会经济计划和预算委员会代表亚西尔·奥马尔表示,考虑到所谓的丝绸之路是世界上最重要的贸易路线之一,中国是世界上最大的经济体之一,埃及可以从所谓的丝绸之路倡议框架内受益。埃及俯瞰地中海和红海的优越地理位置有助于目前丝绸之路的发展,而"一带一路"也增强了埃及的经济实力,尤其这已经是一条众所周知的路线。

议会主管经济计划和预算委员会的副主任表示,埃及能从"一带一路"倡议中受益。埃及通过利用独特的区位优势,在苏伊士运河建立工业区,从而提高埃及的经济增长率,有助于扩大埃及经济和国内产品的规模,并创造就业机会。

众议院经济委员会成员哈桑·赛义德表示,"一带一路"倡议的目的是通过建立连接亚洲大陆与欧洲和非洲的丝绸之路和海上丝绸之路经济带复兴古老的贸易路线。他指出,中国将花费数十亿美元实施这一倡议,中国的目的是利用非洲大陆的原材料制造产品,并通过苏伊士运河将其输送到欧洲国家。在这里,我们可以通过几种方法最大限度地提高这一倡议的经济效益,包括在苏伊士运河建造一个巨大的工业区,从事原材料制造和出口。

经济委员会的一名委员补充说:"我们还需要投资发展港口,特别是塞得港的东港福阿德港,使之成为一个服务中心,为通过苏伊士运河的海船提供一切所需的服务。"这些都能支持埃及的全球立场,同时支持非洲国家的立场。

议会经济委员会议员阿姆·埃尔·高里(Amr El-Gohary)表示,长期以来,中国一直在执行一项计划,以加大对非洲的投资,使其成为对抗美国和西方国家的强大经济力量。他还指出,埃及应在"一带一路"倡议中发挥重要作用,因为它是通往非洲的门户,因此埃及必须通过制定处理投资的议程来发挥关键作用,并为进出口贸易提供便利化服务。

埃及议会经济委员会的一名成员表示,埃及是整个东亚通往非洲的门户。因此,必须与中国一起投资战略计划中配备的基础设施,现在埃及和中国之间的贸易差额达到120亿美元。他解释说,埃及必须在与华合作投资的战略计划中加入沙特阿拉伯和约旦,特别是考虑到"一带一路"倡议会通过陆路口岸,如沙特阿拉伯的地兰、萨纳菲尔和约旦的塔巴。如果可以的话,中国与埃及、沙特和约旦的协议也将非常重要。

(三) 对"一带一路"倡议的担忧和几点看法

有得就有失,任何现有的联盟都必定有敌人,以防止其控制世界。因此,一开始是澳大利亚、印度和日本成立了一个限制中国的联盟。欧洲国家存在分歧,有的乐观,有的焦虑。例如,东欧国家是中国倡议的粉丝,而北欧国家则担心中国试图控制世界故而处于焦虑状态,其中包括德国和法国。为了不坐以待毙,德国外长说:"如果我们不拟定一个对抗中国的战略,欧洲将成功地被中国分裂。"

黎巴嫩大学国际关系史教授贾迈勒·瓦基姆(Gamal Wakim)指出:有必要从政治学的最基本层面看问题。中国的根本情况,与它在1840年鸦片战争之后经历的一个世纪的苦难有关。中国从鸦片战争中走了过来,1949年,中华人民共和国成立。中国的主要症结是,其文化是建立在孤立的基础之上。由于这些特点与选择,西方一度能对中国进行围攻和痛击。

谈到"一带一路"倡议的重要性时,瓦基姆教授说,"一带一路"的做法首先为北京保障了一个以其为轴心的关系网络,而不是其占主导地位的关系网络,这让中国可以拥有不是其追随者的合作伙伴,这就是它与美国的霸权概念的不同之处。美国认为,一个不由它自己管理的世界是一个混乱的世界,而中国并没有这种想法。中国只希望世界不要对它怀有敌意,也不要痛打它,还有就是,中国正在努力对抗美国的霸权图谋。事实上,美国被认为是控制海运路线的海上强国,中国现在无法挑战这种霸权,特别是因为这种挑战代价高昂,需要在管理海上力量方面有长期的积累。这并不是一件容易的事情,需要数十年才能实现。一个还不是海上强国的国家,是无法控制全球贸易及其航线的。

由此,瓦基姆教授指出,"中国的另一种选择是尽可能在陆上发展"。于是,中国与欧亚大陆上的两个主要大国,即俄罗斯和伊朗联合起来。背后的原因是这三个国家在历史上都控制过中亚。通过这个联盟,可以说,每个国家都在保护另一个国家的背部。对于中国,伊朗和俄罗斯保护他们的背部,特别是当他们把目光投向中国南海时;对于俄罗斯,伊朗和中国保护他们在中亚的背部,特别是当他们把目光投向黑海和波罗的海时;至于伊朗,在德黑兰将目光投向霍尔木兹海峡、红海和地中海东部的时候,中国和俄罗斯在保护它的背部。

那么,与巴基斯坦的伙伴关系和印度问题呢?瓦基姆教授认为,巴基斯坦"自20世纪80年代以来就是中国的盟友,今天它是一条主要通道的必经之路"。至于印度,中国曾试图在国际体系内与之加强关系,但这遭遇到政治上的阻力。中国也曾瞄准巴西,但委内瑞拉的事件最终阻碍了这条道路。只有欧亚大陆上的追求仍可绕过美国的势头,包括其在中东深处发动攻击的影响。另一方面,华盛顿正在关注眼下发生的一切,斯里兰卡发生的事情就是美国这些措施的一部分。问题是,全球各地包括热带地区国家的运输路线都与美国相连。就欧亚大陆而言,印度历来对中国心存顾虑,何况中印间还有西藏问题,以及谁在该地区拥有优先权的问题。因此,在"一带一路"倡议下建立全面伙伴关系方面,印度可能是最保守的,这就是新德里最近以打击恐怖主义为借口与伊斯兰堡发生冲突背后的原因,因为印度担心中国、巴基斯坦和伊朗之间建立伙伴关系,尤其是陆地走廊将通过有争议的西藏地区到达瓜达尔港,然后从那里到伊朗,途经俄罗斯,到达东欧。

最后,瓦基姆教授说:"'一带一路'倡议的未来是有前景的,因为它打开了多极化多元主义的天地,而不是中国'霸权'之路。"然而,它提出了构建亚洲经济伙伴关系的问题,特别是在中国经济持续崛起的情况下,这对美国主导的既有格局是个挑战。

(四) 对中国方面的建议

针对中方最突出的质疑和批评之一是说,在中国投资的建设项目中,中方主要利用中国劳动力。中国遭受的质疑声所围绕的焦点是,这些项目在多大程度上实际支持了当地的劳动力市场,或者支持或鼓励了共同的经济繁荣。

中国的这些用工做法在一些国家引起反感,为了避免这一负面影响,除了努力实现中国工人和外国工人的工资平等外,还必须雇用项目所在国家的当地劳动力,这将对中国投资项目带来积极影响和良好声誉。

一些针对中国项目的指责,可能会推迟一些国家制定与中国投资相关的法律,也会在政府内部引发关于应该给予该项目多大信任的争议。

巴基斯坦、斯里兰卡、厄瓜多尔的对华债务和项目失败是灾难性的。在2018年发布的一份关于"一带一路"的债务报告中,全球发展中心的研究人员警告称,包括吉布提、塔吉克斯坦、吉尔吉斯斯坦、老挝、马尔代夫、蒙古、巴基斯坦、黑山在内的八个国家面临陷入"高于平均水平的债务"的风险。高债务水平和不透明的条件损害了发展中经济体,而不是促进了它们的发展。埃及已经在努力减少外债,根据高级国际研究院(College Of Advanced International Research)的中非研究项目(China-African Research Initiative),埃及在2017年之前从中国获得的贷款总额在北非国家中排名第一,紧随其后的是摩洛哥、突尼斯和阿尔及利亚。

由于有关各方之间大量的国际冲突,该项目内的一些经济项目可能会对阿拉伯地区一些国家的政治立场产生负面影响。因此,重要的是要清楚了解中国相关项目和行动的经济、政治、安全方面的影响和意义。这些项目包括:埃拉特/阿什杜德铁路项目,海法港大规模开发项目及其在2021—2046年的影响，支持埃塞俄比亚复兴大坝和航空产业的项目，开发俄罗斯北海走廊的中俄合作项目，中国在吉布提的军事存在和自由贸易区，在非洲的大量采矿项目等。

（五）对埃及方面的建议

第一，发展埃及应对"一带一路"倡议的系统战略准备能力。这需要提出明确的埃方愿景去对接该倡议，准备埃方明确的议程安排以确定替代性优先方案，然后在各种发展文件和政策中反映这些优先事项。如何安排好投资的重点，引导投资流向国家重点建设的基础设施和交通领域，对部署项目议程也至关重要。

第二，力图了解中国及其国际的和地区的动向和相互关系。这需要具备大量相关的埃及中国事务智库的研究成果，借此我们才能预测中国现在和将来在国际和地区事务中的走向、"一带一路"倡议对埃及的潜在影响，包括能提供的机会及潜在的相关风险等。

第三，做好埃及软实力方面的准备，以有效应对"一带一路"倡议下中国的软实力工具。这些倡议相关工具涉及的领域遍及各方面，涉及各级媒体和文化、科研和教育、各类培训、招聘和技术开发机构、文化和旅游交流形式等。

第四，鉴于区域组织，特别是阿拉伯国家联盟和非洲联盟，在处理"一带一路"倡议方面的准备程度有限，埃及要向中方倡议就拟议中的项目提出建议，以让阿拉伯或非洲国家从中受益。最重要的是，要协助提高有关项目执行的严肃性和速度，此外，还可以在非洲2063年可持续发展战略框架内与中方开展相关合作。

第五，采取全面的战略眼光应对"一带一路"倡议。虽然在政治上已做出努力要发展中埃关系，埃及方面多个部委和机构也在尽力与该倡议对接沟通，但尚缺乏应对该倡议的长期战略愿景。为此，我们需要：

（1）重新考虑在埃及涉及中国事务的现有体制，特别是应在内阁会议集中讨论中国事务，每年举行一到两次会议，并将其转变为更有效、更具互动性的机制，包括在规划部和投资与国际合作部牵头的相关国家主管部门参与下，与"一带一路"倡议持续互动。

（2）在国家规划研究所建立"一带一路"倡议研究互动平台或观察站，作为智库和研究中心，与埃及国内外相关智库合作，为规划者和决策者提供直接和持续的替代方案支持，借以处理涉及倡议的互动和成果等问题。

（3）结合"规划、后续和行政改革部"正在重组和制定的可持续发展战略——"埃及2030年远景规划"，提出与"一带一路"倡议相关的具体政策、优先事项和项目。

第六，更好地利用"一带一路"倡议提供的经济机会。推出特别的投资激励措施，以吸引中国投资到优先发展领域，尤其是生产力领域，其中特别包括：石油和天然气、机械电器和太阳能产业，中国在上埃及各省的投资（金三角项目），对若干旧的或新的沿海地区的蓝色投资（蓝色经济）的激励，以及苏伊士运河地区的包装生产和物流项目。

提供"一带一路"倡议内投融资之外的替代方案，同时避免使用条件不适当的贷款，并通过加入该倡议最重要的融资机构之一即亚洲基础设施投资银行，来推动其他形式的融资。

第七，更好地利用"一带一路"倡议提供的科技发展机会。随着中国在各个技术领域取得了巨大发展，要在科学研究和技术研究院（ACRT）安排和组织机制，以转移和转换来自中国的相应技术。另外还要通过其专门理事会，提供这方面的替代方案和选择。

第八，更好地利用"一带一路"倡议内的政治机会。加强经济外交，发挥埃及外交部的关键作用，在倡议框架内优先考虑埃及跨境运输。这方面需要：

（1）加强外交部与本国有关部门之间的持续合作，无论是规划、生产、服务还是研究与科学，以便明确该倡议范围内非洲、阿拉伯和中东地区政治和经济方面的优先事项。

（2）协调非洲、阿拉伯或其他层级在集体框架内的行动步骤，特别是要与相关国家集团如金砖国家组织和上海经济合作组织多协调。

第九，建立新合作机制。利用埃及在科学、文化、艺术、体育和旅游等领域的软实力，与中国和倡议参与国建立倡议内的合作新机制。

五、总结

当前世界需要稳定、安全与和平共处，而不是欧洲的经济危机或阿拉伯国家的武装冲突。以此为背景，更可看出中国倡议的重要性。如果善加利用，"一带一路"倡议不失为一个机会。

中国要实现倡议的成功，最大的挑战仍然是如何面对美国的压力。美国为了保持其在国际体系中的主导地位，打出了"美国优先"的口号。中国需要寻求通过与世界上的盟友,特别是俄罗斯、伊朗和阿拉伯国家进行建设性合作来有效应对。

"一带一路"倡议要取得成功,那么沿线的活动将要比现在进行得更加顺利,物流服务将更快捷,这将使之前与全球市场隔绝的国家能够更多地加入经贸活动中。

"一带一路"倡议将减少国与国之间的争斗,会让许多小国对中国感恩戴德。因此,很明显,中国想通过这一倡议创建一个更加公平的国际体系,而不是想要瓦解国际体系。

"一带一路"相关项目被认为是所有参与国的巨大发展机遇,但各国政府都必须设定自己的优先事项,努力将自身需求与项目需求协调起来。为确保最佳地组织在参与国中所建立的项目,必须通过一个机构负责制定国家议程、收集我方需求,再与中方沟通,并根据国家需求的优先顺序和整个项目的优先事项,安排好对所设立项目的投资。

由于地理相距遥远,况且在阿拉伯地区,人们在文化、政治、社会、艺术等各方面缺乏对中国的了解。"一带一路"项目最重要的一个成功点就在于中国与参与国之间的文化合作和软实力沟通。无法在这方面进行良好的合作和有效的沟通,会让发展中的贫穷国家跌入陷阱,像斯里兰卡汉班托塔港等未能达到预期水平的项目,就与此有不小的关系。

我们应当支持参与国国内从事中国事务的机构,以便实现两个重要目标,第一个目标是从正确的角度传播项目真相,这是项目最重要的成功点之一;第二个目标是与国内机构和商人沟通,以确定国家各方面的需求以及寻求让中国投资落地的路径。

参考文献

Abdullah, Yunus Muhammad, "Geostrategic Transformation: The New American Strategy in the Pacific", *Journal of International Politics*, Issue 188, Cairo: Al-Ahram Center for Political and Strategic Studies, April 2012.

Ali, Salah, "The Belt and Road Project: How China Connects its Economy to the Outside World", *Future Report*, Issue 26, Issue 26, Abu Dhabi: Future Center for Research and Advanced Studies, 2018.

El-Batrawi, Hussein, "Challenges of the Belt and Road Initiative: Risks of Contagion of Chinese Debt Abroad", January 1, 2019, https://arb.majalla.com/node/65881/.

El-Sayed, Salim Mohamed et al., *The New Silk Road*, Cairo: Center for Asian Studies,

Faculty of Economics and Political Science, Cairo University, 2001.

Idris, Kereni, "China and the Changes of the Current International System", *The Arab Future*, Center for Arab Unity Studies, Issue 461, July 2017.

India faces the "China Belt" with an Afro-Asian corridor supported by Japan, January 2, 2019, https://aawsat.com/home/article/985101.

Jin Liangxiang, N. Janardan, "The Belt and Road Initiative: Opportunities and Obstacles for the Gulf States", January 20, 2019.

Muhammad, Ahmad Haber Nahla, "The Silk Road: A Soft Power Strategy", *Arab Affairs*, Issue 176, 2018.

Muhammad, Hamshi, "The Arab World and the Chinese Belt and Road Project", *Middle East Studies Journal*, Issue 80, Amman: Center for Middle Eastern Studies, Summer 2017.

Nasser, Tamimi, "The Rise of China: Beijing's Core Interests and Possible Implications for the Arab World", *The Arab Future*, Center for Arab Unity Studies, Issue No. 461, July 2017.

The Chinese Belt and Road Initiative, *The World's Economic Century Project*, Arab Democratic Center for Strategic, Political and Economic Studies, 2019.

R10 "一带一路"倡议及其对中肯贸易合作的意义

[肯]罗斯·穆霍洛[1]

【摘要】在外交和经贸交往的推动下,中非关系于2018年达到了前所未有的高峰。2018年9月在北京召开的中非合作论坛吸引了众多非洲领导人出席,会议标志着中非之间构建起了新的经济伙伴关系,中方的资金支持为这一伙伴关系提供了有力支撑。对肯尼亚而言,从中国政府资助开工的基础设施开发项目中,将能够得到可量化的切实收益。因此,肯尼亚期望凭借自身在东非地区的战略位置,加入"一带一路"倡议,由此进一步提升本国的发展水平。在此背景下,深入研究"一带一路"给中肯经贸合作产生的影响具有非常重要的意义,它将有助于准确把握新的合作可带来的益处。

【关键词】"一带一路"倡议;丝绸之路;世界贸易组织;自由贸易协定;世界海关组织;国际货币基金组织;国内生产总值;贸易合作

一、研究背景

中华人民共和国在约30年的时间里,从一个自给自足、内向型的农业国家发展成为世界级经济强国,经济实力仅次于美国。在提升国际声誉的同时,中国通过介入拉美、中东、南亚、非洲等地区,彰显了自己在国际舞台上的影响力。中国梦借助21世纪丝绸之路得以逐步实现,该方案一般也被称为"一带一路"倡议。与此相似,自1955年万隆会议以来,中非关系取得了突飞猛进的进展。2009年的经济展望显示,中国已经超越美国成为非洲最大的贸易伙伴。中非贸易额从1980年无足轻重的10亿美元攀升至2014年的2000亿美元。

---

① 罗斯·穆霍洛(Rose Muhoro),肯尼亚税务总局税务教育助理主管。

肯尼亚共和国是非洲大陆上的一个大国,首都是内罗毕,国土面积约为581 309平方千米。据联合国最新估算,肯尼亚约有5 100万人口,占世界总人口的0.6%。肯尼亚是东非共同体六国中的领先经济体,其余成员国为南苏丹、坦桑尼亚、布隆迪、卢旺达、乌干达。

1963年肯尼亚独立以来,中肯外交政策持续发生变化。这些变化一部分来源于政治变动,几次大选产生了不同的领导层。2002年12月的肯尼亚大选见证了前总统姆瓦伊·齐贝吉的胜利。齐贝吉采取了"东望"政策,与传统的非洲行为准则正恰相反,他无意建立"西望"的受捐助关系。现总统乌胡鲁·肯雅塔就像他的前任一样,持续发展肯尼亚与中国的双边合作关系。中国不干涉他国内政的外交政策使之不仅成为肯尼亚,也成为其他非洲国家的首选战略合作伙伴。

"一带一路"倡议包括"丝绸之路经济带"和"21世纪海上丝绸之路"两大内容,是中国习近平主席2013年提出的跨国经济带构想,其主要目的是在古代丝绸之路沿线,建立连接欧亚和亚非的经贸及基础设施网络。这一网络会覆盖6条路线:撒哈拉以南的非洲、新亚欧大陆桥经济走廊、中蒙俄经济走廊、中国—中亚—西亚经济走廊、中国—中南半岛经济走廊、中巴经济走廊和孟中印缅经济走廊。

"一带一路"倡议设想了一个总值高达1.3万亿美元的投资项目,该项目由中国牵头,目标是构建一个包括公路、铁路、电信、能源、管道、航运的基础设施网络,未来将借此强化欧亚、东非以及超过60个伙伴国家之间的经济互联,促进地区经济发展。美国有线电视新闻网香港分部的詹姆斯·格里菲斯在2017年5月12日的文章中写道,这一倡议是中国有史以来最雄心勃勃的外交政策,它汇聚了超过68个国家、约占世界总数65%的人口和40%的2017年全球国内生产总值。"一带一路"倡议的目的是要通过文化交流和融合,联结国内外市场,增进相互理解,促进资金流动,开发人才和科技数据储备。[①]

经济事务学会(Institute of Economic Affairs)2016年发布的报告《肯尼亚、美国、欧盟和中国贸易投资关系的比较研究》指出,大多数非洲国家至今都是通过《洛美协定》与欧盟开展合作的,非洲、加勒比和太平洋国家集团(ACP)成员国的产品可以借此享受无关税出口。

---

① C.C. Kuik, "Malaysia Between the United States and China: What do Weaker States Hedge Against?", 2016. Available at: https://onlinelibrary.wiley.com/doi/abs/10.1111/aspp.12240.

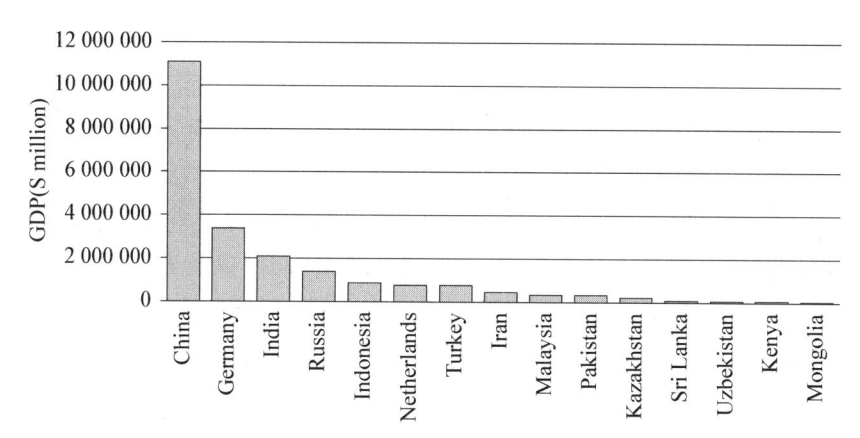

从左至右依次为：中国、德国、印度、俄罗斯、印度尼西亚、荷兰、土耳其、伊朗、马来西亚、巴基斯坦、斯里兰卡、乌兹别克斯坦、肯尼亚、蒙古。单位：百万美元。

图 10-1 "一带一路"沿线部分国家经济规模

资料来源：世界银行，2015 年。

根据国际货币基金组织（IMF）2019 年的报告，美国作为世界最大经济体，总规模达 20.4 万亿美元，高于去年的 19.4 万亿美元。中国和日本分别以 14 万亿美元、5.1 万亿美元的规模位居第二、第三位。世界银行的数据表明，2017 年和 2019 年之间世界经济会有 6.5 万亿美元的增幅，其中美国预计占比 17.9%，而据推测中国将占比 35.2%。国际货币基金组织针对 2019 年经济的研究数据显示，尼日利亚是非洲最大的经济体，其国内生产总值为 376.3 亿美元。南非以 349.3 亿美元的总值位居其次，埃及 237.1 亿美元位列第三，而肯尼亚的国内生产总值为 79.5 亿美元，排在第八位。

中国和非洲就经济发展、社会进步、和平与安全的议程进一步深化了中国与肯尼亚的关系。中国把自己的经贸政策重新打包进了新"丝绸之路"即"一带一路"倡议，计划通过双边贸易协定和跨洲运输走廊，深化中非之间的友好互动。据设想，这份倡议会带来双赢的结果，中国产品的市场得以扩张，而非洲的基础设施建设将获得提升。新华社报道称，"一带一路"倡议会让肯尼亚、吉布提和埃及这三个非洲国家直接参与进来。

在此背景之下，本文拟探讨"一带一路"倡议为中肯贸易合作带来的价值，这一倡议初步展现的效益激发了本项研究。对肯尼亚而言，"一带一路"倡议按设想，将致力于推动肯尼亚的经济增长，缩小中肯之间的贸易不平衡，消除贸易壁垒并增进文化交流。

二、研究方法

本研究同时使用了原始和二手资料。原始资料来源于直接采访，采访对象包括肯尼亚外交部员工、内罗毕大学国际关系教师，以及外交政策研究人员。二手资料涉及相关书面材料的文献综述，以及来自贸易部、经济调查、国际货币基金组织、世界银行和肯尼亚国家统计局的数据。研究也考察了来自贸易部的其他相关材料。开发伙伴的报告及其他政策文件。作者对所有数据进行了定性分析，使用了主题分析和内容分析两种方法。

三、文献综述

奥莫罗指出，中国自从2001年12月加入世界贸易组织以来，有机会接触到世界范围内的各个市场，其贸易总量得到了增长。[①] 与中国加入世界贸易组织前的情况相比，中国的贸易市场发生了重大变化，同时选择继续开放市场，并遵守世贸组织制定的政策。20世纪90年代初以来，中国进一步贯彻中华人民共和国成立以来的政策，对于发展与非洲国家的贸易交往抱有兴趣。在2000财政年，中非合作论坛（FOCAC）首次举行。中非合作论坛作为一个体制构架，旨在推进中国与非洲国家之间双边和多边的贸易合作与跨国对话。同样，论坛也聚焦中国外交政策的具体落实，并且每三年举办一次会议。

在2006年发布的中国对非洲政策文件中，中国政府提出了四项基本原则，用以推进与非洲的友好互动。中国政府重点聚焦的原则有真心实意、平等友好、互利互惠、共同繁荣。中非双方都倡导相互支持、彼此配合，争取在发展领域收获平衡的收益。

凭借其强大的经济力量，中国成功地介入非洲市场，期待利用好当地的发展机会。[②] 西方国家对于中国在非洲的计划持有不同的看法，不少领导人认为

---

① M. W. O. Omolo, "Comparative Study of Kenya, US, EU and China Trade and Investment", 2016. Available at: https://scholar.google.com/scholar?cluster=16494987101252321611&hl=en&oi=scholarr.

② F. L. Cooke, *Human resource management in China: New trends and practices*, London: Routledge, 2012.

这是一种"软性殖民"策略,然而,这可能是因为中国首先在建筑类行业中获得了市场优势。无论如何,中国如今能在世界市场中特别是在欠发达地区的基础设施建设中独占鳌头。

根据经济事务学会《肯尼亚、美国、欧盟和中国贸易投资关系的比较研究》所示,贸易动机是世界各国之间维持良好关系的重要组成部分。[1] 肯尼亚与美国、与中国都维持着贸易关系,并且在世界舞台上稳步前进。同时,欧盟一直以来都是肯尼亚的首要贸易伙伴。

上文已说明,中非动态合作关系在不断变化,中非关系如今变成了以发展为导向的合作关系,涉及方面包括制造行业、基础设施建设,以及文化纽带的巩固,这些都有助于和平。中国的发展议程从战略高度推出了一系列指导方针,特别注重研究如何对接非洲国家并与之互动合作。中华人民共和国外交部于 2015 年签署了相关政策文件,以保障合作计划的执行。这些战略和政策基本上与中非合作论坛列出的内容相似,其基本着眼点都是要寻求互利发展。

四、中肯经贸关系

多边贸易和双边贸易相关报告显示,肯尼亚和美国的贸易在持续增长,出口的增长量达 93.7%,[2] 利润增长由 2009 财政年度的 2.26 亿美元上升至 2019 年的 4.35 亿美元。与此类似,进口也展示了正向增长,作为肯尼亚和美国之间贸易繁荣的成果,出现了 191% 的增长纪录。从 2009 年到 2014 年,进口从 6.6 亿美元增长到 19.19 亿美元,增加了 12.59 亿美元。与此同时,肯尼亚与中国的贸易保持了快速增长势头。肯尼亚的出口增长了 129%,从 3 200 万美元平缓地增至 7 500 万美元。相应地,在同一时间段内进口由 9 600 万美元暴涨至 28 亿美元。从中国贸易进口的井喷式增长让肯尼亚市场有机会增进与中国的贸易往来,开拓彼此的发展议程。肯尼亚的制造商和生产者,以及中国的出口商都十分看重这样的机会。

美国政府在贸易方面给过肯尼亚政府诸多激励,成功促进了经济增长,创

---

[1] M. W. O. Omolo, "Comparative Study of Kenya, US, EU and China Trade and Investment", 2016.
[2] KNBS, *Economic Survey*, Nairobi: Government Printer, 2019.

造了互动的机会,这些都体现于《非洲增长与机遇法案(AGOA)》之中。[①] 这份贸易协定的目的是要扩大非洲商品在美国的市场。然而,在三个伙伴国家(美国、中国和肯尼亚)之中,中国展现了极大的影响力,并积极投入与其他非洲国家的合作中。

(一) 中国与肯尼亚之间双边贸易的范围

历史上,中国与肯尼亚的贸易往来始于18世纪奴隶买卖和易货贸易时期。很显然,中国和肯尼亚政府之间就贸易目的达成了长期的外交谅解。参考中方的信息和数据可知,肯尼亚如今是历史上第四个与中国联合推进动态合作的国家,合作内容包括能力建设、信息与电子通信技术研发、多领域的能源开发。

肯尼亚与中国之间在后殖民时代的双边关系可以追溯到肯尼亚取得独立的1963年。肯尼亚国家统计局(KNBS)的最新数据显示,中国是肯尼亚最大的贸易伙伴,肯尼亚在非洲各国对华贸易中居第六位。[②] 2019年5月,中国是肯尼亚的最大出口国,运输货物价值总计480亿肯尼亚先令,占总进口的29%。肯尼亚主要生产并向中国出口的商品为皮革制品、茶叶、咖啡、剑麻纤维、废金属,以及园艺用品。农产品是肯方出口产品的大头,占比约有七成。另一方面,肯尼亚从中国进口了电子产品、机械制品、纺织产品、肥料等货物。肯尼亚也与若干非洲国家和世界其他地区保持良好关系,为的是实现多边和双边贸易计划。

(二) 中肯贸易发展合作

1. 基础设施建设

中国政府想方设法协助肯尼亚开设了多个项目,其中大多数由中国进出口(EXIM)银行出资支持。例如,价值1.867亿美元的基础设施贷款,就是为了蒙巴萨—内罗毕—亚的斯亚贝巴走廊项目提供的。

中国的工程承包商在建设锡卡高速公路,这些承包商如中国武夷实业有限公司、中国水利水电建设有限公司和上海神力科技有限公司,它们在2009—

[①] M. W. O. Omolo, "Comparative Study of Kenya, US, EU and China Trade and Investment", 2016.

[②] KNBS, *Economic Survey*, Nairobi: Government Printer, 2019.

2012年间收到了一笔2 600万美元的资助。这项工程的开展是为了通过减少交通拥堵,改善城市流通的有效性。交通成本减少和出行耗时的降低自然能为经济产出带来更多便利,也可提高内罗毕城市和近郊的资源可达性和贸易往来机会。

肯尼亚在发展方面受益于中国的拨款和贷款。中国也利用肯尼亚的机会进一步推动其经贸合作的议程。交通部2019年的数据显示,肯尼亚的经济容纳了常年平均达到110家的中国工程建设公司,他们获得批准和支持后在肯尼亚进行活动。考虑到前几年如2016年时,肯尼亚境内的中国工程平均数量为23个,总价值约为136亿美元,如今各项数字都有了很大增长。肯尼亚贸易报告指出,中国是能源和交通领域主要直接投资的外商。回顾以往多年情况,比较清楚的是,中国是肯尼亚的主要外汇来源国,同时也为肯尼亚创造了就业机会。

和肯尼亚政府合作的中国承包商于2014年12月启动了第二个大型项目,即标准轨铁路建设。项目的目的是要提供高效并盈利的交通服务,路线贯穿肯尼亚,直达乌干达和卢旺达,以形成北部经济走廊。该项目由中国进出口银行出资并承担了总支出的90%左右,肯尼亚政府则承担余下的10%,由中国路桥工程有限责任公司(CRBC)承包建设。标准轨铁路建设被认为是肯尼亚于1963年独立以来一个非常重大的基础设施建设计划。项目第一期已经完成通车(480千米),从蒙巴萨港延伸至肯尼亚首都内罗毕,耗资38亿美元,第二期仍在建设中。另外中国承包商还在开展建设一些其他的项目,其中包括升级蒙巴萨港,耗费270亿美元打造超现代港口拉穆岛,出资40亿美元铺设地下管道连接蒙巴萨与南苏丹、乌干达,以及拉穆南—苏丹—埃塞俄比亚交通(LAPSET)走廊项目。[①]

2. 进出口贸易

联合国商品贸易统计数据库的报告显示,中肯双边贸易往来期间进出口的大部分产品涉及机械制品、核电、锅炉、电器产品、电子设备、钢铁产品、钩织物、塑料及其制品、橡胶及其制品、家具、照明设备、标牌、预制装配式楼房、钢铁、陶瓷制品,以及其他商品。另一方面,出口商品则涵盖铜及其制品、兽皮原料及皮革、咖啡、茶叶、马黛茶和香料、蔬菜、纺织纤维、纸纱、机织物、谷物、种子、水果、塑料、矿石、矿渣、粉灰、鱼类动物、甲壳类动物、软体动物、水生无脊

---

① *Daily Nation*, March 6, 2016.

椎动物,以及其他产品。

3. 外国贸易在肯尼亚的挑战以及"一带一路"倡议下的合作收益

(1) 贸易便利化程度

肯尼亚和中国都是世界贸易组织成员。按照世贸组织《贸易便利化协定》的要求,中国有责任尽量与贸易伙伴签署自由贸易协定(FTAs),并保持协定与贸易政策目的一致,即加快速度向世界开放,发展对外贸易,推进健全的经济发展。[1]

肯尼亚在世贸组织1995年成立时即为成员,中国则稍晚一些于2001年加入世贸组织。克林顿政府认可了中国的经济增长,通过谈判协助中国加入世贸组织。中国加入世贸组织后,当时的总干事麦克·穆尔在讲话中说道,这对于中国和世贸组织来说,都是国际经济合作中历史性的一刻。1999年4月,朱镕基总理访问美国时,主张中国通过加入世贸组织倒逼经济改革。在华盛顿与克林顿总统共同出席记者发布会时,朱镕基总理提到加入世贸组织后带来的竞争也能推动中国经济更好更快发展。

时任中国外经贸部副部长、中国首席全球贸易谈判代表龙永图曾说过,中国低廉的劳动市场和宽松的外资模式增加了自身在全球市场中的参与度,也因此带来了国内经济的增长。他进一步说明中国需要向市场经济转变,以适应经济全球化的进程。

作为加入世贸组织的条件,中国采取了一些措施开放经济,包括降低关税,针对小麦等零税率产品引入关税配额制度,开放重要服务产业如分销、电信、银行、保险和资产管理。中国也承诺遵循国际准则以保护知识产权,遵循贸易伙伴的相关标准,包括减少非标准中国产品进入外国市场。[2]

中国国家统计局的网上数据显示,中国加入世贸组织后贸易量持续增长,可以归功于市场的自由化以及对于世贸组织规定的遵守(见表10-1)。

2019年12月中国国家统计局的数据表明,中国第一和第二季度国内生产总值分别增长6.8%和6.7%,出口增长5.4%,进口增长3.0%,贸易顺差达448亿美元。

与之前相比,肯尼亚加入世贸组织以后其全球贸易量获得提高,贸易总额

---

[1] WTO, "Accessions: China", 2008., http://www.wto.org.
[2] H. G. Broadman, *Africa's silk road: China and India's new economic frontier*, New York: The World Bank, 2006.

表 10-1　　　　　　　　　中国的进出口规模

单位：10亿美元

	1980	1985	1990	1995	2000	2005	2010	2013	2018	2019
出口	18.12	27.35	62.09	148.78	249.2	761.95	1577.75	2209.00	2,272.0	2,494.2
进口	20.02	42.25	53.35	132.08	225.09	659.95	1396.24	1949.99	1,972.4	2,135.0
进出口总量	38.14	69.6	115.44	280.86	474.29	1421.9	2973.99	4158.99	4244.4	4,629.20
贸易差额	-1.9	-14.9	8.74	16.7	24.11	102	181.51	259.01	299.6	421.93

资料来源：中国国家统计局。

由1995年的250万美元上升至2014年的210亿美元。世贸组织成员的身份为肯尼亚带来了多方面的收益，体现为技术支持和能力建设项目，国家贸易政策的实施，以及贸易便利化协定的贯彻。[1] 然而，柯姆托在研究[2]中指出，落实世贸组织在农业方面的协定对于肯尼亚来说是一种障碍，因为这些协定从未给予肯尼亚作为签约方的公平待遇。类似的困难对肯尼亚这样的发展中国家来说尤为突出，它们并未得到与发达成员同样的平等待遇。

（2）贸易失衡问题

由于肯尼亚在基础设施建设和技术开发方面有所欠缺，同时依赖从中国进口的货物，其国际收支逆差在不断扩大。2014和2015年经济调查的数据显示，进口贸易的高额赤字达到2486.5亿肯尼亚先令，出口贸易赤字达66亿肯尼亚先令。这份报告显示，肯尼亚在与中国贸易关系中处于不利的位置，所以需要对其进出口贸易进行一定的管控。逆差出现的原因可能在于，肯尼亚生产领域缺乏技术和称职的人力资源，领导层的尔虞我诈和自私自利也是原因。尽管如此，肯尼亚依旧保持与中国的贸易往来，因为从长远角度来看，肯尼亚从中获得的收益会大于挑战。

（3）发展援助及条件

不幸的是，大部分撒哈拉以南的国家面临极其恶劣的气候条件，如缺水和旱灾，还存在公共部门的严重舞弊问题。有鉴于此，美国和欧盟认为，这是提

---

[1] D. M. Tull, China's engagement in Africa: scope, significance and consequences", *The Journal of Modern African Studies*, 44,(3),2017.
[2] I. Kemunto, *The Impact of the World trade Organization's Agreement on Agricultural Trade Sector：1991 - 2003*（Unpublished Thesis number 04448775）, Nairobi, Kenya University of Nairobi, 2005.

供贷款和经济援助前需要考虑的一个因素,但是中国将其视为一个可以争取的机会。中国主要的指导政策之一,就是不对援助提出附加条件。中国的发展与互动原则主张,中方愿意和从未建立过外交联系的国家在"一个中国"的基础上,建立并发展国与国之间的关系。此外,中国主要关注基础设施领域。欧盟相应地通过其"非洲、加勒比海和太平洋伙伴协定"与非洲国家开展合作。一般来说,传统的发展合作伙伴以非洲国家,尤其是撒哈拉以南国家为目标,欧盟和美国在提供贷款、补助金和其他任何形式经济资助给这些国家时,不断施加严苛的条件。

(4) 新冠肺炎疫情

新冠肺炎疫情给中肯贸易关系带来了另一个巨大挑战。这次疫情依旧在世界各地肆虐,导致许多公司终止经营,中断了2020年大部分的经济活动。虽然统计数据有限,但据推测,这次疫情给两国之间的进出口贸易都会带来恶劣影响。不过还有一丝希望,中肯两国以及全球多个地区都在慢慢开放经济活动。另外,有多个疫苗已通过审批,肯尼亚也有疫苗购买计划。如果能够成功购买到足量疫苗,回归正常状态应该也是近在眼前的事了。

(三)"一带一路"倡议下的合作收益

类似肯尼亚这样的发展中国家一直以来都享有获得资助的基础设施建设项目,这些项目带来了经济扩张,以及便利的交通运输系统。加入"一带一路"倡议后可以预见的收益将包括:改进税收和海关政策以使贸易便利化,带给肯尼亚更多全球范围内的贸易机会和优惠权,基础设施建设完善后联通能力得到优化,以及通过文化交流增进人与人之间的联系。

(四)相关思考

1. 双边贸易合作

在非洲,也有若干发展中经济体会把中国视为竞争对手,那种观点认为,中方的经济干预和对当地经济的排挤会削弱非洲的经济增长。某些国家仍旧把中非关系看作某种软性的"新殖民主义"。然而,在融资方面,非洲国家却认为中国侵入性较弱,因为与美国和欧盟相比,中方提供资助时设置的附加条件最少。其中一些国家还认为,中国是真诚的贸易和发展伙伴,是为了双方的共同利益而展开合作的。尽管如此,中方提供贷款和援助时的不干涉政策却有可能成为非洲开展政治和经济改革中的一个阻碍。一些学者表示,中国和非洲政府之间的经济伙伴关系催化了腐败现象,且在拨付经费时缺乏问责管理制度。

参与"一带一路"倡议的国家必须重新审视其贸易政策,保证贸易双方的共同利益。由中国进口的廉价商品进入肯尼亚市场后,可能会影响到成长中的小规模经济部门。当然长远看,中国的初衷当然是要从那些受影响的经济部门中获利,而不是要促进当地中小型企业的经济增长。

为此,为了持久的经济利益共享,中非之间的合作必须有一条双赢规定。也就是说,中国参与非洲经济的动机应该着眼于保障非洲的经济增长,而不是西方国家和某些非洲国家所批评的那种剥削利用。

2. 对外贸易结构

与中国不同,肯尼亚缺少能力和资源将其出口贸易转变为高价收益。为了改善贸易结构,中国和肯尼亚的合作应该体现于开设合资企业,以此帮助肯尼亚发展产业规模,提升产品质量,与国际标准接轨。在2018年第一届中国国际进口博览会举办期间,乌胡鲁·肯雅塔总统敦促中国解决贸易不平衡问题,希望中方帮助非洲商品克服诸如中国标准所形成的贸易壁垒,并建议中国在非洲开设国际商品的制造公司。

为实现这一目标,中国应该在基础设施建设中,推进向肯尼亚的建筑技术转让,而不是全权承揽项目业务。现在,中国对相关行业的关注已经拓展到矿物和石油开采项目。同样,在这些行业中,应该用中肯合资公司的方式推动技术转让,并着重为当地人创造就业机会。昂哈拉表示,技术转让应该有助于提升当地企业的能力,使其产品能在全球市场上具备竞争力。[1]

肯尼亚是东非共同体五个国家中经济实力最强大的一员,其国内生产总值占该地区总额的50%。因此,在"2030年愿景"和目前总统的"四大发展目标"这样的其他合作框架指导下,肯尼亚有条件与中国建立战略商业伙伴关系。乌胡鲁总统政府重点关注的领域有:拓展制造行业,建设经济适用房,提供可承担的医疗,保障食品供应安全。2018年9月乌胡鲁总统到访北京时,签署了一份有关经济和投资合作的协定,同时见证了中国政府和社会资本合作项目与私人投资者的签约。这些机会应该能促进双方共同获得贸易收益,而

---

[1] J. Onjala, *The Impact of China-Africa Trade Relations: The Case of Kenya*, AERC Collaborative Research China-Africa Project, Policy Brief No 5, 2010. Retrieved on May 2019 at https://media.africaportal.org/documents/kenyaPB5.pdf.

不是目前这种偏向中国投资者的经贸情况。

3. 出版物与信息的获取

"一带一路"倡议下的合作会使用世界海关组织的现有数据模型和标准,建立健全信息共享平台。2015年针对"一带一路"倡议,中国国家海关总署牵头召开了情况介绍会,其间,中国海关总署国际合作司副司长胡兰表示,"一带一路"倡议会通过能力建设、开放合作和政策交流提升地区连通性,这一合作平台也会促进信息互换,以及成为落实世贸组织和世界海关组织规定、框架、战略计划及标准的最佳实践。

因此,肯尼亚将从中国海关总署的能力建设项目中获益。关键的一点是,中国能够在贸易行业中为肯尼亚海关和其他利害相关部门提供技术支持,以缩小阻碍现代化和采纳国际标准商业模式的知识鸿沟。

4. 单一窗口

随着经济的全球一体化,利用技术提升货物清关速度变得很重要,这可以节省时间、降低成本,同时提高效率。单一窗口的平台能够让贸易商和代理商通过一个入口提交材料,使进出口和过境贸易更加便利。支撑单一窗口建立的法律框架依靠了联合国贸易便利化和电子业务中心的国际贸易流程工作组(ITPWG-TBG15)。

中国1978年实施改革开放政策,开设了中国电子口岸,这是由中国海关总署设立的单一窗口平台。海关改革与现代化措施旨在实现自动化服务,加速清关流程,协助代理商共享信息,以及更好地管理执法程序。平台共有三个部分:中国电子口岸、单一窗口体系和电子海关,通过H2010电子审单系统和互联网+行政服务来管理边境货物往来,提高行政决策水平。[①]

肯尼亚也通过其国家单一窗口系统取得了类似的成果,这被称为肯尼亚贸易网络系统,已于2014年5月2日投入使用。这个系统的实施是为了解决效率低下的问题,低效率长期以来削弱了肯尼亚的竞争力,而新系统将能在区域和全球层面为相关业务提供便利。这个系统涵盖道路、航空、铁路和海上,使得进出口和转运商品文件的集中管理变得更加方便。肯尼亚贸易网络局是单一窗口系统的实施机构,目前正在与收取税款的肯尼亚税务局共同合作,将系统合并到综合关税管理系统(ICMS)当中。肯尼亚贸易网络局同时也在实

---

① J. Wei, "Chinese Soft Power & Its Implications for the United States", 2009, Available at: http://www.China.org.cn/english/international/82128.htm.

施电子门户,为了遵循世贸组织《贸易便利化协定》(TFA)的第1.2条规定,通过互联网提供信息。

与肯尼亚的单一窗口系统相比,中国的电子口岸在建筑操作方面更加先进,能同时在中央和当地政府层面运作,全国范围内的所有口岸都实现了一站式清关。2010年,单一窗口系统覆盖了中国所有的省会城市和直辖市,网络可用性达到99.94%。[1]

5. 海关合作

肯尼亚海关和边境管制局(C&BC)作为肯尼亚税务局的下属部门,正在落实改革和现代化项目。综合关税管理系统已投入使用,可以促进贸易改善,体现于智能估值、绿色通道下货物放行的自动化、进口商查验、经认证经营者的快速通关。

加入"一带一路"倡议合作后,肯尼亚将受益于中国先进的海关操作系统。通过借鉴中国的技术提升,肯尼亚应该也采取统一数据模型的平台,来推进机构之间和跨越边境的无纸化贸易活动。共享信息和数据将会促进贸易往来,因为肯尼亚力求通过向中国市场输出更多出口商品的方法来缩小贸易逆差。

五、总结和建议

本文研究表明,肯尼亚和中国都希望从彼此的贸易关系中得到收益。例如,在肯尼亚一方,可从扩张的基础设施中大幅度获益,公路和铁路网之类交通设施能够引领肯尼亚实现对内和对外经济更高的增长,加入"一带一路"倡议的合作后,肯尼亚还能得益于中国先进的海关操作技术。在中国这一方,当肯尼亚实现了出口贸易增长和国际贸易顺差后,中国也能利用双方合作关系持续地拓展自己的海外市场基础。

中国和肯尼亚要实现预期的成果,就必须挖掘更多更好的共同合作机会,切实建立起互利互惠关系。"一带一路"倡议的落实也应该从友好的文化视角出发,而不是纯粹进行基础设施建设方面的投资。因此,中国应该投资更多文化交流的项目,并在非洲地区开设语言学习课程,这也有利于改善当地人的某些态度。中国还必须提出新的具体部署,向非洲尤其是肯尼亚人民展现这份倡议的美好前景。此外,中国政府应该与非洲政府重新审视其"不干涉政策",

---

[1] State Council of P. R. C, 2012.

以便激励对当地领导层的问责制度。

中国应该消除关税之类的贸易壁垒,扩大从肯尼亚进口工业产品的范围,给予肯尼亚商品更好的市场准入,在中国推广肯尼亚商品,在肯尼亚针对出口市场开设合资公司,并且帮助肯尼亚的出口商品达到中国的国际标准。

最后,中国海关总署和肯尼亚海关部门应该加强合作,共同提高贸易便利化程度,取消关税以方便彼此的市场准入,利用知识共享和能力建设实现技术转让。这些举措将促进双边合作,给双方带来平衡的收益。

R11 "一带一路"与"16＋1"合作安全风险分析框架下的希腊共和国关键基础设施安全评估

［希腊］布拉尼斯拉夫·托多罗维奇[①]

【摘要】"一带一路"项目中希腊情况特殊且复杂,需要对其进行深入细致的安全分析。要考察中国与"一带一路"合作伙伴双边关系的共性,更要剖析地缘政治和财政方面的特殊因素。本研究聚焦关键基础设施,旨在找到分析切入点,在"一带一路"及"16＋1合作"安全风险分析框架下对希腊关键基础设施进行初步安全评估。

关键基础设施举足轻重,因此对其进行保护尤为必要,各个国家乃至整个国际皆予以重视。关键基础设施保护需要各方利益相关者通力协作,包括基础设施所有者和运营者,比如各类公共部门、私有机构、公司、技术供应商等。本研究从方法论、灾害风险管理、风险评估及恢复力等方面,指出了企业关键基础设施保护重点策略。

现有数据表明,希腊财政现状稳定,前景较好。在安全状况方面,希腊国内目前尚无近年来在欧盟其他成员国所出现的风险和安全事件,但希腊当局依然保持高度警惕,提防难民、希腊极端左翼分子等各类风险。此外由自然原因或人为失误造成的物理威胁、网络攻击和财政威胁也给希腊带来潜在危险。本研究不仅分析了网络风险、潜在风险和新兴风险等各类主要风险,同时探讨了关键基础设施保护现状,进一步指出了"一带一路"合作中希腊乃至整个巴尔干半岛的基础设施保护的潜在问题、弱点和盲点。今后在"一带一路"倡议计划和实施过程中,应对这些问题给予特别重视。

本研究的结论是,随着"一带一路"倡议下中国与希腊的合作持续深化,双

[①] 布拉尼斯拉夫·托多罗维奇(Branislav Todorovic),希腊雅典国家技术大学。本研究是希腊国家和国际安全研究所与上海社会科学院合作开展的"'一带一路'风险评估"项目成果。

方能共同加强关键基础设施建设和保护。本报告最后章节提出了一些迫在眉睫的具体行动和行动计划。

【关键词】一带一路;"16＋1"合作;希腊;基础设施;安全风险

一、引言

自古丝绸之路开启至今,数百年来地缘政治变化持续不断,"一带一路"路线时有改变,其潜在参与者亦是随时局而变。2012年,中国与中东欧国家开启"16＋1"合作,提倡区域共赢,旨在繁荣贸易(比如技术转移、农畜产品进出口等)。为达成此目标,中国还计划从能源领域以及铁路和高速公路建设合作着手,进行投资以推动大规模基础设施建设。作为欧盟和欧元区成员国,希腊也是"16＋1合作"的准会员。

"一带一路"意义重大、影响深远,很多文章或论文都对此有过探讨。延斯·巴斯蒂安(Jens Bastian)博士在为欧洲复兴开发银行出具的一份报告中研究了"一带一路"倡议、"16＋1合作",以及西巴尔干半岛地区,并提到以下几个要点：[1]

在"一带一路"倡议下,资本、技术和总体规划全部到位,中国在欧盟及非欧盟成员国家的投资以前所未有之势掀起了收购和更新基础设施之潮。

中国的"一带一路"项目潜力巨大,能有力推动西巴尔干半岛地区的革新。

"一带一路"倡议囊括了由中国政府和企业制定的政策倡议、投资重点及商业决策,这些都将对参与国家及其各国监管部门、各类民间组织产生巨大影响。

截至目前,西巴尔干半岛地区"16＋1"合作项目中共有不到20个交通和能源项目被批准,然而据西巴尔干地区投资框架的网页显示,其中只有1/4的项目已启动,究其原因在于：该地区在文化、政治、历史以及各国经济结构方面差异巨大、复杂多样,中国企业专业知识缺乏、程序复杂,欧盟成员国同其他国家间存有分歧(有时涉及欧盟法规),中国同合作伙伴间的经济需求不对等,

---

[1] Bastian J. *The potential for growth through Chinese infrastructure investments in Central and South-Eastern Europe along the "Balkan Silk Road"*, Report prepared for the European Bank for Reconstruction and Development-EBRD (with funding from the Central European Initiative), Athens/London, July 2017.

R11 "一带一路"与"16+1"合作安全风险分析框架下的希腊共和国关键基础设施安全评估

以及该地区本身缺乏合作意愿不愿加速双边合作。[①]

中国进入中东欧国家市场较晚,西欧国家公司已占主导地位,整个市场呈饱和状态。加之中国公司缺乏国际商务经验,对中东欧国家企业文化、商业惯例了解甚微,涉及投资的企业决策耗时长、制定困难。"16+1"合作框架将大大促进中国公司加深业务联系,构建社会网络,简化易化企业决策。[②]

"一带一路"项目中希腊局势特殊且复杂,需要对其进行深入细致的安全分析。除了考察促成中国与"一带一路"合作伙伴双边关系的常见因素,对地缘政治和财政方面特殊因素的剖析也必不可少。本研究聚焦关键基础设施,旨在找到分析切入点,从而在"一带一路"安全风险分析框架下对希腊共和国关键基础设施进行初步安全评估。

首先,"一带一路"计划投资主要集中在基础设施领域,其中交通网络是主干部分。中东欧国家成员间的互联互通对"一带一路"项目至关重要,因此希腊同其他巴尔干国家的关系以及"一带一路"项目在该地区的规划也应该被考虑在内。在巴尔干地区,比雷埃夫斯(Piraeus)、塞萨洛尼基(Thessaloniki)以及亚历山德里亚(Alexandria)都拥有经由海路转向陆路的关键运输港口。因此,中国企业在港口运营方面不可或缺。中国国有航运物流公司中远集团已取得希腊比雷埃夫斯港口集装箱码头的长期特许运营权,这也是中国企业走向希腊的第一站。2016年中远集团成了比雷埃夫斯港的控股股东。

再者中国在希腊的现有投资和计划投资都已对希腊经济产生重大影响,未来这一影响还将持续存在。除了对希腊经济总体走向和GDP波动情况进行分析以外,希腊大型银行的状况和走势也应考虑在内。此外还有一个重要参数便是希腊在军事和武器方面的支出预算,这虽与"一带一路"项目并无直接关联,但却对希腊经济和整体国力多有影响。

希腊是北约成员国。考虑到该国地缘位置,希腊军队同欧盟防务策略息息相关,也在一定程度上对希腊关键基础设施的安全状况产生影响,而"一带一路"项目也为希腊地缘政治角色增添了新的维度。东地中海地区虽与之并无直接关联,该地区的局势却不容忽视。

[①] M. Kaczmarski, "China on Central-Eastern Europe: '16+1' as seen from Beijing", *OSW Commentary*, Ośrodek Studiów Wschodnichim, Marka Karpia, 2015.

[②] K. Tianping. "The 16+1 Framework and Economic Relations Between China and the Central and Eastern European Countries"; *Reviews & Critical Commentary* (CritCom; ISSN 2327-2791) — A Forum for Research & Commentary on Europe, Council for European Studies, 2015.

过去六十载，原油和天然气的所有权和开采权在很大程度上影响着世界政治及地缘战略问题，多年来爱琴海海域石油开采力度不断加大，尤其是土耳其、塞浦路斯和希腊三国沿海，更是如此。

近来美国对中国进口产品加收关税，中国随即采取反制措施，中美双方贸易摩擦不断，地中海区域或许可趁势吸引外资。

二、企业关键基础设施保护策略

近几十年来，随着城市化进程的加快，现代社会越来越高度依赖基本系统和服务的供给网络。依靠这些系统和服务，国家、地区、组织或其社群才能有效运行。这类系统和服务及其功能与资产通常被称作基础设施。而那些对社会最为重要、其正常运行关乎国家稳定的基础设施则是关键基础设施。常见关键基础设施基本涵盖能源、交通运输、供水、通信以及医疗领域，但也会涉及银行业、粮食供给等各个产业和其他服务领域，这些基础设施如若在重要时期混乱不堪，分崩离析，或无力提供有效服务，甚至完全损坏，或许会给人们带来巨大灾难。

关键基础设施举足轻重，因此对其进行保护尤为必要，各个国家乃至整个国际社会皆予以重视。由于信息与通信技术的快速发展，关键基础设施不再仅限于实体资产。关键基础设施风险以及所需保护措施根据运行模式的不同大致可分成实体和网络两种。但关键基础设施保护需要采取统一、全面的措施，无需区分风险和攻击的源头及种类，只需确保关键基础设施持续运行。因此，关键基础设施保护需要所有利益相关者通力合作，包括基础设施所有者和运营者，比如各类公共部门及私有机构、企业、技术供应商等。

关键基础设施保护可理解为在策略和运行方面进行风险管理的一个长期过程，其目的在于提高关键基础设施的安全性和恢复力。[①] 关键基础设施保护没有终点，是为了提高安全性和恢复力而持续进行风险管理的一个过程。

在讨论"一带一路"关键基础设施的安全时，应该考虑哪些因素？至少应该考虑以下与基础设施类型、结构、地点、所有权、管理、国际化以及发展计划

---

① Microsoft, *Critical Infrastructure Protection: Concepts and Continuum*, White Paper, Microsoft Corporation, 2014.

相关的因素：(1)物理威胁,(2)网络威胁,(3)相互关系的影响和国际化的影响,(4)财政状况、安全和威胁,(5)现有以及计划的基础设施保护措施和恢复力建设活动,(6)短期、中期和长期规划。

关键基础设施的财务状况对安全的影响或许并不是最典型的,但财务状况不理想却会间接带来严重的负面影响,比如,维修预算、维修活动包括设施保护的减少,安全和预防措施更新不及时,员工及管理人员懒散怠慢、警觉性低,造成社会、经济、政治动乱或恶意收购的蓄意攻击。

关键基础设施并非简单实体,合理运行需小心谨慎。如部分或整个关键基础设施被私营企业收购,通常情况下企业所有者与国家/地方政府和/或大众会产生利益冲突,前者意在赚取利润,而后者首要目的在于社会保障。尤其当关键基础设施被外来私有资本控股及控制运营时,这种矛盾更易激化。即使当局政府和所有者合作良好,也有可能被前述不怀好意的第三方介入。

(一) 关键基础设施保护方法

几十年来,关键基础设施保护的主要设计和运行程序都以风险分析为基础,且有以下几个典型阶段：(1)明确关键基础设施资产和系统,(2)风险评估,(3)降低风险策略。关键基础设施保护在基础设施生命周期内通常历经四个阶段：防御、检测、响应以及减轻受损程度。关键基础设施保护包括对物理风险和网络风险的抵御,同时也会考虑到系统安全管理问题、内在关联以及级联效应。

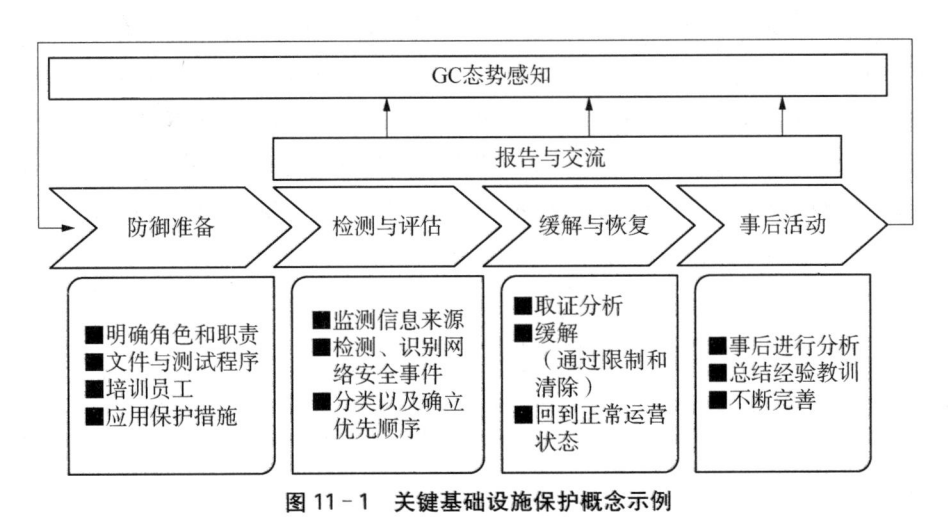

图 11-1 关键基础设施保护概念示例

以下为关键基础设施保护领域的一些主要方面和最新发展示例。

1998年5月,美国签署了第63号总统令[1]制定《国家关键基础设施保护计划》(National Program of "Critical Infrastructure Protection")。2003年12月17日,小布什政府通过第7号国土安全总统令颁布《关键基础设施标识、优先级和保护》(Critical Infrastructure Identification, Prioritization, and Protection),[2]对该计划进行了更新。美国这一范例的关键节点[3]在于：(1)国家基础设施保障计划/国家基础设施保护计划(联邦政府和私营部门通力合作),(2)主管市政工程的国防部关键基础设施部门。

2006年欧盟委员会通过了COM(2006)786通信,发布《保护关键基础设施的欧洲计划》(European Programme for Critical Infrastructure Protection),制定规章制度和具体方案。该指令指出欧洲关键基础设施如发生故障、事故或遭受攻击,则会影响设施所在本国及至少一个欧洲其他成员国,因此成员国应将2006年指令纳入本国法规。然而与美国相比,欧洲所采取的措施在有效性和完整性方面相形见绌。未来为缩小差距,各类项目应同《保护关键基础设施的欧洲计划》、欧洲网络与信息安全局(ENISA)以及欧洲专家组比如欧盟委员会联合研究中心(JRC)紧密合作。

能源、水资源和运输部门、网络系统等领域部门,虽然各自独立活动,但相互关联,因此在应用综合解决方案时,也应将各个部门提供的前沿数据囊括在内进行分析。

(二) 灾害风险管理

脆弱性即系统的敏感性。脆弱性反映的是自然灾害对基础设施、城市、地区、社区或国家造成损害的大小程度。不管是突发性的还是渐进性的不利影响,大都表现为严重的事故或灾害。因此,灾害风险反映的是不利影响导致的不利变化发生的可能性,而灾害风险管理反映的则是潜在不利变化的处理过程。灾害风险管理旨在为事故(根据时间顺序划分的)各阶段以及各种自然、技术灾害和风险提供解决方法。[4]

---

[1] https://en.wikipedia.org/wiki/Presidential_directive.
[2] https://en.wikipedia.org/wiki/Critical_infrastructure_protection#cite_note-HSPD7bush-2.
[3] https://www.dhs.gov/water-and-wastewater-systems-sector.
[4] A. Fekete, G. Hufschmidt, S. Kruse, "Benefits and Challenges of Resilience and Vulnerability for Disaster Risk Management"; International Journal of Disaster Risk Science, no. 13753, DOI 10.1007/s13753-014-0008-3, (electronic version), 2014.

R11 "一带一路"与"16+1"合作安全风险分析框架下的希腊共和国关键基础设施安全评估

设有救灾和应急机构的公共部门、企业、非政府组织、科学家、公民等有各自的灾害风险处理能力和优势。基础设施组件和系统的建设、使用及运行与风险息息相关。工程师的设计是基础设施建设和运行的基础,因此工程师必须考虑到相关风险并规划如何减少风险。调试后,基础设施的使用、运行和其他活动可能会产生额外的风险,因此这些活动的规划者和管理者必须持续跟进,以降低这些风险,将不利影响最小化(见图11-2)。

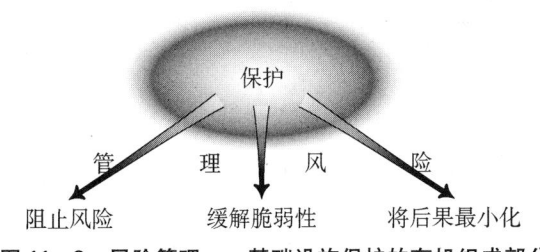

图11-2 风险管理——基础设施保护的有机组成部分

因此,"一带一路"中基础设施的计划和设计应该包含有力的风险管理环节,这也是工程决策中不可或缺的部分。"系统设计和设施运行过程中都不免要进行风险管理,进而制定决策,决定是否采取措施(或采取何种措施)来降低风险。如果将风险看成是可能性结果的概率分布,那么风险管理则可看成是调整概率分布的一个行为"。[①] 此外,考虑到"一带一路"倡议中可能出现的系统复杂性,在设计过程中拥有多学科专家团队至关重要,为应对各类脆弱性和风险,不同领域可相互合作、谨慎运行,做好万全准备。

在组织层面,业务连续性和灾害恢复规划是风险管理一大重要部分。从设备故障到自然灾害,从人为失误到恶意攻击、恐怖袭击,风险的种类繁多。风险包括健康安全风险、财务风险、隐私风险等。所以,基础设施生命周期全过程都需应用风险管理。风险管理是一个循环过程,主要组成部分包括评估、准备、回应、恢复等(具体定义或因作者而异)。毫无疑问,关键基础设施的风险管理和保护管理旨在做好应急准备,以确保业务连续性(见图11-3)。

关键基础设施(包括人力在内的实体关键基础设施和网络关键基础设施)是风险管理的核心,应纳入风险管理流程。在发达国家诸如希腊,国家关键基

---

① J. W. Herrmann, *Engineering Decision Making and Risk Management*, John Wiley & Sons, Inc., Hoboken, New Jersey, US, 2015.

图 11-3　风险及保护管理成分和部分

础设施的运行和效用依赖于计算机、信息与通信技术,因此极易成为攻击目标。国家基础设施包含多个系统,它们依靠高新科技,尤其是能源系统、核电站、公共卫生、应急服务、政府、水坝、电力与水供应、运输交通以及电信网,因此很显然对这些系统进行攻击会对整个国家尤其是民众产生极大的影响。[1]

(三) 风险评估

关键基础设施两大组成部分——实体设施(包括人为因素)以及网络设施是风险管理的核心,因此需要纳入风险管理进程中。欧盟委员会联合研究中心详细地统计了欧盟及世界其他地区关键基础设施保护的最新风险评估方法,包括政策框架。

欧盟委员会及其公共服务系统长期致力于《保护关键基础设施的欧洲计划》,不断提出新的一体化措施,比如欧盟委员会联合研究中心建立了安全专家网络(欧洲关键基础设施保护参考网)(European Reference Network for Critical Infrastructure Protection)。[2] 欧盟委员会还创建了关键基础设施预警信息网络(Critical Infrastructure Warning Information Network),这是一个以网络为基础的多级系统,用以交换关键基础设施保护创意、研究和实践经验。

---

[1] J. A. Ophandt, *Cyber warfare and the crime of aggression: the need for individual accountability on tomorrow's battlefield*. Duke Law Technol Rev, 2010, Page 7.
[2] P. Gattinesi, "European Reference Network for Critical Infrastructure Protection (ERNCIP)", Workshop: CIP and Disaster Resilience in Horizon 2020, Vienna, Austria, 22 February 2016.

关键基础设施预警信息网络的门户网站自2013年1月中旬开始上线运行,存储收集关键基础设施保护相关信息。其中一个正在进行的重要任务便是公布欧洲关键基础设施保护参考网设立的标准、准则和方法。

(四) 恢复力

为应对时常出现的风险,监管者和政策制定者不断制定标准,以便识别并降低风险。考虑到风险变化多端且不断进化,传统的风险评估方法或许无法满足需求。因此,亟待一种综合全面的评估方法,兼顾决策者的价值观和偏好,利用决策分析技术来评估真实的数据。网络安全就是一个很好的例子,在网络安全领域,基于风险的解决措施(自下而上)可与决策分析(自上而下)相结合,以指导决策者制定风险管理政策,从而推动恢复力建设。[1]

灾害风险管理中需重点关注且重视提升关键基础设施恢复力的几个要点:风险评估和风险管理之间的断层、风险的动态性、社会政治模糊性。为提供最佳解决方案,恢复力建设过程中也应对自下而上和自上而下的方法加以对比分析。

(五) 恢复力特征

核查数据之后便可发现世界各地每年都有涉及关键基础设施的重大事件发生,并且都以悲剧收场。这无疑发人深思:我们该如何应对意外风险?答案便是恢复力。美国国家科学院将恢复力定义为"准备、计划、响应、恢复进而更加成功应对不利事件的能力"。

美国国家科学院(The National Academy of Sciences)的定义概括了可用于多种应用领域的共性概念,综合了恢复力的一套关键特征。共性特征包括核心功能(服务)、临界点、跨尺度(时空)相互作用以及记忆和适应性管理。[2]

基础设施方面,假设一个关键基础设施能百分之百发挥效用,在遭遇事件后所提供服务的破坏程度和设施恢复情况见图11-4所示。

---

[1] I. Linkov, E. Anklam, Z. A. Collier, D. DiMase, O. Renn, "Risk-based standards: integrating top-down and bottom-up approaches", *Environment Systems and Decisions*, DOI 10.1007/s10669-014-9488-3, 2014.

[2] E.B. Connelly, C. R. Allen, K. Hatfield, J. M. Palma-Oliveira, D. D. Woods, I. Linkov, "Features of resilience", *Environment Systems and Decisions*, DOI 10.1007/s10669-017-9634-9, 2017.

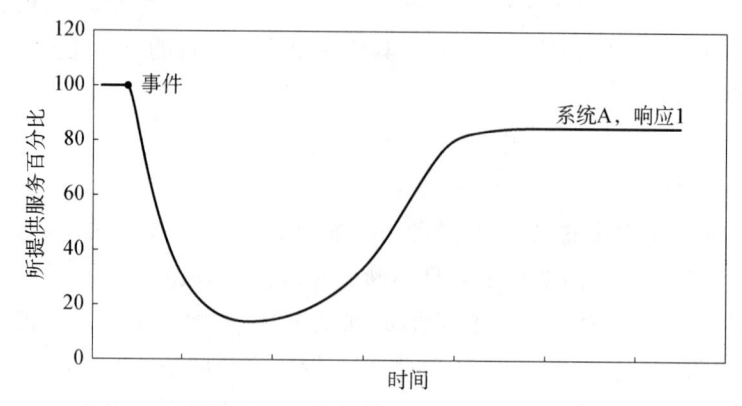

图 11-4 关键基础设施恢复情况

关键基础设施恢复力成分和方法：对关键基础设施系统/资产进行综合评估，为风险管理、灾害响应和业务连续性提供实时决策，为事件控制和恢复过程提供方法、工具和程序。

当应用系统时，如图 11-5 所示，恢复力的提升可使两个不同关键基础设施的效用呈明显不同（系统 B 相比系统 A），也可使同一关键基础设施效用得以大幅度改善（响应 2 相比响应 1）。[1]

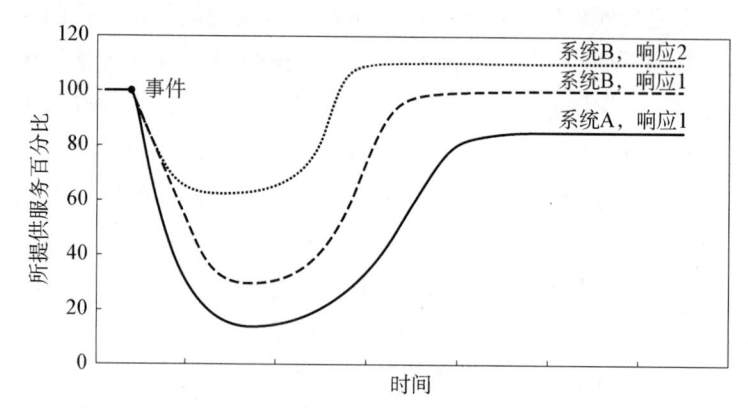

图 11-5 关键基础设施对恢复力程度不同的系统的事件响应

---

[1] B. Todorovic, A. Bletas *Resilience planning for critical infrastructure linked to "One Belt One Road" initiative in Balkans and Greece*; *The Belt and Road: The Balkans Perspective-Political and Security Aspects*, 2016.

三、希腊政治与安全状况综述

尽管希腊遭受严重的经济危机,故意杀人和盗窃数据表明在人身安全总体水平方面,希腊仍是经合组织中最安全的国家之一。恐怖主义和政治暴力同经济危机一样也能带来风险,并且会影响一些关键基础设施(比如交通运输)。过去几年,希腊虽发生过爆炸和自动武器袭击事件,袭击目标为希腊公共机构、购物商场、媒体机构、外交人员和警察,但并无伤亡报告。[①]

希腊国内目前尚无近年来在欧盟其他成员国所出现的风险及事件(比如发生在比利时布鲁塞尔机场、法国、英国等地的恐怖袭击)。虽然这表明相同或类似事件在希腊发生的可能性较小,但并不意味着在未来不会发生。此外欧盟大多数恐怖袭击虽并未危及关键基础设施,但世事难料。欧洲其他国家所发生之事也可能会波及希腊。事实上相关安全部门会考虑潜在受袭目标,因此希腊各地的餐馆、音乐会以及历史遗址都是重点关注对象。然而现有信息表明,对相关公共服务机构的彻底调查并未发现恐怖组织的核心团体。但希腊当局依然保持高度警戒,提防各类风险,包括难民、希腊极端左翼分子以及其他风险来源。

此外由自然原因或人为失误所带来的物理威胁、网络攻击和财政威胁也给希腊当前带来潜在危险。

(一) 银行与金融

2016年最新数据表明,希腊银行系统由一个中央银行——希腊银行和另外39家信贷机构组成。其中18家位于希腊国内(包括8家商业银行、9家地方合作银行以及1个贷款与委托基金),17家是位于欧盟其他成员国的商业银行分支,还有4家也为银行分支,总部设于欧盟成员国之外,美国银行便是其一。希腊国有银行占据市场支配地位,占资产总值80%。外资银行占12%,另外8%则由专业机构和地方合作银行共享。排名前四的银行掌控了90%的贷款市场和存款额。

2001年1月1日,希腊加入欧洲货币联盟(欧元区),通过中央银行即希腊

[①] D. A. Sotiropoulos, A. Huliaras, R. Karada, *Greece Report*, *Sustainable Governance Indicators 2017*, Bertelsmann Stiftung, Germany, 2017.

银行在国内实行单一货币政策。苏东剧变使东南欧经济体迎来了新纪元,成了全球化金融新体系的一部分。银行对诸如阿尔巴尼亚、保加利亚、北马其顿、罗马尼亚、塞尔维亚一类经济体的转变至关重要。国有银行逐渐私有化,而外资银行开始在这些经济体的银行部门大力投资。希腊的银行是自20世纪90年代早期首批投资这些经济体的银行,从希腊加入欧洲货币联盟前一年的2000年至2007年,希腊的银行一直持续强势渗透该区域。[1] 希腊的银行在国外银行业务中仍有大量投资,这些投资虽受希腊危机影响较小,但自2008年以来,这些境外投资总值也随着该领域总体状况不佳而跌落。[2]

希腊的银行虽因债务重组(希腊私人债权人参与)于2012年遭受重创,但都借此进行了资本重组。值得注意的是2013年早期希腊几家大型银行收购了3家塞浦路斯银行在希腊的分支机构、1家葡萄牙银行以及几家小型希腊银行。希腊经济虽于2014年开始增长,但随后却停滞不前。2015年7月对银行实行的资本管制虽有所放松,但仍在发挥作用。加之不良贷款的冲击,希腊银行系统尚未恢复,因此或许还需进行资本重组。不过,2015年至2016年间,希腊政府开启了能源领域的私有化进程,出售部分国有资产。如前文所提,2016年希腊政府同中远集团签订协议,成功推进比雷埃夫斯港的私有化。中远集团现持有前国有比雷埃夫斯港务局67%的股权。同样一年多以后,希腊政府同意将前雅典机场(赫勒尼康机场)所持国有资产出售给私营投资者。该项目潜力巨大,据估计将创造约7万个工作岗位,促使希腊经济产出提升2%。遗憾的是现有做法仍是杯水车薪,当前政府仍无力全面推动经济自由化。[3]

(二)当前局势和指标

近期指标——鉴于希腊经济稳步增长,政局更趋稳定,2018年信用评级机构惠誉提高了希腊信用评级。穆迪和标准普尔也上调了希腊评级。[4]

现有数据表明,希腊财政现状稳定,前景良好。希腊市场虽遭遇巨大挑

---

[1] S. Fotopoulos, F. Siokis, H. Papapanagos, "The Determinants of the Foreign Banks' Expansion in South Eastern Europe: Do Greek Banks Still Follow Their Customers Abroad or Not?"; *Advances in Economics and Business*, 2016, 4(11): 591-598.
[2] D. Gros, "Restructuring the Greek banking sector with an empty purse", *CEPS Commentary*, Centre for European Policy Studies, Brussels, Belgium, 2015.
[3] D. A. Sotiropoulos, A. Huliaras, R. Karada, *Greece Report*, Sustainable Governance Indicators 2017, Bertelsmann Stiftung, Germany, 2017.
[4] https://countryeconomy.com/ratings/greece.

战,外资企业仍存有机遇。然而不可盲目乐观,像 2008—2009 年间所发生的本地或全球事件未来或许还会再次发生。因此每个关键基础设施的财务风险评估不可或缺,关键基础设施保护计划也应考虑相应措施。

更重要的是以上分析表明希腊财政状况稳定的情况下,在国家层面上运营关键基础设施的企业有能力完善和更新所需关键基础设施保护活动和风险管理。然而希腊作为欧洲的一个小国,自身仍身陷危机,无力扛起大旗,监测全球经济环境。作为欧盟成员国,希腊能做的便是在欧盟的推动下,参与管控全球经济环境。因此,希腊国内关键基础设施保护需遵循欧盟委员会的引导,并借用其实际经验。

四、希腊关键基础设施安全状况

谈及"一带一路"倡议与希腊,必然便会涉及希腊与其他巴尔干国家的关系。一方面是因为"一带一路"途经多个国家,另一方面是因为能源网等各类关键基础设施已经以多种方式通过欧盟国家网络相互连接(比如罗马尼亚、保加利亚和希腊便处于该网络附近)。此外,地理上公路和铁路的相互连接也维持着传统的邻国关系。

"一带一路"倡议或将涉及以下关键基础设施,这些设施的安全问题也应同样给予重视:涉及公路和铁路的陆上交通运输、服务海洋运输的港口、电网和其他能源供应网络、信息与通信技术系统、其他相关配套基础设施,包括建筑、水务等。

如此复杂的系统不但需要各方通力合作,制订周密的运行计划,而且也带来一系列弱点和风险。此外"一带一路"各个部分一旦开始运行,便直接或间接地相互依存。如若其中一个核心关键基础设施出现严重问题,除了级联效应会带来一定风险以外,这样的依存关系还会严重影响"一带一路"整体结构。"锁链的强度取决于它最脆弱的那一环"。[①]

如图 11-6 所示,在复杂系统中如果在运行之前对恢复力不加考虑,一旦开始或再无机会提升恢复力,从而造成损失,成本也随之增加。在制定构建恢

[①] B. Todorovic,"The One Belt, One Road Initiative Related Critical Infrastructure Protection at a Crossroads in Balkans", *The New Silk Road: European Perspective-Security challenges/risks within the Initiative 16＋1*, University of Belgrade-Faculty of Security Studies, Belgrade, Serbia, 2018.

复力的决策时,需考虑周全,目光长远,兼顾基础设施恢复力和经济优化,而不是目光短浅褊狭,一味注重短期投资收益率。① 因此,"一带一路"计划和构思过程中有必要将恢复力考虑在内。

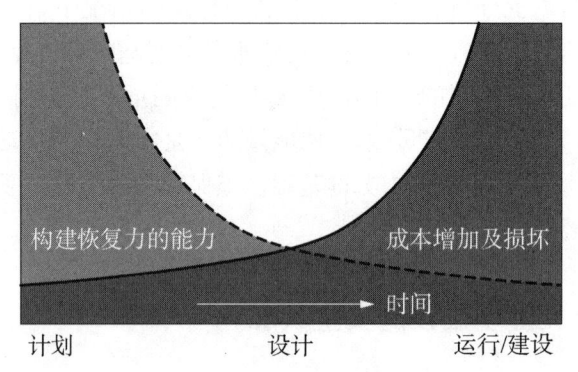

图 11-6　早期恢复力计划优势

适应性治理方法看重跨尺度相互作用,能促进组织层面的相互交流。适应性治理有以下特点:试验,提供管理新决策,为不同机构和利益相关者提供新的合作方法,提供提升恢复力的新方法,新的机构和组织安排。适应性治理系统注重灵活性、包容性、多样性以及创新,故而能提高整体恢复力。② 提升恢复力需同时对具体(同关键基础设施保护直接相关)和整体(预防未知风险)的恢复力进行评估。

巴尔干半岛地区关键基础设施保护必然和欧盟相应措施对接,但其他地区比如美国和中国的经验和专业技能同样也应考虑在内。美国向来在很多领域都是全球领导者,而中国作为新兴大国,在"16＋1"合作的推动下,其影响力更是与日俱增。当前技术革新日新月异,关键基础设施系统被迫进行数字化转型,网络风险有增无减,因此借鉴他国经验尤为重要。

(一) 网络风险

网络攻击时有发生,并给整个国家带来恐惧:危险程序可暗中在计算机

---

① J. F. Hughes, K. Healy, *Measuring the resilience of transport infrastructure*, NZ Transport Agency research report, 2014.
② Resilience Alliance, *Assessing resilience in social-ecological systems: Workbook for practitioners*, Version 2.0, 2010.

系统中运行,并直接向恐怖分子发送机密数据。电脑病毒每天都在进化,变得更加"狡猾",对政府和私营企业的网络攻击使国家安全面临日益严重的威胁。事实上网络攻击对国家及其安全来说是一种新型威胁。网络攻击者手段各异、方法不同,已经屡次成功阻碍国家基础设施发挥效用,危及国家安全。

网络攻击形式各异,有的表现为网络犯罪,比如盗窃敏感信息,破坏网站以及编写恶意代码或使用其他黑客技术比如病毒、蠕虫病毒、木马来入侵系统。国家基础设施很大程度上依赖监控和数据采集系统来发挥效用,但该系统也有一定漏洞,未经授权的操控则会带来恶劣影响。网络攻击可源于国家、团体、个人或组织,因此没人可以准确预料下一次的大规模网络攻击会何时发生。

高级的持续性威胁以及蓄意攻击能够渗透标准安全防御,潜伏数月而不被发现,进而窃取重要数据或发动致命攻击。人们最为依赖的企业,比如金融机构、医疗机构、大型零售商等,极易成为攻击对象。PC World 称 2011 年高级蓄意电脑黑客攻击增加了 81%,而威瑞森电信(Verizon)研究表明仅 2012 年竟有高达 855 起网络安全事故,1.74 亿起盗用记录。此外波耐蒙研究所(Ponemon)2012 年对美国 56 家大型机构的网络犯罪损失进行了研究,结果表明每个机构每周便会遭受 1.8 次攻击,每个机构因网络犯罪造成的损失的中位数达 890 万美元。[①] 这些网络攻击包括:社会型——通过社会工程和高级恶意软件对特定人群发动攻击,复杂型——利用漏洞和软件后门窃取和使用有效证书,隐秘型——在一系列标准安全防御无法探测到的低调行动中运行或隐藏在每天所收集的成千上万个事件日志里。

在家办公或远程访问使关键基础设施网络安全面临特定风险。这一类网络攻击主要诱使员工违背安全协议或泄露信息,有效利用人性弱点而不是技术缺陷。这类网络犯罪策略被称为社会工程。在关键基础设施方面,所有层级的员工不论工人还是管理人员,皆为攻击目标。这类攻击手段众多,比如邮件(比如钓鱼式攻击)、各类笔记本电脑和智能手机的通信应用程序(包括社交网站垃圾邮件)、网页上实为下载恶意软件的点击端口、使安全网页跳转到受感染的网页等,此外还包括打电话或网络直接监视。为增强攻击性,网络罪犯可能会盗取共享图片和视频剪辑中的个人信息,或者社交网络平台上的其他

---

① https://ec.europa.eu/energy/sites/ener/files/documents/20130828_epcip_commission_staff_working_document.pdf.

信息。另外一个常见的手段便是冒充权威人士给职员或服务台员工施加压力,目的在于诱使用户激活隐秘有害的软件,最终获得未授权的物理访问,根据泄露程度窃取信息,以便发起更多蓄意网络攻击。

据 GFI 软件公司称,很多高调的网络攻击都以名人和大型雇主为目标,这使得人们愈加惧怕网络犯罪及其对工作和家庭带来的影响。[①] 调查显示,47%的调查对象仅在去年就遭受过至少一次网络攻击。信用卡诈骗是最常见的网络犯罪,20%的调查对象声称去年遭受过诈骗,还有 16.5% 的受访者至少有一个社交媒体账号被攻击或破坏过。研究表明几乎所有的网络犯罪都对商业危害巨大,88% 的被调查者认为对雇主的网络攻击会使财务和生产力遭受巨大冲击,更有 3.5% 的被调查者认为对雇主的一次网络攻击便会轻易让所在机构永久破产。[②]

(二) 网络保护

或许欧盟最为先进的保护部门在网络领域。2016 年 7 月 6 日,欧洲议会通过了《网络与信息安全指令》(the NIS Directive),并于同年 8 月生效。该指令从法律上提升了网络安全的总体水平。然而鉴于网络系统不断进化,网络风险层出不穷,执行这项指令便迫在眉睫。欧盟成员国需于 2018 年 5 月 9 日之前将指令纳入国家法律当中,并于同年 11 月 9 日之前明确关键服务运营商,为此委员会于 2017 年 9 月发布通信,意在帮助欧盟各成员国快速一致地执行该指令。委员会还计划设立"指令工具箱",为成员国提供实用信息,比如提供各个成员国的范例,阐释指令具体条款以及如何在实践中实施指令。指令工具箱应至少做到以下几点:为全球应用提供实用参考,包括发展过程中所需的新策略;为现有模式、评估工具或其他参考提供链接;提供附加评估工具,加快明确需要提升以及如何提升的关键领域;明确最佳实践指标,用以评估不断所取的进步等。

同样 2016 年 12 月 27 日,中国国务院发布《"十三五"国家信息化规划》(2016—2020)。规划称,中国将加大前沿信息技术投入,包括 5G 无线系统、IPv6、智能制造、云计算以及物联网。该规划同样也关注网络安全,完善相关

[①] https://ec.europa.eu/digital-single-market/en/network-and-information-security-nis-directive.

[②] https://www.itu.int/en/ITU-D/Cybersecurity/Documents/National%20Strategy%20Toolkit%20introduction.pdf.

法律法规,设立风险预警与应急机制。① 2017 年 6 月 1 日《中华人民共和国网络安全法》(China Cybersecurity Law)开始实施,为保障关键信息基础设施安全,同年 7 月 11 日根据《中华人民共和国网络安全法》,国家互联网信息办公室起草了《关键信息基础设施安全保护条例(征求意见稿)》(CIIP Regulation for public comment),向社会公开征集意见。该草案共分 8 个章节,共有 55 项条例。

表 11-1 关键基础设施保护国际化

	美国	欧盟	中国
关键基础设施保护重要政策	总统令;国家标准与技术研究院网络安全框架	《网络与信息安全指令》(法规)	《中华人民共和国网络安全法》《关键信息基础设施安全保护条例(征求意见稿)》《跨境数据流动规则》(Cross Border Data Transfer Regulation),《网络安全审查办法》(Cybersecurity Review Regulation),《信息安全等级保护管理办法》(MLPS)
私营部门立法参与情况	参与	参与	未参与
立法主要反馈渠道	研讨会;信息邀请书	民意咨询;调查	30 天公众评议期
是否根据风险定义关键基础设施	是	是	是
数据和运营驻留	否	否	是
是否采纳国际标准	是	是	否

资料来源:https://www.scribd.com/document/364544590/A-Comparative-Study-The-Approach-to-Critic al-Infrastructure-Protection-in-the-U-S-E-U-and-China#from_embed。

如上所示,美国、欧盟同中国在关键基础设施保护方面都处于成型阶段。在所有不同点中,值得注意的一点便是私营部门的角色。在美国和欧盟一些国家,传统的关键基础设施运营商很大程度上都是私营部门,而在中国,除了网络运营商以外,大部分类似关键基础设施保护运营商都为国有企业。美国和欧盟提倡私营部门参与立法,而私营部门也将之视为自身义务参与制定并自觉遵守关键基础设施保护政策。中国政府也在不断加强政策透明化。无论关键基础设施运营商和技术供应商为国有还是私有,所处何地,重要的是政府

---

① http://english.gov.cn/policies/latest_releases/2016/12/27/content_281475526646686.htm.

关键基础设施保护政策需做到"灵活多变、可塑性强、不分行业、技术中立"。表11-1是对美国、欧盟以及中国关键基础设施保护办法的简要总结。

为解决网络领域问题，欧盟也在协调各类实践活动。"2016欧洲网络"演习便是一个很好的例子，该演习为欧洲网络和信息安全局（European Union Agency for Network and Information Security）组织的第四次泛欧洲网络危机演习。此次演习模拟历时6个多月的真实网络危机，并于2016年10月13日至14日（48小时）内达到高潮阶段。演习高度重视国内与国际合作以及来自欧盟全部28个成员国的公共与私人机构（大部分为信息与通信技术部门）的网络安全能力，目的在于加强大规模危机应对、响应及减灾能力。此外，此次使用由欧洲网络和信息安全局开发的样机平台，加大了欧盟境内合作力度，为有效促进欧盟境内由连接欧洲基金资助的危机合作基础设施发展提供了大量经验。

（三）希腊关键基础设施保护措施

很难评估希腊日常实施欧盟委员会关键基础设施保护措施的有效性。希腊官僚机构过度政治化且人手不足。政党干部而不是公务员负责协调政策提议。各部公务员大多缺乏现代科学和管理技术。政策提议的任务通常被指派给部长顾问，而部长顾问是短期政治任命官员，他们可能是非学术专家、学者或执政党干部。高层公务员虽可在政策提议时告知哪些法律上允许、技术上可行，但即使在这些问题上，各部长通常也倾向于相信自己的法律和技术顾问。其他处于官僚等级制度基层的公务员几乎很少了解政策提议，更别说做出个人贡献。此外各部之间的公务员也很少横向合作。[1] 另外，希腊大多数部门都监管众多国有企业，而这些国有企业管理、运行、掌控着各类关键基础设施。比如交通运输部监管雅典和塞萨洛尼基的公共交通国有企业。因此关键基础设施部门的私营企业方案在希腊现代关键基础设施保护中不容忽视，并且应同相关国家机构紧密合作。

作为"一带一路"倡议中高科技应用与计划的一部分，2014年12月在贝尔格莱德召开的第三届中国-中东欧国家领导人峰会提出创建学术研究智库，"一带一路"智库合作联盟随即建立。此外，除了考虑常见的政治、金融、技术经济、技术和文化问题之外，"一带一路"还应关注关键基础设施的安保技术与

---

[1] D. A. Sotiropoulos, A. Huliaras, R. Karada, *Greece Report*, *Sustainable Governance Indicators 2017*, Bertelsmann Stiftung, Germany, 2017.

管理的研发、规划和实际应用。

（四）研究与创新

在研发投入方面，尽管希腊在经合组织国家中的排名并不靠后，但历届希腊政府从未将研发置于优先地位。加之私营企业，即使是私营巨头，在研发投入上也持消极态度。这导致经济活动整体不活跃、制度有缺陷，以及对公私合作产生文化抵触。迄今为止大部分研究皆由国立大学和国立研究机构开展，它们极度依赖国家财政拨款，然而2015和2016连续两年，因为严厉的财政紧缩措施，大学和研究机构的研究经费也有所下降。尽管经济不景气，这些大学在生物、IT与计算机科学、经济学以及工程学、考古学和历史学的各类分支学科却硕果累累。尤其那些寻求欧盟资助的希腊研究者常常会获得大力支持。比如，雅典国家技术大学以及位于伊拉克利翁的技术研究所都有很多国际项目。《欧洲2020战略》(Europe 2020)框架下，希腊将投入极小比例的GDP用作研发基金。希腊政府和欧洲投资银行积极资助设立新的公共机构即希腊研究和创新基金会(Hellenic Foundation for Research and Innovation)，该基金会还额外获得欧盟国家战略参考框架(EU National Strategic Reference Framework)和欧盟"地平线2020"(EU Horizon 2020)计划的经费支持。该基金会将会管理科研项目的评估与财务、学术状况以及科研设备投资，意在为希腊科研提供资金支持，为青年科学家和博士研究生创造科研机会，避免他们离开祖国，造成人才流失。因此，希腊相关研发项目可为关键基础设施保护培养员工、提供专业技能知识。

（五）自然灾害

近年来全球自然灾害频发，地震、风暴、洪水以及滑坡时有发生，其原因在于全球自然环境发生改变，社会在自然灾害面前显得愈发脆弱。自然环境正在快速发生变化——全球变暖、城市热岛效应、森林和耕地骤减、荒漠化、河岸海岸被侵蚀等。由于社会结构和土地利用方式的改变，比如城市人口过度集中、灾害易发区居住率上升以及农村地区人口减少，社会在自然灾害面前愈发脆弱不堪。[1]

---

[1] M. Hamada, et al. *Critical Urban Infrastructure Handbook*, CRC Press is an imprint of Taylor & Francis Group, an Informa business, 2015.

众所周知,希腊地震时有发生,甚至已成为日常状况,虽然大多数震级较低,不会造成任何破坏,但大地震也会偶尔发生,造成经济损失和人员伤亡。原因在于希腊地处地中海东部,位于非洲板块和欧洲板块交界处,地理状况复杂。希腊北部位于欧洲板块,而南部地接爱琴海板块,两大板块交界处地质构造截然不同。在希腊本岛,正断层错动会造成震级达 7 级的地震,而北部爱琴海区域曾因走向滑动发生过震级达 7.2 级的地震。[1]

关于地震和类似灾难,近代史上最严重的灾害之一便是 2011 年 3 月 11 日在日本东北部发生的 9.0 级大地震(即东日本大地震及其引发的海啸)。此次地震规模在日本史上前所未有,造成了毁灭性破坏,引发了海啸、地面运动、土壤液化以及滑坡,死亡及失踪人数至 2012 年 10 月 31 日达 18 641 人,这无疑是日本过去半个世纪以来最为严重的一次灾害。供电、供水、通信、排水系统等众多基础设施设备遭到严重破坏,城市灾区运转一度瘫痪很长时间。东日本大地震让我们看到在应对自然灾害时,关键基础设施(生命线)系统的恢复力对保护民众生命,挽救灾害幸存者,以及快速恢复、重建受灾地区的重要性。日本在防震减灾方面颇有经验。日本土木学会等机构长期致力于关键基础设施(生命线)系统的技术发展、设计和建筑知识积累、管理和维修、灾害预防以及环境措施。因此在规划应对自然灾害的关键基础设施保护措施时,应借鉴他们的专业知识技能。

五、可采取的措施

中国分析人士指出应深化同"一带一路"参与者之间的合作,为此,应针对具体政策建立不同的合作平台。此外还可以达成地方协议,拓宽合作领域,比如将中小型企业纳入其中。区域内各个国家也需相互配合,在政治上即使难以达成一致,也需相互协调。因此中国专家建议加强贸易与投资领域的合作,[2]并且合作应拓宽至关键基础设施的新领域,这也同"一带一路"倡议下的希腊现状和走向不谋而合。

"一带一路"倡议和"16+1"合作下,中国与希腊的合作潜力还与中国企业

---

[1] https://en.wikipedia.org/wiki/List_of_earthquakes_in_Greece.
[2] M. Kaczmarski, "China on Central-Eastern Europe:'16 + 1' as seen from Beijing", *OSW Commentary*, Ośrodek Studiów Wschodnich im. Marka Karpia, 2015.

R11 "一带一路"与"16+1"合作安全风险分析框架下的希腊共和国关键基础设施安全评估

的行为息息相关。虽然中国政府提倡友好合作,而在世界各地,尤其在巴尔干半岛区域,中国企业的所作所为同政府官方政策大相径庭。也就是说,在一些中国企业实施的项目中,或中资企业收购的本地企业中,有本地员工投诉工作环境恶劣,各类问题众多,比如在没有加班费的情况下,每日工作时间常常超过 8 小时合同规定时间,达 10 或 11 个小时以上。中国政府应强势介入,加强对中国企业行为的管控,因为它们一定程度上也代表了中国,在这一点上所有"一带一路"倡议参与者和合作企业还需进一步摸索。本研究虽不会对此做深入探讨,但该问题至关重要,甚至可能大大影响"一带一路"倡议的未来发展势头。

随着"一带一路"倡议下中国与希腊的合作持续深化,双方有可能共同加强关键基础设施建设和保护。节能以及可再生能源领域将会是重要的合作起步点,比如建设发电厂。首先希腊和巴尔干半岛地区有数个大型垃圾填埋场可用来建设工厂,处理城市固体废物,生产电能。这些垃圾填埋场大小迥异,可施工程度不一,有的甚至可以立即动工。近年来,随着气化技术的发展,一些垃圾填埋场的改建工作已经开始。依靠最新气化技术,可进行垃圾衍生燃料的热力开采,从而有效处理城市固体废物的非再生部分。除了希腊—中国双边研究与技术开发 2012—2014 合作项目框架下的具体项目 TE-RDF 以外,[①]还有诸多类似倡议同样也涉及沼气等生物燃料。比如,希腊公司与地方和国家行政部门正在寻求中国合作伙伴,共同建设巴尔干半岛能源基础设施项目。合作类型包括但不限于:发电厂等关键基础设施的统包建设、"16+1"合作下同希腊或其他"16+1"合作参与国的企业建立关键基础设施建设合资企业、希腊关键基础设施项目设备与机械供应。

从宏观角度来看,该地区也有以加强区域安全协作为目的,建立互联互通的关键基础设施系统的相关探讨,特别是在能源领域——要以稳定的电力供应与跨境贸易为目标,优先确保电力(电网)和天然气的安全稳定。目前在巴尔干地区正讨论与欧盟和俄罗斯建立互联,但也有沿欧亚走廊扩展互联的可能。基本思路是建议将电力和天然气供应路线划分成若干个安全区域,每个区域由一个区域合作中心覆盖。

---

① P. Vounatsos, D. Kourkoumpas, P. Grammelis, "Thermal Exploitation of RDF/Greece-China Bilateral R&D Cooperation 2012 - 2014 (Abstract)", Centre for Research & Technology Hellas/Chemical Process and Energy Resources Institute, Athens, Greece, 2014.

电力、石油和天然气市场以及其供应网络变化不定、脆弱不堪、事故频发，能源供应风险不断。因此网络和能源关键基础设施网的建设也能促进供应多样化，降低脆弱性。这在地缘政治和策略层面上同希腊近期举措相互一致。在希腊议会的许可下，希腊正全力在部分区域，尤其是爱琴海和地中海东部进行勘探，寻找碳氢化合物。据路透社报道，道达尔公司（Total）、爱迪生国际公司（Edison）以及本地希腊石油公司是主要开采商。天然气的大量发现将会极大促进供应多样化。此外将希腊天然气供应通过跨地中海管道同埃及、以色列和塞浦路斯紧密相连也不失为一个潜力巨大的备用解决方案。如此大规模的基础设施建设为希腊各方利益相关者与大型外资企业比如中国企业的合作提供了巨大潜力。

对法律系统营运知识的良好把握对深化关键基础设施领域的合作至关重要。一位名为胡浩（Hu Hao，音译）的专家建议同中国政府相互合作建立咨询公司，解决这类问题，减少投资风险，提供可行性研究，分析本地法律法规。此外为减少风险，还可建立智库，加强双边合作，提供当前法律和市场动向信息，推动智库合作。①

综上所述，为推进希腊国内"一带一路"倡议，促进希腊、中国以及其他"16＋1"合作国家间的经济、贸易和文化合作，需建立"一带一路"区域中心，实现互惠互利。除了推进"一带一路"项目，该区域中心还可促进招商引资和贸易宣传，打开国际市场通道，促进研究与开发，此外在平等条件下相互咨询，互通有无，重新分配资源，为文化、教育—知识—研究、旅游业和其他领域提供服务。该中心还会促进贸易投资，推动中国和欧盟企业间的国际交流。位于希腊的区域中心将成为"16＋1"合作的"一带一路"技术中心，从而将该区域现有目标中心汇聚起来。在"一带一路"倡议和"16＋1"合作下，可在希腊具有潜力的地方，同中国企业相互协作，寻找本地合作企业和合适区域建设、推广以及运营设施。此类区域中心可包含以下部分：会议和展览中心、商业中心、技术园区。

技术园区对关键基础设施保护至关重要。技术园区通过大学、产业以及政府间的合作在全球经济大环境下推动创新、促进商业化、提高经济竞争力。"一带一路"区域中心的技术园区将会重点关注同该区域现有和拟定的关键基

---

① M. Kaczmarski, "China on Central-Eastern Europe: '16＋1' as seen from Beijing", *OSW Commentary*, Ośrodek Studiów Wschodnich im. Marka Karpia.

础设施项目相关的安全、法律和技术问题。

（一）开发专利

近年来，希腊各个大学和机构相互协作，参与多个由欧盟委员会、其他国际组织或区域/地方基金资助的研究与开发项目。大部分此类项目都同关键基础设施或/和安全相关，提供一个或多个解决方案以及作为可交付产品、技术成熟度高（5级或以上）的商品。很多情况下可交付产品可直接投向市场，但是研究与开发项目因各种原因无法做到这一点。总之，将这些可交付产品当作产品出售或直接应用到"一带一路"项目中还有很大的发展空间。

综上所述，对"一带一路"项目感兴趣的中国企业以及希腊各个大学和机构可相互合作，以合资企业或以其他合法形式开发并利用新专利。中国企业可借鉴希腊和其他"16＋1"合作伙伴研究与开发项目的专业技能和所发表成果，负责获得专利权。每个合作企业的所有权比例和利润份额皆视具体情况而定。这样的理念可加强双方在"一带一路"项目中关键基础设施的合作，同时也促使双方相互借鉴关键基础设施保护专业技能。

（二）信息与通信技术和网络安全

除了前边所提的能源领域，希腊在有关水和污水的关键基础设施方面也可采用类似合作方式。除了建立生产工厂，"一带一路"技术合作也可包括涉及智能电网和智能电表的关键基础设施领域。可广泛应用信息与通信技术，将之同交通运输、智慧城市和其他涉及关键基础设施的领域相互联系起来。

提高关键基础设施恢复力是当前最佳安全保护政策，它同风险评估和管理以及关键基础设施保护措施互补互利。信息与通信技术日新月异，其发展速度远超其他领域，加之其他诸多原因，信息与通信技术以及网络安全已成为关键基础设施恢复力管理的关键部分。

关键基础设施恢复力管理中的网络方面大致可分为三个重要的相互联系的部分：(1)内部信息与通信技术结构（包括云服务），(2)综合网页组件（公共和私有）以及同互联网的关系，(3)网络服务使用者。第三个部分涉及网络风险评估中的人为因素，因此或许在保护关键基础设施，进而提高设施恢复力方面最难应对。

关键基础设施保护和恢复力的提高都需要重视网络安全，这也是希腊关键基础设施保护的要点之一。不过针对在关键基础设施企业工作的人们，希腊还需做出巨大努力教育并改变他们的习惯。值得庆幸的是希腊拥有众多技术先进的信息与通信技术公司为网络安全保驾护航。因此对于"一带一路"项目来说,如果计划和处理得当,关键基础设施保护中的网络安全将不再是棘手问题。

六、总结

对"一带一路"与"16+1"合作项目下希腊共和国安全和关键基础设施保护可能性的评估无疑表明,中国和希腊的紧密合作潜力巨大。两国合作虽只是"一带一路"项目的一部分,但规模不小,双方仍需紧随"一带一路"步伐,根据时间框架进一步展开合作,进行深入细致的研究。

此次评估还指出了"一带一路"合作中希腊乃至整个巴尔干半岛地区的基础设施保护的潜在问题、弱点和盲点。今后在"一带一路"倡议的计划和实施过程中,应对这些问题给予特别重视。

本报告探讨了现代企业关键基础设施保护策略的重要因素比如提升恢复力,指出了希腊关键基础设施和"一带一路"相结合的主要风险。希腊作为欧盟成员国,已从欧盟法律法规和关键基础设施保护领域的实践活动中获得相关专业知识技能。然而"一带一路"中的关键基础设施大多属于中国企业或有中国企业重点参与的合资企业,因此希腊关键基础设施部门的私营企业理应成为关键基础设施保护的主力军。

随着"一带一路"倡议下中国与希腊的合作持续深化,双方能共同加强关键基础设施建设和保护。本报告最后章节提出了一些迫在眉睫的具体行动和行动计划。

总而言之,希腊关键基础设施尤其是"一带一路"倡议下的关键基础设施未来前景甚好,有机可寻。而关键基础设施的安全可靠性,换句话说其可操作性和积极的财政影响,在很大程度上取决于关键基础设施保护和恢复力的相关措施。为完善现有关键基础设施,应在整个"一带一路"计划和设计过程中的各个阶段不断加强关键基础设施保护,提升恢复力。

R12 "一带一路"与"16＋1"合作安全风险分析框架下的塞尔维亚共和国关键基础设施安全评估

[塞尔维亚]达科·特里富诺维奇

佐兰·德拉吉希奇

布拉尼斯拉夫·托多罗维奇①

【摘要】塞尔维亚共和国是"16＋1"合作成员（最近随着希腊的正式加入"16＋1"扩展到"17＋1"）。塞尔维亚有建设发展的需求，尤其在基础设施领域，而中国是塞尔维亚该领域的主要合作伙伴之一。到目前为止，中国在塞尔维亚的投资主要是国有投资和贷款，主要集中在关键基础设施领域（桥梁、铁路、高速公路和能源）。中方对塞投资是2018年塞尔维亚外交政策转向以促进对华经济合作为重心的主要原因之一。但中国企业在海外的蓬勃发展可能会吸引各种恐怖组织的注意，塞尔维亚的关键基础设施很可能像近年来的某些欧盟国家一样成为目标。

塞尔维亚乃至整个巴尔干地区的关键基础设施安全情况仍然不尽如人意。本研究概述了美国、加拿大和欧盟的关键基础设施保护方法。考虑到塞尔维亚共和国的地理地缘政治位置，欧盟的经验更具借鉴意义。本研究发现，塞尔维亚政治经济稳定、前景良好，目前的总体安全状况令人满意，但这不能保证在不久的将来不会出现恐怖分子袭击、设备故障、人为错误或自然灾害，因此关键基础设施保护势在必行。塞尔维亚应以欧盟标准进行自我要求，做出更大努力应对这种情况，才能尽快实现入盟的渴望。此外，"16＋1"合作为

---

① 达科·特里富诺维奇博士，教授，国家和国际安全研究所主任，国家和国际安全研究中心创始成员，国家和国际安全研究所项目和研究协调专员；佐兰·德拉吉希奇博士，教授，贝尔格莱德大学安全研究学院教授，塞尔维亚政治家；布拉尼斯拉夫·托多罗维奇教授，贝尔格莱德大学建筑学院教授。本研究是塞尔维亚国家和国际安全研究所与上海社会科学院合作开展的"'一带一路'风险评估"项目成果。

塞尔维亚的关键基础设施项目提供了强大的资金动力，公共部门和私营企业能够因此开展关键基础设施保护，深化中塞之间的科技合作、智库合作，提升网络安全为重点的关键基础设施安全。本研究指出了塞尔维亚关键基础设施相关安全问题，以及根据塞尔维亚目前情况应考虑采纳的步骤。

针对塞尔维亚国内和"一带一路"及"16＋1"合作关键基础设施保护的安全性与可能性展开的评估明确表明，中塞之间在相关领域已取得一定进展，也有进一步合作的潜力。但双边合作快速增长和拓展的同时，关键基础设施安全保护工作却相对滞后。除已经落实的初步步骤外，未来几年必须加快推进从法律到实践各个层面的行动和工作。

【关键词】塞尔维亚；"一带一路"；安全风险

一、引言

"一带一路"倡议及其组成部分，即有关区域合作的"16＋1"合作（又称"16＋1"机制），通过争取新成员来明确其实力和概念特色。中国于2012年通过"16＋1"合作和"一带一路"与中东欧国家缔结合作关系。该合作以促进贸易为主要目标，同时加强深化运输、能源、农业、金融、科学技术、文化教育、卫生等其他领域合作。预计最主要的合作内容可能是中国提供资金支持，以能源领域以及铁路公路建设的合作为切入点，资助目标地区的大型基础设施项目。

中国在外交关系中主张平等原则，对大小国家一视同仁。这种原则重视合作关系，并力求以"互惠互利"为基础建立伙伴关系。中东欧国家可能因体量较小而无法吸引中国对单个国家的关注，但将它们纳入"16＋1"合作对中国的地缘战略计划至关重要。

塞尔维亚共和国是"16＋1"合作成员，该合作倡议包含11个欧盟成员国和5个巴尔干国家（分别为：阿尔巴尼亚、波黑、保加利亚、克罗地亚、捷克、爱沙尼亚、匈牙利、拉脱维亚、立陶宛、马其顿、黑山、波兰、罗马尼亚、塞尔维亚、斯洛伐克和斯洛文尼亚）。在2019年4月于克罗地亚杜布罗夫尼克举行的会议上，希腊正式加入了"16＋1"合作，使其扩大为"17＋1"。通过参会，希腊成了"16＋1"合作的准成员。作为该地区的强国、欧盟成员国和欧元区成员国，希腊的正式加入明确证明了"一带一路"和"16＋1合作"的潜力。

在参与"16＋1"/"17＋1"合作的国家中，塞尔维亚具有重要的地缘政治地

R12 "一带一路"与"16+1"合作安全风险分析框架下的塞尔维亚共和国关键基础设施安全评估

位,特别是其运输路线(公路、铁路和河流)和能源网络,都属于关键基础设施。近年来,随着基础设施的扩充、协议的签署和对未来更多合作的展望,需要对基础设施给予相应的关注和保护,特别要注意关键基础设施安全问题。在这样的背景下,本研究进行了塞尔维亚共和国关键基础设施的安全评估,并强调了"一带一路"和"16+1"合作下关键基础设施保护的差异性和特殊性。

(一)定义

本章将罗列关键基础设施保护相关术语定义,主要检索自 CIPedia。[①]

关键基础设施是成员国内部的资产、系统或组件,对于维持关键社会功能、公共健康、安全保障、国民的经济或社会福祉至关重要。一旦这些资产遭到破坏或摧毁,导致这些功能失效,成员国将受到重大影响。

(1)后果。在关键基础设施保护文献中,"后果"一词的定义不明确。尽管 ISO 将后果定义为"某事件对目标的影响结果",但该一般定义并未区分对系统或关键基础设施本身造成的后果,还是对于国民、环境或经济造成的后果。这样的区分之所以必要,是因为按照"欧洲关键基础设施指令",[②]需要根据跨领域标准评估对国民、环境和经济的后果。此外,级联效应对其他基础设施产生的后果可能也需要加以区分和评估。因此,在本文中,我们将尝试清晰区分后果的各种形式和类型。

(2)影响是指代灾害、威胁等后果的规模。在本文中,我们将区分关键基础设施影响(对关键基础设施的直接影响),关键基础设施级联影响(一个关键基础设施的失效对另一关键基础设施的间接影响)和社会影响(对国民、环境和经济的影响)。

(3)灾害。我们采用联合国减灾战略署的定义:灾害可以是任何"可能导致伤亡或其他健康影响,财产、物资和公共服务损失,社会、经济或环境破坏的危险现象,物质、人类活动或状况"。[③] 在本文中,此术语为威胁的同义词。

(4)恢复力。恢复力这一术语是指准备并适应不断变化的条件以及抵御干扰并迅速恢复的能力,包括抵御故意攻击、事故或来自环境的威胁或事件并从中恢复的能力。然而,恢复力仍是一个相对较新的术语,其确切定义一直存

[①] http://www.cipedia.eu.
[②] https://eur-lex.europa.eu/LexUriServ/LexUriServ.do?uri=OJ:L:2008:345:0075:0082:EN:PDF.
[③] https://www.unisdr.org/files/7817_UNISDRTerminologyEnglish.pdf.

在争议。

(5) 风险是一个难以定义的术语,因为它要么根据传统的 ISO 定义使用,要么作为灾害或威胁的同义词使用。我们将风险视为"某事件或灾害造成的后果及其发生的可能性的结合"。

(6) 风险管理是系统使用政策、程序和惯例,进行沟通、协商、确定背景以及识别、分析、评估、处理、监控和审查风险(来自 ISO 指南 73：2009)。

(7) 风险评估指以下过程：风险识别——发现、识别和描述风险的过程；风险分析——理解风险性质并确定风险等级的过程；风险评估——将风险分析结果与风险标准进行比较,以确定风险和/或风险大小是否可以被接受或容许的过程。

(8) 风险处理是指任何修正风险的过程,其中可能涉及：通过不启动或停止产生风险的活动来规避风险,冒险或增加风险以寻求机会,消除风险源,改变可能性,改变后果,与另一方或多方分担风险(包括订立合同和风险融资),知情决策后保留风险。

(9) 单一风险评估确定特定时间段内在特定地理区域发生的某一灾害(例如洪水)或某种特定灾害类型(例如洪灾)的单一风险(即发生可能性和后果)。[1]

(10) 多风险评估可确定同时发生或由于彼此依赖或相同的触发事件或灾害引起的多种灾害的总风险；或在不同时间威胁相同(易损或易受攻击)要素导致的风险。

(11) 方案是一种假想情况,由已识别的威胁或灾害、受该灾害影响的实体以及包括后果在内的相关状况组成。

(二) 美国经验

美国国土安全部总统令(HSPD-7)制定了旨在加强关键基础设施保护的国家政策——通过为其合作伙伴建立特定机制,识别、确定优先顺序并保护其中的关键基础设施免受恐怖袭击。该指令明确了 17 个关键基础设施领域,并为每个领域指定了一个联邦专门保护机构,负责领导保护和恢复力建设的相应计划与活动。HSPD-7 允许国土安全部明确现有关键基础设施领域中的差距,并建立新领域来弥补差距。[2] 同时,针对每个特定领域的机构制订特定

---

[1] https://ec.europa.eu/echo/files/about/COMM_PDF_SEC_2010_1626_F_staff_working_document_en.pdf.
[2] http://www.dhs.gov/xlibrary/assets/NIPP RiskMgmt.pdf.

计划,以在不同领域中实施《国家基础设施保护计划》(NIPP)。显然,美国的方法是按行业区分实施的,这与《欧盟关键基础设施保护计划绿皮书》(EPCIP)中的实施方法相似。但是,美国的关键基础设施保护趋势是更多地关注恢复力问题。此外,美国关键基础设施保护中没有类似于《欧盟关键基础设施保护计划绿皮书》的正式程序来指定关键基础设施和资产。作为美国关键基础设施保护的实施框架,美国《国家基础设施保护计划》提供了实施关键基础设施保护计划的指南。其特色在于整合了对于各个领域关键基础设施的保护措施,明确了州级和联邦级有关方面的角色和责任,还建立了关键基础设施的风险管理机制。[1]

(三) 加拿大关键基础设施保护国家战略和行动计划

加拿大《关键基础设施国家战略和行动计划》(*The National Strategy for Critical Infrastructure*)(以下简称行动计划)为加强该国关键基础设施的恢复力建立了机制。作为国家战略的实施要素,《行动计划》明确强调其最终目标旨在提升关键基础设施的恢复力,而实现途径是建立合作伙伴关系,对所有危害进行风险管理和信息共享。合作伙伴关系、风险管理和信息共享是《行动计划》的基石,因此这些领域的行动步骤也有所罗列。该计划引人注目之处在于有关方面(联邦政府、省/地区政府和关键基础设施运营商)的责任分配,故其采取了一种多层次方法,需要各个部门基于信息共享进行协作。此外,责任分配下,恢复力仍然停留在区域和政府层面上,而运营商的主要任务仍是识别、管理或降低运营环境相关风险。显然,因为恢复力需要各方面的协作(许多情况下还涉及不同行业),故而无法在资产/运营商级别上进行处理。这是国家在制订战略计划时已充分考虑的一点。

(四) 欧盟关键基础设施保护方法

考虑到塞尔维亚的地理和地缘政治位置,以及为加入欧盟不断付诸的努力,欧盟的经验更具借鉴意义。《欧盟关键基础设施保护计划绿皮书》为欧洲关键基础设施风险管理提供了指导。该计划旨在落实欧盟"第2008/14/EC号指令"提出的要求:"识别、指定欧洲关键基础设施,并评估提高保护的必要性"

---

[1] G. Giannopoulos, R. Filippini, M. Schimmer, *Risk assessment methodologies for Critical Infrastructure Protection. Part I: A state of the art*, Office of the European Union, 2012.

(Council Directive 2008/114/EC)。该计划仅限于交通运输和能源领域,并要求在保护关键基础设施的过程中考虑到所有危害。虽然这据称是结合了涵盖人为、技术和自然灾害等所有危害在内的风险管理方法,恐怖主义威胁仍处于优先级别。①《欧盟关键基础设施保护计划绿皮书》囊括了欧洲关键基础设施的识别、指定和保护。在识别阶段,潜在的关键基础设施资产的筛选过程有五步,包括应用行业标准、跨领域标准、跨境因素、候选资格提名和最终选定。与美国《国家基础设施保护计划》及风险管理框架(RMF)相似,关键基础设施资产识别为《欧盟关键基础设施保护计划绿皮书》的所有后续阶段奠定了基础。因此,风险管理流程的成功仍取决于关键基础设施资产识别工作的产出质量。②

为协调关键基础设施保护活动,欧盟正基于风险评估制定流程。有效的风险评估方法是成功的关键基础设施保护计划的基石。鉴于这些威胁发生的可能性,若要识别威胁,评估脆弱性,衡量对资产、基础设施或系统的影响,风险评估不可或缺。根据已识别的关键基础设施和风险评估,关键基础设施保护和恢复力的相应措施才能得以明确(图12-1)。

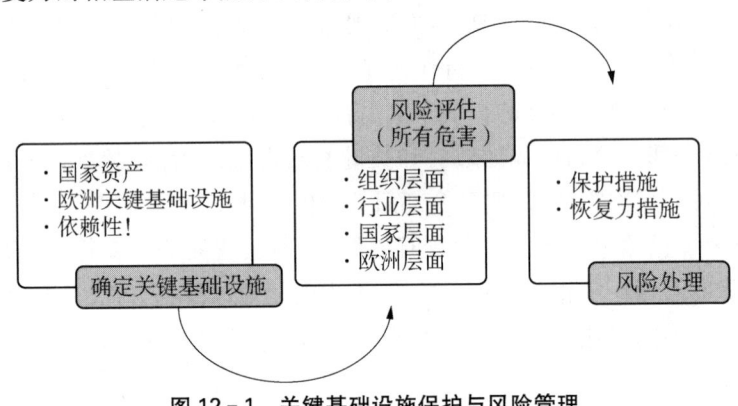

图 12-1 关键基础设施保护与风险管理

资料来源:www. eu-circle. eu/wp-content/uploads/2017/03/04.-Risk-assessment-methodologies-for-CI-. pdf。

---

① S. Bouchon, C. D. Mauro, C. Logtmeijer, J.-P. Nordvik, R. Pride, B. Schupp, M. Thornton, *Non-binding Guidelines: For application of the Council Directive on the identification and designation of European Critical Infrastructureand the assessment of the need to improve their protection*, Luxembourg: Office for Official Publications of the European Communities, Italy, 2008.

② C. O. Izuakor, *Critical Infrastructure Asset Identification: A Multi-Criteria Decision System and Aviation Case Study*, PhD Dissertation, University of Colorado, Colorado Springs, 2016.

R12 "一带一路"与"16＋1"合作安全风险分析框架下的塞尔维亚共和国关键基础设施安全评估

"欧洲关键基础设施指令"为能源和运输领域关键基础设施以及如何确定最为关键的欧洲关键基础设施提供了基准指南。该标准将基础设施损失的影响作为确立优先级的一种方法。这些准则并非完整的国家风险评估,而是通过"建立背景"(范围定义)和"后果分析"(风险分析阶段)涵盖了风险管理的早期阶段。本质上,该指令为管理体系提供了一种识别需要保护的资产(关键基础设施)的方法,而这是迈向风险管理的第一步。

二、政治、经济和安全局势概述

一个国家的安全局势通常受政治和经济因素影响。虽然其中关联未必直接明了,但是它们对关键基础设施起着重要的作用。南斯拉夫解体后,塞尔维亚陷入动荡。在经历各种过渡和变化后,塞尔维亚如今已取得了长足发展,成为欧盟的候选成员国。但是,加入欧盟需具备的条件很多,入盟进展缓慢。对于加入欧盟的时间表,塞尔维亚似乎过于乐观。塞尔维亚政府意识到入盟可能会一再拖延,因此改变了重点,确立了分散式外交政策为导向的四个外交核心(欧盟、美国、俄罗斯和中国),并开始实施相应政策。

分散式外交政策实际上意味着塞尔维亚在东西方平等地加强双边和多边关系。2019年初塞尔维亚宣布在与科索沃谈判问题上与欧盟的分歧可能加大,之后,塞尔维亚开展了一些活动,加强与俄罗斯和欧亚经济联盟的联系。[①]

关于当前经济指标,根据世界银行收集的数据,2018年塞尔维亚增长强劲,预计未来几年还将继续增长。2018年的增长基础广泛,与去年同期相比,所有行业的经济增长值都在上升,但是2018年的增长可以说主要由实际增长值为16.4%的投资驱动。

西巴尔干地区2018年的增长引人注目,因为区域发展也对塞尔维亚产生了影响。西巴尔干地区增长预测已向好,目前约为为3.5%。西巴尔干的增长主要由公共投资和消费驱动,而其中增长率较高的国家则主要通过投资和出口促进增长。2018年上半年西巴尔干地区创造了超过9万个就业机会,主要来自工业和服务业。其中,阿尔巴尼亚预计将增长4%。虽然仍低于上一年,但黑山的增长率预计将提高1个百分点,到达3.8%。波黑的增长继续保持稳定,预计为3.2%。在去年因极寒天气导致增速放缓后,塞尔维亚的经济增长

---

① https://data.worldbank.org/country/serbia.

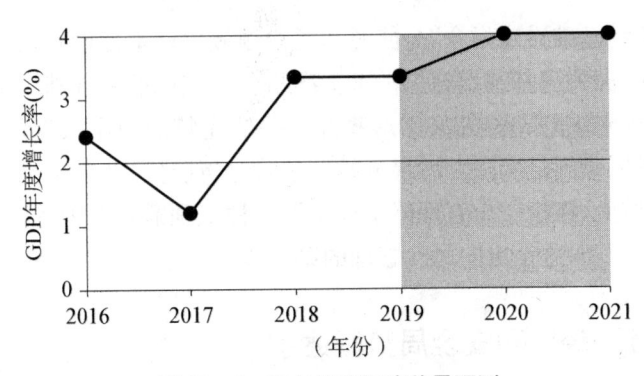

图 12-2　塞尔维亚经济前景预测

率已反弹至 3.5%。随着投资者信心的恢复,北马其顿的增长也反弹至 2.5%。① 2016 年以来的 GDP 增长率与 2020 年预测增长率的对比可能具有一定参考性——2016 年以来,在所有西巴尔干国家中,塞尔维亚的 GDP 增长率排在末位,为 2.8%;而据预测,2020 年塞尔维亚将以 4% 的增长率领先。因此,接下来几年塞尔维亚的财政政策可能应该关注这一挑战——改善公共财政结构。

其他经济指标显示,塞尔维亚通货膨胀率低,预算盈余(适度,但有盈余)占 GDP 的 0.6%。公共债务占 GDP 的 54.1%,其中外资在 20 亿到 30 亿欧元之间。加工业出口增长显著,失业率下降了 11.3%。尽管趋势向好,塞尔维亚经济仍然脆弱,刚摆脱国家紧缩措施和财政整顿措施的重压,业绩不良的大型国有企业的遗留问题也比较严重。

尽管经济增长数据亮眼,但仍不足以为经济发展带来更显著的推动力,使塞尔维亚可以达到该区域更发达国家的水平。② 需要关注的重点之一是国内中小企业的稳定,这些企业大部分仍在竭力争取在国内市场上拥有一席之地以及向海外扩展业务。塞尔维亚政府应为它们提供更多支持,尤其是在拓展海外市场方面。减税措施改革可能对中小企业有所帮助,但仍可以实施许多其他措施来支持中小企业。

国家层面的官方声明和公开数字表明,人们对塞尔维亚 2018 年的经济表现总体满意。塞尔维亚国家银行 2018 年 12 月发布的报告指出:"六年来,塞尔维亚已转变为低通胀和稳定增长的经济体。财政盈余,公共债务减少,外部

---

① https://www.worldbank.org/en/country/serbia.
② https://china-cee.eu/tag/iipe/.

R12 "一带一路"与"16+1"合作安全风险分析框架下的塞尔维亚共和国关键基础设施安全评估

失衡明显缓解,劳动力市场显著复苏。"此外,2019年初的初步分析显示,总体而言所有领域中都有类似的积极趋势和改善。

塞尔维亚2019年的政治局势表明,国家将保持稳定,政治局势将维持几年前的态势,执政的塞尔维亚进步党的地位得到巩固。唯一严峻的问题是塞尔维亚和科索沃之间的政治冲突以及塞尔维亚和阿尔巴尼亚人民在科索沃和梅托希亚问题上的紧张关系。争端可能升级的方向和程度很难预测,政治冲突引发不稳定的可能性虽然很小,却仍有现实可能性。

目前塞尔维亚的恐怖主义指数很低,过去10年中,除了从2016年的0.04上升到2017年的0.23之外,其他年份均主要呈下降趋势。全球恐怖主义指数衡量了恐怖主义的直接和间接影响,包括在死伤、财产损失和心理创伤方面的影响。它是根据恐怖主义的影响从0(无影响)到10(最高影响)对国家进行排名的综合评分。①

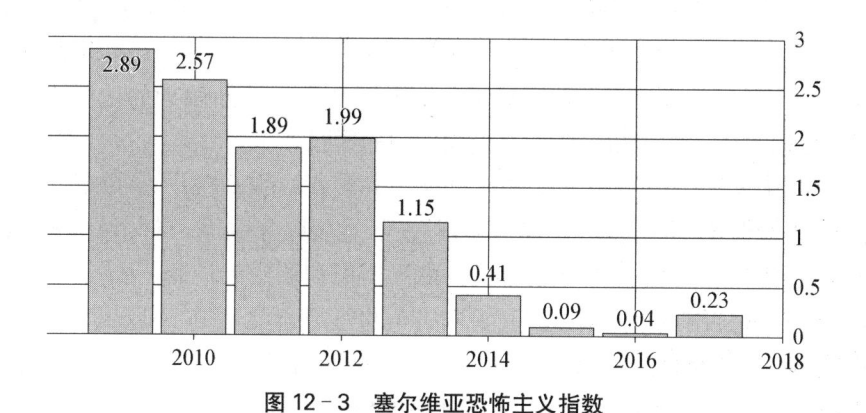

图12-3 塞尔维亚恐怖主义指数

资料来源:https://tradingeconomics.com/serbia/terrorism-index。

但是,恐怖主义指数体现的是当前大致局势,没有对于未来甚至是最近可能发生的恐怖袭击进行预估。因此应时刻做好准备。

在有组织犯罪方面,情况截然不同。2018年,有组织犯罪集团在塞尔维亚实施了36起谋杀案,与2017年相比增长了29%。这是令人担忧的趋势,因为黑手党的谋杀罪行引发了公众的恐惧和不安。此外,黑手党冲突与对非法交易的控制有关。塞尔维亚是南美可卡因和中东海洛因的中转国家,这两种商

---

① https://tradingeconomics.com/serbia/terrorism-index。

品的最终目的地都是欧盟这个富裕的广阔市场。警察部门没有掩盖这一事实：塞尔维亚目前有 38 个有组织犯罪集团，其中 8 个被认定为组织严密、对国家安全构成严重威胁。警察部门认为这些团伙在塞尔维亚建立和运作的决定性因素是该国的地理位置、无语言障碍和在西欧的大量侨民。这些团伙与全球其他涉嫌贩毒和非法贩卖武器弹药的黑手党的关系日益紧密。塞尔维亚与邻国、区域伙伴和国际刑警组织合作打击有组织犯罪。但是目前成果远低于平均值。

（一）外交政策

前文提及的塞尔维亚（面向欧盟、美国、俄罗斯和中国）的分散式外交政策方向目前进展良好。这种政策的弊端在于，这些国家在进行全球力量平衡的政治博弈时可能引发冲突，引起安全问题，而塞尔维亚也无法避免，因为任何关系都不可能一直保持平衡。与欧盟的关系就是一个很好的例子，从最近塞尔维亚和科索沃关系恶化中可以看出，塞尔维亚与欧盟的关系还远未达到理想水平。因此，塞尔维亚一直坚持深化与俄罗斯及俄罗斯领导的地区组织的关系，这进一步加剧了与欧盟以及美国之间的紧张关系。

塞尔维亚为 2018 年设定了以下外交政策重点：为维护其主权和领土完整而进行原则性斗争，继续与欧盟的谈判进程，发展睦邻关系，与世界主要国家建立更紧密经济联系，军事中立。作为欧洲国家和欧盟候选成员国，塞尔维亚的这些目标是否能实现，很大程度上取决于欧盟国家及美国，还取决于与中国和俄罗斯关系的深化。而欧盟和美国在联合国对科索沃和梅托希亚主权问题表现出极大支持。预计 2019 年塞尔维亚的外交政策重点将扩大到入盟问题以及安全和经济发展。后两个重点再次强调了与中国和俄罗斯的合作。特别是在科索沃成立军队之后，塞尔维亚官员宣布已经开展与俄罗斯的军事技术合作。

（二）挑战

2019 年 3 月，科帕奥尼克年度商业论坛开幕。与会人员就塞尔维亚和巴尔干地区的经商前景各抒己见，对其优势、劣势、建议、法规和实践进行商讨。该大型论坛是与会者众多（约 1 300 人），专家云集，2019 年的主题为"塞尔维亚告别经济衰退十周年：务必保持强劲增长"。除塞尔维亚总统和政府部长外，国际金融机构、区域商会代表、区域主要投资者、公共和私营部门的代表以及国内外学者、专家和商人出席了论坛。多数发言嘉宾同意本文中提出的观点,即塞尔维亚已经采取了严厉的财政整顿措施,实现了宏观经济稳定,但实现经济可持续增长仍需进一步的改革和投资。塞尔维亚经济政策面临的主要挑战将是在保持宏观经济稳定的同时,全面实施必要改革解决经济结构性缺陷。

塞尔维亚所面临的可能已持续数十年的另一挑战是出于政治目的对媒体的使用和滥用。众所周知,媒体是社会治理的一种载体。塞尔维亚反对党和国民均主张拥有接触媒体和发声的权利,这是民主社会的一部分。

(三) 塞尔维亚国家安全战略

过去几十年发生的数起案例证明,尽管全世界自然灾害的发生频率及破坏性明显上升,塞尔维亚的灾害响应仍然组织有序。除物质和非物质损失外,自然灾害通常还会导致人员伤亡。此外,关键基础设施的瘫痪会阻碍或限制国家重要领域的运转(治理、健康、能源、经济、社会、教育和一般安全职能),进而影响国民安全。尽管全球技术发展迅猛,灾害对人和关键基础设施的影响仍然无法避免,但是灾害预测和预警机制可以加以改善。改善意味着提高恢复力,并提升关键基础设施运行和社会功能恢复的速度和效率。除破坏程度外,紧急情况下的响应时间和策略体现了防灾准备的水平。塞尔维亚自然灾害防范得到的评分最高。[①]

如今,塞尔维亚境内仍可能出现关键基础设施安全、保护和恢复力方面的混乱局面。关键基础设施保护相关的基本立法文件有《突发情况应急法律》(*Law about emergency situations*),已在塞尔维亚政府公报第 111/2009 号(Zakon o vanrednim situacijama; Službeniglasnik Republike Srbije, broj 111/2009)中发布。以及发表在塞尔维亚共和国政府公报第 86/2011 号(Nacionalna strategijazaštitei spasavanja u vanrednim sitaucijama; Službeniglasnik Republike Srbije, broj 86/2011)中的《国家突发情况保护和救援战略》(*National strategy for protection and rescue in emergency situations*)。塞尔维亚政府

[①] B. Todorovic, D. Trifunovic, K. Jonev, M. Filipovic, *Chapter 22-Contribution to Enhancement of Critical Infrastructure Resilience in Serbia*, *Resilience and Risk-Methods and Application in Environment*, *Cyber and Social Domains*, Proceedings of the NATO Advanced Research Workshop on Resilience-Based Approaches to Critical Infrastructure Safeguarding, Azores, Portugal, 26 - 29 June 2016.

根据《突发情况应急法律》第 45 条第 4 款，制定了《应急保护和救援计划的内容和方法法规》(Regulation regarding the content and methodology for the development of plans for protection and rescue)，以弥补立法上的空白。该法规首次正式在塞尔维亚引入"关键基础设施"一词。

对关键基础设施安全和关键基础设施保护的重视始于 2018 年 11 月——《关键基础设施法》(Law about critical infrastructure)在第 87/2018 号塞尔维亚共和国政府公报上发布（Zakonokritičnojinfrastrukturi；Službeniglasnik Republike Srbije，broj 87/2018）。如法律主旨所述，"该法律规范了本国和欧洲的关键基础设施，规定和明确了塞尔维亚关键基础设施（下文称关键基础设施），规制了关键基础设施的保护，关键基础设施领域主体和组织的权力和责任（下文称为主管当局和组织），关键基础设施的信息、报告、决策支持、数据保护、管理和控制"。此外，该法律还包含了与欧洲关键基础设施有关的条款，包括保护、报告和信息交换的内容。该法律第 22 条条款规定"为贯彻本法律而制定的法规将在本法生效之日起六个月内通过"，因此其实际应用的更多细节和步骤将迅速出台。

（四）投资及其影响

塞尔维亚有建设发展的需求，尤其在基础设施领域，而中国是塞尔维亚该领域的主要合作伙伴之一。到目前为止，中国对塞投资主要为国有资产投资和贷款，主要集中在关键基础设施领域（桥梁、铁路、高速公路和能源）。这些领域的项目对塞尔维亚至关重要，塞国政府在与中国政府的会议上将它们定为紧急项目。相关估算认为，截至 2018 年，中国在塞尔维亚的投资额约为 60 亿美元。2018 年 9 月，中塞签署了价值近 30 亿美元的新协议。中国及中国企业对塞大量投资的兴趣与日俱增，这意味着塞尔维亚可能成为中国在该地区的主要合作伙伴之一。新投资计划的主要内容为：

紫金矿业将斥资 14.6 亿美元收购塞尔维亚博尔地区铜矿开采及冶炼企业 RTB Bor。

普雷利那至波泽加段高速公路及奥斯特努兹尼查至布巴涅波特克段贝尔格莱德绕城公路项目优惠信贷协议。

山东玲珑轮胎有限公司投资 9 亿美元在兹雷尼亚宁市建造轮胎生产工厂。

所列条目中有两项涉及关键基础设施领域。尽管最后一项投资与基础设施无关，但其庞大的规模影响着该地区和国家经济。因此应该注意其他类似或更大规模的投资，以便将其囊括在总体安全分析中。同样，博尔地区采矿相关项目不仅是一项简单的投资，它还有助于为博尔存在财务问题的产业寻找解决方案，并且可能有助于处理当地环境问题。此例可见，关键基础设施安全可能与国家息息相关且错综复杂。

相较于中国的投资，作为国际运营商的法国基础设施集团万喜机场公司在2018年签下贝尔格莱德的尼古拉·特斯拉机场25年的特许经营权。万喜机场公司一次性支付了5.01亿欧元，承诺在25年内继续投资7.32亿欧元延续特许经营权，并支付此期间的年费。这显然与前文所列投资十分不同。

中方对塞投资是2018年塞尔维亚外交政策转向以促进对华经济活动为重心的主要原因之一。这无可厚非，因为中国是近年来塞尔维亚的主要政治经济伙伴之一。塞尔维亚仍在寻求长期解决方案以实现平稳发展和经济稳定，这并非易事。经济实力还将提升塞尔维亚在该地区和在欧盟的排名，并进一步提升未来在有关科索沃和梅托希亚以及其他政治问题谈判中的地位。

塞尔维亚在经济政策和长期经济发展战略构成上极度依赖中国。塞尔维亚的政治利益之一是与中国建立更紧密的联系，这也是其国际关系最重要的主题之一。互惠互利的最佳方式是经济合作。考虑到与其大多数邻国不同，塞尔维亚不是欧盟和北约成员国，故而当前塞尔维亚在该地区和国际关系中的优势地位取决于与区域和欧洲以外的强大伙伴的关系。因此，塞尔维亚与中国的往来是其外交政策重心之一。此外，中国也有兴趣提升在中东欧地区的影响力。由于塞尔维亚不是欧盟成员国，中国可以较容易地进入塞尔维亚市场。并且通过塞尔维亚，中国可以提升在巴尔干地区的影响力，而经济是实现这一目标的最佳领域。因此，中塞友好合作关系的持续深化符合两国共同利益。

中国银行（塞尔维亚）有限公司于2017年1月27日在贝尔格莱德设立。中国银行（塞尔维亚）有限公司是巴尔干地区的第一家中资银行。可以预见，今后中国银行（塞尔维亚）有限公司将致力于提供更好的金融服务，促进经济发展并创造更多商机。作为在塞尔维亚注册的银行，中国银行（塞尔维亚）有限公司将继续利用中银集团跨境服务的巨大优势，确保为企业家、银行账户管理、外汇业务、企业推广、资讯服务、客户支持和其他运维服务提供金融支持，对铁路、公路、桥梁、电厂和其他基础设施开发项目进行支持，以及在生产、贸易、能源、旅游和其他领域务实合作。这些任务与"一带一路"和"16＋1"合作目标非常吻合。

在当前全球经济关系中，塞尔维亚将依托中塞友好往来获得经济和社会发展经验。中国将继续支持塞尔维亚在国际关系上实现国家利益并加强双边关系。塞尔维亚也仍是中国的好伙伴。这样的外交关系将拓展双边合作，巩固国家间合作的基础。塞尔维亚和中国的国家目标与"16＋1"合作机制功能一致。鉴于该合作机制在中东欧获得良好的反响，对于塞尔维亚来说，这是跃升至区域领导者的好机会。当然，中国对此目标的支持作用不可替代。

三、关键基础设施相关安全问题

塞尔维亚在区域内的定位及相关政策也取决于中国的全球经济战略。塞尔维亚可以通过"16＋1"合作更好地发展跨境和跨地区合作。这再次证明了中塞合作伙伴关系的重要性以及塞尔维亚与中国公司和金融机构加强往来的必要性。塞尔维亚在该地区的稳固地位可以为中国接下来在中东欧地区的政治经济举措提供帮助。具体而言，塞尔维亚能够为中国公司进入该地区并建立新的经济往来提供便利。在国家层面，作为中国最重要的合作伙伴之一，塞尔维亚可以推动中国在该地区的发展合作政策，并成为该政策和发展成效的典范。从而，中国公司能更容易进入欧盟市场，与欧盟国家建立合作。

评估关键基础设施安全性的第一步是定义分析领域，因为安全性和安全系统的概念非常广泛。为此，本研究将在相应章节中介绍欧盟的关键基础设施保护方法。本节将对关键基础设施相关威胁和风险展开评估，然后介绍一些应采取的预防和保护措施与活动。这样，才能在"一带一路"倡议和"16＋1"合作背景下正确定义塞尔维亚的关键基础设施安全问题。

（一）巴尔干地区关键基础设施保护

包括塞尔维亚和巴尔干半岛西部邻国在内的转型中国家情况特殊——它们在各个领域都进行了重大转型（社会民主化、克服独裁统治、社会财产转型、基础设施恶化、技术过时等）。在关键基础设施保护体系上，这些国家远落后于更加有组织且高效的发达国家。这些国家还面临着其他问题——民主机构不够完善，缺少恰当的经济政策，未明确识别威胁关键基础设施的源头和形式，缺乏关键领域的明确分类和保护以及规范该领域的统一法律框架。因此，很难建立起相关保护体系。虽然面临的问题大多相似，但这些处于转型期的国家仍具有某些个体特殊性，因此很难给出普适的结论和建议。[①]"一带一路"倡议可能成为西巴尔干地区关键基础设施保护一体化的关键点。应以发达国家和技术先进国家的关键基础设施示例和范式为起点，进行比较研究，以便与该地区其他国家密切合作，确定关键领域并采用一定要素和方法改善塞尔维亚关键设施保护状况。[②]

（二）潜在和新兴威胁

据估测，塞尔维亚及其国民因环保不力而蒙受了巨大损失。公共部门环境成本节节攀升，公众在执行和监督公共政策方面参与不足，自然资源开发领域未能建立法律和司法体系，以及滥用现有法律法规等将极大助长腐败以及环境领域公共和执法部门对资金的滥用。许多问题长期得不到解决，例如以不卫生的方式处理废物、存储和清除有害物质、排放未经处理的污水等。尽管这些活动不能直接危害运输和能源等关键基础设施，但是要注意，根据塞尔维亚《关键基础设施法》，环保问题可能影响到关键基础设施。塞尔维亚应与中国密切合作，进行监测和预防行动，同时应关注塞尔维亚的关键基础设施保护活动。

（三）塞尔维亚关键基础设施保护措施

塞尔维亚当前的关键基础设施保护水平难以估测，因为关键基础设施的安全和保护主要由运营公司和机构负责。换句话说，塞尔维亚没有统一的关键基础设施保护组织方法和系统，这使得收集关键基础设施安全和保护分析相关数据的困难大、复杂程度高。2018年11月，《关键基础设施法》出台，并且该法律的细则预计将在法律生效之日起6个月内实施。因此可以合理预计，2020年起关键基础设施保护措施将基本统一。同样，该法律还规定了对塞尔维亚关键基础设施的安全和保护进行监控和跟进的报告机制。

[①] D. Davidović, Ž. Kešetović, O. Pavicevic, "National Critical Infrastructure Protection in Serbia: The Role of Private Security", *Journal of Physical Security*, 2013, 6(1), pp. 59–72.
[②] B. T. "The One Belt, One Road Initiative Related Critical Infrastructure Protection at a Crossroads in Balkans", *The New Silk Road: European Perspective-Security challenges/risks within the Initiative 16+1*, University of Belgrade-Faculty of Security Studies, Belgrade, Serbia, 2018.

(四) 自然灾害

近年来,诸如地震、暴风雨、洪水、山体滑坡等自然灾害引发的灾难性事件在全球范围内越来越频发。由于自然灾害可能对关键基础设施产生严重影响,因此很有必要将它们囊括在关键基础设施全面安全分析中。塞尔维亚社会和经济易受洪水和地震影响,尤其是洪水。

塞尔维亚最近一次毁灭性洪灾发生于2014年,是2014年5月13日至27日欧洲东南部洪灾的一部分。欧洲东南部洪灾是有天气记录的120年以来的最大降雨。洪水泛滥一周导致塞尔维亚和波斯尼亚超过160万人受灾,造成人员伤亡和大面积停电。受灾地区交通运输受到严重影响或被迫中断,农田完全被冲毁,数以千计的公共、工业和基础设施被淹没,道路被毁。

塞尔维亚最近一次破坏性地震发生在2010年,发生于塞尔维亚中部克拉列沃镇附近。地震造成了两人死亡及估计超过1亿美元的损失。

四、前景和后续措施

"一带一路"倡议中的两次重要会议在2019年4月举行,分别是在杜布罗夫尼克举行的"16+1"合作会议和在北京举行的第二届"一带一路"论坛。在杜布罗夫尼克举行的"16+1"合作峰会以"搭建开放、创新、伙伴之桥"为主题,因而希腊也被邀请加入合作倡议。考虑到中国在希腊的已有项目及其地缘政治地位,可能"16+1"合作早已预期会升级为"17+1"。杜布罗夫尼克峰会期间,塞尔维亚签署的两项基础设施相关协议使两个高速公路路段竣工在望。此外,在首脑会议举行之际,塞尔维亚代表团与有兴趣对塞投资的中国公司代表举行了数次会议。在第二届"一带一路"论坛上,塞尔维亚签署了其他基础设施领域的协议。例如,其中一个协议涉及贝尔格莱德—尼什—普雷舍沃铁路的升级改造。这条铁路的升级翻修至关重要,因为其通至匈牙利边境。一旦该铁路的改造完成,从南到北"17+1"国家将直接联通。考虑到中方公司对希腊比雷埃夫斯港口的接管,该铁路还将成为货物进出口的主要中转通道。

塞尔维亚《关键基础设施法》(*Zakon okritičnojinfrastrukturi*,Zakon 87/2018-41)为中塞关键基础设施保护合作奠定了基础。该法律相关条文涉及欧洲关键基础设施,因此,不出意外,该法律也有可能针对"一带一路"项目和"16+1"合作下的关键基础设施进行条文的增改。即使是当前的关键基础设施法律也需要规章制度才能得到落实。为所有类型的关键基础设施创建规章

R12 "一带一路"与"16+1"合作安全风险分析框架下的塞尔维亚共和国关键基础设施安全评估

制度任务繁重,从已建立关键基础设施保护系统的国家的先例来看,所需时间可能远不止预期的6个月。除了在关键基础设施保护上迎头赶上欧盟和其他更先进的国家,并在现有关键基础设施上应用适当的方法和程序外,从技术角度而言,在关键基础设施的建设阶段就进行保护规划和设计可能更好。至少在未来几年,这也将使中国成为关键基础设施保护活动的主要合作伙伴。

该地区也有以加强区域安全协作为目的,建立互联互通的关键基础设施系统的相关探讨,特别是在能源领域——要以稳定的电力供应与跨境贸易为目标,优先确保电力(电网)和天然气的安全稳定。目前在巴尔干地区正讨论与欧盟和俄罗斯建立互联,但也有沿欧亚走廊扩展互联的可能。基本理念是建议将电力和天然气供应路线划分成若干个安全区域,每个区域由一个区域合作中心覆盖。

对法律系统的了解,对与关键基础设施地区合作至关重要。一位名为胡浩(Hu Hao,音译)的专家建议与中国政府合作成立咨询公司,以帮助解决相关问题,降低投资风险,进行可行性研究并分析当地法规。在降低风险方面,智库也可以发挥类似作用,比如促进双边合作、提供有关当前立法和市场变化的信息。[1]

另一个要考虑的因素是不断扩张的私营安保在塞尔维亚的作用。私营安保的迅速发展主要有三个原因:首先,塞尔维亚的私营安保历经多年终于合法化;其次,一项关于私营安保的特别法律正在出台中;最后,在塞尔维亚私营安保公司协会和塞尔维亚商会的私营安保协会的努力下,人们对这一领域及其专业化和标准化的认知不断深化。最后,欧洲安全服务联盟在塞尔维亚私营安保采纳欧洲模式的过程中提供了重要的帮助。私营安保显然尚未在塞尔维亚的关键基础设施保护领域充分发挥潜力。《欧洲安全服务联盟白皮书》(*CoESS white paper*)中讨论的最佳实践,包括在英国、德国和其他国家/地区应用的PPP(政府和社会资本合作)模式,可能是在安全部门采取PPP模式的有益范例,不仅对于塞尔维亚,对于该地区其他国家也是如此。[2] 结论是,"欧洲关键基础设施指令"中的关键基础设施保护策略,连同欧洲安全服务联盟探讨的欧盟私营安保及PPP模式,都可以为西巴尔干地区统一关键基础设施保

---

[1] M. Kaczmarski, "China on Central-Eastern Europe: '16+1' as seen from Beijing", *OSW Commentary*, Ośrodek Studiów Wschodnich im. Marka Karpia, 2015.

[2] D. Davidović, Ž. Kešetović, O. Pavicevic, "National Critical Infrastructure Protection in Serbia: The Role of Private Security", *Journal of Physical Security*, 2012, 6(1), pp. 59-72.

护系统提供基础。除私营安保服务行业,还应将相关决策者(政府及政界人士)、关键基础设施的所有者和运营商以及其他利益相关方纳入其中。

(一) 智库的作用

塞尔维亚的智库包括一批非政府组织和国家科学研究所。非政府组织的作用和运作方式受到 2009 年最新修订的《民间社团管理办法》的约束。据调查统计,非政府组织共有 15 700 个,雇员超过 4 200 名,名誉会员 4 500 名,志愿者约 15 万名,成员数万名。塞尔维亚民间社会组织的数据可在社会活动组织 ODA 网站[①]的非政府组织目录上查找。非政府组织的两个分类标准为活动类型和地点,每个组织可以按名称的任何部分进行检索。

作为"一带一路"倡议中可预见的高科技合作的一部分,2014 年 12 月于贝尔格莱德举行的第三次中国—中东欧国家领导人会晤提出了建立学术研究智库的倡议。随后,"一带一路"智库合作联盟随之建立。塞尔维亚智库能为深化与"一带一路"智库合作联盟的交流提供良机。此外,除了考虑常见的政治、金融、技术经济、技术和文化问题之外,"一带一路"还应关注关键基础设施的安保技术与管理的研发、规划和实际应用。

(二) 研发与科技合作

如何在"一带一路"中实现一石二鸟——答案是加强中塞两国在不同层次和不同主题上的科研项目合作,这也将改善高技能专业人才的工作条件,有助于减少甚至阻止塞尔维亚人才外流。因此,中塞之间更加紧密的科研合作不仅能拓展塞尔维亚相关高科技机构和公司的专业知识,而且还能为它们提供提升市场竞争力的方法,以改善他们的财务状况。

(三) 网络安全保护

欧盟最先进的保护措施可能还是在网络领域。2016 年 7 月 6 日,欧洲议会通过了《网络与信息安全指令》(*the NIS Directive*),[②]并于同年 8 月生效。该指令提供了提升网络安全总体水平的法律措施。但网络系统不断发展,威

---

① http://www.oda.rs/direktorijum-nvo.
② "Council Directive 2008/114/EC on the identification and designation of European critical infrastructures and the assessment of the need to improve their protection", *Official Journal of the European Union*, vol. 345/75, European Union, 2018.

R12 "一带一路"与"16+1"合作安全风险分析框架下的塞尔维亚共和国关键基础设施安全评估 / 237

胁不断升级,因此,该指令必须迅速实施。考虑到将其转变为国家立法的最后期限(2018年5月9日前)及确定关键服务运营方的最后期限(2018年11月9日前),委员会于2017年9月发布了一则通讯,旨在支持各成员国在欧盟范围内迅速一致地执行该指令。① 作为欧盟候选成员国,尽管在实施上会有一定延迟,塞尔维亚也被期望能同样遵循欧盟的规定。

网络安全极为重要,又与关键基础设施保护息息相关。前文提到的塞尔维亚在网络安全保护领域为紧跟更先进的国家所做的预见性努力,为与中国的合作开辟了极好的前景。中国国务院于2016年12月27日印发了《"十三五"国家信息化规划》(2016—2020)。规划称,中国将投入更多资源,着力发展5G技术、IPv6、人工智能、云计算、物联网等前沿信息技术。该规划还侧重于网络安全,促进出台相关法律法规,建立风险警报和应急机制。为细化落实2017年6月1日起生效的《中华人民共和国网络安全法》(Cyber security Law of China),中国国家互联网信息办公室于2017年7月11日发布了《关键信息基础设施安全保护条例(征求意见稿)》(CIIP Regulation for public comment),公开征询公众意见。该条例包含8章和55条,"为确保关键信息基础设施安全,根据《中华人民共和国网络安全法》"起草。

(四)信息与通信技术和网络安全

除了前文提到的能源领域,在塞尔维亚供水和污水处理关键基础设施方面也能开展类似的合作。除工厂外,"一带一路"合作下,还可以针对智能电网和智能仪表的关键基础设施开展技术合作。智能电网和智能仪表可以用于信息和通信技术的一般应用范围,如交通、智慧城市和其他涉及关键基础设施的领域。

增强关键基础设施的恢复力是目前最好的保障措施,它可以与风险评估管理以及关键基础设施保护活动互为补充。由于其技术发展远超其他领域等诸多原因,信息和通信技术及网络安全已成为关键基础设施恢复力管理的关键部分之一。

在关键基础设施恢复力方面,网络领域通常可以分为三个相互关联的部分,需要引起注意:(1)信息和通信技术内部结构(包括云服务);(2)集成网络

---

① https://ec. europa. eu/digital-single-market/en/network-and-information-security-nis-directive, 2018.

（公共和私有）及网络连接；（3）网络服务用户。第三部分代表了网络危害与风险评估中的人为因素，这或是关键基础设施保护中的难点所在，也将是建立和增强恢复力方面最棘手的部分。

　　网络安全和关键基础设施恢复力的提高应该是塞尔维亚关键基础设施保护的重心之一。不过，塞尔维亚仍需着力加强对关键基础设施公司雇员的教育，改变其习惯。值得庆幸的是，塞尔维亚肯定有诸多有能力且技术先进的信息和通信技术公司能积极参与网络安全保护工作。因此，如果计划和处理得当，"16＋1"合作下的网络安全保护应该是一个能完成的任务。

五、总结

　　针对塞尔维亚国内和"一带一路"及"16＋1"合作关键基础设施保护的安全性与可能性展开的评估明确表明，中塞之间在相关领域已取得一定进展，也有进一步合作的潜力。但双边合作快速深化和拓展的同时，关键基础设施安全的相应措施相对滞后。除已经落实的初步步骤外，未来几年必须加快推进从法律到实践各个层面的行动。

　　对于塞尔维亚关键基础设施安全，最关键的或许是近日颁布的《关键基础设施法》的实施细则，因此必须尽快合理落实相关实施细则。一方面，在塞尔维亚入盟过程中，欧盟能够且必将帮助塞尔维亚进行关键基础设施保护，从而帮助塞尔维亚当局实现关键基础设施安全目标。另一方面，"一带一路"和"16＋1"合作在基础设施项目建设方面已经取得巨大成就，双方合作方兴未艾，这也为中塞两国在关键基础设施安全领域的合作提供了可能性和路径。

　　"16＋1"合作的重心之一是铁路的升级改造，这将实现"16＋1"南北部参与国之间的互联互通（希腊正式加入后"16＋1"变为"17＋1"）。考虑到中方对希腊比雷埃夫斯港口的接管，该铁路还将成为货物进出口的主要中转通道，而塞尔维亚也将在其中发挥重要作用。能源、供水、环境保护等其他领域也有类似的合作前景。

　　但是，关键基础设施的安全不能完全依赖于目前较低的恐怖袭击风险指标和看似和平的局势，因为局势可以在顷刻间改变，更不要说还可能存在设备故障、人为错误和自然灾害。因此，关键基础设施保护势在必行。塞尔维亚应以欧盟标准进行自我要求，做出更大努力，才能尽快实现入盟的渴望。同时，中国政府和参与公司应特别关注塞尔维亚和巴尔干地区关键基础设施保护中

R12 "一带一路"与"16＋1"合作安全风险分析框架下的塞尔维亚共和国关键基础设施安全评估

的潜在问题、弱点和差距,在"一带一路"和"16＋1"合作中合理规划和实施关键基础设施项目。此外,"16＋1"合作为塞尔维亚关键基础设施项目提供了强大的资金动力,公共部门和私营企业能够因此开展关键基础设施保护,深化中塞之间的科技合作、智库合作,提升网络安全为重点的关键基础设施安全。鉴于该地区局势,中塞协同合作下,塞尔维亚甚至有可能成为关键基础设施保护领域的地区领导者。

R13 "一带一路"框架下的黑山关键基础设施安全评估

［塞尔维亚］达科·特里富诺维奇[1]

【摘要】 "16+1"合作的成员国包括11个欧盟成员国以及5个巴尔干国家,黑山是成员国之一。在"一带一路"和"16+1"合作机制下,中国和黑山开展了多个投资项目,双边合作日益巩固和加强,并有望进一步扩大。目前的合作项目包括新建高速公路、改造铁路、新建风力发电厂以及升级海军舰队。除经济领域外,中国和黑山在其他领域也建立了合作。黑山地缘政治位置独特,是北约、联合国、世界贸易组织、欧洲安全与合作组织等组织的成员国,因此值得深入研究。在国家领导人的带领下,黑山正努力加入欧盟。正因如此,黑山也会吸引各种恐怖组织的注意,这些恐怖组织近年来攻击了一些欧盟国家的关键基础设施,这类攻击很可能会在黑山重新上演。

可以预见的是,"16+1"合作将通过新建、升级和改造基础设施,应用新的技术解决方案,为巴尔干地区乃至欧盟国家带来关键基础设施的高速发展。公路、铁路和能源网等关键基础设施已经以多种形式在整个欧洲和巴尔干地区实现了互联互通。遗憾的是,基础设施的发展带来了风险的增加,因此,需要加强相关安全措施以及关键基础设施保护措施。《黑山国家安全战略》(*National Security Strategy*)和《黑山行动计划》(*Action Plan*)已经提出了关键基础设施保护工作。2019年和2020年的计划都提出要加强网络安全立法和能力建设,以及与关键基础设施相关的立法活动和相关标准的建立。从欧盟各国和其他国家的先例来看,相关计划提出的关键基础设施保护需要一些时间才能在国家层面完全生效,而要达到可操作可落地的程度,则需要更多的时间和精力。

---

[1] 达科·特里富诺维奇(Darko Trifunović),塞尔维亚贝尔格莱德大学安全研究学院教授,博士。本研究是国家和国际安全研究所与上海社会科学院合作开展的"'一带一路'风险评估"项目成果。

总而言之，本次评估结果显示，中国与黑山之间有进一步合作的潜力，同时也指出了黑山关键基础设施保护的优势和不足。例如，黑山历来积极支持区域合作，因此，鉴于该区域大部分国家都参加了"一带一路"和（或）"16＋1"合作，黑山也应当积极推动关键基础设施保护领域的区域合作。

【关键词】一带一路；黑山；关键基础设施

一、引言

2012年，中华人民共和国和中东欧国家接洽，提出了旨在推动区域合作的"16＋1"合作，又称"16＋1"机制，作为"一带一路"的组成部分。合作以推动贸易发展为主，但也扩大到了投资、交通、金融、农业、科技、卫生、教育和文化领域。同时，中国计划从能源领域和铁路、公路建设合作着手，为大规模基础设施项目提供资金支持。"16＋1"合作的成员国包括11个欧盟成员国以及5个巴尔干国家（阿尔巴尼亚、波斯尼亚和黑塞哥维那、保加利亚、克罗地亚、捷克共和国、爱沙尼亚、匈牙利、拉脱维亚、立陶宛、北马其顿、黑山、波兰、罗马尼亚、塞尔维亚、斯洛伐克、斯洛文尼亚），黑山是成员国之一。

大量文章讨论了"一带一路"的影响和重要性。延斯·巴斯蒂安（Jens Bastian）博士在其为欧洲复兴开发银行撰写的报告中，阐述了"一带一路"与"16＋1"合作的重要内容及其对西巴尔干国家的影响：[1]

在"一带一路"倡议的资金、技术支持以及总体规划下，中国在欧盟及非欧盟国家的投资以前所未有之势掀起了收购和更新基础设施热潮。

中国宏大的"一带一路"倡议可助西巴尔干国家实现转型。

"一带一路"倡议包括中国政府以及企业提出的政策倡议、投资重点以及商业决策，会对参与国及其监管部门和民间组织产生重大影响。

由于西欧企业早已主导了中东欧市场，作为后来者，中国面对的是一个饱和的市场。中国企业缺乏国际商务经验，对中东欧商业文化和商业惯例所知甚少，因此，企业的投资决策费时又费力。"16＋1"合作框架促进了商务往来，

---

[1] J. Bastian, (2017), *The potential for growth through Chinese infrastructure investments in Central and South-Eastern Europe along the "Balkan Silk Road"*, Report prepared for the European Bank for Reconstruction and Development-EBRD (with funding from the Central European Initiative), Athens/London, July 2017.

建立了社交网络,降低了商业决策难度,给予了中国企业莫大的帮助。[1] 中国土木工程集团正专门为黑山升级一段铁轨,该铁轨长达10千米,连接黑山沿海港口城市巴尔和贝尔格莱德。同时,中国太平洋建设集团已签署协议,要在黑山和阿尔巴尼亚之间建设一条高速公路。同样值得一提的是,国有的中国进出口银行提供了6.89亿欧元贷款,用于建设波德戈里察—科拉辛高速公路段和连接亚得里亚海沿岸城市巴尔与塞尔维亚边境的高速公路。此外,中国进出口银行还提供了5600万欧元贷款,用于由中国保利集团负责的新船建造。[2]

黑山领土面积不大,按照世界银行的标准,属于中等偏上收入国家。但黑山地缘政治位置独特,是北约、联合国、世界贸易组织、欧洲安全与合作组织等组织的成员国,因此值得深入研究。鉴于黑山的地缘战略位置和中美贸易风波,亚得里亚海地区或将吸引外国投资者的兴趣,成为投资焦点。本研究聚焦关键基础设施,旨在指出关键问题加以分析,并提供"一带一路"与"16+1"合作项目安全风险分析框架下的黑山关键基础设施安全评估。

二、关键基础设施保护概念概述

关键基础设施举足轻重,因此对其进行保护尤为必要,各个国家乃至整个国际社会皆予以重视。由于信息与通信技术的快速发展,关键基础设施不再仅限于实体资产。关键基础设施风险以及所需保护措施根据运营模式的不同大致可分成物理和网络两种。但关键基础设施保护需要采取统一、全面的措施,无需区分风险和攻击的源头及种类,只需确保关键基础设施持续运行。因此,关键基础设施保护需要所有利益相关者的通力合作,包括基础设施所有者和运营者,比如各类公共部门及私有机构、企业、技术供应商等。

"一带一路"倡议中关键基础设施的安全方面有哪些因素需要考虑呢?以下几个方面至少应涵盖在内,即基础设施类型、结构、地点、所有权、管理、国际化以及发展计划,物理威胁评估、网络威胁评估、相互关系以及国际化影响、当前关键基础设施保护水平、财务状况及风险评估、财务安全及其对运行、管

---

[1] K. Tianping, "The 16+1 Framework and Economic Relations Between China and the Central and Eastern European Countries", *Reviews & Critical Commentary* — A Forum for Research & Commentary on Europe, Council for European Studies.

[2] P. Tonchev, , *China's Road: into the Western Balkans*, European Union Institute for Security Studies (EUISS), ISBN 978-92-9198-570-8, ISSN 2315-1110, doi: 10.2815/565207.

理和投资回报率的影响、现有和计划的基础设施保护措施以及恢复力建设活动、短期、中期及长期计划。

关键基础设施的财政状况对安全的影响或许并不是最典型的,但财政状况不理想却会间接带来严重的负面影响,例如:(1)维修预算以及维修活动包括设施保护的减少,(2)安全措施和预防措施的更新不及时,(3)员工及管理层工作懈怠、警觉性降低,(4)造成社会、经济、政治动乱或恶意收购的蓄意攻击。

"16+1"合作以多种方式影响着西巴尔干地区各国,本评估不涉及这些方式。可以预见的是,"16+1"合作将通过新建、升级和改造基础设施,应用新的技术解决方案,推动关键基础设施高速发展。遗憾的是,基础设施的发展带来了风险的增加,因此,需要加强相关安全措施以及关键基础设施保护措施。

(一)欧盟关键基础设施保护方法

鉴于黑山入盟谈判和准备工作已接近尾声,欧盟的关键基础设施保护方法对黑山而言最具借鉴意义。"欧盟关键基础设施保护计划"[①]指的是欧盟委员会第 2006/786 号指令提出的具体计划,该指令指定了欧盟关键基础设施的范围,这些基础设施一旦出现故障、发生事故或遭遇攻击,就会影响所在国及至少一个其他欧盟成员国。欧盟成员国有义务将该指令写入国家法规。然而,就有效性和完整性而言,美国的方法比欧盟的方法更成熟。未来的项目应该和欧盟关键基础设施保护计划、欧盟网络与信息安全局以及如欧盟联合研究中心之类的欧盟专业机构进行密切合作,以消除和美国之间的差距。

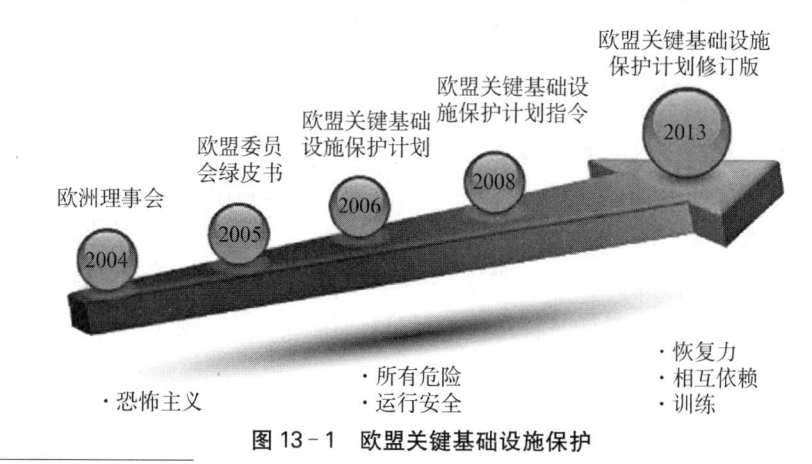

图 13-1 欧盟关键基础设施保护

① https://en.wikipedia.org/wiki/European_Programme_for_Critical_Infrastructure_Protection.

相互关联的领域(如能源部门、水务部门、交通运输部门、网络系统等)也有独立活动,这些活动能提供最新信息。所有已应用的综合解决方案都应对这些活动加以分析和融合。

(二) 灾害风险管理

设有救灾和应急机构的公共部门、企业、非政府组织、科学家、公民等有各自的灾害风险处理能力和优势。基础设施部件和系统的建设、使用及运行与风险息息相关。工程师的设计是基础设施建设和运行的基础,因此,工程师必须考虑到相关风险并规划如何减少风险。调试后,基础设施的使用、运行和其他活动可能会产生额外的风险,因此,这些活动的规划者和管理者必须持续跟进,以降低这些风险,将不利影响最小化(见图13-2)。

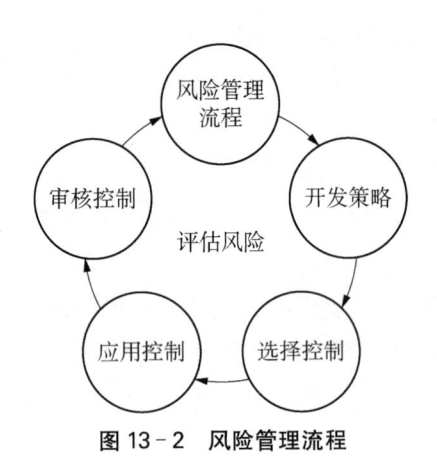

图13-2 风险管理流程

由此,"一带一路"基础设施的规划和设计应该包括有力的风险管理环节,这是工程决策不可或缺的一部分。系统设计阶段和现下运行阶段都涉及风险管理。基于风险管理,才能决定是否采取行动(或采取什么行动)以降低风险。

如果将风险看作是可能结果的概率分布,那么风险管理就是采取某种行动改变这种概率分布。[①] 此外,考虑到"一带一路"系统的复杂性,有必要邀请多学科专家小组参与设计过程,这样不仅可以协调好不同领域的活动,精确制订运行计划,还能对各种脆弱性和风险做到有备无患。

在组织层面,业务连续性计划和灾害恢复计划是风险管理的一大重要部

---

① J.W. Herrmann, *Engineering Decision Making and Risk Management*, 2015.

分。从设备故障到自然灾害,从人为失误到恶意攻击、恐怖袭击,风险的种类繁多。风险包括健康安全风险、财务风险、隐私风险等。所以,基础设施生命周期全过程都需应用风险管理。风险管理是一个循环过程,主要组成部分包括评估、准备、回应、恢复等(具体定义或因作者而异)。毫无疑问,关键基础设施的风险管理和保护管理旨在做好应急准备,以确保业务连续性(见图13-3)。

图 13-3　风险管理和保护管理的组成部分

关键基础设施(包括人力在内的实体关键基础设施和网络关键基础设施)的部件是风险管理的核心,应纳入风险管理流程。国家基础设施包括许多依靠高科技支持的系统,特别是能源系统、核电站、公共卫生、应急服务、政府、水坝、供电、供水、交通运输、电信网络,如果我们考虑到这一点,就可以明确断定,针对这些系统的潜在攻击可能会对整个国家、特别是对国民产生重大影响。[①]

(三) 恢复力

为应对频繁出现的威胁,监管者和决策者不断提出新标准,以识别并降低风险。鉴于威胁的动态性、不确定性和发展性,传统的风险评估技术或许无法满足需求。因此,亟待一种综合方法,兼顾决策者的价值观和偏好,利用决策分析技术评估真实的数据。网络安全就是一个范例,在网络安全领域,可结合(自下而上的)基于风险的解决措施与(自上而下的)决策分析来指导决策者制定风险管理政策,从而推动恢复力建设。[②]

---

① J. A. Ophandt,"Cyber warfare and the crime of aggression: the need for individual accountability on tomorrow's battlefield", *Duke Law Technol Rev*, 2010, Page 7.
② I. Linkov, E. Anklam, Z. A. Collier, D. DiMase, O. Renn, *Risk-based standards: integrating top-down and bottom-up approaches*; Environment Systems and Decisions, DOI 10.1007/s10669-014-9488-3, 2014.

以下因素强调了提高关键基础设施恢复力的必要性,在灾害风险管理中应予以重视:(1)风险评估与风险管理间的断层,(2)威胁的动态性,(3)社会政治模糊性。

为得出最佳解决方案,在恢复力建设过程中,应分析自下而上和自上而下两种方法。

三、黑山政治与安全状况概述

前南斯拉夫动荡频发,并最终解体,对黑山造成了冲击。前南斯拉夫加盟共和国如今虽均已独立,但解体事件余波尚存。一些主要问题不断重演,尽管黑山官方未予追究,但其中有一部分实则与走私和政界腐败相关。其他重要问题则与黑山的财政状况有关。

我们无需细究黑山独立至今的历史,仅凭近几年的数据,即可了解其现状。鉴于近几年发生的重大事件,黑山劳动和社会福利部于2018年颁布了《养老金和残疾保险法修正案(草案)》,此举引起广泛讨论,也激起了反对的声音。该草案颁布的背景远比其本身更为重要,它反映了黑山养老金体系问题频出、难以持续:劳动人口和领取养老金的退休人口的比例约为1∶6,而在20世纪80年代的南斯拉夫,该比例为7∶1。黑山多年来一直以此养老金体系解决各类社会问题,但由于该体系存在问题,加之劳动人口与退休人口比例失调,最终黑山没有足够的清偿能力,因此一度导致养老金发放不及时,如今更是引发了国家养老基金严重亏空。养老金体系是现代社会的一大支柱,但由于黑山国家层面的问题,如高失业率、灰色经济、整体经济增长缓慢、劳动力市场状况不佳以及人口下降趋势带来的人口老龄化问题,其现行养老金体系频繁出现资金问题。

黑山政府正积极关注地区乃至全球范围内各领域的国际关系。在非北约活动中,黑山政府也利用一切机会强调其北约成员国身份,以此实现黑山乃至整个地区的稳定。除此之外,北约成员国身份也推动了黑山国家经济的发展——黑山加入北约当年,其经济就实现了高增长。黑山的北约成员国身份推动了经济改革,根据黑山统计局非官方数据,2017年黑山GDP增长率为4.6%,而按照世界银行的数据,增长率甚至高达4.7%。黑山采取的措施均基于可持续发展的理念,长期应能带来更高的生活水平及其他社会福利,甚至还有可能改善政治局势。

据世界银行统计,黑山2018年的GDP增长率为3.8%(黑山统计局2018年第4季度的数据仍缺失),2019年GDP增长率预计为2.8%,2019年实际上则为2.5%。[①] 这些数据远超欧盟平均水平,对欲入盟的黑山而言十分有利。

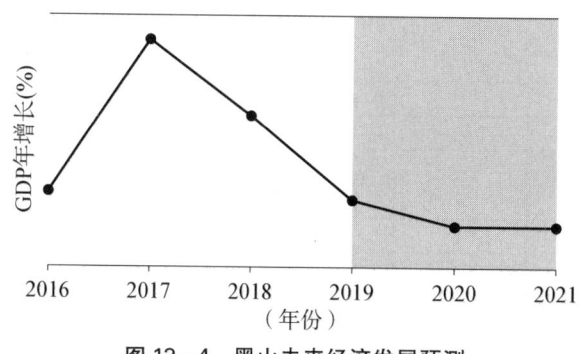

图13-4 黑山未来经济发展预测

资料来源:https://data.worldbank.org/country/montenegro?view=chart。

黑山的政治局势是否稳定?前几年,黑山反对党及其成员曾抵制议会。由此可见,黑山议会存在严重分歧,但这些分歧最终都得到了解决,执政党和反对党也重拾了对话与合作。总体而言,执政联盟内部的关系似乎保持稳定,最大执政党——社会主义者民主党似乎也牢牢把控着政治局面。2018年4月的总统选举结果和5月的地方选举结果就证实了这一点。

在国家领导人的带领下,黑山正努力加入欧盟。黑山是本地区与欧盟谈判最为成功的国家之一。黑山国家领导人为推动黑山入盟进程付出了诸多努力。大部分章节的谈判都已开启,包括最苛刻的章节,如有关环境和气候变化的第27章节;一些章节的谈判已经结束。由此可见,黑山入盟进程正稳步推进。然而,此前的入盟进程报告中有关改革和法律协调的建议并未落实到位。此外,要达成谈判过程设定的目标需要花费大量资金。鉴于以上种种原因,未来欧洲议会的选举极为重要,因为其结果或将极大地影响黑山与欧盟关系的未来。

和本地区其他国家不同,黑山没有尚待解决的邻国问题。就此而言,黑山可谓是地区典范。

---

① M. Mirkovic, "Montenegro external relations briefing: External Relations Summary-Montenegro 2018", 2018, Vol. 13, No. 4, ISSN: 2560-1601.

黑山的人身安全水平总体较高。一些问题尚待解决，比如有组织犯罪、伊斯兰激进组织志愿者招募。过去几年中，黑山境内几乎不存在恐怖袭击风险，记录在案的恐怖主义事件仅有 2 例。下图显示了黑山境内恐怖主义的发展趋势。

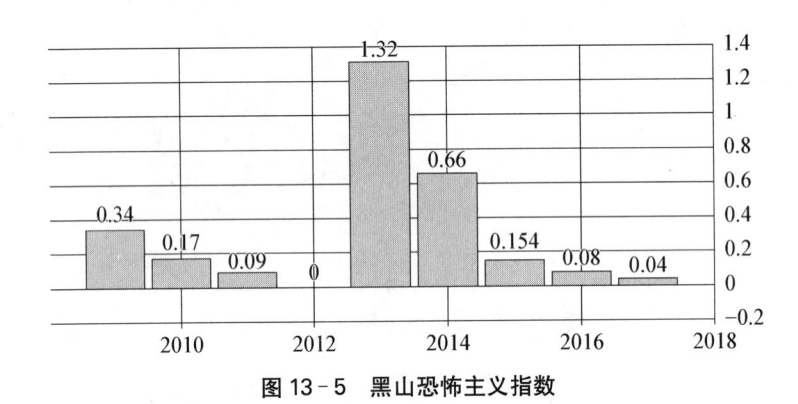

图 13-5　黑山恐怖主义指数

资料来源：trading economics 网站、经济与和平研究所。

近年来，部分欧盟国家遭遇了恐怖主义威胁和攻击（如针对比利时布鲁塞尔机场的袭击以及在法国和英国发生的恐怖袭击）。但据观察，黑山并未出现类似事件。鉴于近期发生的事件，世界上大部分国家的民众和机构仍应保持警惕。比如，2018 年 12 月 IN4s 网站就发布了一则警告："节日期间，由于欧洲的跨国恐怖组织和受极端主义思想影响的个人不断构成威胁，黑山继续采取相关安全措施。极端分子的攻击重点依旧是旅游景点、商场、机场、俱乐部、餐馆、宗教场所、交通枢纽以及西方人士经常光顾的其他软目标。"[1]

除恐怖主义外，黑山以及欧洲和巴尔干地区其他国家面临的潜在危险还包括自然原因或人为失误造成的物理威胁、网络攻击以及财政风险。

（一）财政和银行业

2018 年，黑山供给侧的经济增长主要依靠旅游业、建造业、贸易以及能源部门拉动，因此也涉及一些关键基础设施。总体而言，黑山的银行业发展稳定、态势良好。2018 年，黑山有 15 个银行，然而在 2019 年 1 月初，其中一家银行破产，另一家银行也在采取一个月的临时措施后开启了资产重组。这些事

---

[1] https://www.b92.net/eng/news/region.php?yyyy=2018&mm=12&dd=06&nav_id=105698.

件无疑将对银行业造成长期影响。然而,根据黑山中央银行的数据,这两个银行的问题并没有影响到银行系统的主要指标。①

近几年来,由于兴建高速公路以及其他投资活动,黑山的公共债务不断增加并成为黑山最严重的财政问题。因此,黑山政府于2018年推出了《财政整顿措施》(Fiscal Consolidation Measures)并推行至今,旨在建立一个可持续的公共债务管理系统。黑山政府计划在高速公路建成后,以此系统限制公共债务的进一步增加,逐步减少公共债务并在2020年实现财政盈余。鉴于黑山未来仍需新建基础设施,政府不得不继续提供资金支持,因此这些措施能否成功尚无定论。

(二) 现行状况和指标

要准确分析一国经济,就应分析国际指标。2018年,鉴于黑山未来发展前景良好,债券评级机构穆迪公司将黑山的评级展望从"稳定"调为"积极",黑山的投资级别也提高到了B1。穆迪公司在新的报告中指出,做出以上调整是因为黑山经济发展未来可期。而黑山经济发展既得益于国内结构性改革、入盟谈判进程以及交通业、旅游业和能源部门众多投资项目的驱动,也少不了公共财政措施的推动,比如为了降低黑山中期再融资风险所采取的财政状况改善措施和公共债务管理整顿措施。标普公司同样也将黑山的评级展望升为B+。②

以上数据显示,黑山目前财政和经济状况稳定且前景良好,诸多领域均能为外企提供机会。但是,与关键基础设施相关的财政风险评估仍应定期展开,关键基础设施保护计划也应提出合适的应对措施。鉴于黑山经济规模以及入盟相关改革,黑山在关键基础设施保护上应紧跟欧盟脚步,学习并利用欧盟的技术。

(三) 黑山国家安全战略

鉴于黑山的地理位置,其国家安全或受到邻近地区或全球危机的不利影响。因此,黑山于2018年公布了一项议案,提议起草新的《黑山国家安全战

---

① V. Golubovic, "Montenegro Social briefing: The role of think thanks in Montenegro", Chine-SEE Institute, Hungary, 2018, Vol. 12, No. 3 (ME), ISSN:2560-1601.

② https://countryeconomy.com/ratings/montenegro.

略》。该议案旨在与北约同步落实风险和威胁的应对措施,并更新国家安全领域的目标和对策。紧接着黑山还公布了另一项议案,提议起草2018年至2020年的《黑山行动计划》(Action Plan for Implementation)。《黑山行动计划》明确了三个主要目标:

战略目标1:开发一个有效、可持续的国家安全体系。

战略目标2:预防、阻止可能影响黑山及其盟国安全的挑战和威胁。

战略目标3:提高恢复力、提升民间战备状态并提高风险管理能力。

作为北约成员国,黑山在获得稳定和利益的同时,也应承担责任和义务。黑山已经意识到环境安全的必要性,主动承担起义务,动用物力和人力资源投身于北约活动和联合国维和任务,参加共同价值观的安全、维护和强化活动。在这些活动中,黑山展现了其履行职责和义务的决心。

四、黑山关键基础设施安全

不论是分析"16+1"合作下的"一带一路"项目,还是探究黑山的作用,都必须考虑到黑山与巴尔干地区其他国家的关系。一方面是因为与辐射多国的"一带一路"倡议关系密切;另一方面,公路、铁路和能源网络等多种关键基础设施在欧洲及巴尔干地区,特别是在前南斯拉夫加盟共和国,已实现了互联互通。

在黑山与其他巴尔干国家的关系方面,黑山积极参与地区事务,并且加入了地区内不同领域的合作协定。2018年10月,巴尔干国家最重要的会议之一——西巴尔干—欧盟"柏林进程"五年期边会于黑山经济峰会期间举行,旨在增强区域合作并推进欧盟一体化进程。700多名与会者齐聚一堂,其中包括政府官员、商界代表和来自巴尔干地区及其他国际机构的学者。该会议由奥地利共和国总理塞巴斯蒂安·库尔茨(Sebastian Kurz)发起,而奥地利是欧盟理事会主席国之一。这表明黑山已经吸引了欧盟重要人物参与西巴尔干国家入盟有关讨论,是最有希望在2025年前入盟的西巴尔干国家之一。黑山始终坚持推进区域合作和经济一体化。作为北约成员国,黑山与欧盟的谈判已取得一定进展,同时黑山也在继续引入欧盟标准。此外,该会议传递了另一个重要信息,即在所有西巴尔干国家中,黑山或许是唯一有能力平衡西巴尔干地区不同政见的国家,其睦邻关系最为友好,也最有能力推动巴尔干地区各国之间开展不同主题的对话。其外交政策重心在于发展和谐稳定的睦邻友好关系,比如,黑山支持北马其顿与希腊签订协议以及塞尔维亚与科索沃进行谈判。①

必须强调的是,自2018年起,中国与黑山的外交关系逐步深化。特别是"一带一路"与"16+1"合作为两国合作带来了巨大潜力。这些倡议的目的在于深化、强化中欧合作,中国的投资能够促进包括黑山在内的整个区域的经济增长。在该合作机制下,巴尔—博利亚雷高速公路重建项目得以启动。2018年7月第七次中国—中东欧国家领导人会晤于索非亚举行。黑山总理达斯科·马尔科维奇(Dusko Markovic)出席了本次会晤,并与各国参会代表举行了多次会谈。2011年首届中国—中东欧国家经贸论坛在布达佩斯举行,该论坛旨在促进中国与16个中东欧国家之间的合作,第七次领导人会晤则延续合作主题,致力于推动合作继续发展。会议重点讨论了"一带一路"背景下"16+1"合作的重点领域以及发展方向。黑山已加入"一带一路"倡议,因此,此次会晤对于其外交政策、经济发展及繁荣稳定都具有重要意义。

"一带一路"项目规划以及"16+1"合作可能需要对黑山的以下关键基础设施进行安全评估,包括:公路、铁路在内的陆运交通,吞吐海运货物的港口,电网及其他能源供应网络,信息与通信技术系统,建筑、水利设施在内的其他相关基础设施。这样复杂的系统带来了许多漏洞和风险,因此需要良好的协调能力以及详细的运营计划。

(一) 巴尔干地区的关键基础设施保护

一旦开始运行,"一带一路"倡议的各个项目将直接或间接地相互依赖。因此,倘若某个重要的关键基础设施出现重大问题,巴尔干地区乃至整个欧洲的"一带一路"项目都可能受到影响。"一带一路"覆盖范围广,辐射多个国家,受到不同的地形和气候、发展水平、法律法规、生活习惯以及其他因素的制约。正如前文中欧盟以及其他地区的先例所示,"一带一路"系统本就复杂,又涉及现有的基础设施,就容易产生弱点和风险。因此,需要谨慎制订运营计划以及有效协调各种活动。欧盟正试图基于各成员国的特点与能力建立和平衡各国的关键基础设施保护机制(见图13-6)。

由于不同的历史、政治和技术发展在巴尔干各国造成了一定差异,在该地区达成共识、建立统一的关键基础设施保护机制尤为重要。该机制应涵盖从

---

① M. Mirkovic, "Montenegro Economy briefing: Exploitation of oil in the coast-a chance or danger?", Chine-SEE Institute, Hungary, 2018, Vol. 12, No. 2 (ME), ISSN: 2560-1601.

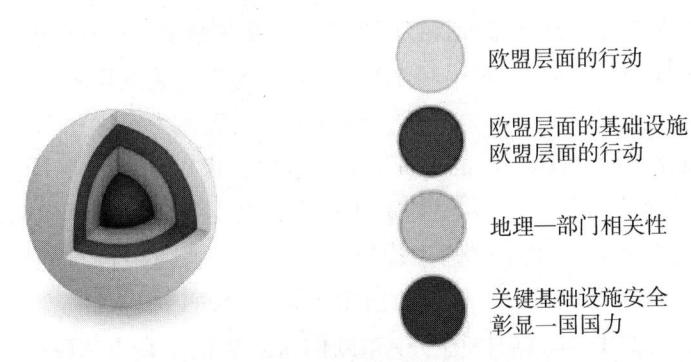

图 13-6　欧盟关键基础设施保护机制

指导政策到具体实施的各个层面,且应特别注意司法与财政方面(以网络安全保险为例,不论是关键基础设施利益相关者的角色,还是所有者和负责人的权利与责任,都难以界定,但这种界定至关重要,因为这有助于评估责任以及为企业风险管理提供参考意见)。然而,在把这项宏大而艰巨的长期任务作为共同的关键基础设施保护战略之前,"一带一路"和"16+1"合作参与国应该达成共识,携手建立关键基础设施保护的公共平台。

此外,关键基础设施保护并非一个只要启动、执行和完成的简单任务,而是一个连续不断的过程。利益相关者若能重视关键基础设施保护的连续性,就能更好地规划和管理关键基础设施的生命周期,并确保他们能与重要相关方分享决策、运营和投资方面的经验教训。同样值得注意的是,"保护"没有特定的范围,而是整合了以下所有的功能:降低风险,提高恢复力,维护基础系统、服务及功能的正常使用。[①]

无疑,巴尔干地区的关键基础设施保护应与欧盟相应措施结合,但其他地区的经验和技巧也值得借鉴。至少中美两国的经验是值得学习的。美国在很多领域历来是全球领袖。而中国是正在快速发展的新兴大国,随着"16+1"合作的落地,中国的发展前景可能不止于此。这点尤为重要,因为快速发展的科技创新和应用在推动关键基础设施数字化转型的同时,也增加了网络威胁。

(二) 网络安全

网络攻击已成为现实,它以不同的形式出现,并且引起了国民恐慌:危险

[①] Microsoft, *Critical Infrastructure Protection: Concepts and Continuum*, White Paper, Microsoft Corporation, 2014.

程序可以在电脑系统中秘密运行,甚至把机密数据直接发送给恐怖分子。如今,国家基础设施通过种种方式与互联网联系得更为紧密,其功能很大程度上也依赖于信息与通信技术系统。关键基础设施拥有复杂的系统,并且存在一定漏洞,因此未经授权的干预和控制会对其产生深远的影响。网络攻击可能来自国家、团体、个人或组织。没有人能准确预测下一次重大网络攻击将于何时发生。

因此,全欧盟最先进的关键基础设施保护可能集中在网络领域。2016年7月,欧洲议会通过了《网络和信息安全指令》(The Directive on security of network and information systems),即NIS指令,该指令在同年8月生效。NIS指令为提升网络安全的总体水平提供了法律支撑。然而,由于网络系统和网络威胁都在持续升级,执行该指令迫在眉睫。该指令要求欧盟成员国在2018年5月9日前将指令纳入国家法律,并在2018年11月9日前完成基本服务运营商识别认定。因此,欧盟委员会于2017年9月发布了一则通告,以帮助欧盟成员国迅速、统一地落实指令。[①] 此外,委员会还将推出"NIS工具箱",为成员国提供有效信息。例如,该工具箱会介绍成员国中的最佳范例,并解释指令中的具体条款,以说明如何实践应用。NIS工具箱还应具备以下功能:为在全球推广NIS指令提供实用参考指南,包括介绍仍在开发中的新策略;提供现有模型、评估工具及其他参考资料的链接;提供配套的评估工具,以便识别有待改进的关键领域以及应对方案;规定最佳实践指标,以评估改进情况等。[②]

在分析与"一带一路"倡议相关的网络领域时,应从中国的《网络安全法》出发,结合相关的法律法规、战略措施、监管文件以及中国的治理行动进行分析。当前,《网络安全法》基于六个系统运行,六个系统共同构建了一个不断发展的中国信息与通信技术使用管理框架,包括:互联网信息内容管理系统,网络安全多层次保护系统,关键信息基础设施安全保护系统,个人信息及重要数据保护系统,互联网产品及服务管理系统,网络安全事件管理系统。以下概括了这些系统的情况及它们本质上的联系。在这些系统中,关键信息基础设施安全是本文分析的焦点。此外,在《网络安全法》最终版公布不久后,中国及其

---

① https://ec.europa.eu/digital-single-market/en/network-and-information-security-nis-directive.
② https://www.itu.int/en/ITU-D/Cybersecurity/Documents/National%20Strategy%20Toolkit%20introduction.pdf.

他国家的研究人员认为"关键信息基础设施"是该法律中最重要的概念之一。该法律界定了诸如"公共通信和信息服务、电力、交通、供水、金融、公共服务及电子政务"等行业部门,并补充了新媒体、医疗以及值得一提的云计算和大数据供应商等新兴行业。随之而来的问题是,谁来负责监管关键信息基础设施的各领域?虽然全国信息安全标准化技术委员会发布的标准及监管升级有望进一步阐明该问题,但对于如何解释关键信息基础设施的领域范围,监管人员似乎在很大程度上仍有较大的自主权。这意味着众多机构在采购时至少会顾及网络安全审查制度,而国内储存数据可能会成为默认程序。这很可能会给海外供应商和跨境运营的中国公司带来一些挑战,但关于如何具体落实有关要求,他们仍保有一定的发言权。①

(三)黑山关键基础设施保护措施

在黑山实施欧盟委员会关键基础设施保护措施及政策的效率难以预估。加入欧盟和发布《黑山国家安全战略行动计划》(Action Plan for the National Security Strategy)等举措可能会给黑山带来新的发展机遇。另一方面,2014年11月举办的中国—中东欧国家领导人峰会提出建立智库以促进科研,这也是"一带一路"倡议中高科技应用与规划的一部分。该提议被进一步落实,"一带一路"智库合作联盟由此建立。然而,除了常见的政治、金融、科技经济、技术和文化问题外,"一带一路"也要关注基础设施建设的研发、规划并应用安全保护技术和管理,这非常重要。

(四)自然灾害

近年来,全球地震、暴雨、洪水、山体滑坡等自然灾害日益频发。背后的原因有二:第一,全球的自然环境发生了变化,第二,人类社会越来越容易受到自然灾害的影响。当前自然环境正在快速改变,产生了全球变暖、城市热岛效应、森林及耕地面积减少、沙漠化、河岸与海岸侵蚀等问题。同时,社会结构和土地使用情况也发生了变化,如城区人口过度集中、易受灾地区定居人口增加及农村人口减少,这导致人类更容易受到自然灾害的影响。② 1979年,黑山发

---

① https://www.newamerica.org/cybersecurity-initiative/digichina/blog/chinas-cybersecuritylaw-one-year/.
② M. Hamada, et al., *Critical Urban Infrastructure Handbook*, CRC Press is an imprint of Taylor & Francis Group, an Informa business, 2015.

生地震,震级达6.9级,麦加利地震强度达到强震级别,这一惨痛事件不应被忘记。这是有史以来发生在当今黑山共和国领土内破坏性最强的地震,造成了巨大的人员伤亡及其财产损失。

五、未来展望与后续措施

2018年,黑山政府宣布希腊Energean油气公司将于2019年进行水下三维地震勘探。黑山政府曾和该公司签署了特许经营合同,授权该公司勘探及开发黑山领海的油气资源,此次水下勘探是特许经营后的又一次合作。勘探将至少持续45天,并运用三维地震探测技术勘探黑山海域。据估计,Energean油气公司负责开采的黑山海域石油储量达1.44亿桶,天然气储量达510亿立方米。若消息属实,黑山的经济发展将大受其益。除了刺激能源生产,石油开采主要还有以下好处:促进当地投资,优化劳动力市场,平衡外贸收支,增加收入、改善预算执行情况。"16+1"合作相关活动同样也会带来积极影响,如促进生产领域内技术和专业技能的转让以及知识和工作经验的交流。

中国研究人员指出,"一带一路"成员国的合作应更加翔实具体。为此,研究人员建议针对具体政策建立不同的合作平台。他们还建议在地方一级达成协议,并将合作拓展到中小企业等。协调各国举措势在必行,政府间的协调与配合至关重要,然而这难以实现。因此,中国专家建议应将重点放在协调该区域贸易与投资行动上。[1] 这与"一带一路"在黑山的发展方向和潜力相符合,应该进一步扩展到关键基础设施的其他领域。

随着各种各样的投资项目的开展,中国和黑山的合作不断深化。当前的合作项目包括新建高速公路、改造铁路、新建风力发电厂以及升级海军舰队。2018年,黑山机构代表分别会见了中国国家机构代表和中国驻黑山大使。两国在交通领域开展了以高速公路建设项目为主的合作,除此之外,两国还将敲定一项新的方案以深化交通、旅游业、能源和农业方面的合作。同样,不论是贸易合作增多,出口至中国的农产品增加,还是中国访黑游客数量上升,都有助于加强双方的合作。巴尔—贝尔格莱德—布达佩斯铁路正是在"16+1"合

---

[1] M. Kaczmarski, "China on Central-Eastern Europe: '16+1' as seen from Beijing", *OSW Commentary*, Ośrodek Studiów Wschodnich im. Marka Karpia, 2005.

作背景下修成的。双方合作将会提高该地区的经济发展潜力。巴尔港的潜力也会得到更好发挥,这将大大促进黑山经济发展。对此,研究人员将进行一项可行性研究,考查未来修建贝尔格莱德—布达佩斯快车道和黑山与阿尔巴尼亚的港口实现互通的可能性。如果将克罗地亚、斯洛文尼亚和波黑三国的港口实现互通,这也能一定程度上促进巴尔干地区的发展。①除经济合作之外,中国和黑山还通过"16+1"合作就环境保护问题展开合作。两国在科学和教育方面的合作也不断深化,黑山多尼亚戈里卡大学与中国多所高校已签订一系列合作协议,两国高校也发起了交换生项目。

巴尔干国家也正在讨论关键基础设施系统互联互通事宜,尤其是能源部门的关键基础设施系统,以增强地区安全协调能力。其首要任务是确保电力(电网)和天然气的安全和稳定,以保障电力供应及跨境贸易稳定。目前巴尔干国家正在讨论与欧盟和俄罗斯互联互通,但也可能拓展至亚欧走廊。应将输电线和天然气供应路线划分到不同的安全区域,同时每个区域都应该设置一个区域合作中心。

要促进关键基础设施领域合作的发展,就要深入了解相关法律制度。一位名为胡浩的专家(Hu Hao,音译)建议与中国政府合作成立咨询公司。这种咨询公司的任务就是分析当地法律法规,减少投资风险,进行可行性研究,从而解决这些问题。此外,智库能够促进双边合作,及时报告法律及市场变化,以及推动合作发展。所以智库在降低风险方面也能发挥类似作用。

(一) 智库的作用

虽然每个机构的影响力不同,但独立研究机构和决策机构,特别是智库,都发挥着重要作用,它们不仅能传播政治经济自由和发展思想,还能敦促政府进一步落实有关政策。此外,这些机构还有助于孵化新知识,激发科学成果。与关注经济、社会经济以及其他话题的智库相比,黑山的智库有着不同的关注点。它们大多更关注民主、腐败、选举改革等问题。这些问题对于促进民主立法具有重要意义,而民主立法是入盟程序中的必要环节。黑山战略分析与预测研究所是一个很好的范例,它成立于 1998 年,是黑山第一个经济类智库。黑山战略分析和预测研究所重点关注以下经济政策:公共财政和税务政策,

---

① M. Mirkovic, "Montenegro external relations briefing: External Relations Summary-Montenegro 2018", Chine-SEE Institute, Hungary, 2018, Vol. 13, No. 4 (ME).

对外贸易,货币和金融体系,劳动力市场和社会政策,养老金体系,机构发展和区域合作等。① 因此,对于"16+1"合作而言,战略分析和预测研究所以及其他智库也许是当地的理想合作伙伴。

(二)信息与通信技术与网络安全

2019年,黑山政府官员积极参与地区和全球事务,以改善与他国的关系,并提升黑山在全球市场中的地位。第二届西巴尔干国家数字峰会是该地区的重要活动,于2019年由区域合作理事会及其合作伙伴承办。区域合作理事会是由区域所有并领导的合作机制。该理事会致力于在东南欧推动区域合作和欧洲—大西洋一体化,其主要目标是刺激区域发展。2018年4月东南欧国家部长会议上,阿尔巴尼亚代表被任命为2019—2022年间的区域合作理事会秘书长;2022年,黑山代表将会接任该职位。2019年西巴尔干国家数字峰会于4月在贝尔格莱德召开。2018年峰会召开于斯科普里。参会人员包括西巴尔干国家数字议程官方负责人、欧洲委员会代表、区域合作理事会代表、信息技术公司代表、学者代表及青年代表。该峰会旨在团结西巴尔干国家的力量,就共创数字化未来展开合作。② 峰会部分活动与网络安全有关,但峰会也把关键基础设施保护中的信息技术纳入考虑范围。

除前文所说的能源部门以外,黑山的供水和污水处理关键基础设施领域也有着相似的发展机遇。除了生产工厂,"一带一路"项目下的技术合作还可能涉及与智能电网和智能仪表相关的关键基础设施配件。这些合作可以延伸到信息与通信技术的其他常见应用范围,如交通、智慧城市及其他关键基础设施相关领域。

目前,增强关键基础设施恢复力是最佳保护策略。它与风险和危害评估及管理、关键基础设施保护行动相辅相成。由于技术发展比其他领域更快等原因,信息与通信技术以及网络安全成了关键基础设施恢复力管理的重要内容。

就关键基础设施恢复力而言,网络通常可以分为三个重要部分:(1)包括云服务在内的内部信息与通信技术结构,(2)相连的公共与私人网络及与互联

---

① V. Golubovic, "Montenegro Social briefing: The role of think thanks in Montenegro", Chine-SEE Institute, Hungary, 2018, Vol. 12, No. 3(ME), ISSN:2560-1601.
② M. Mirkovic, "Montenegro external relations briefing: External relations Outlook 2019-Montenegro", Chine-SEE Institute, Hungary, 2018, Vol. 14, No. 4(ME), ISSN:2560-1601.

网的连接,(3)网络服务用户。第三部分代表着网络风险和危害评估及管理中的人为因素,对关键基础设施保护和恢复力建设及强化而言,这可能是最大的困难所在。

在保护黑山关键基础设施时,应重视网络安全的提升,这是关键基础设施保护的一部分;同时也要重视关键基础设施恢复力的提高。不利的是,这需要耗费大量精力教育关键基础设施公司的员工并改变他们的习惯。而有利的是,黑山必定存在有能力的、先进的信息与通信技术公司,同时黑山也能积极为网络安全建设提供支持。因此,只要计划合理且处理妥当,对"16+1"合作而言,在关键基础设施保护中实现网络安全是可行的。

(三) 其他方面

不论是否与"一带一路""16+1"合作及关键基础设施保护直接相关,很多其他领域的合作同样值得探索,例如:(1)黑山与中国之间的货物及服务进出口。尽管这两个经济体存在巨大的差异,但是帮助黑山提升与中国的贸易比率必将促成更多项目谈判。(2)提升中国访黑旅客数量。尽管过去两年形势乐观,仍有一定进步空间。(3)促进能源领域的合作。上海电力公司是一个很好的范例。目前,该公司在黑山承建莫祖拉风电厂项目。

需要注意的是,黑山没有本国货币,而是单方面使用欧元。黑山未与欧盟就使用欧元达成正式协议,也从未参与欧元的铸造。相反,黑山选择使用已在流通中的货币。由于使用欧元交易(之前使用的是德国马克),黑山经济发展稳定,这一优势无疑得到了"16+1"合作机制下愿与黑山合作的中国公司的青睐。

六、总结

显然,在"一带一路"与"16+1"合作机制下,针对黑山关键基础设施保护的安全及可能性评估不仅体现出中黑两国合作的现有水平,而且彰显了未来的合作潜力。本评估报告提及了几个即将启动的大型关键基础设施项目,以后还可能有更多类似项目。这些项目一旦完成,黑山与邻国的联系将大大加强,特别是在交通领域,巴尔干地区的互联互通网络也会得以完善。然而,尽管目前配合新的《黑山国家安全战略》,黑山推出了《黑山行动计划》,关键基础设施保护是否在各层级结构合理、协调得当仍有待考证。

研究结果表明,黑山在不同的体系和程序中游移不定,它应拿出更严肃的态度,推进统一且连贯的关键基础设施保护政策及应用。首先,黑山正在申请入盟,并且将有机会参与欧盟一体化的工作。但是,正如文中所述,关键基础设施保护在欧盟成员国内并不统一(网络安全除外)。因此,欧盟一体化进程并没有真正地促进黑山关键基础设施保护。北约成员国也面临同样的问题,原因在于北约关注的是军事计划和军事活动,而非关键基础设施保护。

《黑山国家安全战略》及《黑山行动计划》带来了一些新发展。根据2019和2020年的规划,黑山将推动网络安全领域的立法活动及能力建设,同时也将就关键基础设施立法,并建立相关标准。从欧盟各国和其他国家的先例来看,上述关键基础设施保护举措需要一些时间才能在国家层面完全生效,而要达到可操作可落地的程度,则需要更多的时间和精力。

从积极意义上来说,黑山关键基础设施保护评估能促进关键基础设施保护更快发展,例如"16＋1"合作机制下,黑山境内正在开展的关键基础设施项目刺激了民间企业积极投资建设关键基础设施保护;中黑两国的科技合作,包括智库在内,可以也应该延伸到关键基础设施保护领域,尤其是网络安全领域。众所周知,黑山历来积极支持区域合作,因此,鉴于该区域大部分国家都加入了"一带一路"项目和(或)"16＋1"合作,黑山也应当积极推动关键基础设施保护领域的区域合作。

最后,关键基础设施保护在当今世界必不可少,黑山应该就此付出加倍努力。虽然当下恐怖主义风险指数较低,但是黑山不能因此掉以轻心,因为形势瞬息万变,而且还可能会出现设备故障、人为失误以及自然灾害等状况。与此同时,在"一带一路"倡议及"16＋1"合作下规划和实施关键基础设施项目时,应特别关注黑山和巴尔干地区关键基础设施保护的潜在问题、薄弱环节以及漏洞。

R14 "一带一路"与"16+1"合作安全风险分析框架下的波黑关键基础设施安全评估

[波黑]贾斯明·阿希奇①

【摘要】波斯尼亚和黑塞哥维那(以下简称"波黑")在中国"一带一路"项目上处于复杂而特殊的位置,因此需要对安全方面进行非常细致的分析。除了研究中国与"一带一路"合作伙伴之间双边关系的共性外,还需要分析具体的地缘政治、安全和金融因素。本研究的重点是关键基础设施,目的是在"一带一路"倡议与"16+1"合作②项目的安全风险分析框架内,确定要分析的关键主题,并对波黑的关键基础设施进行初步安全评估。

关键基础设施非常重要,因此十分有必要对其进行保护,关键基础设施也成为各国和国际社会共同关注的重要问题。关键基础设施保护任务需要所有利益相关者的协调与协作,比如上游的基础设施所有者和运营商,以及各种公共和私人组织机构、公司、技术供应商等。因此,本研究提出了企业关键基础设施保护战略的关键要素,包括研究方法、灾害风险管理、风险评估和抗灾能力。

1995年,一场持续四年的暴力战争结束后,波黑才开始民主建设。波黑向民主和市场经济的过渡并不是一帆风顺的,而是受到冲突后一系列事务的严重干扰。战争结束后,该国分裂成三个地区,主要由一些战时崛起的狭隘族裔精英所统治,实际上是类似于几个准国家。波黑宪法(即《代顿协定》)(the Dayton Agreement)意在通过调和该国三个组成民族在国家地位、边界和自决权方面的矛盾来结束战争。它建立了一个高度分散、支离破碎的国家,包含两

---

① 贾斯明·阿希奇(Jasmin Ahić),萨拉热窝大学刑事司法与安全学院副教授。本研究是国家和国际安全研究所与上海社会科学院合作开展的"'一带一路'风险评估"项目成果。
② 16个国家包括:阿尔巴尼亚、波黑、保加利亚、克罗地亚、捷克共和国、爱沙尼亚、马其顿共和国、匈牙利、拉脱维亚、立陶宛、黑山、波兰、罗马尼亚、塞尔维亚、斯洛伐克共和国和斯洛文尼亚。

个次国家实体：塞族占多数、高度集权的塞族共和国和波黑联邦。中央国家机构和联邦薄弱，各州强大。它是交战的族裔精英商定建立一个联合国家的前提，但其目的并不是要保证建立一个正常运转的国家，也不是提供一个联合国家的身份。在战后时期，因战争罪被起诉的个人逐渐被排除在公共生活之外，但战时政党仍保有权力。高度自治的塞族和克罗地亚精英在牢牢控制着强大的次国家治理结构的情况下，试图利用他们参与中央国家权力共享结构的机会来追求自己的部分民族政治利益。维护族裔间的紧张关系有助于精英阶层维持庇护制度。恐惧和庇护已被证明是破坏战后波黑民主和经济改革的元凶。维持《代顿协定》下机能失调的体制和宪法制度被认为是理想的手段。

在战后的第一个十年中，由联合国授权的高级代表行使行政权力，而由北约领导的军事特派团则在全国范围内恢复了安全保障。在这十年中，国际社会仍然是民主化、经济改革和国家建设的主要推动力，力求建立至少一些基本的国家职能——改革民主机构，建立正常运作的市场经济；同时，努力重建该国基础设施，刺激经济复苏，接收回返难民，并且修复分裂的社会结构。高级代表在必要时，利用其行政权力罢免被指控妨碍和平进程的公职人员和高级官员，实施立法和修改实体章程，并建立更多的中央机构。人们批评这种国际组织的介入篡夺了政治精英的力量，凌驾于民主程序之上，并在波黑造成了一种政治依赖的文化。然而，国际干预也为自由民主创造了先决条件，甚至为民族政党代表之间开辟了对话和妥协的空间，带来了政党制度和政治生活的多元化，确立了国家核心职能，并为经济重建和财政稳定奠定了基础。自2003年以来，过渡工作逐渐朝着与欧盟融合的方向发展。

2005年至2006年期间，国际社会突然决定终止对波黑的国际干预，并将该国进一步过渡的责任移交给国内政界，部分是因为相信国内政治精英已能够在波黑加入欧盟的进程框架内自行继续改革，但同时也是因为西方主要国家政府继续昂贵的战后政策的政治意愿减弱。然而，政权移交后，并没有产生预期的结果，因为国际社会几乎不愿意组织一次渐进性过渡，也因为国际社会没有找到改革波黑宪法制度的解决方案。宪法制度仍然是可持续民主和经济转型几乎不可克服的制约因素。事实证明，波黑政界人士无法或不愿就组建多民族联合政府、基本政策、甚至基本宪法规定达成共识。从2006年到2018年的现在，民族主义舆论急剧增加，最明显的体现是要求脱离塞尔维亚共和国的领导，建立主要由克罗地亚人组成的第三个领土实体。民族主义政治领导人的言论充斥在各种政治场合。这使欧盟议程以及其他民主化/自由化议程边缘化。

根据提供的数据,在2018年选举后的政治重组期间,波黑目前的财政状况不稳定,但前景相当不错。关于安全局势,波黑和该地区目前存在低级别的威胁和事件,这些威胁和事件近年来在西巴尔干一些国家开始出现。波黑当局在最终自行制定宪法时,往往是一个缓慢的过程[因为波黑根据《代顿协定和平协定》(Dayton Agreement Peace Accord)制定了战后宪法,但该法无效];然而,处于高度戒备状态的西巴尔干移民路线上的非法移民和难民,以及塞族共和国[4] 实体代表的政治激进主义,则会成为波黑北约道路岌岌可危时可能的威胁来源。另一方面,自然原因或人为失误造成的人身威胁、网络攻击和金融威胁是波黑目前潜在的危险/危害。关键基础设施保护安全评估分析了威胁的主要类型。安全评估还指出,波黑和"一带一路"沿线的西巴尔干地区在关键基础设施方面存在的潜在问题、弱点和差距。在未来的"一带一路"规划和实施中,应特别注意这些要素。

主要结论是,在继续努力加强中国与波黑作为"一带一路"内可能的合作伙伴关系之后,将有可能加强和提高关键基础设施建设的联合方法,该方法可进一步扩展到关键基础设施保护活动。报告最后一章列举了一些例子,需要立即采取具体行动。

一、"一带一路"中波黑的变迁历史与参与起源

"一带一路"有多条路线和多个有意向的参与国家,这主要是因为从最初的丝绸之路到今天,几个世纪以来地缘政治变化不断。2012年,中国与中东欧国家接洽,提出了有关区域合作的倡议,即"16+1"合作,主要目标是促进贸易(如技术转让、农畜产品进出口等)。为实现这一目标,中国也计划给予支持,以能源部门和铁路、公路建设的合作为切入点,为大型基础设施项目提供资金支持。作为西巴尔干地区的国家,波黑是"16+1"合作的准会员。

尽管中国在促进双边基础设施建设和金融合作方面投入了大量精力,但由于欧盟的限制性规定,投资和融资存在更多瓶颈。例如,2012年在华沙举行的一次峰会批准了100亿的贷款,但由于欧盟的政策限制,大部分贷款被用于西巴尔干半岛。中国优惠贷款要求有主权担保,但如果已加入欧盟的中东欧国家提供主权担保,债务水平就会超过欧盟标准。因此,加入欧盟的中东欧国家无法从中国获得优惠资金。中国的投资贷款规定与欧盟规定相矛盾,导致

投资和融资结果不尽如人意。①

中国在该地区的经济影响力已不再是暂时的,并且在未来几年可能会进一步增加。2015年11月在中国苏州举行的第五届"16+1峰会"提出,未来几年将对各种项目进行高达100亿美元的投资,其中一些项目已经落实。"16+1"形式的合作也在不断制度化,这突出体现在计划设立一个常设商务委员会,并在双方国企和政府之间签署一些高级别谅解备忘录。双方都认为,中国在东南欧发挥的日益重要的作用是互惠互利的。对于中国而言,该地区的吸引力源于多种考虑。为支持东南欧融入全球贸易,中国做了更广泛的努力,包括支持东南欧在区域港口、铁路和公路基础设施的融资。在外国直接投资方面,中国政府有充分理由相信整个东南欧地区(包括西巴尔干国家)未来将融入欧盟,具有巨大的追赶潜力。从经济角度来讲,这些国家加入欧盟,其消费能力可能会提高,意味着中国企业能更好地进入欧盟主要市场以及西巴尔干市场。从政治角度来讲,这也是明智的投资,因为该地区国家的数量可能占扩容后欧盟成员国数量的1/5。基于这些长期的经济和地缘政治目标,中国力图向东南欧展现自己是政治中立的力量和可靠的商业伙伴,在近年来俄罗斯和西方世界关系恶化的背景下,这能够缓解该地区的一些担忧。

大量文章讨论了"一带一路"项目的影响和重要性。延斯·巴斯蒂安(Jens Bastian)博士在其为欧洲复兴开发银行撰写的报告中,阐述了"一带一路"与"16+1"合作的重要内容及其对西巴尔干国家的影响:②

● 在"一带一路"倡议的资金技术支持以及总体规划下,中国在欧盟及非欧盟国家大量投资并以前所未有之势掀起了收购和更新基础设施之潮。

● 中国雄心勃勃的"一带一路"项目可助西巴尔干国家实现转型。

● "一带一路"倡议包括中国政府以及企业提出的政策倡议、投资重点以及商业决策,会对参与国及其监管部门和民间组织产生重大影响。

迄今为止,该地区"16+1"合作议程中,似乎只有不到20个交通和能源项目获得批准,西巴尔干投资框架网站显示,只有大约1/4的项目实际开工。究

---

① Liu Zuokui, "16+1 saradnja u kontekstu Inicijative, Pojas i put", Novi put svile: balkanska perspektiva, 2016.
② J. Bastian, *The potential for growth through Chinese infrastructure investments in Central and South Eastern Europe along the "Balkan Silk Road"*, Report prepared for the European Bank for Reconstruction and Development-EBRD (with funding from the Central European Initiative), Athens/London, July 2017.

其原因在于：该地区在文化、政治、历史以及各国经济结构方面差异巨大、复杂多样，中国企业专业知识缺乏、程序复杂，欧盟成员国同其他国家间存有分歧（有时涉及欧盟法规），中国同合作伙伴间的经济需求不对称，以及该地区本身缺乏合作意愿不愿加速双边合作。①

对于中国对欧洲投资攻势的起因可谓是众说纷纭。有些人认为，它是一种隐藏的地缘政治战略，从长远来看，这项战略将挑战当前的世界经济和政治秩序；而另一些人认为，这证明了中国的外交政策旨在加强与欧洲国家的经济合作。

因此，该倡议的实质是，中国通过建立途经中亚、直通欧洲的公路、铁路、港口、能源运输和物流中心网络，从而为交通和能源多元化创造条件，打开中国产品的市场，并使中国企业参与欧洲和亚洲市场。"中国希望通过基础设施投资来加速建立港口、物流中心、公路和铁路网络，以创造有利条件，使中国的货运和能源运输多样化，扩大市场，分销产品并改善东西方之间的贸易。这样，中国政府就能实现其核心国家利益——提高能源安全，为中国建筑公司打开市场，并确保13亿中国人民的安全。""16＋1"合作的成员国认为，习近平主席倡导的中国政治可以归纳为四个词：和平、发展、合作与双赢。② 一切都是为了合作共赢，合作中只有赢家，没有输家，而地缘政治的权力博弈恰恰相反，这种博弈深深地植根于欧洲中心主义的思维中，我们很难跳出非胜即败的窠臼去思考问题。

"一带一路"倡议的主要目标是"五通"（政策沟通、设施联通、贸易畅通、资金融通和民心相通）。③

中国的改革从废除集体化农业开始，逐步扩大到价格自由化和财政分权。国有企业自主权扩大，私营部门增长，股票市场得到发展，现代银行体系得以建立，这些都带来对外贸易和投资的开放。

2016年夏天，在西方明确拒绝全球化和多边主义之际，世界银行行长称赞中国对国际经济合作的承诺。④

---

① M. Kaczmarski, "China on Central-Eastern Europe：'16＋1' as seen from Beijing", *OSW Commentary*, Ośrodek Studiów Wschodnich im. Marka Karpia, 2015.
② S. Arežina, *Kineski Novi put svilei Balkan*, Novi Sad：Kultura polisa, posebno izdanje, str. 170, 2015.
③ Liu Zuokui, "16＋1 saradnja u kontekstu Inicijative, Pojas i put". Novi put svile：balkanska perspektiva.
④ http：//www.ifimes.org/ba/9326,2019－05－15.

R14 "一带一路"与"16+1"合作安全风险分析框架下的
波黑关键基础设施安全评估

奥地利、希腊和欧洲复兴开发银行积极参与"16+1"合作,并宣布在建设"一带一路"上取得一定成功。[1]

作为主要的投资者,欧洲复兴开发银行于2019年5月7日至8日在萨拉热窝举行2019年年会暨商业论坛,会议聚焦波黑和西巴尔干地区的经济机遇。2 000多名代表出席了这次会议,重点讨论了西巴尔干经济体的商业前景以及如何促进该地区的经济增长。阿尔巴尼亚、波黑、黑山、北马其顿和塞尔维亚等五个西巴尔干国家的领导人出席了会议,并参加了高级别小组讨论,这些讨论强调了区域合作的重要性。

会议的其中一个主题是"一带一路"倡议。会议举办方指出,是时候更仔细地审视过去几年已经取得的成就,以及未来几年可能和可以预见的情况。在"一带一路"议程目标方面,中蒙俄经济走廊取得的进展肯定快于巴尔干路线或"一带一路"西段取得的进展。然而,应该强调的是,中欧和东南欧的"一带一路"投资中有70%集中在东南欧,这与区域GDP占比正好相反(中欧占70%,东南欧占30%)。鉴于该地区的大量投资需求,这是个利好消息。此次会议重点关注以下问题:"一带一路"展望——范围、规模、项目和迄今为止的成果;如何实现平衡的一体化(促进进口、出口、直接投资、融资)?如何协调该地区所有相关参与者的能动性?"一带一路"倡议对该地区的私营部门和银行有何影响?

根据《全球外国直接投资报告》(*Global Foreign Direct Investment Report*)中的数据,2016年吸引外国投资最多的国家和地区是:美国、英国、中国内地、中国香港、荷兰、新加坡和巴西。2016年投资最多的国家和地区是:美国、中国内地、荷兰、日本、加拿大、中国香港和法国。[2]

该倡议提出五年以来,已进入稳定发展和可持续增长的新阶段。倡议参与国与中国的进出口额显著增长了13.3%,而同期与欧盟国家和美国的进出口额分别增长7.9%和5.7%。

去年,中国企业在"一带一路"沿线56个国家进行非金融类直接投资156.4亿美元,增长了8.9%,占中国非定向金融投资总额的13%。

波黑外国投资促进局指出,在波黑的外国投资主要来自中国与日本、韩

---

[1] Liu Zuokui, "16+1 saradnja u kontekstu Inicijative, Pojas i put", Novi put svile: balkanska perspektiva, 2016.
[2] United Nations conference on trade and development UNCTAD, World Investment Report, Geneva, 2017.

国、匈牙利、巴西、印度和中东国家等,其他分析也表明,这些国家是重要的潜在合作伙伴。①

波黑 2000 年 5 月 16 日签署了政府间《贸易和经济合作协定》(China Trade and Economic Co-operation Agreement)(官方公报第 01/01 号),于 2001 年 3 月 30 日批准;2002 年 6 月 26 日签署了《防止双重征税协定》(the Agreement on Avoiding Double Taxation)和《促进和相互保护投资协定》(the Agreement on Promotion and Mutual Protection of Investments)(官方公报第 17/03 号),于 2003 年 12 月 22 日批准。② 新上任的中华人民共和国驻波黑大使季平表示,他将重点关注波黑地区关键基础设施安全方面的评估,以及在"一带一路"倡议下建立中波关系的三座桥梁:友谊之桥、务实合作、人文交流。他认为,中国的发展离不开世界,正如世界的发展离不开中国一样。可以说,波黑的未来发展离不开中国,但国内政治精英不应错过通过真诚和无条件友好的国家为所有公民提供更好生活质量的机会。此外,新型外交也促进了中国与东南欧国家之间的双边和多边关系的发展,并加强了教育、科技、旅游领域的合作。

二、波黑的关键基础设施

根据欧盟理事会指令(the Council of the European Union Directive)(第 2008/114/EC 号),③除了能源(石油和天然气生产、提炼、加工、仓储和分销)外,运输(公路、铁路、航空、内河和港口)领域也属于优先领域。为了成功解决关键基础设施部门的持续运作问题,并进一步完善整个系统、网络和关键基础设施,国家有责任去界定关键基础设施。在加入欧盟的过程中,波黑应推出一项国家关键基础设施法律,该法应与第 2008/114/ES 号指令的要素保持一致,并对这一尚未得到充分监管的重要领域加以管理。在界定关键基础设施之前,必须推出关键基础设施保护法。

在《塞族共和国关键基础设施安全法草案》(the Draft Law on Security of

---

① Foreign Investment Promotion Agency of Bosnia and Herzegovina FIPA, *Program rada za 2018*, godinu. Sarajevo, 2017.
② http://www.komorabih.ba/kina,2019-05-10.
③ Direktiva Vijeća 2008/11/EC od 8, godine o identifikaciji i određivanju evropskih kritičnih infrastruktura i procjeni potrebe za unapređenjem njihove zaštite, 23.12.2008 SL L 345/75.

Critical Infrastructure of Republika Srpska)第 2 条[①]中，关键基础设施包含特别重要的系统、网络和设施，其破坏或损坏可能会严重干扰人员的自由流动、货物和服务的运输，并对人民生活、财产、环境、外部安全、经济稳定以及共和国政府机构的持续运作造成负面影响。在所有定义中，安全、健康和生命都是第一位的，重点放在保护的重要性上。根据《塞族共和国关键基础设施安全法草案》，第 3 条界定了决定关键基础设施的部门：

（1）工业、能源和矿业（生产，包括投入资源、设施、传输系统、仓储、产品运输、能源、分配系统）。

（2）信息通信基础设施（电子通信、数据传输、信息系统、提供视听媒体服务）

（3）交通（公路、铁路、航空交通和内河运输）。

（4）健康（保健、生产、运输和药物管制）。

（5）公用设施（公共基础设施，特别是在水的生产和供应、废水处理、供热的生产和供应、住宅和商业场所的废物处理等领域）。

（6）用水管理（调节和保护用水设施）。

（7）食品和饮料（食品和饮料的生产和供应、食品和饮料安全系统、商品供应）。

（8）金融（银行、证券交易所、投资、支付系统）。

（9）危险物质（化学、生物、放射性和核材料）的生产、储存和运输。

（10）公共服务。

（11）文化和自然物品（宗教建筑、文化古迹、空间文化和历史古迹、考古遗址、名胜古迹、艺术品和历史物品、档案材料、电影遗产、古籍和珍本以及《自然保护法》(*the Nature Protection Act*)规定的受保护自然物品）。

能源部门是波黑最重要的产业部门之一，具有悠久的传统和重要意义，并有进一步发展和投资的潜力和机会。因此，波黑的能源部门能够而且必须在改善波斯尼亚整体产业方面发挥关键作用。为了充分挖掘所有潜力，波黑有必要制定全面的能源战略，其基本原则将是电力部门的可持续发展。加入欧盟是波黑的战略重点之一。波黑与欧盟签署的《稳定与合作协定》(*Agreement on Stabilization and Cooperation*)生效后，一体化进程加快。波黑融入欧盟是

[①] Nacrt Zakona o bezbjednosti kritične infrastrukture Republike Srpske, Ministarstvo unutrašnjih poslova, Banja Luka, mart 2019, godine.

一个非常宝贵的进程,需要社会变革和满足欧洲的优先事项伙伴关系。随着稳定与结盟协议的生效,波黑承诺遵循欧盟共同法,并适应欧盟现行国家法律法规。[1]

三、往何处去?

"东方电气"是"一带一路"倡议下最具示范性的合作典范,它在多博伊附近建造了斯塔纳瑞发电厂,并成为巴诺维契一期建设的合作伙伴。葛洲坝公司即将与美国和欧洲合作伙伴合作,在图兹拉建造第七座热电厂,这是战后最大的投资项目。

煤炭产业的质量不可估量。在增加产量的情况下,该战略承认煤炭资源的可用性和开采煤矿的潜在成本潜力,并且绝不考虑以替代资源的方式减少产量。这是当前发展国内消费政策的生产能力和资源的结果。含成本估算在内的实际经济分析,应包括废气脱碳和脱硫的成本、医疗保健成本、环境保护、新技术的价格、影响煤炭市场的因素以及廉价电能的可用性。波黑电力市场的发展以及波黑电力系统与区域市场的整合将导致国家电力系统的完全自由化。这一进程造成的后果是,清洁能源的经济可行性会影响传统煤电能源的投资,进而影响到该地区和欧盟地区的电力供求关系。考虑到波黑相对邻国拥有的优势(三大电力工业和斯塔纳瑞热电厂),这对波黑建立电力储备能源至关重要。它展示了该地区最好的平衡市场范例。[2]

巴尔干各国对电力进口的依赖程度各不相同。阿尔巴尼亚、北马其顿和科索沃都是电力进口国。由于高度依赖水电,而且降雨量与地区相关,阿尔巴尼亚特别容易受到进口电价飙升的影响。黑山和塞尔维亚的电力平衡相对均匀,而波黑是该地区唯一的电力出口国。该地区的最大净装机容量约为17 000 兆瓦,水电站和热电站容量几乎相当。

市场电力以及欧盟价格政策下的一氧化碳[3]排放将决定波黑和该地区新

---

[1] Green Council, *The analysis of the framework energy strategy of Bosnia and Herzegovina by 2035*, 2018.

[2] Green Council, *The analysis of the framework energy strategy of Bosnia and Herzegovina by 2035*, 2018.

[3] P. Sanfey and J. Milatovic, *The Western Balkans in transition: diagnosing the constraints on the path to a sustainable market economy*, EBRD, 2018.

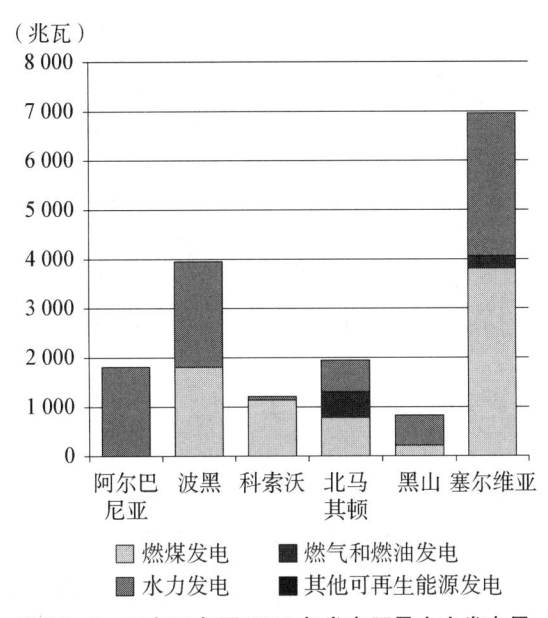

R14 "一带一路"与"16+1"合作安全风险分析框架下的波黑关键基础设施安全评估

图 14-1 巴尔干各国 2014 年发电厂最大净发电量

资料来源：东南欧能源共同体。

生产能力的成本效益投资。此外，空气污染也是一大问题。西巴尔干地区的空气污染物含量高达国家空气质量安全限值的 2.5 倍，远远超出了世界卫生组织的建议。尤其是波黑的环境空气污染水平（PM2.5 浓度）在欧洲最高，与污染有关的死亡率（每 10 万人中有 92 例死亡）在世界上排名第五。木材生物质在该地区广泛用于烹饪和取暖是造成空气质量低下的另一个原因。一项研究表明，欧洲污染最严重的 10 个燃煤电厂中，有 7 个在 5 个巴尔干国家，而这 5 个巴尔干国家的公共卫生成本可能高达每年 85 亿欧元（约合 94 亿美元）。[1]

事实上，波黑是能源利用效率最低的国家之一。从波黑电力部门的现状和战略来看，电力部门应转变战略，在减少用电的基础上，积极提升能源效率。与目前情况相比，最多可以节省 30% 的用电。波黑最好是花费数十亿欧元来投建新产能，这将使资金更有效率，而且投资能源效率和减少电能消耗也是更有效的办法。如此一来，人们能直接感受到这种做法带来的益处——成本降

---

[1] https://climatenewsnetwork.net/coal-pollution-costs-western-balkans-dear/，2019-05-12.

低了,环境清洁了,生活变得健康了。① 目前,西巴尔干国家属于欧洲水资源最丰富的国家之列,但根据几乎所有的气候模型,该地区在21世纪的降水量将显著减少,同时干旱天气将增加,可用水量将减少。如果气温比工业化前高出2℃,预计该地区河流的年流量将减少15%,如果全球气温上升4℃,年流量将减少45%。另一方面,河水泛滥的风险正在上升。最近发生的事件表明,该地区人口易受洪灾的影响。2014年5月,仅三天就达到了两个月的降雨量,造成了特大洪灾——这是塞尔维亚120年来最严重的洪灾——估计有160万人受灾。仅在波黑,洪灾造成的经济损失估计占年GDP的15%。

四、东西方之间的波黑:现实

2020年3月12日,欧盟委员会向理事会致函,强调了中欧关系的利好和挑战。在气候变化和脱碳方面,该报告着重强调了中国对《巴黎协定》(the Paris Agreement)的承诺与国内为遏制碳排放所做的努力之间的脱节,以及中国在全球范围内对建设新的煤炭产能的广泛支持,其中有几个项目位于东南欧:"中国同时是世界上最大的碳排放国和可再生能源的最大投资国。欧盟欢迎中国作为《巴黎协定》主要调解人之一发挥作用。同时,中国正在许多国家建设燃煤电厂;这破坏了《巴黎协定》的全球目标。中国是气候变化和清洁能源转型的战略合作伙伴,鉴于其巨大的碳排放量(约占全球排放量的27%)仍在持续上升,我们需要与中国继续发展强有力的关系。我们的伙伴关系对于全球气候行动、清洁能源过渡和海洋治理的成功至关重要。"②

随着国际金融机构逐步退出煤炭企业直接融资,大多数电厂计划从中国国有进出口银行或其他中国国有银行获得贷款。在中国的财政支持下,东南欧可能会建造3.5千兆瓦的燃煤发电厂。迄今为止,中资银行为该地区的褐煤发电厂签署的两项融资协议分别是斯塔纳瑞(国家开发银行,2012年6月,已建成)和图兹拉7号(进出口银行,2017年11月),但更多的发电厂受到了中国企业和巴尔干各国政府之间谅解备忘录的约束。

---

① Green Council, *The analysis of the framework energy strategy of Bosnia and Herzegovina by 2035*, 2018; P. Sanfey and J. Milatovic, *The Western Balkans in transition: diagnosing the constraints on the path to a sustainable market economy*, EBRD, 2018.
② https://ec.europa.eu/commission/sites/beta-political/files/communication-eu-china-a-strategicoutlook.pdf, 2019 - 05 - 11.

R14 "一带一路"与"16＋1"合作安全风险分析框架下的波黑关键基础设施安全评估

中国认为西巴尔干地区是其雄心勃勃的"一带一路"倡议的重要组成部分。在波黑，中国企业已经或正在投资波黑的能源和运输领域。下面将描述"一带一路"框架内的波黑现状。一方面，将使用丘塔·伊万娜（Ciuta Ioana）和盖洛普·皮帕（Gallop Pippa）的报告《中国投资的东南欧煤炭项目》（*Chinese-financed coal projects in Southeast Europe*）(2019年)中的部分内容。

（一）斯塔纳瑞

该项目由能源融资团队（Energy Financing Team）发起，并由中国国有的国家开发银行提供资金。东方电气公司于2013年开工建设，并于2016年9月开始商业运营。由于采用干式冷却系统，电厂的净效率仅为34.1%左右，而欧盟最佳可用技术标准要求的净效率为36.5%—40%。

最初，该工厂的环境许可证允许工厂产生的空气污染是欧盟大型燃烧工厂污染物排放限制指令所允许的2—3倍。2014年1月，巴尼亚卢卡环境中心向能源共同体争端解决机制提交了一份投诉，之后才对许可证进行了审查。自从工厂获准运营以来，能源共同体的规则发生了变化，要求对2019年后投产的电厂实施更严格的工业排放指令，使得斯塔纳瑞甚至在投产前就已经步履维艰。

由于波黑没有向邻国克罗地亚和塞尔维亚通报该电厂的潜在越境影响，目前《埃斯波公约》（*the Espoo Convention*）正在审查斯塔纳瑞电厂。这也引发了人们对该项目是否符合中国《绿色信贷指令》（*Green Credit Directive*）第21条的质疑，该指令要求其在制定过程中遵循国家法律。

2017年5月，有媒体报道称，克罗地亚国有电力公司正考虑从能源融资团队手中收购斯塔纳瑞发电厂，或购买其50%的股份，这让人对其盈利能力产生了疑问。从那时起没有进一步的信息披露。

根据欧洲互联电网平台上的数据，斯塔纳瑞在2017年3月至12月之间至少有53天处于脱机状态，而2018年全年脱机至少50天。能源系统运营商的来信解释说，该厂当时主要是在进行技术性"纠正"修理。一个新的设备需要长时间处于脱机状态，这一事实引发了人们对该电厂是否准备好上马的质疑。[1]

---

[1] I. Ciuta & P. Gallop, *Chinese-financed coal projects in Southeast Europe*, CEE Bankwatch Network, 2019.

(二)图兹拉 7 号

为了执行波黑电力公司 EPBiH 长期发展计划、波黑联邦政府以及主管机构关于宣布公共利益和筹备新电厂建设的决定,电力公司 EPBiH 正在加紧筹备建设新生产设施的投资方案。战略和优先目标是在图兹拉建造 7 号区块和在卡卡尼建造 8 号区块。它们是现有区块的替代设施,由于欧盟法规对火力发电厂的运营规定期限和限制,现有区块必须在 2017 年后停止运行。替代热块的建设、安全的煤炭安置以及矿井的保持都得到了保证。除了确保矿山生产基础和工作连续性所需的替代火力发电能力外,电力公司 EPBiH 投资的战略目标是不断提高基于可再生能源的生产能力。

2014 年 8 月,上市电力公司 EPBiH 与中国葛洲坝集团和广东电力设计有限公司签署了一份在图兹拉建设新机组的施工合同,此前入围的日本日立也因经济状况不佳退出了该项目。当时的建设价格为 7.857 亿欧元,但后来人们承认,这个价格在经济上不可行。目前该工厂的建设成本为 7.22 亿欧元,但尚不清楚为降低成本做出了哪些妥协。

总部位于巴尼亚卢卡的建筑学院[①]进行的可行性分析假设,图兹拉 7 号仅需在 2034 年开始支付碳价,每吨碳价仅为 7.1 欧元,2061 年将升至 12.12 欧元。考虑到欧盟排放交易体系的碳价目前超过每吨 24 欧元,显然,该评估严重低估了电厂发电成本。该评估假设 2034 年的年二氧化碳成本为 270 万欧元,2061 年上升至 3140 万欧元。然而,即使按 20 欧元/吨计算,年成本也将达到 5187 万欧元。

此外,波黑矿业公司 Elektroprivreda 向图兹拉 7 号电厂出售煤炭的预计价格为 21.87 欧元/吨。这低于 2013—2016 年的生产价格。此外,在此期间,煤炭生产价格高于销售价格,而政府则向煤矿提供国家援助,以偿还未付的社会福利捐款。如果煤炭销售价格能够弥补生产成本,则必须提高价格。这两个问题都将大大增加发电成本,预计为 42.45 欧元/兆瓦时。这增加了风险,使得工厂可能成为搁浅资产。

鉴于 EPBiH 是国有企业,如果项目无利可图,将由公共资金支付。图兹拉 7 号于 2016 年 7 月获得了新的环境许可证,因为 2009 年的原环境许可证

[①] Ocjena kritičnih varijabli studije izvodljivosti bloka 7, TE Tuzla, Institut za građevinarstvo, IG, d. o. o, Banja Luka, 2018, Assessment of the Critical Variables of the Feasibility Study for Unit 7 of the Tuzla power plant.

于2015年11月到期。由于许可证的程序不规范和缺陷,非政府组织Ekotim正在法庭上对许可证提出质疑。此外,西奇基布罗德村的当地人正在抵制为新工厂修建的灰烬填埋场。2016年4月初,他们向联邦环境和旅游部递交了一份有2100人签名反对该提案的请愿书。

2017年11月27日,在中国-中东欧峰会上,进出口银行突然签署了图兹拉7号项目的贷款合同。[①] 2019年4月1日,波黑议会批准了中国进出口银行对计划贷款的担保,这引起了欧盟扩大委员会[②]的强烈批评以及能源共同体因未能遵守欧盟国家援助立法而提起的侵权案,该案是通过能源共同体条约转送的。

除了指责波黑联邦政府保证向波黑Elektroprivreda提供贷款外,批评者的论点还在于新建火力发电厂对环境的危害。

能源共同体秘书处宣布,它将正式启动一项争端解决程序,以解决由中国进出口银行提供6.14亿欧元贷款在波黑建造图兹拉7号煤电厂的联邦担保计划。[③] 该程序可能会导致拖慢相关进程,以及欧盟银行暂时停止融资。图兹拉7号机组的设计不符合欧盟新的LCP最佳可行技术参考文件规定的污染控制标准。2013年11月,图兹拉生态与能源中心发布了一份关于图兹拉地区现有和计划中的燃煤热电厂对健康影响的报告。利用世卫组织的方法,研究发现,图兹拉周围的燃煤电厂,包括图兹拉7号机组和巴诺维契一号机组,预计将在2015—2030年期间造成与健康相关的经济总成本8.1亿欧元,并损失3.9万个生命年。

(三) 巴诺维契

国有的巴诺维契燃煤电厂计划在图兹拉附近的巴诺维契煤矿建立新厂。2015年11月24日,东方电气签署了巴诺维契电站项目总承包合同。中国工商银行预计将提供融资,但尚未签署合同。图兹拉7号和巴诺维契一号之间严重缺乏能源规划和协调。两座相距仅几千米的电站不太可能同时可行,但它们正在同时推进,似乎彼此都不存在。在投标过程中,巴诺维契发电厂的发

[①] I. Ciuta & P. Gallop, *Chinese-financed coal projects in Southeast Europe*, CEE Bankwatch Network, 2019.

[②] http://ba.n1info.com/English/NEWS/a321510/Johannes-Hahn-concerned-about-Block-7-loan-fromChina-Exim-Bank.html, 2019-05-16.

[③] https://bankwatch.org/press_release/energy-community-opens-infringement-procedure-against-bosniaherzegovina-over-illegal-tuzla-7-state-aid, 2019-05-18.

电量从 300 兆瓦更改为 350 兆瓦,从采购角度来看,这一点值得怀疑,这意味着 2015 年必须进行新的环境影响评估。

2016 年 1 月 11 日颁发了新的环境许可证,但环境和旅游部甚至没有将此通知给参与协商过程的人。近两个月后,非政府组织 Ekotim 才获得许可证。由于程序、环境影响评价研究和许可证存在缺陷,Ekotim 正在法庭上对许可证提出质疑。

与计划中的工厂有关的另一个问题是水的使用。电厂计划在拉米奇修建一座新水库,用于冷却燃煤发电厂,但是在较干燥的时期对水库进行注水,可能与对莫德拉克湖的注水形成直接竞争,莫德拉克湖用于为图兹拉提供饮用水和为图兹拉电厂提供冷却。另一个令人担忧的问题是,仅计划修建土坝将水库保持在原位,这在强降雨时期可能还不够。它可能对下游社区构成危险。由于水库的环境许可证没有解决这些问题,因此 Ekotim 现在也在法庭上对其提出质疑。

几年来,图兹拉 7 号和巴诺维契一号都得到了联邦政府的支持。然而,2017 年 12 月,联邦空间规划部拒绝了巴诺维契的工厂施工许可。供水、煤炭供应、废水、烟气和处理等关键问题尚未得到解决,该规划部的结论是,该项目不符合图兹拉州的空间规划。尽管遭受了这一打击,电厂是否能继续建设还有待观察。[①]

(四)乌格尔耶维克

乌格尔耶维克三号是由俄罗斯亿万富翁拉希德·萨尔达罗夫(Rashid Sardarov)的科姆萨能源公司推广的。科姆萨在 2013 年报告说,他们已与中国电力顾问集团公司签署了建设合同。然而,据报道,2017 年与该公司的谈判失败,没有签订新合同。在 2014 年 10 月波黑选举之前,塞族共和国政府宣布这是一个公共利益项目,并颁发了部分建筑许可证,但此后进展甚微。2017 年年中,塞族共和国最高法院取消了该项目的环境许可证。然而,空间规划、建设和生态部的回应是,在不重复环境评估的情况下,再次颁发了许可证。这一新的许可证在法庭上遭到环境中心的质疑。环境中心发表的一份分析报告还显示,环境评估缺乏关键数据,预估的二氧化硫、氮氧化物和粉尘排放量是错误

---

① I. Ciuta & P. Gallop, *Chinese-financed coal projects in Southeast Europe*, CEE Bankwatch Network, 2019.

的。在向能源界提交正式投诉后，2017年8月，就这一问题提起了争端解决案。2018年11月，波黑当局同意不使用该项目目前的环境评估，这意味着如果该项目要继续进行，那么就要再进行一次环境评估。由于波黑没有向邻国通报电站的越境影响，目前《埃斯波公约》也在审查乌格尔耶维克三号。[1]

(五) 加科

在多家中国公司对该项目表示感兴趣后，2017年12月，中国机械工程总公司与新兴市场动力基金签订"总承包合同"。然而，没有迹象表明已经进行了投标，因此不清楚合同的确切性质是什么。在签字仪式上，能源工业和矿业部长彼得·乔基奇(Petar Đokić)表示，不久将签署另一项协议，成立一个项目公司。如果是这样的话，在一个迄今为止中国仅限于参与燃煤电厂建筑合同的地区，这将是非常罕见的。该工厂将建在加科现有工厂的所在地，但尚未进行环境影响评估。加科二号的可行性研究备受质疑，主要有三个原因：

其一，研究中提到18欧元/吨是真实的煤炭价格，但计算中使用的金额要低得多，约为13.3欧元/吨。

其二，预计所有发电量的出口价格为50欧元/兆瓦时，一般情况下，30%的发电量将以19.90欧元/兆瓦时的价格在国内市场出售。没有证据表明这些电力可以找到出口市场，并且能以此价格出售——该价格高于近年来的实际出口价格。此外，在计算中甚至没有核查这30%的电力在国内销售的情况。如果是这样，那将表明该发电厂无利可图。

其三，文中提到了二氧化碳价格为5欧元/吨，但未包括在计算中。即使是如此低的二氧化碳价格，也会使工厂陷入无利可图的境地。根据中东欧银行观察网丘塔·I. (Ciuta I.) & 盖洛普·P. (Gallop, P.) 2019年的《中国投资的东南欧煤炭项目》，中国公司计划在加科二号中参股，其他项目如果没有东道国的担保也不太可能进行。这增加了公共债务，并可能会根据发行条件引发国家援助问题。

(六) 卡门格拉德

经过多年对该项目的模糊规划，2017年11月27日，在布达佩斯举行的

---

[1] I. Ciuta & P. Gallop, *Chinese-financed coal projects in Southeast Europe*, CEE Bankwatch Network, 2019.

中国-中东欧国家峰会上,中国国际能源公司、波黑拉格集团和波黑政府联合会签署了一份谅解备忘录。该工厂将建在有煤矿的地方,但目前没有其他电厂。

在2018年8月举行的关于通过乌纳-萨那州空间计划的公开辩论中,桑斯基莫斯特(最近的城市)市民和地方议会要求从计划中撤除电厂项目。1400名桑斯基莫斯特市民也在短短三天内签署了一份请愿书。据副议长说:"市议会达成了一个结论,强烈禁止在桑斯基莫斯特建造火力发电厂。"[①]

(七)其他项目

运输基础设施质量低下,对国内和跨境连通构成挑战。波黑多年的忽视和投资不足下,甚至连主要的公路和铁路网都状况不佳。在世界经济论坛全球合作倡议中,与欧盟国家的比较凸显了该地区面临的挑战程度。对全球通信基础设施分类指数的分析表明,由于该地区所有国家的铁路设施薄弱,以及波黑、黑山和塞尔维亚的公路质量低下,塞尔维亚和波黑(河流)的港口基础设施不足,航空运输有限,排名受到影响。[②]

2018年12月13日,在巴尼亚卢卡,塞族共和国交通运输部与中国山东国际经济技术合作有限公司波黑分公司(SDHS-CSI BH)代表杨旭(Yang Xu,音译)就巴尼亚卢卡—普里耶多尔—诺维格莱德/博桑斯基—诺维高速公路一期建设(首段巴尼亚卢卡—普里耶多尔)特许权签订了合同。山东国际经济技术合作有限公司董事会副主席孟岩(Meng Yan,音译)在巴尼亚卢卡成立了山东国际经济技术合作有限公司波黑分公司,他说这是他们在巴尔干半岛第一个基于特许经营模式的项目。巴尼亚卢卡—普里耶多尔高速公路全长约42千米,投资2.97亿欧元,特许期(含建设期)为33年。波黑颇有争议的佩尔杰萨克大桥的建设完全符合中国对巴尔干和欧洲的投资战略,因为该大桥将是亚得里亚海—爱奥尼亚走廊的一部分,能够缩短中国到富裕而庞大的欧盟市场的货物运输时间,这是中国战略的一部分。但是欧盟已经投资了3.57亿欧元资金,能覆盖桥梁建设成本的85%,而所有收益都最终将归中国公司所有,对

---

① I. Ciuta & P. Gallop, *Chinese-financed coal projects in Southeast Europe*, CEE Bankwatch Network, 2019.
② P. Sanfey and J. Milatovic, *The Western Balkans in transition: diagnosing the constraints on the path to a sustainable market economy*, EBRD, 2018.

此，欧盟表示十分不满。① 英国《金融时报》(Financial Times)的一篇文章说，在"16+1"合作计划下，中国将大部分资金——30亿美元和10亿美元，分别投资于波斯尼亚和黑塞哥尼亚的项目，其中大部分中国投资都流向了塞族共和国。中国水利水电建设集团和进出口银行的协议也证实了这一点，投资了14亿欧元用于建设巴尼亚卢卡—姆利尼什塔高速公路。

2012年9月，在波黑的塞族共和国，中国水利水电建设集团与塞尔维亚EFT集团签署了一项协议，在内雷特瓦河上建设乌洛格水电站(总装机容量35兆瓦)项目，但该项目进展不佳。一些进场道路的初步工程已开始，2013年4月，主体工程的施工许可证也已签发，但随后在2013年7月初，相隔仅四天，就有两名工人死于不同的滑坡事件。此后，据报道，该项目已重新设计。2018年3月，EFT报告称，已与中国水利水电建设集团签署了建设该水电站的协议。2017年，中国国有的中国国家航空技术国际工程公司(中航工业)与塞族共和国能源部也签署了合作备忘录，内容涉及黑山边境附近德里纳河上备受争议的Buk Bijela水电站(总装机容量93.5兆瓦)。萨拉热窝的奥尔胡斯中心已在法庭上对该项目的环境许可证提出了质疑。中国企业也对位于波黑的达巴尔水电站(总装机容量160兆瓦)感兴趣，该水电站是Gornji Horizonti水电项目的一部分。克罗地亚下游内雷特瓦三角洲的社区以及世界自然基金会等非政府环保组织表示，该项目将威胁到湿地，并使克罗地亚最肥沃的农业区之一的盐碱化程度恶化。

五、总结

"新丝绸之路"不仅仅是新建交通基础设施，它还将代表着一条使中国与丝绸之路国家之间建立更深层次关系的新途径。中东欧国家对中国外交政策的影响日益深远。中欧国家由于能直接通往欧盟共同市场，因此对中国至关重要。由于波黑、阿尔巴尼亚、北马其顿、塞尔维亚等国是非欧盟国家，因此反倾销等欧盟法规不适用于这些国家，同时由于这些国家地处东南欧，又与欧盟签署了贸易协定，因此，中国能经由这些国家向欧盟出口产品。这些国家对中国企业而言充满了吸引力。

---

① https://avangarda.ba/post/type-1/706/Korupcija_%E2%80%93_mocan_alat_za_jacanje_(kineskog)_uticaja，2019-05-18.

本文提到的所有项目都违反了欧盟关于环境、国家援助和/或采购的法律法规，这些项目将使这些想要入盟的国家未来数十年煤炭使用成本高昂，还会对环境造成危害。此外，这些国家一旦加入欧盟，还可能在欧盟内催生一批亲美国家，这种威胁可能进一步削弱欧盟的气候行动。

在巴尔干西部地区，尤其是在经济领域，中国的影响力日益增加。

此前，中国在公路和铁路方面的投资，不是经过竞争招标，而是通过"中国公司直接从政府获得合同"的方式流向北马其顿、波黑、黑山和塞尔维亚。根据一些国际机构的说法，这种商业活动会引起巴尔干半岛的腐败。之后，该地区民粹主义政客实力的增强自然会削弱中国的影响，而地方政府则将中国视为欧盟的替代品之一。中国的投资使中国情报部门[1]进入了这个区域，这对于政治敏感、安全问题重重的西部巴尔干可能是"负担"。

中国的兴趣在于顺利实现经济发展和繁荣，这体现在其日益提高的区域和全球影响力上。北京参与各种区域机制，意在减少"中国威胁论"。中国将继续努力发展和增强自己的实力，努力不让其他国家害怕其经济和军事实力的增长，并在本地区和全球发挥领导作用。

许多国家倾向于与中国保持良好关系，并从中看到未来的发展模式。在某种程度上，中国代表着世界其他国家试图融入国际秩序、保持独立并保护自己的生活方式和政治选择的一种道路。

---

[1] Kico, A. i Kapetanović M. (2019), *Bosna i Hercegovina i Zapadni Balkan-Aspekti geopolitike i hibridni rat*, Sarajevo.

R15 "一带一路"与"16＋1"合作安全风险分析框架下的北马其顿安全风险评估

［塞尔维亚］瓦斯科·斯塔梅夫斯基[①]

中国的"一带一路"倡议和"16＋1"合作旨在加强和扩大中国与 11 个欧盟成员国和 5 个巴尔干国家在基础设施、贸易、投资、运输、农业、金融、科学等各领域的合作。北马其顿与中国本着友谊和平等、相互理解和相互尊重主权、领土完整的精神发展了良好双边关系。

北马其顿政府以经济发展为战略重点。该国有良好的营商环境，吸引了许多外国公司来投资并拓展业务。目前，基础设施投资是最明显的合作领域，也是未来两国合作的重点。

北马其顿的地缘战略地位决定了所有外国投资都需要用于改善基础设施。"一带一路"途经北马其顿。因此，作为中国产品出口的中转地以及最终市场，该地区的稳定和繁荣也符合中国利益。

在这种情况下，北马其顿希望完全融入"16＋1"合作，这将深化中国和该地区其他国家在经济等共同利益领域中的合作。

中国公司在北马其顿的投资以及"16＋1"合作的进展很大程度上取决于北马其顿的经济政治安全和稳定。

在北马其顿共和国履行安全职能的机构可以分为三类——公共部门、私营部门和民间机构。安全体系运行的基本支柱是公共安全部门，即公共机构。私营安保部门在许多方面对公共安全体系起到补充作用，在应对来自内外部的威胁、确保稳定和安全的企业环境方面发挥着重要作用。没有它，很难想象

[①] 瓦斯科·斯塔梅夫斯基（Vasko Stamevski），圣尼古莱区比托拉市国际斯拉夫大学（International Slavic University G. R. Derzavin）教授，塞纳特大学（University Senat）校长，塞尔维亚贝尔格莱德国家和国际安全研究所成员。本研究是国家和国际安全研究所开展的"'一带一路'风险评估"项目成果。本研究中的观点仅为作者本人观点，与作者所在机构无关。

地方政府该如何应对全球风险和威胁。当然,加强企业安全尚有很大的提升空间,涉及一系列对现代公司可能构成威胁的风险分析,以及如何有效克服和解决风险的方法。

过去几年在北马其顿发生的数起事件一直影响着老百姓的日常生活,一定程度上也反映了北马其顿的政治安全局势。《普雷斯帕协议》(Prespa Agreement)的签署解决了北马其顿的国名争端。从此,北马其顿向北约和欧盟靠拢,但最终加入这两个组织还有待时日。

北马其顿继续实行有关移民政策,处理移民和难民问题。同时,该国一直在技术层面上与邻国和欧盟成员国合作,尽力为外来难民提供庇护和人道主义援助。

要分析利益相关方所面临的现存危险和潜在风险,就要描述、分析、评估在时间和空间上发生风险的可能性、可能造成的影响和后果。因此,在"一带一路"倡议和"16+1"合作背景下,本研究通过分析几项参数指标,评估马其顿经济、政治和安全等部门面临的风险和存在的弱点。

最新报告指出,北马其顿的经济总体比较稳定,商品和服务市场、外贸也都趋于稳定。该国提供大量补贴、税收减免等激励措施,兴建投资场所,这些都有利于吸引外商投资。

另外,"一带一路"和"16+1"合作项目风险评估中的财政和银行体系等经济指标表明,北马其顿拥有稳定的经济财政体系以及税收政策,未存在重大金融风险。考虑到北马其顿的历史,该国政治局势依然面临风险。

目前,北马其顿的政治局势可以说是稳定的。本次安全风险评估中,北马其顿的政治指标表现可能会影响"一带一路"倡议和"16+1"合作。"一带一路"要想在北马其顿取得成功,就需要稳定的政治局势、良好的法治环境以及与邻国和中东欧国家的合作。

诚然,近年来,随着叙利亚战争的爆发和伊斯兰国的崛起,当前全球政治和安全局势非常严峻、令人堪忧。

冲突的风险永远存在,问题是该如何应对风险,是支持抑或是反对。"一带一路"倡议和"16+1"合作途经政治形势瞬息万变的巴尔干半岛,因此企业在当地进行贸易时,要特别谨慎小心。

北马其顿以及该地区的其他国家,既面临传统的犯罪威胁,又面临混合形式的新型安全威胁,包括有组织的犯罪、恐怖主义和洗钱。北马其顿是西巴尔干半岛的一部分,地处欧洲、远东和近东的十字路口,这一独特的地理位置造

R15 "一带一路"与"16+1"合作安全风险分析框架下的北马其顿安全风险评估

成北马其顿境内有组织的跨国犯罪十分猖獗、甚至愈演愈烈。该地区常常是有组织犯罪的中转站、目的地和来源地。

北马其顿面临的其中一个挑战是恐怖行动的升级,尽管目前尚未出现严重恐怖行动。为了维护国家安全,内政部、情报局等安全部门经常与伙伴国交换激进组织ISIS的支持者在北马其顿境内意图实施恐怖行动的信息。

新技术的发展渗透在社会各领域,由网络犯罪导致的刑事案件层出不穷。网络安全和网络犯罪是全球性问题。随着互联网成为全球商业、政治、间谍和军事活动的新工具,网络安全发展成国家和国际安全的重中之重。因此,"一带一路"倡议和"16+1"合作的网络安全问题值得关注。

尽管北马其顿的经济和政治局势还算安全稳定,潜在风险也较小,但是有意向来该国投资的企业依旧十分重视上述领域的安全隐患。

在经济方面,世界经济和资金流动的瞬息万变有引发经济动荡的风险。此外,在地方层面上,基础设施整体和部分的建造、使用和运营也存在相关风险。

最关键的是,北马其顿内部政治局势不稳,特别是最近几年,可以说是政治局势动荡。国家的经济发展离不开稳定的政治局势。放眼全球,在今后一段时期,公共部门和私营部门可能会面临越来越多的网络攻击。

周边和国际政治动荡以及经济萧条可能会导致边界关闭和经济崩溃,这也将严重影响"一带一路"倡议和"16+1"合作。

"一带一路"倡议于2013年启动,旨在通过改善基础设施和加强经济合作促进中国与65个亚欧国家之间的区域合作。从地理上看,"一带一路"沿着历史上一条连接中国和西欧的商路"丝绸之路"延伸。如今,这里还是中国大多数出口产品和投资的目的地。

在"16+1合作"中,中国为所有国家提供平等的机会,让与中国利益一致的国家从中获利。中国倡导"一带一路"和"16+1"合作旨在加强和扩大与11个欧盟成员国和5个巴尔干国家在基础设施、贸易、投资、运输、农业、金融、科学、教育和文化等各类领域的合作。这将有助于各个国家内部发展、地区联系以及更密切的经济合作,加速经济发展。

北马其顿与中国本着友谊和平等、相互理解和相互尊重主权、领土完整的精神发展了良好双边关系。从1993年建交至今,中华人民共和国一直是我国独立和身份认同的重要支持者。如今,我国与其他15个欧洲国家一道,通过"16+1"合作参与中国在本地区的重大战略部署。

中国在国际关系中一向倡导大小国家一律平等,重视发展与北马其顿这样的小国关系,力求将双边关系建立在互惠互利的基础上。"一带一路"倡议涉及的中东欧国家,单个来看虽然面积较小、数量众多,但这些小国占据重要战略地位。

2018年3月初,马其顿共和国(2019年2月更名为北马其顿共和国。为便于阅读,下文均称北马其顿)正式成立了中华人民共和国与中东欧国家之间的文化合作协调中心。该中心为管理和促进中国与中东欧国家之间的合作提供了极好的机会。同时,它也寻求深化和加强国家间的文化联系,促进相互了解和富有成效的对话。

文化合作协调中心的职责是加强和丰富16个中东欧国家和中华人民共和国之间的文化合作("16+1"合作倡议),其总部设在位于首都斯科普里的北马其顿圣克利姆特·奥里德斯基(St. Kliment Ohridski)大学国家图书馆。2015年,索非亚第二届文化合作论坛发起建立中国—中东欧国家文化合作协调中心的倡议,受到许多国家的热烈响应。

2017年9月21日至25日,在中国杭州举行的第三次中华人民共和国和中东欧国家文化合作部长论坛上,决定将文化合作协调中心总部设在斯科普里。该中心将协调中国和中东欧16国之间的文化活动,推介中华人民共和国和中东欧国家的文化,并全力打造这个国际合作新平台。

一、北马其顿和中国的经济合作

北马其顿政府将国家战略重点放在促进经济发展,增加生产性就业和提升国民经济实力等方面。同时,北马其顿有良好的营商环境,吸引了许多外国公司前来投资并拓展业务。

北马其顿吸引外资的努力以及良好的营商环境大见成效。许多知名的外国公司在该国投资运营,例如江森自控(Johnson Controls)、庄信万丰(Johnson Matthey)、克伦伯格和舒伯特(Kromberg & Schubert)、凯美特公司(Kemet Corporation)、范胡尔(Van Hool)、德拉克斯迈尔(Dräxlmaier)等。

国际金融关系是通过与双边债权人和多边金融机构合作进行的。国家金融机构越发展,其与双边贷款人的合作越紧密。实现与多边金融机构的合作要通过世界银行集团、国际货币基金组织、欧洲复兴开发银行、欧洲投资银行

R15 "一带一路"与"16+1"合作安全风险分析框架下的北马其顿安全风险评估

和欧洲发展委员会银行。[①]

北马其顿的营商优势吸引了许多外国公司前来投资并拓展业务。这些优势包括：技能劳动力相对低廉，对外资友好，生产成本低廉，一站式服务体系，税收优惠和补贴，以及良好的基础设施等，为中华人民共和国更大程度地投资该国创造了极好的先决条件。

北马其顿可以为大型投资和基础设施项目提供融资，有助于推动经济增长。由中国提供优惠贷款在该国境内兴建的高速公路就是其中一个例子。除了完善基础设施，北马其顿与中国还可以在旅游、食品、教育和科学等各类领域开展合作。

鉴于北马其顿的地缘战略位置，目前该国与中国重点加强投资基础设施建设，中国对此做出了巨大贡献。两国企业往来频繁并打入欧盟市场。同时，北马其顿产品也在中国找到合适的市场定位。中东欧国家和中国在"一带一路"倡议和"16+1"合作的引领下，不断开展新的投资活动。该倡议增进贸易交流，改善基础设施，并促进中国与其他成员国之间的友好合作。

为鼓励经济合作和创造良好的营商环境，北马其顿与中国于1995年签署了《贸易和经济合作协定》。中国与北马其顿在过去的15年中，双边关系始终保持良好的发展势头，两国经贸关系稳定推进。2016年，中国是北马其顿的第七大贸易伙伴。据官方统计，北马其顿去年的贸易总额为4.69亿美元，其中出口额为4780万美元，进口额为4.212亿美元。迄今为止，北马其顿和中国已经签署了包括修建学校、卫生基础设施、购置校车在内的几项投资协议，价值1340万欧元。两国还签署了一项价值2500万欧元的投资协议，用于购买铁轨，建设米拉蒂诺维奇—斯蒂普(Miladinovci-Stip)和基切沃—奥赫里德(Kicevo-Ohrid)两条高速公路。

北马其顿与中国进出口银行合作建设总价值为2.784亿美元的米拉蒂诺维奇—斯蒂普(Miladinovci-Stip)高速公路和总价值为5.051亿美元的基切沃—奥赫里德(Kicevo-Ohrid)高速公路。中国进出口银行成立于1994年，由中国政府完全掌控，总部设在北京。该银行在中国设有二十多个子公司，在法国巴黎设有一个子公司，拥有两个办事处，一个办事处设在非洲东南部，另一个设在俄罗斯圣彼得堡。创建该银行的目的是为了促进中国机电产品的进出口，提供新设备和高科技产品。通过这种方式，世行协助中国公司制定项目实

[①] https://en.wikipedia.org/wiki/Presidential_directive.

施协议,促进国际经贸合作。①

综上所述,可以看出与中国合作,融入"一带一路"倡议和"16+1"合作对北马其顿具有重要意义。

二、北马其顿的地缘战略和地缘政治位置

"一带一路"倡议途经北马其顿以及整个中欧和东南欧地区。作为货物中转枢纽和中国产品集散地,该地区的稳定和繁荣符合中国利益。中国非常清楚,北马其顿只有加入欧盟才能实现稳定。因此,中国在北马其顿的经济活动不应被高估或污名化,而应通过鼓励出口、吸引中国投资和游客来促进两国经贸合作。这些经贸合作目标如果得到妥善规划、积极落地,不仅能增强北马其顿经济增长和竞争力,还能加快该国的入盟进程。

北马其顿努力增强国家实力,加强与邻国和其他国家的合作伙伴关系,并不断促进睦邻友好与区域合作,这是北马其顿的战略性外交政策的重中之重。通过举行各级会议、接触各界相关人士,该国得以在能源、基础设施、经济、生态等各类领域开展项目,实现双边关系的高水平稳定发展。

这一战略安排使北马其顿的安全、稳定和发展得到保障。在过去的2016年和2017年,该地区曾发生严重的政治动荡。《普雷斯帕协议》签署后,动荡逐渐平息,与希腊之间的长期误解得以消弭。随着局势渐趋稳定,该国将建立具有公开性、建设性、积极性和紧密性的政治对话机制,从而改善外交关系,推动国家合作,解决那些长期悬而未决的问题。

在这种情况下,北马其顿希望完全融入"16+1"合作,这将深化北马其顿与中国以及该地区其他国家在经济等共同利益领域中开展的合作。

三、安全体系的设置——一般基准

为了更好地分析北马其顿的安全体系,我们将在"一带一路"倡议和"16+1"合作的背景下解释"安全"和"安全体系"的概念。正确理解这些概念对中国企业在北马其顿的投资以及深化"16+1"合作倡议具有重大意义。"16+1"合作要在北马其顿取得成功,很大程度上依赖北马其顿的经济安全、政治安全和社

---

① http://www.eximbank.gov.cn.

会稳定。

"安全"一词指的是特定的状态、组织、功能或系统。要了解一个国家的安全体系及其职能,首先要明确"体系"和"职能"的定义。一般来说,"体系"是形成一套运作整体的相关部分。因此,"安全体系"是指按照安全法规行事,拥有各自的权利、义务和责任的一群国家和非国家机构。

"安全"通过两种职能实现:预防职能(及时介入各种形式的威胁);压制职能(以法律允许的方式使用武力消除一切形式的危害)。

在"一带一路"倡议和"16＋1"合作的背景下,这两种职能与风险分析的安全指标密切相关。也就是说不同领域的指标分析会发现不同形式的威胁,这种威胁可能来自基础设施,也可能来自其他风险地区。

如前所述,"安全"是一个应用广泛的术语,涉及各种各样的领域,其唯一目的是利用所有可用资源来保护社会价值观念,使其免受威胁。在北马其顿履行安全职能的机构可以分为三类,分别是公共部门、私营企业和民间机构。

（一）公共安全部门

安全体系运行的基本支柱是公共安全部门,即公共机构。公共安全机构分为:

(1) 实施安全政策的公共机构(总统、国家安全委员会和议会)。

(2) 主要活动在安全领域的公共机构(情报部门、反情报部门、打击各类犯罪的部门)。

(3) 通过职能机构展开安全活动的公共机构(海关、检查机关、金融警察、森林警察、市场监督、卫生检疫等)。

(4) 各机构和当局有权对犯罪行为和其他破坏性行为的实施者采取相关安全措施。

(5) 安全领域的公共机构具有保护公众和个人利益的能力。北马其顿的私营企业通过让私有公司参与安全领域(个人或集体即企业)的活动来保护其资产和价值。重点指出这些现象是因为中国企业已经在北马其顿雇用私营安保公司来保护企业资产及人员安全。

（二）私营安保部门

本研究将分析私营保安部门作为安全体系的一部分,它如何在工业化国家和发展中国家正在经历的私人资本快速增长和大规模转型中凸显其重要性。私营安保部门扩张的主要原因是国家无法拨出足够的资金来保护那些拥有资本的人及其资产。因此,许多来自市场经济发达国家的公司采用这种类型的财产保障方式,进而促使该领域的就业人数增加。

私营安保部门在许多方面是公共安全系统的补充,没有它,很难想象地方政府该如何应对全球风险和威胁。公共安全部门受其法律限制,无法行使某些权力,又因机构冗杂而无法及时有效处理某些事务。因此,应对这些挑战的最有效方式是公共和私营部门本着公开、透明、及时的态度进行合作,共同确保公共秩序和平有序地进行。

鉴于"16+1"合作和"一带一路"倡议以及相关投资项目的重要性,面对各种内外部威胁,私营安保部门显然在确保企业环境稳定安全方面发挥着重要作用。当然,加强企业安全尚有很大的提升空间,不仅需要保障实体安全,还要保障所有其他产品的安全,包括智力资本、财务、信息系统、资产和设备等。

(三) 企业安全——私营安保的一部分

企业安全在社会中的出现和发展,催生了保护企业的需求。在社会经济和技术飞速发展、新公司不断出现、公司转型和市场准入加速的大环境下,资产保护至关重要。因此,要实现企业繁荣稳定发展,需要保障企业安全。企业安全是保护个人、资产和工作的一种现代运营体系。与过去常见的风险和威胁不同的是,当今的企业在日常业务中面临日益严峻的安全挑战。[1]

企业安全旨在确保现代企业的核心价值并确保其未来的发展。同时,企业经营要遵守所在国家的法律规定,保障其在国家安全体系中的合法地位。企业安全不能单独发挥作用,需要一个适当的职能框架。因此,私营安保在国家安全中发挥着相当重要的作用。企业安全与国家安全是否协调一致是时常被提及的问题。

值得注意的是,企业安全的实现不是单靠在某个市场进行视频安防监控,而是需要保障企业稳定运营的一整套安全体系。另一方面,企业安全涉及一系列风险分析,并针对相关风险制定有效的解决方案。

因此,企业安全是公司获得成功的重要前提,也就是说一个公司的成功离不开健全的企业安保系统。本安全研究报告指出,近年来,中国通过"一带一路"倡议、"16+1"合作和其他双边协议在北马其顿进行投资。除了受到经济、

---

[1] O. Bakrevski, D. Trivan, C. Mitevski, *Corporate Security System*, Skopje 2012.

财政、税收等因素制约外,中国的投资很大程度上取决于该国安全局势及其对整体经济政治形势的影响。

企业的投资,无论大小,都要应对来自内外部的安全挑战。为此,中国作为"一带一路"倡议和"16+1"合作的发起国,十分关注包括北马其顿在内的"16+1"合作参与国境内的项目投资安全。企业安保体系将有助于确保投资和其他资源的安全性。

四、政治制度和当前的政治和安全局势

北马其顿克服了自2001年以来最严重的政治危机,稳定了国内动荡不安的政治局势。在2017年4月27日的议会事件中,政府组阁遭遇到前所未有的艰难,国际社会对此予以强烈谴责。自2017年5月以来,一个以改革为导向的新政府有步骤地采取措施,逐步稳定局势,加强民主和法治。

过去几年在北马其顿发生的数起事件一直影响着老百姓的日常生活,一定程度上反映了北马其顿的政治安全局势。录音事件、4月27日议会事件、难民危机以及中东复杂的安全局势问题不仅严重影响巴尔干半岛的安全,而且还干扰到周边地区。难民危机让希腊、北马其顿和塞尔维亚的安全部门头疼不已,也影响了欧盟国家为东迁的难民提供正常服务。难民和其他越境人员仍是该地区国家面临的棘手难题。

北马其顿与其他国家保持良好关系,积极扩大区域合作,参与区域倡议。同时,该国采取睦邻友好的外交政策,和保加利亚达成双边协议。《普雷斯帕协议》的签署解决了北马其顿的国名争端,该国从而能够向北约和欧盟靠拢,但最终加入这两个组织还有待时日。北马其顿继续实行移民政策,处理移民和难民问题。同时,该国一直在技术层面上与邻国和欧盟成员国合作,尽力为外来难民提供庇护和人道主义援助。

五、"一带一路"背景下的评估和风险管理

要分析利益相关方所面临的现存危险和潜在风险,就要描述、分析、评估在时间和空间上发生风险的可能性以及可能造成的影响和后果。

风险分析作为一种识别和定义风险的方法,主要是评估那些与潜在风险相关的行为活动。风险分析由几个部分组成,其中最重要的是数据本身和信

息处理。想要以合适的方法研究所有必要参数,需要重点区分以下几个基本概念:

"风险"是影响可能性的多种相互依存因素的组合,可能发展成一个事故或者灾祸,并被人察觉其消极后果。

"危险"是自然现象、人类行为、科技危害等。它可能造成人员伤亡或健康受损、财产损失、生活不济、社会动荡、经济衰退以及环境破坏。

"脆弱性"是指个人、社区、系统,或物体受其特性和生长环境的牵制,容易受到某种特定危害的影响。

"暴露性"是指人员、物资、自然资源、系统,或其他处于危险区的物体,受自身脆弱性的影响,容易受损或处于险境。

"抵御性"是指风险管理体系应变灾害的能力。具体表现在暴露于危险中的社会能够通过自我修复、更新自身基本结构及功能,及时有效地抵御负面影响、适应变化。

"风险评估"是指判断风险本质和规模的一种手段。通过分析潜在威胁因素和评估当前不利环境,对所涉及的人员、财产、服务、资金和赖以生存的环境进行量化评估工作。

"风险分析"是风险评估和定位过程中描述风险因素的特征,例如其所处的位置、影响的强度,以及出现的频率和概率。同时,它也分析风险因素的暴露性和脆弱性及其对实体、社会、健康、经济和环境造成的不利影响。最后,评估实体对这些潜在风险的应变能力。

"风险管理"是一个系统工程,利用法律机制、组织运营能力、执行策略能力以及预防和管控风险的具体措施,降低风险带来的负面影响及其可能造成的重大灾祸。

无论哪个领域,每次风险评估都包含若干程序和活动。不同类型的危险评估要通过研究、记录和分析过去灾祸事件及其地域属性来实现。另外,风险评估还用于确认潜在危险源,找出那些对实体(自然人或法人、物质工作手段或技术等)安全构成明显危害的风险因素。

风险评估除了分析风险危害以外,也评估易受风险侵害事物的脆弱性和暴露性,进而分析它们的属性、周遭环境、群体特点、设施条件和所处体系,找出它们易受攻击的原因。在"一带一路"倡议和"16＋1"合作背景下,本研究通过分析几项参数指标,评估北马其顿经济、政治和安全等部门面临的风险及其自身的脆弱性和暴露性。

六、"一带一路"和"16＋1"合作项目安全风险评估指标

为成功评估"一带一路"倡议和"16＋1"合作中出现的有关风险,应对以下因素予以特别关注:收集数据和信息的目的,数据和信息的收集者及其目的,数据和信息的形态、涵盖范围、出现时间及调取的频率等。本研究聚焦经济、政治、安全等领域,对安全风险形势进行分析呈现和定义,探讨其与"一带一路"的关联性。

这些风险不仅危害企业员工的人身安全,还破坏物资投资、财务资源和服务供应。

(一) 经济指标

根据最新报告,北马其顿的经济发展前景向好,商品市场和服务、外贸以及整体经济形势趋向稳定。标普全球信用评级(S & P Global Ratings)对不同投资手段进行独立分析研究和投资。2018年9月,该信用评级在《最新研究:马其顿"BB-/B"信用评级认定》(*Research Update: Macedonia 'BB-/B' Ratings Affirmed*)的报告中对北马其顿的经济发展状况给予了评价。报告指出,"(北马其顿)于2017年经济停滞后,在2018年第二季度经济增长3.1%。尽管该国公路施工项目遭遇多次延误和投资减少的窘境,但是经济依旧增长,可见其他经济部门的表现颇佳。预计,随着国内政治局势渐趋稳定,受私营和公共部门的投资推动,该国未来三年的经济平均增长率接近3%。此外,借助有利的外贸条件和北马其顿出口市场的逐步多样化,净出口贸易将更具活力"。这说明了北马其顿当前经济呈现稳定发展态势。

据以往的报道,北马其顿和中国的经济合作计划发展前景广阔,与前文研究结果一致。这种合作的巨大潜力借"一带一路"倡议和"16＋1"合作实现,合作大多数涉及基础设施投资,也涉及其他经济领域。

由上可见,北马其顿的经济参数指标正常,没有出现严重问题。相反,在该国结束与希腊的国名争端之后,经济形势发展喜人。外国高级代表在与北马其顿部长和其他政府官员举行的正式会议上所作的发言可以佐证这一点。[①]

[①] https://www.scribd.com/document/364544590/A-Comparative-Study-The-Approach-to-Critical-Infrastructure-Protection-in-the-U-S-E-U-and-China#from_embed.

还必须指出,希腊和北马其顿都是"16+1"合作的参与国。两国在从希腊爱琴海海岸始建的铁路、公路等基础设施项目中发挥着重要作用。

1. 财政体系和银行

过去几十年,经济、社会和技术领域的不断发展,影响金融机构及其组织运营形式和手段。21世纪的银行仍然是金融市场上最重要的参与者,它们不断寻找引入金融创新办法,适应新的环境。

作为独立后整体金融体系中最重要的一部分,北马其顿的银行体系面对波诡云谲的国内外环境,发生了显著的改变。该国对其整体金融体系进行彻底的结构性改革,以适应新环境,并快速赶上全球金融环境的发展步伐。

另外,作为全球金融体系的一部分,北马其顿共和国接受了最新的第三版《巴塞尔协议》(*Basel Accord*)的监管要求。在此基础上,该国国家银行分析了巴塞尔银行监管委员会提出的建议,提出将加强资本框架(提高最低资本标准)和采用国际流动性风险计量标准。该意见还针对国家银行根据最新《巴塞尔协议》规定的资本充足率进行了评估。

马其顿国家银行2017年的《金融稳定报告》指出,2017年马其顿金融环境优于2016年,各部门保持稳定发展。[①]

该报告还指出,银行仍然是稳定整个金融体系的最重要参与者,并且在过去一年中,银行体系在经营活动中所面临的风险没有发生显著变化。这符合"一带一路"倡议和"16+1"合作的利益,有助于未来开展互利共赢的投资项目。

2. 税收政策

税收体系和政策是国家主权的重要特征,也是国家整体经济政策的重要组成部分。北马其顿的经济形势在税收制度的影响下,产生了积极的变化。税收对当代经济的影响具有深远意义,难以想象任何现代财政和金融体系在没有税收的情况下该如何运作。此外,在控制失业的过程中,可以有效地利用税收为增加就业创造有利条件。

北马其顿通过大量的投资补贴和免税等激励措施,营造良好的营商条件,吸引中国等"16+1"合作参与国来此投资。

在税收政策和改革的背景下,标普对该国税收政策给予积极评价:"我们看到政府采取了不少积极措施,例如对高收入者征更多的税,限制年度预算支

---

① http://www.nbrm.mk/content/FSR_2017.pdf.

出,以控制支出增长。"

另外,"一带一路"和"16+1"合作项目风险评估中的金融和银行体系等经济指标表明,马其顿拥有稳定的经济和金融体系以及稳定的税收政策,不存在重大金融风险。北马其顿和中华人民共和国通过双边合作和"16+1"合作倡议建立的经贸关系坚不可摧。不管是对中国的基础设施投资项目,还是对其他"一带一路"和"16+1"合作项目,北马其顿政府都坚持合作共赢的原则。①

(二) 政治指标

经济发展依赖政治稳定。鉴于北马其顿过去的政治局势,该国政治局势依旧面临很大的不确定性。政治稳定受不同因素影响,其中包括掌权者的政治目标、外部环境的变化、国民的情绪状态及其和政府的关系等。

目前,北马其顿的政治局势基本稳定,特别是对4月27日事件的被告采取大赦和签署《普雷斯帕协议》之后,该国与希腊之间的长期误解得以消弭。然而,北马其顿国民对该协议的评价却是毁誉参半。该国的政治目标是加入北约和欧盟,以此增强国际地位;但是,还应该密切监察国家政治局势的变化,采取预防性措施。值得一提的是,北马其顿和邻国在各领域合作密切以促进政治稳定和经济繁荣,例如通过开展联合活动和交换安全信息来进行安全合作。

稳定的政治局势是经济稳定和外资增长的基础。鉴于北马其顿已开始加入北约的进程,并且不久之后有望与欧盟进行入盟谈判,投资者大可不必担心投资安全。

"一带一路"倡议和"16+1"合作有望进一步促进基础设施投资,这与北马其顿当前的政治局势发展息息相关。基础设施建设是北马其顿政府的战略部署,并且已被纳入《2017—2020年政府计划》。

在"一带一路"倡议背景下,除了政治局势可以反映安全风险外,法治也是稳定局势和减少动荡的重要因素之一。为此,北马其顿一直在立法过程中同欧盟法律法规和国际法保持一致,并在双边和多边领域和盟国签署合作协议。所有这些协议条款均已被北马其顿议会批准,进而纳入法律体系。

法治能确保该国国民和其他实体拥有法律保障。在"一带一路"倡议和

---

① https://vlada.mk/sites/default/files/programa/2017-2020/Programa_Vlada_2017-2020_MKD.pdf.

"16+1"合作背景下,应强调依法经商,任何违法行为都不利市场的安全和公平。能确信的是,中国及其合作伙伴的投资没有危险,投资风险也能降到最低,这是有法律保障的。有了法律保障,才能进一步扩大合作。在法治方面,欧洲委员会在其关于北马其顿的发展报告中指出,基于政府对法治的态度、与民间和反对派的对话,以及为实现政党分离而采取的行动,对北马其顿的评估结果良好。[1]

北马其顿目前发生了几起滥用职权的案件。在这些案件中,一些政权掌权者似乎就是犯罪嫌疑人。因此,北马其顿现任政府既要保证投资者的安全,也要确保法律得到强有力的执行。

本次安全风险评估中,北马其顿的政治指标表现可能会影响"一带一路"倡议和"16+1"合作。"一带一路"要想在北马其顿取得成功,就需要稳定的政治局势、良好的法治环境以及与邻国和中东欧国家的合作。没有人愿意在政治环境不稳定、法律制度不公正、制度体系无法可依、税收政策不健全、宪法和人权与自由不受尊重的国家进行投资。过去几年,北马其顿一直处在动荡的政治局势中,遭受来自国内外的压力。但是,目前的局势为北马其顿实现政治稳定、迈向全球化进程提供了强劲动力。

相关风险一直存在并威胁国家安全,但近期有所下降。一夜之间,国家的政治误解可能会升级为严重的政治危机。过去,北马其顿就是处于这样的窘境,所幸该国现已克服了这一问题,正朝着全球化方向发展,并努力成为促进和平稳定与繁荣发展的国际组织成员。

1. 国际政治局势——潜在风险

诚然,近年来,随着叙利亚战争的爆发和"伊斯兰国"的崛起,当前全球政治和安全局势非常严峻、令人堪忧。尽管一些大国对此无所作为,但国际社会为应对恐怖主义威胁和推进和平进程所作的努力是显而易见的。交战各方的支持者使和平进程复杂化,加剧政局动荡和军事行动升级,造成数百万难民在中东周边和西欧国家寻求庇护。

冲突的风险永远存在,问题是该如何应对风险,是支持抑或是反对。可以确定的是,全球政局动荡的受害者最终还是普通民众。作为安全体系的一部分,政府当局和其他实体机构应协同合作,持续评估内部和外部的安全威胁。

---

[1] https://www.pravdiko.mk/wp-content/uploads/2018/04/20180417-the-former-yugoslav-republic-of-macedonia-report.pdf.

R15 "一带一路"与"16+1"合作安全风险分析框架下的北马其顿安全风险评估

2. 西欧恐怖主义

欧洲长期处于难民压力之下。2015年,德国接纳难民总人数约110万。大批涌入的避难者和其他移民是欧洲社会面临的巨大挑战。新移民的高犯罪率使这一挑战变得更加复杂。欧洲穆斯林的极端化使得局势愈加恶化。一部分人前往伊拉克和叙利亚,为所谓的"伊斯兰国"战斗,而另一部分则在国内实施恐怖袭击。

德国等国家采取一系列新措施,包括任命更多的警察、加快驱逐违法移民的程序并剥夺那些加入"恐怖主义团体"成员的德国国籍。其他措施还包括监管公共区域,借助网络体系让潜在恐怖分子无所遁形。为了找到正确的解决方案,欧洲领导人还需要解决问题背后的思想根源。

暴力和伊斯兰极端宗教思想对那些寻求安全庇护的难民产生了强大的心理影响。一旦在冲突地区生活了很长时间,他们会抵触要求他们养成新生活习惯的法治社会。对于许多欧洲人来说,维持欧洲安全的关键是通过改进审查机制来控制难民潮。但是,即使欧洲"建墙",恐怖主义威胁也不会消失。欧洲国家的穆斯林极端分子在布鲁塞尔和巴黎等地实施自杀式炸弹袭击表明,即使对入境欧洲的人采取严格审查,恐怖袭击的风险依旧存在。

3. 邻国的政治局势

周边国家普遍政治动荡,这是周边国家普遍且不可避免的政治进程。但是,这些政治争端只能允许在小范围内发生,决不能升级为大规模的政治动荡。

"一带一路"倡议和"16+1"合作途经政治形势瞬息万变的巴尔干半岛,因此企业在当地进行贸易时,要特别谨慎小心。据分析,中国公司最有可能投资的地方正是穿过希腊、北马其顿、塞尔维亚并一直延伸到欧洲国家的这条经济走廊。受"一带一路"倡议和"16+1"合作的影响,这一地带的投资前景非常广阔。

(三)安全指标

北马其顿以及该地区的其他国家,既面临传统的犯罪威胁,又面临新型混合形式的安全威胁,包括有组织的犯罪、恐怖主义和洗钱。这些犯罪形式特殊却有千丝万缕的联系。安全部门面临的严峻挑战是该如何判断这些犯罪的出现频率和出现区域。尽管如此,要侦测到这些犯罪行为也不是难事,因为有司法机关领导下的特别检察官办公室和处理有组织犯罪的公共检察官办公室受理该类案件。侦查有组织犯罪是安全部门处理北马其顿犯罪问题的考核指标之一。

北马其顿在制定具体目标以及评估严重犯罪和有组织犯罪造成的地区威胁的时候，需考虑本国和邻国目前的局势，并指出该地区面临的严峻威胁及其形成因素。此外，确定这些犯罪集团的共同特征以及分析未来威胁的发展方向，并在此基础上开展地区行动，合力打击严重犯罪和有组织犯罪。

北马其顿是西巴尔干半岛的一部分，地处欧洲、远东和近东的十字路口，这一独特的地理位置造成北马其顿境内有组织的跨国犯罪十分猖獗，甚至愈演愈烈。该地区常常是有组织犯罪的中转站、目的地和来源地。

北马其顿地处中心地缘战略位置，该国以及其他非欧盟成员的西巴尔干国家均被欧盟成员国包围，饱受有组织犯罪的侵扰。这些地区的有组织犯罪手法日新月异，并能适应新的社会环境。有组织犯罪的形式正变得越来越复杂，其犯罪团体在地区及国际范围内有着千丝万缕的联系，具有结构多样、灵活性高的特点。

有组织犯罪猖獗是该地区国家面临的最严峻挑战和安全威胁之一。包括北马其顿在内的"一带一路"和"16+1"合作参与国面临的有组织犯罪威胁，严重影响该倡议的顺利开展。因此，各国的安全部门需要联手合作。鉴于这些犯罪形式复杂多样，具有国际性并且来自不同国家和地区的罪犯彼此合作，因此，要严厉打击这些情节严重的有组织犯罪，需要突破国家的界限，寻求国际合作。

在此背景下，难民危机及其后果不容忽视，因为北马其顿等"一带一路"和"16+1"合作参与国仍面临难民潮带来的安全隐患。2015年巴黎连环恐袭案告诉我们，难民中的激进分子正在寻找办法，千方百计进入欧洲国家领土进行恐怖袭击。

北非和中东国家的非法移民涌入，致使北马其顿的非法移民数量达到新高。"西巴尔干路线"成为第二波移民通往欧盟国家的主要途径。当地犯罪集团为非法移民穿越边境、进出希腊和塞尔维亚提供服务并从中牟利，包括提供临时居留权、国境内运输难民和使用非法手段穿越边境。

"一带一路"倡议和"16+1"合作参与国的难民危机是各国主要的安全挑战之一，体现在中东战场的返回者具有危险性。近几年，北马其顿的恐怖主义和难民危机成为主要安全问题。但是，在近期一些警方行动后，叙利亚、伊拉克等战场的一些返回者，即使拥有难民证明，仍然被判有罪。

北马其顿还面临着恐怖行动升级的挑战,尽管目前该类行动尚未出现。为了维护国家安全,内政部、情报局等安全部门经常与伙伴国交换伊斯兰国激进组织支持者在北马其顿境内意图实施恐怖行动的信息。

这些安全部门还采取行动战术策略,旨在找出潜在组织者、后勤人员和潜在犯罪者。另外,内务部还策划了一系列行动计划以预防恐怖袭击。

(四) 网络犯罪——网络安全

新技术的发展渗透在社会各领域,由网络犯罪导致的刑事案件层出不穷。网络安全和网络犯罪是全球性问题。网络犯罪损害国家经济,造成个人财物损失,损害基本人权,对易受伤害的儿童和青少年影响甚深。某些网络犯罪有东南欧特有的地域特点,受西巴尔干国家间相似的语言、文化、种族、血统和特殊情谊影响。网络犯罪者基于这些得天独厚的特点,创建出具有区域影响力的互联网服务,和其他犯罪分子联手破坏网络安全。

全球互联给人类带来便利的同时,也产生一系列网络安全问题,包括网络匿名、恶意访问、盗窃和滥用敏感信息。许多恶意用户和犯罪组织都将网络空间视为风险低、获利快的平台。网络全球化和匿名性的特点为犯罪者恶意攻击目标用户提供了便利,造成手段更复杂且规模更大的网络攻击。社交网络越复杂、用户越多以及面部识别算法越进步,造成的隐私泄露、个人数据被盗和身份被冒用的风险也越高。

越来越多的社会和企业进行数字化转型,便于黑客从中非法获取敏感机密信息。该类型的网络犯罪侵害国家利益、商业活动、企业和个人安全。

网络安全和网络犯罪是全球性问题。随着互联网成为全球商业、政治、间谍和军事活动的新工具,网络安全成了国家和国际安全的重中之重。对此,许多国家提出相应的国家网络安全策略。

根据相关国际组织在安全和国防领域的分析,网络犯罪是近几年来现代社会最严重的安全威胁之一。打击网络犯罪已成为维护国家和国际安全的重要组成部分。综合上述原因,加强国家应对网络犯罪的能力和增强网络安全已成为北马其顿共和国面临的主要挑战。

因此,"一带一路"倡议和"16+1"合作的网络安全问题值得关注。现代企业倾向数字化管理资料,将信息集中存储在中央服务器中。然而,这种集中储存资料的方式为盗取、损坏信息并从中牟利的人提供了便利。为加强网络安全,企业需要配备专门的信息维护工具和数据保护专员。

要降低信息被盗被损的风险,需要信息安全领域的专业人士管控企业信息系统的安全性和安装高效的安全软件。"一带一路"倡议需要适应北马其顿等沿线国家的信息网络系统,也希望所有倡议参与国都实施信息安全战略。其中,北马其顿已出台2018—2020年信息安全战略。

七、主要风险

尽管北马其顿的经济和政治局势还算安全稳定,潜在风险也较小,但是,有意向来该国投资的企业依旧十分重视上述领域的安全隐患。"一带一路"和"16＋1"合作的参与国对投资公路、铁路等基础设施非常感兴趣。因此,有必要指出其中潜在的安全隐患,以减轻甚至规避未来投资活动的风险。

在经济方面,世界经济和资金流动的瞬息万变有引发经济动荡的风险。在地方层面,基础设施整体和部分的建造、使用和运营也存在相关风险。因此,企业整体的工作条件显得尤为重要,涉及人力资源的投入、财务状况、地点的选择以及基础设施的建设等各类领域。从安全角度考虑,所有企业都面临物理(恐怖主义或犯罪活动)或虚拟(网络攻击)犯罪的风险,而这些企业采取的预防措施能有效控制风险影响程度。

企业活动的业务连续性计划以及对潜在风险和灾难的响应计划,对风险监测和管理至关重要。另外,风险因素也有可能源于某些金融问题,包括管理政策、税收政策等的变化。尤其要认真对待涉及资产和金融安全的基本投资及其对运营的影响。

纵观国内外政治局势,这些风险也同样潜藏于"一带一路"倡议和"16＋1"合作之中。

最关键的风险是,北马其顿内部政治局势不稳,特别是最近几年政治局势动荡。再说,国家的经济发展离不开稳定的政治局势。"一带一路"倡议和"16＋1"合作应时刻警惕该国随时可能爆发的内部政治危机。

周边和国际政治动荡可能会导致边界关闭和经济崩溃,这也将严重影响"一带一路"倡议和"16＋1"合作。

北马其顿境内犯罪率不断上升且滥用职权现象屡屡发生,是造成国内政局动荡的主要原因。过去几年就曾有政府官员涉案其中,案件涉及中国投资在建的两条高速公路。

当我们回顾和分析这些关键风险时,除了发现人身、集体和物资的安全隐患外,还存在其他的危险因素。

无论是来自个人或集体的恐怖袭击还是其他类型的安全威胁,都危害企业员工的人身安全。恐怖分子还跨境实施袭击。2015年,发生在巴黎的自杀式炸弹袭击者在袭击之前就曾到过北马其顿、塞尔维亚等多个欧洲国家。

关键基础设施也面临潜在风险。虽然北马其顿尚未制定法律保护关键基础设施,但是相关部委和机构有义务保护好这些关系国计民生的重点工程建设,这也是它们能力范围内的事情。需要注意,个人或者有组织的恐怖行为都能危害关键基础设施的建设。

网络攻击作为一种远程进攻手段,也能对关键基础设施造成危害。放眼全球,在今后一段时期,公共和私营部门可能会面临越来越多的网络攻击,包括工业网络间谍活动和网络破坏行为。犯罪分子会对能源部门、金融部门、卫生部门、运输系统和其他部门的网络薄弱环节加以攻击,造成关键基础设施的组成部件立即停止运转甚至是全系统瘫痪。

基础设施建成后,在投入使用前,风险依旧不断产生。因此,参与活动策划和管理的所有实体部门必须时刻处于备战状态,防范风险并减少其带来的负面影响。一方面,风险可能来自不同程度的设备受损;另一方面,自然灾害也可能产生风险。原因可能来自人为错误、蓄意破坏资产和设备、网络攻击或最糟糕的恐怖袭击。风险危害人身安全,造成不同程度的经济损失或其他损失。

"一带一路"倡议和"16+1"合作要谨慎做好风险评估,保护关键基础设施的信息及其资产,以便更好地处理信息安全风险和应对来自各项目组成部分的威胁。

八、总结和建议

任何现代企业在对一个国家进行投资之前,尤其在那个国家有风险隐患的情况下,要对所投资的项目做一个综合风险评估,涉及领域包括经济和金融风险、政局动荡风险、安全风险以及网络攻击对企业造成的风险等。

本风险评估通过经济、政治和安全指标,分析了一些不同类型的安全风险。风险分析对"一带一路"倡议和"16+1"合作至关重要,有助于协调好企业运营及其技术、资产、员工、投资和物资调配之间的关系。

结合前文所述"一带一路"倡议和"16+1"合作风险因素,得出下列基本结论：

从北马其顿的 GDP、金融和货币稳定性、税收政策和银行体系等经济和金融参数中，我们大体可以看出这个国家的经济稳定性和投资环境。

中国愿意在经济发展稳定、税收政策以及金融体系监管良好的国家投资。如前所述，以上相关优势有助于提高外商投资的积极性。也就是说，参与"一带一路"倡议的中国企业有可能会在这里投资，中资银行也将提供更多境外贷款。

北马其顿政府工作计划指出，"政府将启动谈判，讨论'16+1'合作下价值超过 100 亿美元的三个重点基础建设项目"。

虽然北马其顿经济金融体系存在风险，但外商投资兴趣不减。北马其顿自签署《普雷斯帕协议》之后，不仅和邻国希腊消弭了长期以来的误解，许多新项目和投资机会也接踵而至。

风险和威胁虽存在但毕竟是少数，整体经济环境还是相对安全。"一带一路"倡议和"16+1"合作为各领域的投资创造了更多的空间，特别是基础设施项目和能源领域。

国家经济要保持稳定，依赖于国内外稳定的政治局势。北马其顿的政局相对稳定，但仍面临很大不确定性。不同政党之间的矛盾在过去几年愈加尖锐，4 月 27 日在马其顿议会发生的事件就是其中一个显著的例子。此外，国际政治局势变化（例如美国、俄罗斯等国家间接涉及其中的中东冲突）轻而易举转移到北马其顿领土（例如难民危机），这都有可能威胁该国的政局稳定。

《普雷斯帕协议》的签署逐渐平息了北马其顿动荡不安的政治局势。尤其当北约成员国签署了北马其顿加入北约协议草案之后，该国开始了加入北约的进程，迎来稳定发展阶段。

"一带一路"倡议和"16+1"合作中，应强调法治的重要性。也就是说，要想保护好中国在北马其顿的投资利益，就要提升打击有组织犯罪的政府机构的效率，处理好官员滥用职权等问题。

北马其顿的法律系统的腐败风险仍存在，但有关当局一直希望充分融入全球经济进程以及"一带一路"倡议和"16+1"合作，这就需要当局有力打击犯罪。

"一带一路"倡议和"16+1"合作仰赖国家稳定的政治经济环境，以降低项目投资风险和提高投资成功率。近年来，北马其顿当局通过采取严厉措施稳定政局和健全法治，从而满足开展"一带一路"倡议和"16+1"合作的基本

R15 "一带一路"与"16+1"合作安全风险分析框架下的北马其顿安全风险评估

要求。

综合前文提及的经济和政治风险,本研究对安全风险进行了总结。国家安全与经济和政治体系密不可分。国内外的安全威胁造成经济和政治局势的紧张,进而危害国家安全。

本研究将"一带一路"倡议和"16+1"合作涉及的安全风险归类如下:有组织犯罪、难民危机及其影响、全球性恐怖主义问题、网络犯罪,这些都是北马其顿当局面临的安全威胁。这些风险危害人民、企业、关键基础设施、信息系统、社会和经济实体的安全。

这些潜在风险还会严重阻碍"一带一路"倡议和"16+1"合作的顺利进行,并影响中国和中东欧企业在北马其顿的投资。

有组织犯罪日益猖獗是北马其顿执法当局面临的严峻挑战和主要威胁。要成功打击该类犯罪,需要强有力的区域和跨部门合作。鉴于该犯罪形式复杂多样、具有国际性和有组织性,因此,要严厉打击这些情节严重的有组织犯罪,需要突破国家的界限,寻求国际合作。北马其顿地处欧洲、远东和近东的十字路口,这一独特的地理位置造成北马其顿境内有组织的跨国犯罪十分猖獗,甚至愈演愈烈。该地区常常是有组织犯罪的中转站和来源地。

有组织犯罪造成的严重后果不容忽视。因此,"一带一路"倡议和"16+1"合作参与者需要和有关安全部门联手合作,共同打击该类犯罪。

过去一段时间,有数百万难民途经这块领土,他们当中有一大部分人仍威胁着当地居民的生命财产安全。难民潮造成的消极影响是显而易见的,例如巴黎连环恐袭案的一名袭击者就曾越境北马其顿和塞尔维亚,最终到达西欧国家。因此,必须推出一套专业评估标准,严格审查过境或留境难民的身份。

近期,北马其顿的难民人数和安全威胁大幅减少,国家形势总体稳定。这对由中国倡导的"一带一路"倡议和"16+1"合作而言是一个好兆头,将促进更多投资项目在此落地。但是,风险仍然存在,需要对此不断进行分析和监控。

北马其顿基础设施兴建过程中存在不少安全隐患,为了保障投资的安全性,有必要雇用私营安保公司保护好企业及其技术。另外,由于缺乏相关的法律保障,所有涉及关键基础设施建设的实体需要做好自身保护。

在北马其顿投资的中国企业进行企业决策时,必须考虑到如何采取相关措施从内外部保护企业安全。因此,要增强关键基础设施的灵活性,需要确保风险评估和基础设施管理活动的有序进行。

最后,由于网络空间功能多样且发展迅速,本研究提出将网络安全作为一个关键风险。北马其顿和其他国家一样,紧跟网络安全保护趋势,安装新型管理工具和完善安全保护制度。北马其顿制定的网络安全国家战略作为信息传播机制的保护手段,有助于改善该国的网络环境。

北马其顿已经制定相关战略,保障网络活动的开展、社交互动、经济发展以及基本人权和自由。坚持网络空间开放安全能够增强信息技术的有效应用。然而,信息系统的使用和电子服务的发展增加了网络犯罪和信息技术滥用的风险,对"一带一路"倡议和"16+1"合作构成严重威胁。

因此,还需要制定完善网络保护政策并建立多学科的综合研究体系,以促进国防安全部门、其他参与打击网络犯罪的机构、私营部门、公民和民间社会组织等利益攸关方之间的合作,共同应对网络安全挑战。

有关网络安全的保护措施和活动给了中国公司更多信心,他们的设施将得到安全保护。此外,有必要维护网络的日常运行和升级网络安全,以降低企业网络安全和信息系统的潜在风险和威胁。

北马其顿在《2018—2022年国家网络安全战略》中强调了以上所提及的网络风险和威胁,并鼓励构建一个安全可靠且能抵御风险的网络环境,提倡基于合作和信任发展高品质的网络安全性能。该战略还涉及如何保护国家网络体系和提升网络运营能力的问题。

"16+1"合作为北马其顿继续深化与中国和中东欧国家合作提供了一个平台。中国在技术、电子商务、环保和基础设施领域引领了新的发展趋势。此外,充分开发中国和北马其顿在能源和基础设施的经济合作潜力、增进两国文化交流、加强两国在教育和文化领域的合作,有助于进一步改善两国关系。

"一带一路"倡议和"16+1"合作能带动多个领域的发展,包括新技术的应用,生产现代化、数字化和工业化,基础设施建设专业化,教育资源优化配置,交通设施以及铁路和能源基础设施的完善等。然而,这些目标的实现离不开稳定的政治经济环境。

R16 意大利与"一带一路"倡议：机遇与挑战

[意]马可·隆巴尔迪 马可·马约利诺 达尼埃莱·普莱巴尼[①]

【摘要】 本文主要探讨"一带一路"倡议推进背景下，意大利在对接海上丝绸之路与陆上丝绸之路方面的主要机遇与挑战。文中介绍了意大利经济与基础设施概况，并重点聚焦海运和铁路交通的质量、运量与互联互通情况，在此基础上重点研究了意大利在"一带一路"框架下推动经济交往及基础设施建设方面的主要合作方向。作者指出了推进"一带一路"合作过程中，意大利在保持多边组织身份与满足与中方合作需求方面的平衡需求，以及标准、平衡、互惠等原则。

【关键词】 意大利；"一带一路"；经济合作；基础设施

"一带一路"倡议是过去几十年来最伟大的项目之一，具有强大的地缘政治影响力。站在这个角度，与意大利合作意味着在国家层面，甚至在超国家和更广泛的多边层面与该国接洽，因此在欧盟共同标准、替代倡议（即"三海倡议"，Trimarium）、共同安全和发展等方面可能会出现问题。

[①] 马可·隆巴尔迪（Marco Lombardi），国际清算银行资深经济学家；马可·马约利诺（Marco Maiolino），意大利圣心天主教大学（catholic University of Sacred Hearx）高级研究员；达尼埃莱·普莱巴尼（Daniele Plebani），意大利圣心天主教大学（catholic University of Sacred Hearx）高级研究员。本文的写作目的并非为"一带一路"倡议及其对欧盟或意大利的影响提供任何价值判断。基于上述前提，本文尽可能遵循中立标准，重点探讨该倡议在意大利背景下可能带来的机遇和挑战。更准确地说，经济和基础设施是本文的主要研究对象。本文还探讨了该倡议提出以来特别是中国国家主席访意后，意大利对"一带一路"的关注重点。本文还提出了文化合作的新视角。本文中的信息出自材料分析，已注明二次文献出处。值得一提的是，在本文写作过程中，意大利和中国在罗马签署了关于共同推进"一带一路"建设的谅解备忘录。此后，"一带一路"倡议引发了围绕其地缘政治影响和可能的电信合作的热议。本文内容则未涉及这些话题。

在经济方面,意大利面临着生产乏力、失业和资源管理普遍不当的问题,因此与中国开展经济合作广受欢迎。但有两点值得注意:第一,许多极具潜力的投资机会因具有特殊战略意义而受到特定限制的保护,比如不能控股;第二,由于意大利需要经济复苏,因此要获取信任和加强合作,关键在于要让意大利的中小企业和顶尖人才参与其中。事实上,互惠是意大利目前围绕"一带一路"合作争论的核心问题。

在基础设施投资方面,意大利是连接海上丝绸之路和丝绸之路经济带的战略终端,因此必须发展物流,特别是加强港际与内陆铁路联通。特别是北部城市的里雅斯特,因地理、经济和安全原因,笔者强烈建议将其打造成中欧的门户城市。

中意两国在地理位置上位于"一带一路"的两端。但正如意大利总统塞尔吉奥·马塔雷拉(Sergio Mattarella)所说,丝绸之路不仅仅是商品的流通,还包括人民、知识和文化的交流。我们必须利用"一带一路"带来的机会。建议采取以下两种路径:

其一,第三国合作。中意两国在特定国际背景下的影响力有助于扩大两国的合作效果。比如,非洲之角剧院就是中国投资和意大利文化影响力的最好结晶。危机下的文化经济合作也是不错的选择,能够稳定经济,促进发展。

其二,"文化丝绸之路"。"一带一路"倡议不仅是经济合作倡议,也是持续的文化交流倡议。中意两国可以在"一带一路"倡议下推进地方机构的合作,携手打造"文化丝绸之路"品牌,在特定地区发挥新旧丝绸之路的作用,这样"一带一路"倡议才能更好地融合不同文化背景,发挥成员各自优势。

一、引言

过去几十年来,中欧经济合作愈发受到关注。

本文主要探讨"一带一路"倡议及其对意大利的潜在影响。鉴于"16+1"合作与"一带一路"倡议密切相关,为了更加全面地理解该问题,本文还简要讨论了"16+1"合作机制。

中国于2012年开启"16+1"合作,当时欧洲尚未摆脱2008年金融危机阴影。[1]

---

[1] European Commission Directorate-General for Economic and Financial Affairs, *Economic Crisis in Europe: Causes, Consequences, and responses*, European Economy, 7, 2009.

参与合作的11个欧盟成员国和5个西巴尔干国家对此表示欢迎并寄予厚望，认为参与合作有助于未来发展。

而中国则受益于"16＋1"合作带来的地理优势，中东欧国家将成为打开欧洲市场的战略通道，也是实施"一带一路"的重要支点。

"一带一路"倡议涉及贸易、投资、交通运输互联互通、金融、农业、科技、卫生、教育和文化领域。[①] 目前，多级别会议愈加频繁，内部伙伴关系走深走实。同时，峰会观察员队伍愈发充实，"16＋1"合作机制引发了学界更多关注。

2017年"16＋1"合作贸易总额达到580亿美元，[②]完成2015年预估1000亿美元总额的1/2。[③] 中方投资多集中在交通、能源和基础设施领域，主要是对外直接投资（绿地投资和收购）和贷款。据估计，自2013年以来，中国在基础设施项目（已完工和在建）上已投入超过30亿美元。[④]

尽管"16＋1"合作孕育了许多新机，但贸易平衡、市场准入互惠、基础设施建设招标开放度等突出问题也饱受诟病。

"一带一路"倡议由习近平主席于2013年在哈萨克斯坦提出，这是过去几十年来最宏大的地缘经济构想之一。"一带一路"涵盖港口、铁路、公路和管道基础设施网，依托两条主要路线：聚焦东盟国家的"21世纪海上丝绸之路"和聚焦中亚的"丝绸之路经济带"，使古丝绸之路焕发新的生机活力。

如今，"一带一路"蓬勃发展，覆盖65个国家和近1/3世界人口，这些国家约占全世界GDP的60%。[⑤] 取得如此佳绩离不开这两条路线的融合发展。2015年3月，中国国家发展和改革委员会、外交部和商务部共同将"一带一路"

[①] Gisela Grieger, *China, the 16＋1 format and the EU*, European Parliamentary Research Service, September 2018, http://www.europarl.europa.eu/RegData/etudes/BRIE/2018/625173/EPRS_BRI(2018)625173_EN.pdf.

[②] Belt & Road Advisory, *Is China taking over Central and Eastern Europe? — Fact Check*, https://beltandroad.ventures/beltandroadblog/2017/12/18/is-china-taking-over-central-and-eastern-europe-fact-check.

[③] Ministry of Foreign Affairs of the People's Republic of China, *China's Twelve Measures for Promoting Friendly Cooperation with Central and Eastern European Countries*, 2012-04-26, https://www.fmprc.gov.cn/mfa_eng/topics_665678/wjbispg_665714/t928567.shtml.

[④] Thomas S. Eder, Jacob Mardell, *Belt and Road reality check: How to assess China's investment in Eastern Europe*, 2018-07-10, https://www.merics.org/en/blog/belt-and-road-reality-check-how-assess-chinas-investment-eastern-europe.

[⑤] Helen Chin, Winnie He, *The Belt and Road Initiative: 65 Countries and Beyond*, Fung Business Intelligence Centre, May 2016, https://www.fbicgroup.com/sites/default/files/B%26R_Initiative_65_Countries_and_Beyond.pdf.

定义为(大型)"灵活、开放、包容的合作框架"。①

为实现"一带一路"伟大目标,中国政府计划向这一全球性倡议投入近1万亿美元,预计10年内将沿线国家间年贸易额提升到2.5万亿美元。②截至2016年7月,中国在上海合作组织、东盟、中阿合作论坛、中非合作论坛、金砖国家、"16+1"合作、亚欧会议等多边合作机制中推进"一带一路";③向丝路基金(400亿美元)、中国—东盟投资合作基金(200亿美元)、中国—中东欧投资合作基金(30亿美元)等多个金融合作项目注资数百亿美元;对外直接投资约1700亿—2170亿美元。④

仅在欧洲,获得中方投资的航空、公路、铁路和海事项目已达80余个,涉及东西欧多个国家。⑤例如,仅在海运领域,近年来中国就投资了希腊比雷埃夫斯港、意大利瓦多利古雷港、荷兰鹿特丹港、比利时安特卫普港、泽布吕赫港、法国马赛港、敦刻尔克港、勒阿弗尔港、南特港、西班牙巴伦西亚港、毕尔巴鄂港和马耳他马尔萨什洛克港。⑥

这些港口是欧洲资产,战略利益特殊,意义重大。欧盟委员会数据显示,欧洲进出口货物中74%通过海洋运输,⑦2016年欧盟28国海运贸易额高达17.01亿欧元。⑧

鉴于这一敏感的局面,有关方面已围绕"一带一路"带给欧洲的机遇和挑战展开热议,试图从不同角度进行分析。欧洲议会内部政策总司研究报告指

---

① National Development and Reform Commission, Ministry of Foreign Affairs, and Ministry of Commerce of the People's Republic of China, with State Council authorization, *Vision and Actions on Jointly Building Silk Road Economic Belt and 21st-Century Maritime Silk Road*, 2015 - 03 - 28, http://en.ndrc.gov.cn/newsrelease/201503/t20150330_669367.html.

② https://www.joc.com/international-trade-news/investment-floods-china's-one-belt-one-road-strategy_20150703.html.

③ Gisela Grieger, *One Belt, One Road*（OBOR）: *China's regional integration initiative*, European Parliamentary Research Service (EPRS), July 2016.

④ Ministry of Commerce of the People's Republic of China: USD 170 billion; UNCTAD: USD 183 billion; and China's State Administration of Foreign Exchange (SAFE): USD 217 billion.

⑤ European Parliament, Directorate for internal policies, *Research for TRAN Committee*: *The new Silk Route-opportunities and challenges for EU Transport*, 2018.

⑥ https://www.npr.org/2018/10/09/642587456/chinese-firms-now-hold-stakes-in-over-a-dozen-european-ports in Olaf Merk, Revue internationale et stratégique, 2017 in China Merchants Port Holdings 2017, http://www.cmport.com.hk/UpFiles/bpic/2018-04/20180426042934273.pdf.

⑦ European Union Commission, https://ec.europa.eu/transport/modes/maritime/ports/ports_en.

⑧ Eurostat, https://ec.europa.eu/eurostat/statistics-explained/index.php?title=International_trade_in_goods_by_mode_of_transport&oldid=369890.

出,"一带一路"带来许多潜在利好,比如有助于改善交通基础设施,拉动经济增长,甚至提高环境效益。然而,针对"一带一路"能否满足需求和实现可持续发展、投资计划是否透明、能否保持贸易平衡、遵守质量标准,以及是否会威胁个别欧盟成员国优势地位等问题,质疑声甚嚣尘上。[1]

二、意大利经济与基础设施简介

总体来看,意大利经济面临困境,存在巨大地区差异,期盼宏观经济和财政改革维持稳定运转,亟待结构性干预和战略投资来恢复生产、重拾市场信心。

根据欧盟委员会最新国家报告[2]和意大利银行2019年11月经济公报,[3]意大利完成了以下目标:(1)推广可再生能源,节能减排收效良好,实现了高等教育目标;(2)反腐,打击逃税,改革银行业、劳动力市场和融资渠道,加强研发,推动创新,推广数字技能,改善基础设施。尽管如此,一方面,意大利经济前景仍面临许多挑战;另一方面,意大利的贸易投资、追求卓越的精神和社会活力引人关注,同时还拥有举世闻名的文化遗产,发展机会多,发展潜力大。

(一)综述

2017年意大利GDP增速1.6%,2018年实际增速仅为1.0%,往后甚至每况愈下,2019年下降至0.2%,2020年为0.8%。

增长受阻的主要原因在于出口下滑,家庭消费低迷,经济不稳定导致私人投资乏力,公共投资亏空,供给侧刺激不足,生产力疲软。

实际上,2018年全要素生产率仅增长0.4%,生产要素税收居高不下,官

---

[1] European Parliament, Directorate for internal policies, *Research for TRAN Committee: The new Silk Route-opportunities and challenges for EU Transport*, 2018.
[2] Commission Staff Working Document, *Country Report Italy 2019 Including an In-Depth Review on the prevention and correction of macroeconomic imbalances*, European Commission, Brussels, 2019, https://ec.europa.eu/info/sites/info/files/file_import/2019-european-semester-country-report-italy_en.pdf.
[3] Banca d'Italia, Economic Bullettin, Number 1, January, 2019, https://www.bancaditalia.it/pubblicazioni/bollettino-economico/2019-1/en-boleco-1-2019.pdf?language_id=1.

僚作风盛行，①竞争壁垒明显。

尽管2018年第三季度失业率降至10%左右，但未申报的情况普遍存在，青年失业率和长期失业率继续居高不下，工资水平停滞不前，人力资本有待挖掘。

除此之外，亟待提升行政能力，改善经济管理，复苏经济，还要加大对科研和创新的支持力度，这些举措缺一不可。

（二）金融

在金融方面，政局动荡，经济财政政策不稳，主权债券收益受到严重影响。债务负担率居高不下，经济前景惨淡，市场信心不足，信用评级欠佳，②这些都影响了外国投资流向意大利。

（三）贸易

意大利经济开放，贸易顺差巨大，净国际债务头寸平衡。③

麻省理工学院经济复杂性观测站的数据显示，截至2017年，意大利是全球第七大出口国，主要出口机械、化工、运输产品、金属、纺织品、食品、矿产、塑料和橡胶等。意大利的贸易主要集中在对欧洲内部其他国家，对欧贸易总额约占其出口总额的62%和进口总额的67%。④

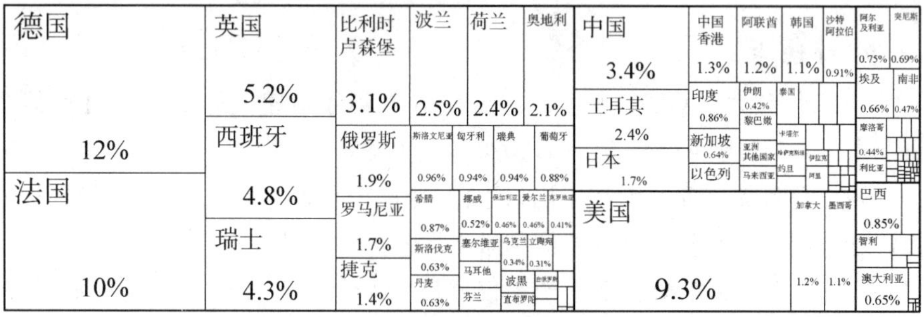

图16-1 2017年意大利出口目的国（地区）

资料来源：经济复杂性观测站。

① 2019 Index of Economic Freedom，https://www.heritage.org/index/country/italy.
② Standard & Poor https://www.standardandpoors.com.
③ Commission Staff Working Document, *Country Report Italy 2019 Including an In-Depth Review on the prevention and correction of macroeconomic imbalances*, European Commission, Brussels, 2019.
④ *Observatory of Economic Complexity*, Massachussets Institute of Technology（MIT），https://atlas.media.mit.edu/en/profile/country/ita/.

德国	荷兰	俄罗斯	英国	瑞士	波兰	中国	印度 1.3%	日本 1.1%	阿塞拜疆 1.1%	韩国 0.87%
	5.6%	3.0%	2.9%	2.8%	2.5%		沙特阿拉伯 0.80%	越南 0.64%		
16%	西班牙 5.1%	奥地利 2.3%	匈牙利 1.3%	斯洛伐克 1.1%	瑞典 0.94%	爱尔兰 0.93%	7.2%	伊朗 0.79%	泰国		
							土耳其 2.1%	伊拉克 0.66%	科威特		
法国	比利时-卢森堡	罗马尼亚 1.7%	斯洛文尼亚 0.73%	乌克兰 0.60%	葡萄牙 0.46%	芬兰 0.82%	阿尔及利亚 1.2%	埃及 0.46%	南非 0.42%	美国	巴西
9.0%	4.7%	希腊	抖麦 0.55%	挪威 0.53%		利比亚			3.8%	阿根廷
		捷克 1.7%	保加利亚 0.63%	塞尔维亚 0.40%			突尼斯				智利

图 16-2 2017 年意大利进口来源国(地区)

资料来源：经济复杂性观测站。

(四) 外国直接投资

在外国直接投资方面，联合国贸易和发展会议《世界投资报告》显示，意大利在外国直接投资接受国排行榜中名列第 19 位，[①]2018 年外国直接投资信心指数将意大利评为全球第 10 位。[②]

意大利政府正在大力吸引外国直接投资，比如通过负责吸引外资和促进经济发展的国家机构——意大利投资促进署[③]和意大利对外贸易委员会[④]拉动外国直接投资。许多因素吸引着外商来意投资，比如：[⑤]

(1) 意大利是全球第八大经济体，[⑥]也是最大的欧盟市场，2017 年约占欧盟国内生产总值的 11.2%。[⑦]

[①] *World Investment Report*，UNCTAD，2018，https://unctad.org/en/PublicationsLibrary/wir2018_en.pdf.

[②] *Foreign Direct Investments Confidence Index*，A. T. Kearney，2018，https://www.atkearney.com/documents/20152/1083013/2018＋FDICI＋-＋Investing＋in＋a＋Localized＋World.pdf/ff9590ce-2328-39a8-6609-16643ffea30d.

[③] Invitalia，https://www.invitalia.it/eng.

[④] Italian Trade Agency (ITA)，https://www.ice.it/it/it.

[⑤] *Italy：Foreign Investment*，Santander Trade Portal，https://en.portal.santandertrade.com/establish-overseas/italy/foreign-investment.

[⑥] *Statistics Times*，http://statisticstimes.com/economy/projected-world-gdp-ranking.php.

[⑦] *Eurostat*，https://ec.europa.eu/eurostat/web/products-eurostat-news/-/DDN-20180511-1?inheritRedirect=true.

(2) 意大利高端生产和旅游业从业人员训练有素,有地中海地区最便捷的交通和最好的电信基础设施。泛欧交通运输网九条走廊中有四条途经意大利。①

(3) 意大利位于欧洲与中东和北非地区之间,地理位置战略意义重大。

意大利是工业强国,"意大利制造"是卓越品质的代名词。作为意大利产业集群核心的中小企业充满活力,追求创新,竞争力强,对外商吸引力大,出口生态系统相当多元化。

然而,种种不利条件阻碍着资金流入。

海军、交通、航空航天、汽车、机械、化工、农业食品、旅游、新兴技术、生命科学、房地产、能源、绿色经济等关键领域蕴藏着巨大的投资机会。②

而意大利实行特定授权制度,对某些有战略意义的行业③加以保护,例如需提前获得主管部门授权,对并购份额也有所限制。这些行业包括:电信和新闻,航空和航运,电力和天然气,石油开采。

表 16-1　　　　　　2017 年对意主要投资国

对意主要投资国	投资占比(%)
卢森堡	21.0
荷兰	19.0
法国	16.7
英国	12.7
德国	8.8
瑞士	6.0
比利时	3.0
西班牙	2.4
美国	2.2

资料来源:桑坦德银行、经合组织。

---

① *Invest in Italy*, *The right place*, *the right time for an extraordinary opportunity*, Italian Trade Agency (ITA), 2018, https://www.ice.it/en/sites/default/files/2018-10/guide-invest-in-italy-2018_0.pdf.
② Italian Trade Agency (ITA), https://www.ice.it/en/invest/invest-italy.
③ *Italy*:*Foreign Investment*, Santander Trade Portal, https://en.portal.santandertrade.com/establish-overseas/italy/foreign-investment.

表16-2　　　　　　　　　2017年对意主要投资行业

对意主要投资行业	投资占比(%)
制造	27.7
专业、科学、技术活动	21.3
批发零售；机动车和摩托车维修	10.7
金融、保险	9.6
信息通信	6.6
房地产	5.3

资料来源：桑坦德银行、经合组织。

(五) 基础设施

从总量来看，意大利参与的海运、燃料运输、集装箱运输总量分别占全球总量的20%、30%和25%。[1]

意大利拥有以下交通运输基础设施：高铁，无障碍高速公路，联通城市节点的机场铁路快线，由15个港际交通基础设施和内陆铁路客运枢纽组成的交通系统，联通欧洲的铁路，处于泛欧交通运输网重要位置，发达的物流。

意大利南北方差距巨大，好在随着第二次世界大战结束，国内基础设施普遍有所改善，发展势头良好。

如今，意大利国家交通运输系统保障着客运和货运，助力国家可持续发展和欧洲一体化发展，增强意大利在地中海的竞争优势。

该系统由所有国内交通运输基础设施组成，分为两级：一级：核心交通运输基础设施，为国内外服务(根据泛欧交通运输网核心走廊规划)。二级：综合基础设施，为国内外服务(根据泛欧交通运输网核心走廊规划)。

该系统于2001年启动建设，尚未完成建成。一级系统重点建设铁路和港口基础设施，目前在建或建成铁路路段48条，长度约合8800千米，占全国铁路总长的44%，还有对国家意义重大的57个港口。

2009年至2015年间，铁路运量增长21%。2015全年客运周转量520亿人千米，货运周转量208亿吨千米，但与其他欧洲大国相比仍存在一定差距。

2009年至2016年间，海运总量下降6%，2014年起有所回弹。2016年意

---

[1] Invest in Italy, *The right place, the right time for an extraordinary opportunity*, Italian Trade Agency (ITA), https://www.ice.it/en/sites/default/files/2018-10/guide-invest-in-italy-2018_0.pdf, 2018.

大利港口货运量 4.85 亿吨,在滚装船运输、集装箱运输、液体散货运输和客运方面均有明显提升。

2016 年集装箱吞吐量为 1050 万标箱/年,第勒尼安海北部和亚得里亚海北部港口群吞吐量占全国总量的 55%,达到欧洲—地中海地区平均水平。

在连通性/物流情况上,联合国贸发会议班轮运输连通性指数(2004—2018)将意大利排在第 20 位,中国排在第 1 位;在物流绩效指数中,意大利位列第 18 位,中国位列第 25 位。

意大利制定了基础设施建设的宏伟目标,即到 2021 年,铁路货运量达到 300 亿吨千米,2020 年集装箱运输达 1120 万—1250 万标箱/年,[①]但目前离此目标差距巨大。

根据欧盟委员会 2016 年数据,意大利的火车服务效率在 26 个国家中排在第 20 位,海港服务效率在 23 个国家中排在第 18 位。[②]

在泛欧交通运输网铁路核心网络建设上,意大利普通铁路建设已完成 70%,高铁建设已完成 41%。意大利货运及时性在 28 个国家中排名第 10。

交通基础设施投资有助于拉动增长、促进就业。数据显示,虽然意大利政府在 2017 年发达国家政府支出榜位列第 7,[③]但在世界经济论坛基础设施质量指数排名中仅占到第 27 位,并排在发达国家基础设施黑榜第 4 名。[④]

因此,增加公共支出无益于解决问题,需要的是改进管理。[⑤]

政府于 2017 年规划了 2030 年关键基础设施建设目标,铁路交通目标如下:[⑥]发展高山山口交通,连通港口,完成 AV-AVR 网络;增加高铁运营;加强

[①] World Bank, https://lpi.worldbank.org/international/scorecard/line/56/C/ITA/2018.

[②] *Italy*, *Investments and Infrastructures*, *Mobility and Transport*, EU Commission, 2017, https://ec.europa.eu/transport/facts-fundings/scoreboard/countries/italy/investments-infrastructure_en.

[③] M. Annunziata, *Is Italy's Infrastructure Crumbling Because The EU Won't Let The Government Spend Enough?*, Forbes, Aug 17, 2018, https://www.forbes.com/sites/marcoannunziata/2018/08/17/is-italys-infrastructure-crumbling-because-the-eu-wont-let-the-government-spend-enough/#324609411c40.

[④] K. Schwab, *The Global Competitiveness Report*, World Economic Forum, 2018, http://www3.weforum.org/docs/GCR2017-2018/05FullReport/TheGlobalCompetitivenessReport2017-2018.pdf.

[⑤] M. Annunziata, *Is Italy's Infrastructure Crumbling Because The EU Won't Let The Government Spend Enough?*, Forbes, Aug 17, 2018.

[⑥] Ministero dell'Economia e delle Finanze, *Connettere l'Italia: fabbisogni e progetti di infrastrutture*, Allegato al Documento di Economia e Finanza 2017, http://www.mit.gov.it/sites/default/files/media/notizia/2017-04/Allegato_MIT_AL_DEF_2017.pdf.

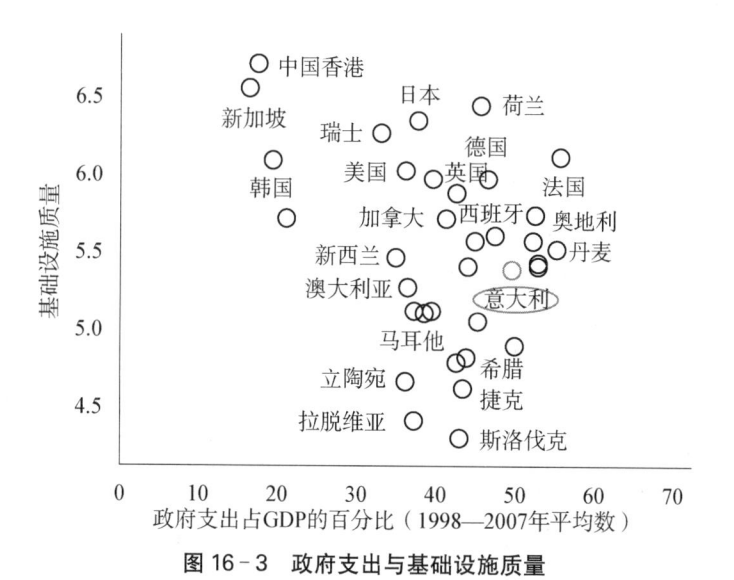

图 16-3 政府支出与基础设施质量

资料来源：世界经济论坛、福布斯。

区域和城市互联互通，建设连通地区、港口、山口的货运走廊；推进技术研发，提升性能和运力；改善安全条件，减轻不良环境影响。

发展海运需要制定系统目标，着力改善以下方面：

建设铁路和公路的"最后一千米"；研发技术，提速扩容；提升海运畅通性；提高集装箱码头和滚装船运力；缓解港际和内陆铁路枢纽系统运力不足。

三、"一带一路"与意大利：机遇

如前文所述，意大利出口势头强劲，产品质量高，工艺独特。意大利占据欧洲大陆和地中海中心之间的战略位置。作为一个商业平台，意大利具备得天独厚的优势。此外，意大利的长期政策和文化氛围鼓励交流合作。这些特点和背景与"一带一路"非常契合，促使意大利成为该倡议的战略合作伙伴。本节将重点介绍"一带一路"带给意大利的重要机遇。

在经济合作上，中意两国近年来互动频频。2015年，亚洲基础设施投资银行吸引了包括地中海国家在内的57国作为创始成员国加入。2017年，意大利总理保罗·真蒂洛尼(Paolo Gentiloni)出席了在北京举办的首届"一带一路"国际合作高峰论坛。2020年，两国迎来建交50周年。

虽然德国、法国、英国等多个欧洲大国早已同中国建立了紧密的商贸关系，习近平主席于2019年3月22日至23日对意大利进行国事访问后，意大利率先加入"一带一路"，成为七国集团成员中首个正式加入该倡议的国家。①

中意两国政府代表在罗马签署了关于共同推进"一带一路"建设的谅解备忘录（*Documento d'Intesa tra il governo della Repubblica Italiana e il governo della Repubblica Popolare Cinese sulla collaborazione all'interno del progetto economico Via della Seta e per l'iniziativa delle Vie Marittime del XXI secolo*），②还签署了29项协议，涉及民间和国家层面的经济文化合作，参与方包括中国银行、意大利国有银行、意大利埃尼集团、UGTC集团、安萨尔多集团、意大利对外贸易委员会、中国交通建设股份有限公司、东亚得里亚海港口网络管理局、的里雅斯特港和蒙法尔科内港、西利古里亚海港口网络管理局、达涅利集团、中工国际工程股份有限公司，以及两国多个相关部门③等。

谅解备忘录紧密围绕"一带一路"倡议，特别强调密切意大利北部港口合作，加强海上基础设施和铁路互联互通。

专栏1 的里雅斯特：从哈布斯堡王朝到"一带一路"

17世纪末，在哈布斯堡王朝统治下，的里雅斯特成为通往欧洲的重要商业门户城市，尤其是连通东方与欧洲的主要通道。④ 数个世纪以来，这座城市历经浮沉，最终成为今天通往中欧地区的主要中转城市。举例来说，德国消耗石油的40%途经的里雅斯特运往德国。

目前，战略基础设施建设项目"三维枢纽"项目（Trihub）计划开发的里雅斯特、奥皮奇纳、蒙法尔科内和切维尼亚诺的港口，提高亚得里亚海港铁路物

---

① Il Sole 24 Ore, March 22, 2019, https://www.ilsole24ore.com/art/notizie/2019-03-22/italia-cina-contenuti-memorandum-e-trenta-accordi-almeno-sette-miliardi-euro-143536.shtml?uuid=ABPvc3gB&refresh_ce=1.

② *Documento d'Intesa tra il governo della Repubblica Italiana e il governo della Repubblica Popolare Cinese sulla collaborazione all'interno del progetto economico Via della Seta e per l'iniziativa delle Vie Marittime del XXI secolo*，https://www.publicpolicy.it/wp-content/uploads/2019/03/mou.pdf.

③ ANSA, March 23, 2019, http://www.ansa.it/sito/notizie/cronaca/2019/03/23/italia-cina-dalla-via-della-seta-agli-accordi-commerciali-ecco-le-intese_06b0c29a-f25d-477f-97e7-e18bacf35580.html.

④ L. Gaiser, *Trieste celebra gli Asburgo e i 300 anni di porto franco*, Limes, March 18, 2019, http://limes-club-trieste.blogspot.com/2019/03/trieste-celebra-gli-asburgo-e-i-300.html.

流运力。①

"三维枢纽"项目是中欧互联互通平台（EU-China connectivity platform）的一部分，总投资2亿欧元，已投资1.6亿欧元，由欧盟直接管理。

中意谅解备忘录中关于的里雅斯特港的合作项目也涉及东亚得里亚海港口网络管理局，该局需要参与中国在斯洛文尼亚投资项目的协调工作，推动意中贸易合作向纵深发展。②

此外，招商局港口控股有限公司有意参与港口银行合作。③

资料来源：英国广播公司。

意大利政府明确规定，合资企业必须遵守《中欧合作 2020 战略规划》《中欧合作 2030 战略规划》（2030 EU-China cooperation Agenda）和欧盟"欧亚互联互通战略"（EU Strategy for Eurasian connectivity）。合资企业还必须遵守互利互惠、公平透明（"机会平等"）、可持续发展、知识产权保护等欧洲基本原则。④

要推动同中国的关系发展，意大利需要延续前几届政府的理性做法，摒弃偏见和怀疑，转向务实合作。正如朱塞佩·孔特总理（Giuseppe Conte）所言，"……谨慎行事""一带一路"倡议是"机遇，是带给我国的机会"。

（一）贸易

如前文所述，意大利外贸主要依赖欧洲市场。具体来说，意大利出口商品的 40% 销往欧洲以外市场，自欧洲以外进口的商品占比略高于全国进口商品的 30%。⑤

意大利与欧洲和亚洲的贸易情况对比如下：2017 年，意大利累计对亚洲

---

① Il Sole 24 Ore, March 21, 2019, https://www.ilsole24ore.com/art/notizie/2019-03-20/italia-cina-perche-porto-trieste-e-cosi-strategico-pechino-205755.shtml? uuid=AB48zPgB.

② Press release, *The Port of Trieste and The China Communication Construction Company Sign a Cooperation Agreement*, Trieste, March 23, 2019, http://www.porto.trieste.it/wp-content/uploads/2019/03/CS.pdf.

③ Il Sole 24 Ore, March 21, 2019, https://www.ilsole24ore.com/art/notizie/2019-03-20/italia-cina-perche-porto-trieste-e-cosi-strategico-pechino-205755.shtml? uuid=AB48zPgB.

④ Il Sole 24 Ore, March 22, 2019, https://www.ilsole24ore.com/art/notizie/2019-03-22/italia-cina-contenuti-memorandum-e-trenta-accordi-almeno-sette-miliardi-euro-143536.shtml? uuid=ABPvc3gB&refresh_ce=1.

⑤ *Observatory of Economic Complexity*, Massachussets Institute of Technology (MIT), 2017.

出口 900 亿美元,进口 980 亿美元;同年,意大利累计对欧洲出口 3 010 亿美元,进口 3 000 亿美元。数据显示,意大利对亚洲存在贸易逆差。在此情况下,"一带一路"可成为扭转乾坤的机会,特别是通过中国市场可以进一步巩固提升意大利的国际贸易地位。

2017 年,中国成为意大利第七大贸易伙伴。但如果与中国同欧洲其他国家的贸易情况相比较,悬殊却十分明显(见表 16-3)。

表 16-3　　2017 年德国、法国、意大利对华贸易情况

国家	出口(10 亿美元)	进口(10 亿美元)
德国	95	109
法国	22.2	52.9
意大利	16.4	31.8

资料来源:麻省理工学院。

由此可以得出,"一带一路"可以有效拉动意大利贸易增长。

(二) 基础设施

"一带一路"使中方大量资金流向意大利,尤其是流向交通运输领域。铁路和海洋基础设施是中方对意投资热点。

虽然学术界对于外国直接投资与经济增长之间的关系存有争议,[①]但人们普遍认为投资能够创造经济机会。

中国对欧投资情况因地区而异。2018 年中国对外直接投资 173 亿欧元,英国、德国和法国是最大的投资目的国,分别吸引中国投资 42 亿美元、21 亿美元和 16 亿美元,三国吸引投资约合 79 亿欧元。

这种差距绝非一朝一夕形成的。2000 年至 2018 年间,英德法三国累计吸引中国投资达 834 亿欧元,而中国对意投资仅为 153 亿欧元。

因此,"一带一路"可以拉动中国对意大利的直接投资,创造新的经济机会。

[①] T. Hanemann, M. Huotari, A. Kratz, *Chinese FDI in Europe*: *2018 trends and impact of new screening policies*, Rohdium Group(RHG), Mercator Institute for China Studies(MERICS), 2019, https://www.merics.org/sites/default/files/2019-03/190306_MERICS-Rhodium％20Group_COFDI-Update_2019.pdf.

意大利经济财政部提出要在2030年内推动国家基础设施在质量、运力和互联互通上再上新台阶。"一带一路"可在两个方面发挥作用：在整体上协助解决严峻的基础设施落后问题；重点加强港际和内陆港口互联互通，发展物流。将的里雅斯特打造为示范项目，充分调动中方对于"三维枢纽"项目的合作热情。

(三) 国际合作

谅解备忘录约定，中意两国将探索合作，通过经济合作和国际合作帮助第三方："……双方承诺共同探讨合作交流及三国合作机会，尊重有益的合作方式，发展利于第三国的合作项目，优先满足发展需要和人民需求，努力提升效率，实现可持续发展，提升财政、社会、经济、环境效益。"

在"一带一路"倡议下，为实施"走出去"战略，中国已同非洲开展密切合作，而意大利对非洲有着天然的影响力，两国可以考虑在非洲开展合作，比如根据本国特色、资金和传统合作建设非洲之角。具体来说，可通过经济文化交流推动合作落地。中意两国可以在"一带一路"框架内，在本土或第三国开展更加广泛的文化合作，推动更多项目实现成功。通过文化合作，两国可以挖掘贸易之外的新的合作机会。意大利总统塞尔吉奥·马塔雷拉（Sergio Mattarella）2017年在复旦大学演讲时提到：

"仅靠会议是远远不够的。……不只是经济和政治领域需要协同合作，推动双方经贸合作也不能只靠市场。重要的是，中意两国要在文化领域开展持续务实的交流。"[1]

(四) 安全

"一带一路"倡议连接亚非欧三大洲，沿线国家65个，稳定与安全水平不尽相同。

安全无疑是事关"一带一路"沿线国家的重要问题，沿线国家中有的饱受恐怖主义、有组织犯罪、海盗活动、动乱等威胁侵扰。2018年11月，中国驻卡

---

[1] "Meeting is not enough. (…) it is not only about economic and political spheres to cooperate in synergy. It is not just up to the markets to assure a constant connection between our productive systems. Rather, it is up to our cultural universes to truly and constantly interact". Italian-English translation by Itstime.

拉奇领事馆遭"俾路支解放军"(BLA)[1]袭击事件更加印证了这一点。

欧洲和地中海某些国家政局动荡，宗教、种族问题等社会问题频发，经济发展受困。相比之下，经由意大利往返欧洲中心地区更加便捷安全。

和平基金会脆弱国家指数将意大利评为"稳定"，位居178个国家中第143位，入选"最稳定国家"。[2]

四、"一带一路"与意大利：挑战

意大利是欧盟创始成员国、北约成员国，地位关键，身份敏感，加入国际合作机制更具复杂性。作为多个多边合作机制的重要成员，意大利需要共享和遵守共同原则规范，"一带一路"带来的重大挑战之一即是在保持多边组织身份和满足中国及"一带一路"等的合作需求中达到平衡。

（一）标准

"一带一路"带给意大利的挑战还包括维护和遵守欧盟的严格标准，特别是在以下方面：施工项目和管理实践，基础设施质量，透明度，环境可持续性。

此外，欧洲议会专项研究报告《交通和旅游委员会研究项目：中国"新丝绸之路"对欧洲交通运输业的机遇和挑战》明确指出："中国非经济合作组织成员国，不受经合组织有关准则的约束，比如限制有附带条件援助的出口信贷，规范信贷，最高还款条件，国家风险分级和最低利率，信息交换，融资行为的社会、环境及管理标准等"。[3]

（二）公平

近来"一带一路"在国际上引发热议，某些分析人士提出所谓的"债务陷阱外交"，指责中国通过投资某些战略要地的项目并向所在国政府提供巨额贷

---

[1] NBC, November 23, 2018, https://www.nbcnews.com/news/world/chinese-consulate-karachi-attacked-baluchistan-separatists-n939421.

[2] Within the Fragile State Index, the closer the country's rank is to number 178, the higher its stability is.

[3] European Parliament, Directorate for internal policies, *Research for TRAN Committee: The new Silk Route-opportunities and challenges for EU Transport*, 2018, http://www.europarl.europa.eu/RegData/etudes/STUD/2018/585907/IPOL_STU(2018)585907_EN.pdf.

款,最终使这些发展中国家深陷债务。①

国际货币基金组织总裁克里斯蒂娜·拉加德(Christine Lagarde)也关注到这个问题。全球发展中心题为《从政策角度考察"一带一路"倡议的债务影响》的报告指出,"根据'一带一路'项目落地情况判断,八个国家存在较高风险陷入债务危机"。②

为防范这种风险,"一带一路"参与方需就合作的可持续性达成一致并严格遵守。

(三) 互惠

中意两国合作必须做到平衡、互利。以"一带一路"为例:两国需要促进贸易再平衡。据估计,目前意中贸易逆差约180亿美元;③意大利的中小企业必须参与进来,其产品品质过硬,国际经验丰富,不仅可带来附加值,还可以带动国内生产力增长;意大利劳动力需要就业机会。如前文所述,意大利高端生产从业人员训练有素,若"一带一路"倡议能走深走实,必将促进国内就业。

正如朱塞佩·孔特(Giuseppe Conte)总理所言:

"在经济合作方面,意方希望恢复贸易平衡,加大双向投资。……双方合作是基于欧盟"欧亚互联互通战略"建立的,要充分尊重透明度、包容性、财政和环境可持续性以及互惠原则。"

五、总结

本文首先介绍了"16+1"合作,总结了"一带一路"倡议的主要特点。

随后介绍了意大利经济和基础设施概况,重点聚焦海运和铁路交通的质

---

① B. Chellaney, "China's Debt Trap Diplomacy", *Project Syndacate*, https://www.project-syndicate.org/commentary/china-one-belt-one-road-loans-debt-by-brahma-chellaney-2017-01?barrier=accesspaylog.

② J. Hurley, S. Morris, G. Portlance, *Examining the Debt Implication of the Belt and Road Initiative from a Policy Perspective*, Center for Global Development, March, 2018, https://www.cgdev.org/sites/default/files/examining-debt-implications-belt-and-road-initiative-policy-perspective.pdf.

③ Il Sole 24 Ore, March 22, 2019, https://www.ilsole24ore.com/art/notizie/2019-03-22/italia-cina-contenuti-memorandum-e-trenta-accordi-almeno-sette-miliardi-euro-143536.shtml?uuid=ABPvc3gB&refresh_ce=1.

量、运力和互联互通情况。

意大利基础设施虽在地中海地区处于领先水平,但仍存在不足之处。

意大利经济亟待复苏,经济仍具潜力,还有许多宝贵的发展机遇尚待挖掘。

本研究发现,"一带一路"倡议为中意伙伴关系发展带来诸多机遇,包括加强贸易合作、优化贸易模式、吸引外国直接投资、创造新的经济机会、完善基础设施、增进文化交流、促进第三国合作等。

为应对"一带一路"带来的重大挑战,合作必须尊重欧盟标准,遵守公平性、可持续性和互惠原则。

区域

R17 "一带一路"倡议下中国与中东欧经济关系的发展：迄今为止的成果与即将面临的挑战

[匈]阿格尼斯·佐诺马尔[①]

【摘要】中国2012年创立"16＋1"合作(后为"17＋1"合作)平台，与2013年发布的"一带一路"倡议进行强有力的对接，希望以此增进与中东欧地区的合作。全球经济的转变和中国经济重组让中国日常关注中东欧地区，与此同时，中东欧地区也为中国带来了新的挑战和机遇。本研究将着眼中国与中东欧地区开展合作以来经济关系的发展，即"一带一路"倡议启动之后。除了列举贸易关系、外商直接投资及建设工程、金融合作、旅游业领域取得的主要成就外，本研究提出这一合作面临的主要挑战和困难以及若干对策建议。

【关键词】"17＋1"合作；经济关系；"一带一路"倡议

一、引言

过去20年间，作为"走出去"战略的一部分，中国开始活跃在中东欧地区，发展贸易关系，引进外商直接投资，并且推动最近的一些基础设施建设项目。虽然与其在全球或是发达国家的经济活动相比，中国在中东欧地区的经济影响较小，但有关影响在显著增长。这是新的现象，但也不是意料之外的情景。一方面，全球经济的转变和中国经济重组都让中国对中东欧地区日益关注；另一方面，中东欧地区也为中国带来新的挑战和机遇。为了应对这样的挑战和机遇，中国2012年创立了"16＋1"(后为"17＋1")平台，与2013年发布的"一

[①] 阿格尼斯·佐诺马尔(Agnes Szunomar)，博士，任职于布达佩斯考文纽斯大学经济与区域研究中心世界经济研究所。

带一路"倡议进行强有力对接,希望以此增进与中东欧地区的合作。

本研究内容将着眼中国与中东欧地区 2012 年以来经济关系的发展,即"一带一路"倡议启动之后。除了列举贸易关系、外商直接投资及建设工程、金融合作、旅游业领域取得的主要成就外,本研究还会尝试明确这一合作面临的主要挑战和困难。为了克服这些挑战与困难,本研究同样会在最后一部分中提出若干建议。

二、开展伙伴关系——中国与中东欧关系回顾

中国与中东欧地区的交流可以追溯到 2000 年以前的古代,古代丝绸之路紧密连接着这些地区。现在经过了漫长的停顿后,中国与中东欧地区的关系将通过现代丝绸之路和"一带一路"倡议重新回暖。当然,在冷战和 20 世纪 90 年代期间,中国与中东欧国家之间也保持着一定联系。某些中东欧国家与中国联系较密切,另一些则与中国往来较少,但总体而言,这一地区在中国看来没有什么特别之处,中东欧国家也对于发展与中国的合作兴趣不大。进入新千年后,大家的态度都开始有所转变。

随着中东欧国家加入欧盟以后,中国开始想要强化与这些国家之间的经济联系。中东欧地区的成长潜力、制度稳定性和市场规模吸引了不少中国公司。事实上,北京把中东欧地区不仅视为其出口扩张的新前沿之一,而且认为这是进入欧洲广阔市场的战略性入口。中国选择了中东欧地区,是因为那里的国家表现出了活力较高、较为发达、尚未饱和的经济,而且与欧盟共同市场直接相连。中国公司能够大幅度减少在中东欧的商业成本,并融入欧盟的工业体系中。

最初,中国公司将中东欧地区作为进入欧洲市场的"后门",但是近来它们的动机有一些扩张性,包含有效率和寻求资产的动机。过去 15 年间,尤其是 2008 年全球金融危机带来了经济环境的变化以后,中国的对外投资及储备和贸易量都有了稳定增长。金融危机带给中国新的挑战,也为中国企业创造了更多的海外机会,全球不景气或出现财务困难的公司数量增加了,中国企业可以在世界经济中占据更高比重。中国的企业乐于进行并购,不仅仅针对核心的欧盟企业,也针对欧盟的边缘性企业,也就是在中东欧地区的公司。[1]

习近平作为副主席 2009 年到访欧洲,体现了中国领导层对于中东欧地区

---

[1] A. Szunomar, "China's investments and infrastructural expansion in Central and Eastern Europe" in Shi, Jian; Heiduk, Guenter (eds.) *Opportunities and challenges: sustainability of China-EU relations in a changing world*, Beijing, China: China Social Sciences Press, 2019, pp. 84 – 103.

态度的切实转变,代表了中国与中东欧双边关系新阶段的开始。习近平延长了在欧洲的行程,访问了比利时、德国、保加利亚、罗马尼亚和匈牙利(大部分时间在布达佩斯度过)。这次访问被认为是要巩固和发展中国与五个国家的经济合作,但是习近平到访中东欧国家为世人提供了更多信息,大家能够更加了解中国不断发展的"走出去"投资战略,这一战略表明中国迫切希望通过这一地区的国家加速其多元化经营战略。[1]

如果分析中东欧地区各国的动机,可以发现它们的"东方觉醒"也基本上从相同的时间开始。随着中国成为世界经济和政治舞台上的主要角色,中东欧国家同样也想跟这个东亚经济巨头发展联系。金融危机提供了额外的动力,中东欧国家政府开始寻找从经济衰退中恢复的新机会和新方法。在金融危机之前,许多中东欧国家对于跟中国建立密切经济联系感到喜忧参半。一方面,他们希望能积极吸引中国投资,对于失去与中国的贸易商业机会感到焦虑。另一方面,中东欧国家也害怕中国企业不一定正当可靠,还担心人权问题。现在越来越多的中东欧地区国家决定放下顾虑,甚至最为冷淡的关系(例如捷克共和国与中国之间)都在逐渐回暖。然而,即使有上文所述的进展,实际上大多数中东欧国家政府还是缺少应对中国或中国企业的统一策略。匈牙利是为数不多的例外,2012年春季匈牙利政府发布了新的经济政策,重点强调向东开放。该政策发布于金融危机后,也算是危机的部分后果。同时波兰宣布了由波兰信息与外国投资局实施的"走向中国"的项目(Elteto-Szunomar, 2016)。[2]

与发达国家相比,中国在中东欧地区是后来的参与者,或者更精确地说,如果把早期联系都考虑进来的话,中国在建设"一带一路"倡议和"16(17)+1平台"时,是在开始重新探索中东欧国家。

三、经济关系的发展

(一)中国与中东欧国家的贸易关系

由于历史和地理上的原因,中东欧国家高度依赖与发达国家和欧盟主要

---

[1] A. Szunomar, "One Belt, One Road: Connecting China with Central and Eastern Europe?", in Cheng Y., Song L., Huang L. (eds.) *The Belt & Road Initiative in the Global Arena: Chinese and European Perspectives*, Singapore: Palgrave Macmillan, 2018, pp. 71 – 85.

[2] A. Elteto, A. Szunomar, "Chinese investment and trade-strengthening ties with Central and Eastern Europe", *International Journal Of Business And Management*, 2016, Vol. IV(1).

成员国之间的贸易联系,中国占据了小部分比重,不过,这一比重也在渐渐增大。一份比较了17个中东部欧洲国家与中国间贸易关系的分析显示,在整个中东欧地区内,四个维谢格拉德集团国家(V4,即捷克共和国、匈牙利、波兰和斯洛伐克)表现出了最大规模的贸易流动,紧随其后的是罗马尼亚、斯洛文尼亚、塞尔维亚和保加利亚。前面提到的四个国家与中国有较密集的贸易关系,其他的中东欧国家(尤其在波罗的海和巴尔干半岛地区)与中国贸易往来较少。

如前文所述,维谢格拉德集团国家与中国之间的贸易近年来增长最多,增长始于"17+1"合作正式启动之前,即21世纪第一个十年初期,这与中东欧国家加入欧盟的时间一致。合作平台确实在从中国的进口方面给贸易关系带来了新的动力,然而从中国的进口大幅度增长的同时,维谢格拉德集团国家2012年后向中国出口的增长幅度较小,甚至在2014年后有连续几年的小幅度下降。于是,贸易逆差飞快增长。但是必须要补充的是,在维谢格拉德集团国家,尤其是捷克共和国、匈牙利和斯洛伐克,他们的出口显然非常依赖德国:维谢格拉德集团国家出口的25%—30%直接进入德国,而间接出口(如商品在斯洛伐克申报出口,从捷克共和国离开欧盟关境)进一步加深了这样的依赖。商品或零部件通常从德国出口至中国。其实上述的三个维谢格拉德集团国家经常与德国有贸易顺差,由此能让人了解这些国家与中国贸易逆差的更多细节。①

如果我们逐个分析维谢格拉德集团国家的贸易情况,2012年后中国进口增长最多的国家是波兰和捷克共和国,而匈牙利和斯洛伐克的进口增长就比较缓慢。斯洛伐克的进口在2014年后已经连续三年下滑。如果看一下维谢格拉德集团国家的出口表现,数据则没那么好:捷克共和国、波兰和匈牙利的出口总值相差不大,而斯洛伐克表现落后。向中国出口增长最多的是捷克共和国、波兰和匈牙利,而斯洛伐克略有减少。尽管波兰、捷克共和国、甚至匈牙利的百分比数据可能显示这三个国家对中国出口有大幅度增长,但需要强调的是他们的起始出口量非常低,变化幅度相对来说依然比较小。②

---

① A. Elteto, A. Szunomar, "Trade and investment between the Visegrad and East Asian countries with a special emphasis on China and Hungary", in J Antal, (ed.), *Small states-big challenges: the experience of the EU and Visegrad region*, Prague: Nakladatelství Oeconomica, 2015, pp. 79 – 95.
② I. Karaskova, A, Bachulska, A. Szunomar, S. Vladisavljev(eds.), *Empty shell no more: China's growing footprint in Central and Eastern Europe*, Prague: Asociace pro mezinárodní otázky (AMO), 2020.

R17 "一带一路"倡议下中国与中东欧经济关系的发展：迄今为止的成果与即将面临的挑战

2012年后巴尔干半岛国家与中国的贸易往来也有所上升。相较于维谢格拉德集团与中国的贸易关系（即从中国进口增长程度远超向中国出口），巴尔干半岛国家在进口方面增长50%，而出口方面增长了65%。然而，因为进口和出口贸易的起始量不一样（2012年从中国进口是向中国出口的五倍），贸易逆差依旧存在，尽管略有减少。每个国家的贸易强度不同：希腊和罗马尼亚是中国在中东欧地区巴尔干分区最重要的贸易伙伴，进出口两方面都很重要；接下来是更重要的进口伙伴斯洛文尼亚、塞尔维亚和保加利亚，以及出口方面的保加利亚、斯洛文尼亚和克罗地亚。中国是三个巴尔干半岛国家（阿尔巴尼亚、黑山共和国和塞尔维亚）的三大主要贸易伙伴之一。数据显示，目前所有十个巴尔干半岛国家都与中国有贸易逆差，罗马尼亚名列第一，贸易差额高达44.25亿美元，希腊（31.77亿美元）和塞尔维亚（20.75亿美元）位列其后。

2012年以来，塞尔维亚和黑山共和国从中国的进口增长最多，波黑、阿尔巴尼亚、保加利亚、塞尔维亚、斯洛文尼亚、北马其顿和希腊依次位居其后。克罗地亚从中国的进口甚至在这期间有所减少，可能是因为自中国购买的纺织相关产品（主要是鞋子和衣服）有所减少。

波罗的海三国与中国的贸易自"一带一路"合作以来也有所增长，其增长模式与维谢格拉德集团国家与中国的贸易关系相类似。波罗的海从中国进口增长远高于向中国出口，于是贸易逆差快速增长。在与中国的贸易往来方面，三个波罗的海国家的起始点比维谢格拉德集团国家与中国的贸易更低。立陶宛从中国进口的增长幅度最大，其后是拉脱维亚和爱沙尼亚。2012—2018年间，拉脱维亚和立陶宛向中国出口增幅似乎非常大，均为150%，但是这些数字同样具有误导性，因为这两个国家的起点都非常低（低于1亿美元）。爱沙尼亚向中国出口额增长了60%，但是该国在2012年的起点也只是稍微高了一点，即也仅有1.35亿美元。

维谢格拉德集团国家中，从中国进口的主要产品是机械装置和电子产品。出口方面，维谢格拉德集团国家出口的产品有车辆、机械装置和电子产品，但波兰是例外，波兰除了上述的产品以外，金属（例如精炼铜和铜合金）也占其出口中国商品中的较大比重。虽然近期中国对高质量农产品的需求在全球都有所增加，维谢格拉德集团国家农产品的出口比例却并不大，在波兰和捷克共和国对中国出口总额中的占比都低于6%，匈牙利和斯洛伐克则分别为3%和1%。

经分析，过去15年间中国与维谢格拉德集团国家的贸易模式发生了一些改变。这些结构上的变化体现在高科技产品出口的急速上升,增加了贸易的高科技强度。匈牙利对中国的高科技出口量和比例是最高的。但是贸易中的高科技强度主要来自大量的汽车、电子产品和通信产品,这是基于全球产品网络中跨国公司的活动,而不是当地公司的活动。[①] 因此,维谢格拉德集团国家与中国之间的外贸部分依然与特定的产品和几家(跨国)公司相关联。因为贸易的体量相对来说较少(如与欧盟或德国的贸易相比),某个全球跨国公司如果决定在公司分公司之间调整或转移有关业务,这样的决定就会显著改变相关某个国家与中国的贸易量统计数字。

巴尔干半岛地区自中国的进口也与中东欧地区其他地方情况相似,巴尔干半岛大多数国家向中国的出口总体都是低附加值和原料类产品。黑山共和国几乎只向中国出口铝矿和铅矿石,这些金属占据了向中国出口的94%。北马其顿向中国出口铁合金,将近占总贸易额的60%。铬矿的出口占阿尔巴尼亚向中国出口总量的85%以上,但波黑的农产品(如木材及山毛榉)和纺织产品占据其出口的近80%。尽管塞尔维亚出口农产品(占比45%—55%),例如烟草和木材,但过去几年内机械装置、电子产品和汽车领域的出口比例出现了增长。

虽然保加利亚和希腊是欧盟成员国,其生产和出口一般都是以高附加值产品为导向,但它们对中国的出口整体上表现出与非欧盟成员的17个中东欧国家更大的相似性,即生产并出口低附加值产品。希腊向中国出口盐、硫磺、水泥和矿物燃料(占比60%),以及农产品如废纸、橄榄油和水果(占比10%),而保加利亚的出口主要由铜、矿石、废渣和粉灰组成。另外三个欧盟成员国(斯洛文尼亚、克罗地亚和罗马尼亚)的情况与此形成对比,它们的出口结构与上述国家非常不同,对中国出口的主要部分为机械装置、电子产品和汽车。

2015年后,斯洛文尼亚对中国出口有小幅度的持续增长,这是其国内汽车出口行情好转的结果。除了零部件以外,斯洛文尼亚之前从未向中国出口汽车类产品,但是2015年后汽车占据对中国出口总量的20%。这一变化应该是雷沃斯轿车厂带来的,它是斯洛文尼亚唯一的汽车制造商和出口大户之一,开始生产并出口雷诺和戴姆勒车型,包括新型号(如Twingo,Smart Forfour)。与此相似,2016年以后克罗地亚向中国出口也出现了大幅度增长,同样也是因

[①] A. Elteto, A. Szunomar,"Chinese investment and trade-strengthening ties with Central and Eastern Europe", *International Journal Of Business And Management*,2016,Vol. 4, No. 1.

R17 "一带一路"倡议下中国与中东欧经济关系的发展：
迄今为止的成果与即将面临的挑战

为运输车辆，尤其是2010年后货船和轮船的出口。以前出口到中国的运输车辆只有几百万美元，但是2016年这一分类占据了出口总额的1/3，不过2017年稍有回落。克罗地亚的其他传统出口商品包括机械装置、电子产品和木材。罗马尼亚出口至中国的主要商品为工业机械装置、光学和医疗设备、电动机械、汽车零配件如车胎，以及其他纺织及农业产品如服饰和木材。

这三个国家从中国进口的主要商品都是电子和工业机械装置及纺织品。然而在出口方面，波罗的海国家出口商品各不相同。拉脱维亚的农产品出口占据了总量的45%—50%，矿物和金属也占据了较大比重。爱沙尼亚向中国出口商品中一般都是电子和工业机械装置，而农产品（木材和鱼类）占比为30%。立陶宛的金属、机械和纺织品出口占据总额的60%以上，而农产品（木材）也同样占据较大比例。

虽然直接出口可能起到了一定作用，再出口贸易（将从其他地方进口的商品再次出口的行为）也应该纳入考量。例如，2017年，立陶宛对中国的再出口商品上升了将近62%，达到4 870万欧元。主要的增长动力是机械装置及设备、矿物燃料及燃油，还有电机及电子设备。爱沙尼亚再出口最多的商品为光学仪器、摄影器材、技术仪器和医疗器械、电气和电子设备，以及机械装置、锅炉。拉脱维亚没有提供其原产商品出口或再出口的数据。但是考虑到拉脱维亚和中国的出口结构与立陶宛和中国之间有一定相似性，再出口商品很有可能主要来自工业领域，如铜、矿物燃料和燃油、机械装置和设备、电机和电子设备，以及水果和坚果、木材。

总而言之，在与中国贸易方面，维谢格拉德集团国家是中东欧地区最重要的贸易伙伴。维谢格拉德集团国家和中国的进出口量比波罗的海地区国家和巴尔干半岛地区国家加起来更多。所以，这四个国家与中国之间的贸易逆差也比另外两个地区国家逆差高出数倍。整个中东欧地区的贸易结构都还是相当的欠发达。[1]尤其是从中国进口方面，与世界上任何一个地方从中国进口的情况都相似（主要进口电子设备、机械装置和纺织品）。

与此相对，中东欧地区各国向中国出口的情况差异较大。维谢格拉德集团国家对中国的出口主要由外商（大多为西欧）独资的跨国公司和高附加值产

---

[1] I. Karaskova, A. Bachulska, A. Szunomar, S. Vladisavljev(eds.), *Empty shell no more: China's growing footprint in Central and Eastern Europe*, Prague: Asociace pro mezinárodní otázky (AMO), 2020.

品主导，而巴尔干半岛地区向中国出口的特点为低附加值和原料。波罗的海地区国家的出口情况则介于两者之间，电子设备、机械装置，还有金属、农产品和纺织品都属于其出口商品。

（二）中国在中东欧地区的外商直接投资

就像贸易关系那样，中东欧国家高度依赖发达国家，主要是与欧盟成员国的投资关系，中国占比较少，但在逐渐增加。也就是说，中国在中东欧的外商直接投资比例，与现有投入总资本相比，还非常小，但是过去几年当中资金流入大幅加速。如果要探求这一地区成为中国投资目的地的可能原因，首先要考虑劳动力的成本和质量。中国资金投入在拥有熟练劳动力的领域持续增长，且通常中东欧的劳动力成本比欧盟的平均值更低。但是中东欧地区内部之间也有区别，巴尔干地区的劳动力成本一般比维谢格拉德集团国家或是波罗的海地区更低。不过，这些区别似乎没有真正影响中国的投资商们，因为即使劳动力成本比巴尔干地区的更昂贵，维谢格拉德集团国家的中国外商直接投资还是比波罗的海地区或者巴尔干半岛地区更多。[1]

与贸易关系类似，中东欧国家拥有中国外商直接投资的比重不同：四个维谢格拉德集团国家获得了中国对17个中东欧国家总投资的75%，而另外13个国家至今并没有收到显著的中国外商投资，尽管多个国家也都有所增长。这一现象背后的原因有两方面：其一，中国企业更喜欢欧盟成员国，中国企业总是把自己的产品瞄准欧盟市场，它们更喜欢在欧盟成员国境内设立或收购公司，以避免进入市场时遇到类似关税和非关税贸易壁垒（如配额和禁令）；其二，中国企业往往瞄准那些已经从别处吸引投资的中东欧国家，如已有美国、日本或西欧投资的那些国家。总的来说，维谢格拉德集团国家的外商直接投资是中东欧地区最多的。

中国投资商们尤其以维谢格拉德集团国家的第二和第三产业为目标。一开始中国的投资大多流向装配制造业，但是一段时间后服务业吸引了越来越多的投资。主要瞄准这些国家的中国投资商首先感兴趣的领域有电信、电子设备、化学工业和交通运输。除了最大的投资商万华化学集团股份有限公司，

---

[1] I. Karaskova, A. Bachulska, A. Szunomar, S. Vladisavljev(eds.), *Empty shell no more：China's growing footprint in Central and Eastern Europe*, Prague：Asociace pro mezinárodní otázky (AMO), 2020.

其他主要投资商有华为技术有限公司、中兴通讯、联想集团有限公司、比亚迪股份有限公司和金洋电子股份有限公司。

关于中国企业的进入模式,主要采取创建投资的模式,在21世纪初,首次把配装业务带到当地的中国投资商当中尤为普遍(海信、华为、中兴通讯、联想、TCL)。2011年以来,企业兼并和收购得到了更多重视(万华/宝思德、柳工机械),同时也有共建合资公司的例子(东方太阳能、丰原、上海申达)。中东欧地区中匈牙利得到了中国投资的主要部分,其后为波兰和捷克共和国,斯洛伐克由于规模较小且缺少高效运行的交通基础设施而落后一些。当东道国政府支持商业合约时,中国企业会比较重视,匈牙利与外国企业之间的高水平战略协定也促进了中国投资的流入。在这样的协定框架之下,以万华为例,万华同意在匈牙利设立欧洲信息中心协助开发该公司的运营和供应网络,同时中国银行承诺会与匈牙利投资促进局及进出口银行建立更紧密的联系,推动匈牙利作为中国在欧洲的投资目的地。

巴尔干半岛国家目前还没有收到来自中国的大笔外商直接投资,尽管其中一些国家是欧盟成员而另一些国家可能会加入欧盟。罗马尼亚、塞尔维亚、希腊和保加利亚是主要受益国,它们占据了中国在中东欧巴尔干半岛地区外商直接投资的80%(然而这只是中国在维谢格拉德集团国家投资总额的1/4)。根据中国的统计数据,像阿尔巴尼亚和波黑这样的国家似乎完全没有吸引到任何重要的中方直接投资(两国的数据都低于1000万美元),而北马其顿、黑山、斯洛文尼亚和克罗地亚也收到了少于1亿美元的中方直接投资。

上文描述的这一趋势可能马上会有改变,尤其是在这一地区的欧盟成员国内,因为中国近期在巴尔干半岛地区非常活跃。中国国家总理李克强2019年首次访问克罗地亚,访问期间两国签署了几份投资声明,想要强化彼此的经济关系,为此设立了合资业务专项工作小组,也提到了华为将来想要投入建设的"智慧城市"方案。斯洛文尼亚有一项值得一提的外商直接投资案例,即欧洲八大家用电器制造商之一戈兰尼亚于2018年被中国企业海信以3.39亿美元收购。

作为巴尔干半岛地区的欧盟成员国之一,罗马尼亚是该地区内最受中国投资者欢迎的国家。中国企业瞄准的领域与在维谢格拉德集团地区相似。最大的投资商是华为、中兴通讯、中烟国际欧洲公司、东辉运动器械股份有限公司(自行车生产商),但是也有其他一些在罗马尼亚间接投资的重要中国企业,它们通过被中国企业购买的外资企业进行投资,如史密斯菲尔德食品、倍耐力和 Nedera。[1]

与罗马尼亚相比，中国在保加利亚的外商直接投资没有那么显著，但是同样也持有了电信、电子产品和汽车领域的重要企业。主要投资商有华为、中兴通信、上海影音电子科技公司、长城汽车和经营脱硫设备的浙大网新集团。也有外商直接投资农业的案例（天津食品集团），也有投资媒体行业，最近"今日中国"进入了保加利亚新闻市场，与"今日俄罗斯"共享同一个出版社。

2018年9月塞尔维亚总统武契奇和部长们访问北京时，宣布了几个在塞尔维亚的重要投资项目。其中包括要在兹雷尼亚宁建设轮胎厂的创建投资项目、中国接管塞尔维亚博尔州的煤矿公司，以及建造贝尔格莱德附近的一个工业园区。这些外商直接投资案例都与中国"一带一路"倡议的能源部分紧密相关。

希腊作为"17+1"集团中的新进国，还很难评估这一合作对其国内中方直接投资的影响，但是甚至在加入集团之前希腊就享有一定的特权，因为中远集装箱运输有限公司作为中国的海运巨头，运营着比雷埃夫斯港。中国在过去数十年中是希腊前十个外商投资来源国之一，在过去几年中大幅增加了其投资活动。中国投资商对多个领域都表现出兴趣，涵盖基础设施、能源、房地产和高科技。最近一次的部长层面高级会议上，两国讨论了将来投资废物处理技术的可能。

巴尔干半岛是中国企业在中东欧地区除了维谢格拉德集团以外的第二选择，波罗的海地区仅仅排在第三位，该地区的中方外商直接投资仅占中东欧地区投资的2%多一点，是巴尔干地区的投资额的1/12。中国企业在波罗的海地区活跃度较低的原因可能是：其一，中国企业偏向于在更大规模、人口更多且更接近西欧市场的国家开设创建投资项目；其二，中国对大型基础设施项目或科技行业的并购交易感兴趣，小国家在这些领域能提供的资源不多。拉脱维亚是该地区内唯一将中方直接投资提升了23倍的国家，但是投资总额也仍不过1亿美元左右。

(三) 中国在中东欧地区的基础设施建设项目

中国正在商议在中东欧开展若干基础设施建设相关的工程项目，包括中

---

[1] I. Karaskova, A. Bachulska, A. Szunomar, S. Vladisavljev(eds.), *Empty shell no more: China's growing footprint in Central and Eastern Europe*, Prague: Asociace pro mezinárodní otázky (AMO), 2020.

国公司乐于建设高速公路、建造或重建铁路，以及设立或拓建发电站（包括火力发电站、水力发电站、煤炭发电厂及核电站）。通过仔细观察，可以发现中国的"一带一路"倡议合作和"17+1"平台之间明显有关联性。一方面，中东欧地区是"一带一路"合作的战略性区域，同时诸如此类的基础设施建设合作也能够提升中国和中东欧国家之间的关系。另一方面，中国可以从"17+1"合作至今的经验中学习长处，并运用到更大规模的"一带一路"战略中。[1]

有趣的是，中国在中东欧地区的基础设施建设工程项目模式与外商直接投资模式正相反，这点也能够理解。基础设施建设项目更多地在17个中东欧国家中的非欧盟成员国内落实，即在巴尔干半岛地区，因为当地的基础设施相对较差，欧盟的严格规定和标准并没有影响当地的商议进程，而且其他资源（例如欧盟结构基金）难以获得或是获取渠道较少。

中国这样做的动机显而易见，因为"一带一路"倡议使其能够拓展自己的政治和经济领域利益。一旦另一条交通运输路线完工，中国将会处于更有利的战略位置，因为它将有更多可选择的交通运输路线，可以更早更快抵达目标市场，也能够摆脱近几年积累的过剩工业产能。另外，17个中东欧国家内完工的项目也能够为中国在欧洲广阔地域内进一步投资提供参考，尤其是为在西欧投资提供参考。

中东欧地区国家一开始就很欢迎"一带一路"倡议，其中包括维谢格拉德集团国家，如匈牙利。匈牙利在2015年6月中国外交部长王毅访问布达佩斯期间，与中国签署谅解备忘录，是欧洲国家中的第一个，该国同意推动丝绸之路经济带和海上丝绸之路。匈牙利政府对铁路工程项目非常感兴趣，2014年签署建造合约的时候，总理维克多称之为欧盟与中国合作中最重要的时刻。[2]

2012年中国国务院总理温家宝到访华沙时向中东欧地区提出了价值100亿美元的信贷额度，用于投资当地的基础设施、现代技术和绿色经济。这个信贷额度也是"17+1"合作中的一部分，面向合作倡议中所有的国家。然而，后来欧盟成员国发现自己并不能使用这些资金，因为使用这一资金便利的特定条件可能违反欧盟的规定，如关于公共采购的规定。

---

[1] A. Szunomar, "Blowing from the East.", *International Issues & Slovak Foreign Policy Affairs*, 2015, Vol. XXIV, No. 3/2015, pp. 60-78.
[2] C. Keszthelyi "Belgrade-Budapest rail construction agreement signed", *Budapest Business Journal*, December 17, 2014, Retrieved December 20, 2020, https://bbj.hu/budapest/belgrade-budapest-rail-construction-agreement-signed_89894.

一些欧盟成员国的企业和公共机构有机会接触到更有吸引力的资金，如欧盟结构资金，维谢格拉德集团国家或波罗的海国家则没有太多基础设施建设项目。连通成都和波兰城市罗兹的成都—欧洲特快铁路在"17+1"合作发起前就已经投入运营，并且在持续延伸。而布达佩斯—贝尔格莱德铁路——虽然承包商已经选定，但 2023 年前无法完工。[①] 中国企业对维谢格拉德集团国家的一些项目兴趣有所提升，可是大多数项目尚未落实。另外，波罗的海国家正在积极推进基础设施建设和海陆互联互通。目前中国可能会投资克莱佩达港的话题正处于讨论中，但还没有明确的结果。与维谢格拉德集团国家的情况相对照，在巴尔干半岛的非欧盟国家中有许多潜在的项目，有些已经开始，还有些已经完工。

（四）经济合作的其他领域

中国和中东欧地区间的贸易和投资关系以及近期的基础设施建设项目，已经成为双方经济合作中最重要的部分，此外还有一些其他的领域在过去几年中也有所发展。

例如，金融合作似乎是其中一个正在发展的领域，尤其是在中国与维谢格拉德集团国家之间。匈牙利财政部长最近称，金融合作是匈牙利与中国关系中增长速度最快的领域。中国银行确实在布达佩斯设立了中东欧地区总部，而匈牙利是首个主权债务发行国，于 2017 年成功在离岸市场和香港出售政府债券（点心债和熊猫债）。此后，匈牙利 OTP 银行，即其国内最大商业银行，于 2017 年在北京开设分行。匈牙利的中国银行和中国银联 2017 年发行了首张人民币和福林的借记卡，也是中国银行在欧洲首次发行的人民币银行卡。

看一下中方银行在维谢格拉德集团国家的情况，中国银行在匈牙利和波兰均设有分行（分别设于 2003 年和 2012 年），而中行 2015 年设立在捷克共和国的分行实际属于匈牙利分行。中行在斯洛伐克没有设立分行。华沙和布拉格已经有中国工商银行的分部，而工行在本文写作期间正寻找机会想在匈牙利开设分行。

与维谢格拉德集团国家相比，巴尔干半岛地区国家与中国的金融合作相

---

① I. Ewing, "Hungary signs \$2.1bn loan agreement with China for Budapest-to-Belgrade rail link", *CGTN Europe*, Retrieved December 20, 2020, https://newseu.cgtn.com/news/2020-06-22/Hungary-signs-2-1bn-loan-with-China-for-Budapest-to-Belgrade-railway-Rx4Aiq8DHq/index.html.

R17 "一带一路"倡议下中国与中东欧经济关系的发展：
迄今为止的成果与即将面临的挑战

对较弱。大部分国家没有中方银行在当地设立的分行。只有塞尔维亚是例外，中国银行在那里设有首个分行（2017年），成为当地也是整个巴尔干半岛地区的第一家中方银行。罗马尼亚同样也有中国银行的分行（2019年），中国农业银行同年也在罗马尼亚开设第一家分行。中国建设银行2019年7月宣布有意入驻保加利亚；而另外两家银行即中国银行和中国工商银行也表示有兴趣进入希腊市场。

在波罗的海地区，立陶宛一直在最活跃地推广自己作为进入欧洲的金融科技入口，其首都维尔纽斯建立了金融科技协调中心。立陶宛银行2015年与中国银行监督管理委员会签署了一份合作协议。此后它授予了四家中国企业电子货币机构执照和一个支付机构执照，而另有10家企业在寻找机会加入银行的中央支付系统。

旅游业也是中国和中东欧国家近期合作的最重大成果之一，中东欧地区逐渐开始吸引人数不断增长的中国中产阶级前往旅行。2018年期间，欧洲接收中国游客前三名的旅游目的国分别为英国（增长2.4%）、德国（增长2.6%）和法国（增长7.7%），然而游客数量增长最快的旅游目的国是克罗地亚（增长45.7%）、爱沙尼亚（增长35.8%）和匈牙利（增长25.1%）。

维谢格拉德集团国家也是中东欧地区内备受中国游客欢迎的旅游目的地。因为中国的旅游团一般都是跟团赴各个国家旅行，大部分旅游团至少会游玩其中三个国家，如果不是四个国家都去的话。去布达佩斯的旅行往往会和前往捷克共和国和奥地利的旅程合并，其他一些可能加入的国家包括波兰、克罗地亚和斯洛文尼亚。这一趋势也受益于北京有直达航班降落维谢格拉德集团国家的各个主要城市，如布达佩斯、布拉格和华沙。中国游客平均一次旅行会在欧洲停留12天。

布拉格是中国游客前往维谢格拉德集团国家时最喜欢去的目的地：2018年前往捷克共和国的2 100万游客中，有619 000名中国游客。这一人数大部分可以归功于过去几年中国和捷克共和国之间开设的直达航班：航线直接连通布拉格和三个中国城市（北京、上海和成都）。

2013年布加勒斯特峰会上，中国号召匈牙利建立旅游业的合作平台，以增进中国与中东欧国家间的旅游合作，于是建立了中东欧国家旅游协调中心。但是除此之外，大多数正规的旅游中介或机构都为中国游客提供中文网站以及定制旅游路线与服务。

"一带一路"倡议及"17+1"合作更好地带动了17个中东欧地区国家，前往当地国家旅行的中国游客人数不断增长。然而,新冠肺炎疫情减缓了这一进程,希望这样的影响只是暂时的。

四、总结与建议

如文中所分析的,中国与中东欧国家之间的关系有了较大发展,但依然存在进一步发展的余地。

第一,中国和维谢格拉德集团国家及塞尔维亚之间的经济关系似乎尤为重要,而与其他中东欧国家之间的关系有所落后。中国可以采取一些方法带动这些国家,例如巴尔干半岛地区的国家都还没有机会增进与中国的经济合作。

第二,贸易关系有所上升,但是某些案例显示贸易关系相对狭窄且不平衡,导致了贸易逆差的增加。中国的消费者应该更开放地接受中东欧地区的商品,但中东欧国家政府也应该支持当地的企业尤其是中小规模企业,帮助它们与潜在的中国伙伴建立联系。

第三,与贸易关系相似,中国的外商直接投资也集中在几个国家,特别是匈牙利、捷克共和国和波兰,而其他国家接收大笔资金投资的机会有限。

第四,金融合作也有上升的势头,但目前仅仅局限在欧盟成员国内。中东欧地区的非欧盟成员国家可能更需要这样的合作机会,因为它们的金融资源比较有限,且与该地区的欧盟成员国相比有更重要的金融需求。

第五,中国在中东欧地区的基础设施建设工程项目模式与外商直接投资正好相反,即基础设施建设项目更多地在非欧盟成员国家实施。想要成功在欧盟成员国内施行项目的关键,可能还要依靠中国与欧盟之间更深层次的合作。如果欧盟能够信任中国项目的标准和好意,中东欧地区的成员国应该也能够以更开放的态度迎接类似项目。

第六,旅游业似乎是经济合作中大获成功的案例,因为中东欧国家接收了更多来自中国的游客,中国中产阶级游客数量的整体上升也起到了一定作用。虽然新冠肺炎疫情严重影响了旅游业,可以预期也应希望,未来疫情结束后还能取得进一步的成功。双方都要为在后疫情时代努力促进旅游关系的发展。

最后,必须强调的一点是,尽管中国认为中东欧地区是一个整体,但中东欧地区其实不是完全划一的。中东欧地区各国的经济发展、经济目标及彼此之间与中国的经济关系都迥然有异。中东欧国家还经常将彼此视为竞争对手而不是实现共同目标的合作伙伴。中国的投资和基础设施建设项目固然能够给单独某个中东欧国家提供机遇,但更能给中东欧地区整体带来更大利益。所以,未来中国与中东欧地区的合作和地区内的动态变化相关联,而且也取决于地区内各国将如何相互合作、共同行动。

R18 "一带一路"倡议对中国与西巴尔干国家合作的影响

[塞尔维亚]桑亚①

【摘要】中国是一个非常重要的国家,由于近几十年来经济发展迅速,它越来越受到世界的瞩目。虽然经过了多年的尝试,但直到欧元危机后,中国才成功地打开了欧洲市场进行投资。2013年,中国国家主席习近平提出"一带一路"倡议后,中欧合作取得了明显的进展。然而,在过去几年中,各种消极因素开始发酵,阻碍了中国与西巴尔干地区在"一带一路"倡议内的合作。考虑到中国海外投资和贷款的减少、来自美国和欧盟压力的增大等消极因素,作者要探讨的主题是,这些负面因素是否会造成中国与西巴尔干地区在"一带一路"框架内的合作随之而减少。自2013年以来,中国与西巴尔干国家合作由于"一带一路"而显著增加,尽管存在消极因素,但合作仍将继续向积极的方向发展。作者在本文中将运用结构功能主义分析、比较分析、归纳和演绎等方法展开问题的探讨。

【关键词】欧洲;中国;"一带一路";西巴尔干国家

一、引言

21世纪初,中国的外汇储备达到了较高的水平,特别是在2008年全球金融危机后更是如此。与此对照,大多数国家深感金融危机的冲击,身处经济危机的漩涡。因此,越来越多的欧洲国家和非国家行为体开始将北京视为潜在的合作伙伴。②然而,虽然中国和欧盟自2003年以来就建立了全面战略合作

---

① 桑亚(Sanja Arežina),塞尔维亚共和国政府顾问,塞尔维亚贝尔格莱德大学助理教授。
② 中国在2001年持有2100亿美元的外汇储备,此后其外汇储备开始快速增长,到2018年底达到了30570亿美元。

伙伴关系,但欧洲国家只是在欧元危机期间才开始对北京这个合作伙伴产生信心,因为当时中国帮助他们克服了市场波动,并表现出了极高的团结性。① 在帮助欧盟的同时,中国也保护了自己的出口市场、其新技术和设备的来源,以及其最大的外资来源之一。这样,中国不仅降低了自己遭受损失的风险,同时也希望能为中国投资打开欧洲市场,并希望对欧洲官员产生影响,让他们放宽对武器销售及敏感高科技产品的限制,这些都是中国新的国家经济模式和2049年实现"中国梦"所必需的。② 通过这些举动,中国希望保护欧盟作为多极世界重要维护者的地位不被削弱,③并表明中国在全球问题的解决上是一个"负责任的大国"。④

得益于上述进展,中欧关系开始深入发展。高层互访和贸易合作得到加强,中国对外直接投资得以增加,双方也签署了许多伙伴关系协议。中国"软实力"的全球投射(建立孔子学院与文化中心、科学交流、熊猫外交等)、中国对外投资和援助模式的推广,以及周恩来于20世纪50年代提出的原则(包括互相尊重国家主权、平等互利、互不干涉内政等内容),则进一步促进了这种方式的成功。⑤

2013年中国国家主席习近平开始推动"一带一路"倡议后,中欧双方合作继续取得进展。"一带一路"倡议旨在通过陆路和海路,把欧亚大陆的两个经济发达地区(西欧和中国东部)连接起来。这一倡议的内容既包括中国过去在古丝绸之路沿线实施的零星小项目,也囊括了与沿线国家之间新的合作机制,如中国与中东欧国家合作机制(即所谓的"16+1"机制或"17+1"机制)。⑥ 该机制对中国来说极为重要,因为它是用于改善中国与中东欧国家合作关系的一个框架。由于中东欧国家曾经属于东欧集团,因此中国在冷战期间就与这些国家建立了非常良好的关系。

---

① T. Song, "Kineska pomoć Evropi", *Politika*, 2012, http://www.politika.rs/rubrike/Svet/Kineska-pomoc-Evropi.lt.html [Accessed on December 30,2020].
② W. Gong, "Chinese Experience of Development", Lecture, Seminar "China's issues", Chinese Academy of Governance, Beijing, 2013. 2013年11月,在中国共产党的十八届三中全会上,习近平主席提出了"中国梦"这一愿景,随后他将"中国梦"的内容明确为要完成全面深化改革的决定中所规定的60多类国内改革。
③ COASI, "20th EU-China Summit report", Beijing, 2018.
④ S. Arežina, *China in Europe*, Belgrade: Institute of European Studies, 2018, p.17.
⑤ S. Arežina, *China in Europe*, Belgrade: Institute of European Studies, 2018, p.17.
⑥ S. Arežina, *China in Europe*, Belgrade: Institute of European Studies, 2018, p.254.

"17+1"机制内包含了巴尔干半岛的一部分,欧盟为其设计了一个特殊的政治名称——西巴尔干地区。该地区由五个非欧盟国家组成:塞尔维亚、黑山、波黑、北马其顿、阿尔巴尼亚。自2009年欧元危机爆发以来,过去的十多年间,西巴尔干国家一直试图通过上述合作机制或是从双边的角度改善与中国的关系。其中一些国家在这条道路上走得较快,如塞尔维亚,而另一些国家则走得较慢,因为它们往往受到国内局势不稳定、政府更迭和各种外部因素的阻碍。本文的基本假设是,2013年以来,由于"一带一路"倡议,中国与西巴尔干国家的合作显著增加,如今尽管存在消极因素,但合作仍将继续向积极方向发展。

在过去的一个时期中,对中国与西巴尔干国家关系的研究主要集中在合作的正反两方面。本研究主要对"一带一路"倡议推出前后中国与西巴尔干国家的合作进行比较分析,并分析影响双方关系的因素。作者在研究过程中回答了以下问题:在"一带一路"倡议开始实施之前,中国与西巴尔干国家的关系是怎样的?"一带一路"倡议提出以来,中国与西巴尔干国家的关系是如何发展的?哪些因素影响了"一带一路"倡议在西巴尔干国家的实施情况?这种合作关系的未来将会怎样?本研究将采用相关学术和政策文献、官方声明,以及美国、中国、欧洲等国际媒体的新闻报道。此外,为了保证研究的真实性,作者还与直接参与中欧关系各方面工作的美国、欧洲和中国官员,分析人士,研究人员,记者和商人进行了正式和非正式的访谈与对话,从而丰富了研究内容。

本文共分为五个部分。在引言中,作者给出了研究意图所依据的背景,解释了问题的关键,并提出了假设。在第二部分,作者将阐述"一带一路"倡议提出前中国与西巴尔干地区国家关系的发展历史。在第三部分,作者将概述影响中国与西巴尔干国家在"一带一路"框架内进行合作的因素。在第四部分,作者将对"一带一路"倡议实施前后中国与西巴尔干国家的合作关系进行比较分析。在总结部分,作者将对研究情况和得出的结论加以概述,并针对中国与西巴尔干国家不断发展的合作关系中"一带一路"的作用给出结论,对未来中国与西巴尔干地区关系的发展方向进行预测,同时对双方在"一带一路"框架内的进一步合作提出建议。

二、"一带一路"倡议推出前中国与西巴尔干地区国家关系的发展历程

在前期,中国官方文件对作为欧洲大陆独立地区的西巴尔干地区并没有

采取十分明确的态度,不过,该地区一直被视为东南欧必不可少的组成部分。2012年,在"17+1"机制形成后,该地区便被归入了范围更大的中东欧地区框架内。①

1949年,毛泽东在天安门广场宣布中华人民共和国中央人民政府成立后,中国与西巴尔干国家的双边关系便开始发展。中国与南斯拉夫的外交关系走的是一条歪路,而与阿尔巴尼亚的外交关系则一直到20世纪70年代末之前都一直处于很高的水平。1977年南斯拉夫总统约西普·布罗兹·铁托访问北京后不久,中国与阿尔巴尼亚之间的政党关系便被切断,中国与南斯拉夫之间则建立起了政党关系。20世纪80年代期间,中国与南斯拉夫之间有了大量的高级政治代表团和专家互访,而南斯拉夫的专家对于中国的改革开放进程是非常重要的。②

冷战结束后,西巴尔干国家开始奉行以西方国家为主的外交政策,将推动欧洲—大西洋的一体化作为它们最重要的外交政策目标之一。2009年欧元危机期间,西巴尔干国家非常迅速地采取了"向东开放"战略,积极吸收来自中国的投资,以填补欧元区国家因缺乏新鲜资金而产生的空缺,从而继续保持经济的增长。③ 也就是说,它们寻求加强与中国在政治、经济、文化等领域的双边关系,并在中国于2012年建立的"17+1"机制内积极增进多边的合作。迄今为止,中东欧国家与中国之间已经举行了9次经贸论坛和8次总理级政治峰会。④ 经过一段时间的发展后,中国与西巴尔干国家在这一机制内形成了众多覆盖各领域的合作制度机制。双方合作在各个环节都取得了进展,双边贸易、

---

① D. Mitrović, "Kineska politika prema Zapadnom Balkanu-Jugoistočnoj Evropi", in D. Simić, ed., *Integracija Zapadnog Balkana u mrežu globalne bezbednosti*, Beograd: Čigoja, 2011, p. 265. 冷战期间,西巴尔干国家属于苏联的势力范围。中国学者曾用"欧亚国家"或"苏联和东欧阵营"来表明这些国家的地缘政治特征。冷战结束后,转型与欧洲化开始,这些国家的身份便从"欧亚国家"变成了"欧洲国家"。中国的许多机构,如文化部、中共中央对外联络部、商务部和一些研究机构,仍然将中东欧国家部分或全部列入欧亚国家名单。中国与这些国家的关系不是以俄罗斯为导向的,而是以欧洲为导向的。

② S. Arežina, *China in Europe*, Belgrade: Institute of European Studies, 2018, p. 223.

③ Z. Liu, "The Pragmatic Cooperation between China and CEE: Characteristics, Problems and Policy Suggestions", Working Paper Series on European Studies, Institute of European Studies, Chinese Academy of Social Sciences 2013, 7(6).

④ 峰会分别在布达佩斯(2011年)、华沙(2012年)、布加勒斯特(2013年)、贝尔格莱德(2014年)、苏州(2015年)、里加(2016年)、布达佩斯(2016年)、索菲亚(2018年)、杜布罗夫尼克(2019年)举行。由于新冠肺炎疫情的影响,2020年期间没有举办峰会。

双向投资、基础设施合作得到了加强,财政金融合作得到了深化,专家交流互访也涵盖了各个领域。①

2012年,作为对该机制的支持,北京设立了初始资本金为"100+30"亿美元的投资基金,用于振兴和建设中东欧地区的基础设施,并用于支持中国企业对该地区公私合作和私有化进程的积极参与。2013年,中国国家主席习近平提出了"一带一路"倡议。"一带一路"倡议是中国的一项跨洲的长期政策和投资计划,旨在通过陆上和海上网络将亚洲与非洲和欧洲连接起来,以提高区域一体化水平,增加贸易联系并刺激经济增长。"17+1"机制与此前在这一区域(包括西巴尔干地区)实施的所有项目一起,成了"一带一路"倡议不可或缺的一部分。几年来,无论是民间交流还是基础设施、能源、社会和文化项目,"一带一路"框架内各领域的合作都得到了发展。②

三、影响中国与西巴尔干国家在"一带一路"倡议内合作的因素

中国与西巴尔干国家的关系受到多种不同因素的塑造,其中最主要的因素是21世纪中国作为解决全球问题的国际贡献大国地位举足轻重。作为联合国安理会常任理事国、核大国、最大的外汇储备持有国和联合国维和部队的派遣国,中国的声音在国际上具有很大的分量。因此,世界上大多数国家都倾向于与北京建立良好的关系,并希望维护和努力加强这种关系,而西巴尔干地区也不例外。

第二个因素是西巴尔干国家与中国拥有传统的良好关系。也就是说,作为东欧集团的一部分,该地区的所有国家在1949年苏联承认中华人民共和国后不久都与中国建立了良好的关系。③ 然而,虽然大部分国家当时都是社会主义国家,但只有阿尔巴尼亚与中国有除了外交关系之外的政党关系。20世纪70年代末,中国断绝了与阿尔巴尼亚的政党关系,并与南斯拉夫建立了政党关

---

① J. Wen, "Strengthen Traditional Friendship and Promote Common Development", The China-CEE Economic Forum, Budapest, 2011.
② S. Arežina, China in Europe, Belgrade: Institute of European Studies, 2018, p.254.
③ Z. Liu, "The Pragmatic Cooperation between China and CEE: Characteristics, Problems and Policy Suggestions", Working Paper Series on European Studies, Institute of European Studies, Chinese Academy of Social Sciences, 2013, 7(6).

系,这一时期,南斯拉夫为中国的改革提供了最大力度的支持。在南斯拉夫社会主义联邦共和国解体后,冷战结束,西巴尔干国家开始奉行以西方国家为导向的外交政策,而推动欧洲-大西洋一体化则是其外交政策的目标之一。中国对此持支持态度,因为首先要考虑的是,中国在这些国家各自的欧洲政策决策过程中毕竟是需要伙伴的。

塑造中国与西巴尔干国家关系的第三个重要因素是该地区占有良好的地理位置,并且在地缘上靠近欧盟市场。也就是说,过去几十年来,特别是2008年全球金融危机后,中国经济的强劲扩张使得它有了将盈余资本投放到世界各地市场的能力,而其所提出的"一带一路"倡议中,当然会涉及欧洲市场。从这个角度来说,西巴尔干地区是一个地理上的连接点,在这个项目("一带一路")的海上部分,该地区连接了希腊和中西欧,而中国的中远公司从2009年就开始参与希腊比雷埃夫斯港的运营。因此,中国产品可借此从中国海运到比雷埃夫斯港,然后通过公路和铁路(10号走廊)经北马其顿、塞尔维亚和匈牙利运往中欧和西欧。

此外,西巴尔干地区也是一块准备地,中国公司在这些国家可以获取按照欧洲标准进行运营的经验,但却不用面对欧盟国家内更激烈的竞争或是更大的监管压力。而在中国海外工程有限责任公司修建柏林和华沙之间的高速公路失败后,这一因素的意义便显得尤为重大。中国企业认为,这些国家拥有直接进入整个欧盟市场的特权、较低的税收、合格的低价劳动力,以及提供国家担保以获得优惠贷款的能力,而欧盟成员国却无法做到这几点。[1]

第四个因素是西巴尔干国家需要新的资本来填补投资真空,而这些真空是全球金融危机和欧元危机期间大多数欧洲国家经济和金融能力减弱所造成的。欧洲发达国家在欧元危机中缺乏资金,这是该地区国家转而与中国合作,以尽可能多地吸引资金的重要原因。而在中美竞争和新冠肺炎疫情的背景下,这一因素则更加突出,尤其是考虑到中国提供的是无附加条件的资金资源这一点,情况就更是如此。与欧盟成员国不同,西巴尔干国家无法使用结构基金和凝聚基金及不同的应急基金和团结基金,因此,能从中国的银行获得10—20年、2%—4%利率和3—7年宽限期的无附加条件优惠贷款,对于它们来说

---

[1] S. Arežina,"Reflections of the 'Belt and Road' Initiative and China-CEEC Cooperation on the Perceptions of China Pervading the Public Discoursein Albania", China-CEE Institute 27, 2020, https://china-cee. eu/wp-content/uploads/2020/07/Working_paper-202027-by-Sanja-Arez%CC%8Cina. pdf [Accessed on December 30, 2020].

是非常重要的机遇。

　　塑造中国与西巴尔干国家关系的第五个重要因素是与欧盟的关系问题。冷战结束后,西巴尔干国家开始奉行以西方国家为导向的外交政策,把推动欧洲-大西洋一体化作为最重要的外交政策目标之一。然而,尽管它们已经进行了近20年的稳定与联合,并用各自不同的方法接近欧盟,但至今仍没有一个西巴尔干国家成为欧盟成员国。黑山和塞尔维亚是候选成员国,它们已经打通了大部分关卡。北马其顿和阿尔巴尼亚也是候选成员国,然而,虽然它们已在2020年3月获得了开启入盟谈判的绿灯,但开始谈判的日期仍尚未明确。波黑也希望能成为候选国。[①] 因此,尽管这些国家努力与布鲁塞尔保持良好的关系——因为它们大部分的投资来自欧盟(70%),并有义务将其法规与欧盟法规统一起来——但它们往往会基于自己的国家利益来执行外交政策。

　　另一方面,中国也希望与布鲁塞尔建立良好的伙伴关系,这主要是因为双方都希望在有效的多边主义基础上建立更加平衡的国际秩序。此外,中国和欧盟是重要的贸易伙伴,双方之间每天的贸易额在15亿欧元左右,这一点在疫情对全球造成的影响下显得尤为重要。欧盟市场对于中国产品的出口和中国投资的投放来说非常重要,而自2017年中美竞争开始加剧之后,这一点对中国政府来说便是十分关键了。然而,2012年"16+1"机制建立后,布鲁塞尔官员的一些表态显示,欧盟越来越认为这一机制是一匹"特洛伊木马",是中国试图通过后门进入欧盟、将欧盟分为东西两方的一系列举措之一。因此,欧盟建议中东欧国家在与中国签订经济协议时不要"违反欧盟规定",并就使用中国优惠贷款向西巴尔干国家发出警告,因为它们有可能陷入"债务陷阱"。[②] 为了避免这种针对中国与中东欧和西巴尔干地区合作加强的敌意,中国官员在

---

① S. Arežina, "Post-Pandemic World and Western Balkans: Transformative Resilience as the Response to the Consequences of the COVID－19 Pandemic", China-CEE Institute 41, 2020, https://china-cee. eu/wp-content/uploads/2020/11/Working _ paper-202041-Sanja-Arez% CC% 8Cina. pdf [Accessed on December 30, 2020].

② S. Arežina, *China in Europe*, Belgrade: Institute of European Studies, 2018, p. 248; United States Senate, "Senators' Letter to Michael Pompeo and Steven Mnuchin", 2018, https://www. perdue. senate. gov/imo/media/doc/IMF% 20China% 20Belt% 20and% 20Road% 20Initiative% 20Letter. pdf [Accessed on December 30, 2020]. 欧盟的双重标准政策使这些国家在与老成员国的关系中处于从属地位。老成员国在与中国签订协议和吸引中国投资时,并没有收到类似的警告。其中一个例子便是,欧盟委员会在2012年就波兰打算单方面与中国在能源问题上进行合作这一问题向波兰发出了警告,而在2013年德国、英国、奥地利和意大利同样采取单方面行动时,布鲁塞尔并没有作出反应。

发言中一直表示,这种合作的目的是发展出一种以平等互利、相互尊重、共同发展、共同努力为基础的区域性方式,以推进中欧关系。他们认为,中国与这些地区的关系发展并不是为了要实施"征服与统治"战略,而是为了建立起另一座中国"通往欧洲的桥梁",而这座桥梁最为重要的作用就是加固中国与欧盟的关系。[1] 同时,中东欧国家的官员也强调,他们的意图并不是要形成一个与欧盟对抗的集团,而是会按照欧盟的规则行事。除此以外,在具体实施中,这些国家之间为了吸引中国投资的竞争也越来越激烈,从而引起了布鲁塞尔的负面反应。

第六个重要因素,也可能是塑造中国与西巴尔干国家关系中最大的因素就是,与美国的关系问题。作为确保众多盟友安全的全球最大强国,美国有能力将自己的外交政策立场强加给世界其他国家。奥巴马总统任期内,中国被称为共生伙伴,而与之不同的是,特朗普总统上台后,"中国是伙伴"的观念发生了改变,变成了"中国是潜在的对手"。[2] 当美国开始与中国进行"贸易战"时,美国国务卿蓬佩奥给了盟友们机会,让他们展示出自己在全世界范围内维护美国利益的意愿。华盛顿呼吁布鲁塞尔打击对华贸易,以期减少中国对欧洲大陆敏感高新技术的获取。这导致欧盟开始阻止中国企业收购某些具有安全敏感性的企业,并寻求加快在欧洲市场推出限制中国资本进入的保护措施,特别是在具有安全敏感性的行业中。欧盟市场的保护措施涉及:欧盟外国直接投资筛选机制,国际公共采购指令,劳工和生态标准改善等。[3] 此外,布鲁塞尔更于2019年3月进一步将中国称为"系统性对手和经济竞争者"。布鲁塞尔的这种政策,以及中国领导人在2017年8月出台的对中国资本出境加大控制的限制措施,导致了中国对欧盟市场的投资从2016年的373亿欧元减少到

---

[1] 新华社:《中共中央关于全面深化改革若干重大问题的决定(全文)》,2013年。其中一个例子就是,中国坚持希望希腊留在欧元区内,目的是不削弱欧盟在全球经济中的地位。

[2] N. Ferguson, "Not two countries, but one: Chimerica", The Telegraph, 2007, www. telegraph. co. uk/comment/personal-view/3638174/Not-two-countries-but-one-Chimerica. html [Accessed on December 30, 2020].

[3] US Embassy in Georgia, "National Security Strategy of the United States of America", 2017, https://ge. usembassy. gov/2017-national-security-strategy-united-states-america-president [Accessed on December 30, 2020]; J. Smith, "China's Belt and Road Initiative: Strategic Implications and International Opposition", The Heritage Foundation, 2018, https://www. heritage. org/asia/report/chinas-belt-and-road-initiative-strategic-implications-and-international-opposition [Accessed on December 30, 2020].

了 2017 年的 291 亿欧元、2018 年的 173 亿欧元和 2019 年的 117 亿欧元。① 然而,在同一时期,中国对西巴尔干国家的投资和启动项目数量都有增加的趋势,这些项目的资金都是来自中国银行提供的优惠贷款。

第七个重要因素是新冠肺炎疫情带来了新变数。2018 年,中国针对中国企业海外投资和贷款的资金审批出台了一定的限制政策。此后,中美之间的竞争也开始波及华盛顿的盟友,这就进一步削减了中国海外投资的机会。然而,2020 年新冠肺炎疫情带来的危机才是导致了中国在"一带一路"框架内投资和贷款最大幅度减少的原因。在此期间,中国对外直接投资仅有 141.1 亿美元,②而中国金融机构在全球范围内批准的贷款也只有 40 亿美元,这个数字与前几年相比,特别是与 2016 年的 750 亿美元相比大幅缩减。③ 由于部分国家无力偿还债务,中国国家主席习近平为最不发达国家提供了价值 20 亿美元的债务减免,同时与 18 个国家进行了债务再融资谈判。此外,由于项目实施延迟、供应链中断和计划外成本增加,危机也影响了一些中国企业。因此,2020 年 5 月举行的政治局会议做出了未来五年中国将以内部流通为重这一决定,新的"十四五"规划也主要着重于双循环。根据这个规划,中国将继续进行海外投资,但目前已投资于"一带一路"的部分资金将会被转投国内市场。④

另一方面,西巴尔干国家的经济也因疫情的后果而背上了沉重的负担。它们的公共债务不断增加,政府因此无法提供国家担保以从中国金融机构获得优惠贷款,因此它们不得不通过特许经营或公私合作来为项目提供资金。另外,它们面临的主要问题是自己能否有足够资金用以偿还目前已欠下的中国债务。现在来说还没有什么问题,但如果疫情持续下去,从欧盟获得的资金也将不足以弥补疫情造成的后果,那么,各国政府都会优先考虑将资金用于控制疫情和支持家庭与企业,而不是为"一带一路"基础设施项目进行出资。

---

① Thilo Hanemann et al, *Chinese FDI in Europe*:2018 *trends and impact of new policies*,Papers on China,Merics,2019,https://www. merics. org/en/papers-on-china/chinese-fdi-in-europe-2018 [Accessed on December 30,2020].

② Ministry of Commerce of the PR China, "China's investment and cooperation with countries along the 'Belt and Road' from January to October 2020", 2020, http://fec. mofcom. gov. cn/article/fwydyl/tjsj/202011/20201103018502. shtml [Accessed on December 30,2020].

③ J. Kynge, J. Wheatley, "China pulls back from the world:Rethinking Xi's 'project of century'", *Financial Times*, 2020, https://www. ft. com/content/d9bd8059-d05c-4e6f-968b-1672241ec1f6 [Accessed on December 30,2020].

④ J. Kynge, J. Wheatley, "China pulls back from the world:Rethinking Xi's 'project of century'", *Financial Times*, 2020.

四、"一带一路"倡议提出前后中国与西巴尔干国家关系的比较分析

为了确定"一带一路"对中国与西巴尔干合作关系的影响,我们有必要对双方在2013年"一带一路"推出之前和之后的合作进行比较分析,因为2013年以后,在这一倡议框架内,各领域的众多倡议都开始进行实施。比较分析将涵盖五个西巴尔干国家和三个最重要的合作领域:政治的、经济的、文化的合作。

2013年之前,塞尔维亚于2009年与中国签署了《中塞关于建立战略伙伴关系的联合声明》。自签署战略伙伴关系协定以来,双方的政治关系取得了一定的进展。时任中国国家主席胡锦涛和全国人大常委会委员长吴邦国分别于2009年和2010年对塞尔维亚进行了两次高级别访问。在2013年前,两国签署了许多重要的协议和备忘录,但只有很少一部分得到实施。[①] 其中大部分都是在中国优惠贷款支持下实现的项目,如重建科斯托拉茨火电站、建造多瑙河上的卜平大桥,可是直接投资几乎为零。位于贝尔格莱德大学的孔子学院于2006年成立。

"一带一路"倡议启动后。塞中两国的合作取得了显著进展,除了两国总理首脑会晤外,在"17+1"机制和"一带一路"国际合作高峰论坛的背景下,两国其他高官之间的访问交流不断。2016年,中国国家主席习近平访问塞尔维亚,并在行程中签署了《中塞关于建立全面战略伙伴关系的联合声明》。2014年,贝尔格莱德举办了"17+1"机制下的总理峰会和经贸论坛。[②] 此外,塞尔维亚还被选为该机制基础设施项目秘书处的所在地,并被选为亚洲基础设施投资银行的成员。

虽然塞尔维亚和世界上大多数国家一样,与中国存在贸易逆差,但两国之间一些重要的动植物检疫证书已经得到了统一,因此,塞尔维亚最大的公司可以向中国市场出口草药和动物产品。塞尔维亚吸引了大量的中国投资,其中最受人瞩目的是,中国企业购买了斯梅代雷沃钢铁厂、博尔铜矿及冶炼厂,在兹雷尼亚宁建了轮胎厂,在洛兹尼察建了汽车配件厂,在尼什建了汽车灯厂,

---

[①] S. Arežina, *China in Europe*, Belgrade: Institute of European Studies, 2018, p. 239.
[②] S. Arežina, *China in Europe*, Belgrade: Institute of European Studies, 2018, p. 190.

建立了"米海洛·卜平"工业园等。除中国投资外,塞尔维亚还以优惠条件获得了进出口银行提供的大量资金,用于实施众多基础设施项目的建设。其中最重要的项目是匈塞铁路重建(塞萨洛尼基—布达佩斯连接铁路的一部分)、奥布雷诺瓦茨—乌布高速公路、拉伊科瓦茨—利格高速公路、苏尔钦—奥布雷诺瓦茨高速公路、普雷利纳—波热加高速公路、波热加—博尔哈雷高速公路,以及贝尔格莱德周边绕城公路的建设。到目前为止,塞尔维亚已从中东欧投资基金中提取了约70亿美元(其中投资额超过20亿美元),在所有项目完成后有达到100亿美元的趋势。另外,位于诺维萨德的新一所孔子学院也于2014年建成开放。塞尔维亚在北京开设了一个文化中心,而在贝尔格莱德的中国文化中心则预计将于2021年建成,该中心位于1999年北约轰炸时被摧毁的原中国大使馆所在地。① 贝尔格莱德的大中小学也都开始教授汉语。

2013年之前,黑山于2006年脱离塞尔维亚并建立黑山国家联盟,自当年与中国建交以来,两国一直都有相对来说较好的合作关系。但双方没有进行过高级别互访,并且除了300万美元的重卡组装生产线项目外,黑山没有获得过中国的投资和优惠贷款。②

"一带一路"倡议启动后。中黑两国关系在"一带一路"倡议之后开始发展,并于2013年签署了"友好合作协议"。③ 高层(总理)会晤主要是在"17+1"机制框架下进行的。其他国际活动也多有举办,如2014年2月的索契冬奥会和2014年8月的南京夏季青奥会。④ 黑山的外国直接投资流入极少,其中主要是通过优惠贷款进入黑山的中国资本。中国进出口银行为黑山提供了优惠贷款,让其得以从保利技术集团购买了4艘船舶。⑤ 另外,巴尔至博尔哈雷(斯

---

① "Zgrada o kojoj se priča: Kineski kulturni centar uskoro gotov", *Mondo*, 2020, https://mondo.rs/Info/Beograd/a1326794/Kineski-kulturni-centar-u-Beogradu-nova-zgrada-na-Novom-Beogradu.html [Accessed on December 30, 2020].

② S. Arežina, *China in Europe*, Belgrade: Institute of European Studies, 2018, p. 235.

③ Ministry of Foreign Affairs of the PR China, "China and Montenegro", 2013, http://www.fmprc.gov.cn/mfa_eng/wjb_663304/zzjg_663340/xos_664404/gjlb_664408/Montenegro_664680 [Accessed on December 30, 2020].

④ The Embassy of the PR China in Montenegro, "Istorija bilateralnih odnosa NR Kinei Crne Gore", 2016. Available at http://me.chineseembassy.org/mon/zhgxs/t1411160.htm [Accessed on December 30, 2020].

⑤ "Vlada Crne Gore kupuje dva trgovačka broda kineske proizvodnje", *Ekapija*, 2009, http://www.ekapija.com/website/sr/page/269472/Vlada-Crne-Gore-kupuje-dva-trgovapercentC4percent8Dka-broda-kineske-proizvodnje [Accessed on December 30, 2020].

莫科瓦茨—马特舍沃)的部分公路建设也被批准使用贷款,这引发了16名美国参议员的负面评论,他们于2018年8月致信美国国务卿蓬佩奥和美国财政部长姆努钦,警告称黑山和其他国家(巴基斯坦、斯里兰卡、吉布提)可能会因为中国贷款造成的不可持续债务而出现问题。[1] 此外,黑山国家电力公司(Elektroprivreda)与中国东方电气集团签署了关于普列夫利亚电厂(1号区块)环保改造的合同。在此期间,黑山大学于2015年成立了孔子学院,中小学也开始教授汉语。

2013年之前,中国与波黑之前的政治合作处于非常低的水平,既没有高级别访问,也没有直接投资和优惠贷款。

"一带一路"倡议启动后。中国与波黑双方的合作开始发展,这主要是由"17+1"机制推动的,而这基本上是唯一能提供高层官员互访机会的机制。然而,近年来,波黑已成为对中国人来说越来越有吸引力的投资目的地。中国在波黑的直接对外投资数额很小,但中国银行对波黑的各种项目给予的优惠贷款较多,如斯坦纳里火电站建设、图兹拉电厂7号机组、巴诺维奇火电站建设、从巴尼亚卢卡到姆利尼什特的高速公路建设、多博伊的医院建设等。需要指出的是,斯坦纳里火电站是波黑第一个按照欧盟环保指令(2001/80/EC)运营的能源设施。[2] 位于萨拉热窝和巴尼亚卢卡的两所孔子学院以及中小学都开始了汉语的教学。[3]

2013年之前,北马其顿与中国几乎一直保持着良好的关系,并有过正式互访。两国于2007年签署了《关于深化互利合作关系的联合声明》。[4] 两国之间并未进行高层互访,但中国政府于2011年向北马其顿捐赠了价值160万美元的校车,并在斯科普里的圣西里尔与美多德大学开设了孔子学院,北马其顿人

---

[1] United States Senate, "Senators' Letter to Michael Pompeo and Steven Mnuchin", 2018.
[2] U. Ačanski, "Kina: novi igrač na evropskom terenu", *Biznis & finansije*, 2013. Available at http://bif. rs/2013/12/kina-novi-igrac-na-evropskom-terenu/#sthash. xu3CfkRT. dpbs [Accessed on December 30,2020].
[3] Hanban News, "First Confucius Institute in Bosnia and Herzegovina officially inaugurated", 2015. Available at http://english. hanban. org/article/2015-04/22/content_590519. htm [Accessed on December 30, 2020]; Hanban News, "Second Confucius Institute in Bosnia and Herzegovina inaugurated", 2018. Available at http://english. hanban. org/article/2018-01/29/content _ 716728. htm [Accessed on December 30,2020].
[4] The State Council of the PR China, "Joint statement between China and Macedonia", 2007, http://www. gov. cn/misc/2007-12/05/content_826315. htm [Accessed on December 30,2020].

可以在此学习汉语。①

"一带一路"倡议启动后。两国合作显著深化,且大多是在既定的"17+1"机制框架内进行的。北马其顿对中国市场的出口远高于该地区其他国家,这是因为前者拥有高质量的含铁产品。中国在该国的直接投资很少,其中大部分是以中国银行提供的优惠贷款为资金的项目。涉及中国公司最重要的项目是在特雷斯卡河峡谷建设的科佳水电站项目。此外,中国还为两条高速公路的建设拨出了相当多的资金,这两条公路是西部的基切沃—奥赫里德高速公路和东部的米拉迪诺夫奇—什蒂普高速公路。2014 年 12 月在贝尔格莱德举行的"17+1"总理峰会上,北马其顿总理尼古拉·格鲁耶夫斯基与中国总理李克强签署了关于建设布达佩斯至塞萨洛尼基高速铁路的协议。② 为了达成这一项目,北马其顿政府从中国南车股份有限公司购买了 6 列动车组。③ 从文化合作方面来看,北马其顿也对中国非常重要,因为"17+1"机制文化合作协调中心就在斯科普里。

2013 年之前,阿尔巴尼亚与中国有着良好的政治关系。2001 年,阿尔巴尼亚与中国签署了三项协议,涵盖了在阿尔巴尼亚北部建设布沙特水电站的资金、抵押和技术方面。在随后的 2005 年,两国军队开始进行合作,而这就为两国在军事领域的合作带来了新的机遇。④ 四年后的 2009 年 4 月,阿尔巴尼亚总理萨利·贝里沙访问北京,随后双方签署了《关于深化传统友好关系的联合声明》。中国官员则没有对阿尔巴尼亚进行过高级别访问。⑤

"一带一路"倡议启动后。中阿两国领导人在"17+1"机制内有所接触,除

---

① Hanban News, "The 1st Confucius Institute Established in Macedonia", 2013, http://english.hanban.org/article/2013-09/05/content_510806.htm [Accessed on December 30, 2020].

② "Chinese premier highlights infrastructure projects with CEE countries", *China Military Online*, 2014, http://english.chinamil.com.cn/news-channels/today-headlines/2014-12/18/content_6275101.htm [Accessed on December 30, 2020].

③ A. Ath, "China in the Balkans: Macedonia, Albania seek Beijing's funds for projects", *Asia Times*, 2016, http://www.atimes.com/article/china-in-the-balkans-macedonia-albania-seek-beijings-help-in-building-infrastructure [Accessed on December 30, 2020].

④ L. Poulain, "China's new Balcan Strategy", *Central Europe Watch*, 2011, 1(2), http://csis.org/files/publication/110829_CEW_China_in_Balkans.pdf [Accessed on December 30, 2020].

⑤ S. Arežina, "Reflections of the 'Belt and Road' Initiative and China-CEEC Cooperation on the Perceptions of China Pervading the Public Discourse in Albania", China-CEE Institute 27, 2020, https://china-cee.eu/wp-content/uploads/2020/07/Working_paper-202027-by-Sanja-Arez%CC%8Cina.pdf [Accessed on December 30, 2020].

此之外的双边接触则很少。两国贸易额开始逐年增加,如今中国已成为阿尔巴尼亚的五大经济伙伴之一。此外,两国还在文化、教育、科技、农业、体育、广播电视等领域以及国际论坛内开展合作。不过,虽然"17+1"机制和"一带一路"框架下的合作有助于两国关系走上坡路,双方的高级官员每年也都会举行几次会晤,但两国关系进展仍然缓慢,且仅仅是象征性的,因为中国国家主席和总理并没有访问阿尔巴尼亚,中国投资量也很小。到目前为止,中国在阿的投资额不超过 8 亿美元。其中最为重要的投资之一是中国洲际油气股份有限公司对一家加拿大石油公司银行家石油有限公司(Banker's Petroleum)的收购,该公司在阿尔巴尼亚经营包括帕托思-马林泽(Patos-Marinze)油田和库科娃(Kucova)油田在内的业务。① 另外,中国公司光大集团也通过特许经营权收购了地拉那的特蕾莎修女机场,其权限会一直延续到 2027 年。② 此外,中国的中矿资源勘探股份公司也在阿尔巴尼亚成立了一家子公司,与阿尔巴尼亚地质科学研究所合作开展矿山建设和地质测试工作。2017 年,中国向阿尔巴尼亚政府提供了 150 万欧元(这笔款项规模相对较小)用于农业现代化建设,以及 200 万美元用于重建阿尔巴尼亚国家歌剧芭蕾舞剧院及民间歌舞团。③ 中国还对阿尔巴尼亚农业部门进行了大量投资。2013 年,地拉那大学设立了一所孔子学院,广大民众可以在这里学习汉语。④

五、总结

本研究的出发点是强调中国在欧盟市场的存在感,而这正是中国经济加速发展的结果。中国需要继续保持经济的高速增长,满足国内市场对重要资源的需求,以及国内产品配销对新市场的需求,所有举措的目的都是为了提高

---

① "Geo-Jade acquiring Bankers Petroleum", *Oil & Gas Journal*, 2016, http://www.ogj.com/articles/2016/03/geo-jade-acquiring-bankers-petroleum [Accessed on December 30,2020].

② Everbright, "China Everbright Limited Acquired Tirana International Airport", 2016, http://www.everbright165.com/NewsDetails/all/2016/3701? IR = false [Accessed on December 30, 2020].

③ A. Quori, "Albania and China: the reemergence of and old friendship", 2017, https://www.criticatac. ro/lefteast/albania-and-china-the-reemergence-of-an-old-friendship/ [Accessed on December 30,2020].

④ Hanban News, "Inauguration Ceremony of the Confucius Institute at the University of Tirana Successfully Held in Albania", 2014, http://english.hanban.org/article/2014-01/03/content_520538.htm [Accessed on December 30,2020].

国民的生活水平,加强中国共产党的执政地位。因此,中国开始加强建设与那些希望加入欧盟的国家之间的关系,而中国自冷战时期以来也一直都与这些国家保持着传统的良好关系。

在本研究开头部分,作者探讨了西巴尔干国家与中国自1949年以来的双边关系发展历史,以及自2013年开始被定义为多边关系的、"一带一路"内的合作关系。所有的西巴尔干国家都在这一倡议内与中国签署了合作备忘录。[1] 而在2015年为支持这一倡议而成立亚洲基础设施投资银行后,部分西巴尔干国家已经成了该银行的成员,塞尔维亚于2015年加入其中。

在研究过程中,作者确定了影响西巴尔干国家与中国合作关系的因素。综合这些因素,我们可以得出结论:大部分因素对西巴尔干地区与中国的关系的塑造能产生积极影响,只有少数因素会产生消极影响。得益于积极因素的影响,自2013年以来,中国与西巴尔干地区合作得到了长足的发展,这从文章中给出的该地区国家与中国双边和多边关系发展的比较分析中可以看出。迄今为止,中国与西巴尔干国家已经合作完成了几十个项目,其中很多项目对西巴尔干国家具有重要的战略意义。这些项目的总价值几乎超过了中东欧投资基金中被指定用于投资项目的资金数额。

由于负面因素(中国海外投资和贷款的减少)的存在,显然中国将继续只对与其政治关系极好以及有能力偿还债务的国家进行投资和贷款发放。另外,我们还应该考虑到欧盟对中国与西巴尔干地区合作施加的压力,但考虑到整个入盟进程的放缓,以及新冠肺炎疫情导致的资金来源多元化之需要,这种压力应该不会有太大影响。因此,我们可以得出的结论是,西巴尔干国家有条件与中国保持良好的合作关系。从这个方面来看,符合西巴尔干国家基本利益的举动之一应该是增加对中国市场的出口。由于这些国家的出口能力较差,个别国家在进入中国市场时进展非常缓慢,而且几乎没有明显的成果,因此,它们应该通过在"一带一路"内的政治参与,强调自己作为中国合作伙伴的地位,并达成政治协议。中国政府可以制定一份中国市场需要的产品清单,在这个清单中,农畜产品应有一席之地。在出口方面,西巴尔干国家可以将重点放在中国西部,因为东部省份已经有来自美国和西欧公司的激烈竞争。在这方面,西巴尔干国家必须共同努力,将尽可能多的产品出口到中国这个大市场。另外,中国领导人应该对该地区国家的困难处境表现出更多的理解,因为

---

[1] 北马其顿(2014年);塞尔维亚(2015年);阿尔巴尼亚(2017年);波黑(2017年);黑山(2017年)。

这些国家是冒着欧洲一体化进程放缓的风险来加强与中国合作的。他们应该表现出愿意放宽西巴尔干地区企业及其产品进入中国市场最低标准的想法。西巴尔干各国领导人要肩负起最大的责任,因为他们应该用自己的支持和参与意识来表明,只有团结起来,他们才能把力量源泉转化为成功的智慧力量战略,从而实现各自的利益和目标。

R19 "一带一路"与欧盟：为强化贸易和基础设施建设合作创造条件

[意]法比奥·印第奥[①]

【摘要】中国的"一带一路"合作倡议是习近平主席外交政策和经济外交的重中之重，旨在促进中国融入全球经济中。"一带一路"倡议的目的是要建立一系列综合的交通运输基础设施，跨越两千年来连接中国与欧洲陆上和海上贸易通道沿线的国家，包括贯穿中东、中亚和东非地区，借以提升以往几个分散区域之间的连通能力。

欧洲和中国的长期发展得益于政治、外交、经济领域稳定的交往，这种交往呈现强度大、质量高的特点。欧盟和中国在战略上相互依赖，欧洲市场其实历来是中国出口商品的经销地。

欧洲部分国家从一开始就对参与"一带一路"相关工程这一新机遇做出了积极回应，它们接收了大笔投资，用于开发更新铁路网络、集装箱码头和海港。总的来说，欧盟成员国乐于同中国展开更密切的合作，认为这是一种能填补当地资源不足、助力当地经济增长，同时向亚洲和国际市场出口欧洲产品的潜在方式。

本文的目的是要分析"一带一路"蓝图下中国与欧盟关系的发展变化，突出在经济和连通方面双方的具体成果。中国政府强调"一带一路"与现有国别和欧盟的计划是互补的，不少国家和欧盟本来也打算发展基础设施，增强欧洲及其他地区的互联互通。然而，欧盟缺少全盟层面上关于"一带一路"的明确定义和共同态度，这对有关倡议的成功落实造成了一定影响。某些欧盟国家最近对这一工程表示怀疑，另一些国家（如意大利）则决定支持"一带一路"倡议。最好的办法是，应当实行更加综合全面的政策，而不是让单个成员国设立

---

① 法比奥·印第奥（Fabio Indeo），罗马北约国防研究院（NATO Defence Collage Foundation）中亚问题高级研究员，韩国能源治理与安全中心（EGS）高级研究员。

各不相同的议程,那样会损害"一带一路"倡议原本所立足的包容性与互联性这样的核心理念。

【关键词】欧洲联盟;"一带一路"倡议;中国;互联互通;投资

一、引言

"一带一路"倡议代表了由中国支持的一项地缘政治战略,旨在通过建设横跨欧亚大陆的经济贸易走廊,连接中国和欧洲、中东和南亚,增进地区间的连通能力。中国预计将投资高达1.3万亿美元建设大规模网络系统的铁路、高速公路、口岸、管道和通信基础设备,工程由国家和多边金融机构出资支持,例如中国国家开发银行、中国进出口银行,以及亚洲基础设施投资银行。① 亚洲基础设施投资银行是专门为推动"一带一路"蓝图下工程建设而设立的主要金融机构,当然,中国政府似乎偏向于把信贷额度特别给予具体国家。2015年,中国拨付给亚投行300亿美元作为认缴资本,同年国家开发银行和中国进出口银行分别借出1 270亿美元和1 000亿美元,用于资助"一带一路"项目工程。②

"一带一路"倡议是习近平外交政策的重中之重。这一雄心勃勃的倡议由陆上走廊(丝绸之路经济带,途经亚洲中部、伊朗、土耳其和欧洲东部)和海上网络(海上丝绸之路,途经亚洲东南部、亚洲南部、非洲和地中海)组成。该倡议于2015年通过官方文件《推动共建丝绸之路经济带和21世纪海上丝绸之路的愿景与行动》正式发布。③

在官方文件中,中国宣布计划推动倡议的执行,是为了顺应"世界多极化、

---

① Fabio Indeo, "The impact of the Belt and Road Initiative on Central Asia: building new relations in a reshaped geopolitical scenario", in W. Zhang, I. Alon, C. Lattemann(eds.), *China's One Belt and One Road Initiative: the Changing Rule of Globalization*, Palgrave Macmillan, 2018, pp. 135 – 136.

② Jonathan Holslag, "How China's New Silk Road Threatens European Trade", *The International Spectator*, IAI, 2017, Vol. 52, No. 1, pp. 46 – 60, 2017, http://dx.doi.org/10.1080/03932729.2017.1261517.

③ National Development and Reform Commission, *Vision and actions on jointly building Silk Road Economic Belt and 21st Century Maritime Silk Road* (Ministry of Foreign Affairs and Ministry of Commerce of the People's Republic of China), March 28, 2015, http://en.ndrc.gov.cn/newsrelease/201503/t20150330_669367.html.

经济全球化""探索国际合作以及全球治理的新模式"。具体来说,文件指出"一带一路"建设(即"一带一路"蓝图)目的是要"致力于亚欧非大陆及附近海洋的互联互通,建立并加强沿线各国在'一带一路'项目基础上的伙伴合作关系"。

在文件的第三章(框架思路)中,中国政府勾勒出项目的结构,即六个主要经济走廊:中国—中亚—西亚经济走廊;亚欧大陆桥;中巴经济走廊;孟中印缅经济走廊,计划连接云南,中国西南地区省份和孟加拉湾;中蒙俄经济走廊和中国—印度尼西亚经济走廊。[①]

中国计划通过"一带一路"项目工程实现其外交政策的一个重要战略目标,也就是启用一条新的贸易和能源进口陆上路线,以减少或平衡对于横跨马六甲和中国南海这一条海上路线的依赖。

因此,与欧盟的合作象征着一个至关重要的关键点,形同保障中国牵头项目取得成功的前提条件,毕竟欧洲及其市场处于"一带一路"建设陆上和海上路线的终点。在经济层面上,过去20年间欧盟与中国深化了贸易和投资关系。中国现已紧跟美国之后,成为欧盟的第二大贸易伙伴,而欧盟则是中国的最大贸易伙伴。中国是欧盟最大的进口源,也是其第二大出口市场。中国与欧盟之间平均每天贸易额超过10亿欧元,[②]所以深化伙伴关系和双方一致的共同利益是"一带一路"倡议取得成功的关键驱动因素。

目前,中国与欧盟间的贸易主要以海上路线(占90%)为基础,空中运输和陆上路线承担了剩余的部分。在不同交通选项中,空中运输极为快速但花费也高到令人望而却步,只能用于小型、高价的商品,如消费类电子产品。[③]

这样的情景也可解释,为何穿越俄罗斯和亚洲中部的陆上经济走廊能成为中国的重要工具,并有助于开辟多样化出口路线,减少对海上经济走廊的依赖。事实上,如果南海或印度洋的外交局势紧张起来,中国担心,经由马六甲

---

① Ibidem; Alexander Cooley, *The Emerging Political Economy of OBOR—The Challenges of Promoting Connectivity in Central Asia and Beyond*. Washington: CSIS, Center for Strategic and International Studies, 2016, p. 5, https://csis-prod. s3. amazonaws. com/s3fs-public/publication/161021_Cooley_OBOR_Web. pdf.
② European Commission, *China*, https://ec. europa. eu/trade/policy/countries-and-regions/countries/china/.
③ Svante E. Cornell and Niklas Swanström, *Compatible Interests? The EU and China's Belt and Road Initiative*, SIEPS, Report 1, Swedish Institute for European Policy Studies, 2020, pp. 12 - 14, https://www. sieps. se/en/publications/2020/compatible-interests/.

海峡的海上贸易和能源运输路线可能会被阻断,造成极其严重的后果。① 正如霍利亚·科尔汀(Horia Ciurtin)所指出:"就像美国通过再平衡战略跨越太平洋向亚洲转移,中国也越过欧亚大陆转向欧洲。"②

穿越亚洲中部的铁路走廊似乎是一个有利可图的选择,因为商品能由此更快地运往市场,即使由铁路集装箱运输的成本(7 000美元)比海上航运(超过2 000美元)更贵,花费16天从中国运输至欧洲,与海上运输(35天)相比速度更快。③

保护海上交通干线,是中国发展"一带一路"海上战略的另一个关键驱动因素。欧盟南部的港口处在一个战略性地理位置上,能够进一步加强商业出口路线的多样性。除了多样化的目标之外,与欧洲北部的港口相比,地中海的口岸也能够为中国的出口商品提供更快进入欧洲主要市场的通道。从亚洲东部经过地中海口岸(意大利的热那亚、的里雅斯特,或希腊的比雷埃夫斯港口)运往欧洲的货物,有可能比经由鹿特丹或汉堡的货物运输时间要缩短8—10天。

二、"一带一路"倡议下中国与欧盟的双边关系

过去20年间,中国与欧洲建立了稳定的政治、外交和经济往来,这种往来不仅强度大而且质量高。2003年以来双方构建了全面战略伙伴关系,彼此关系得以深化,多元合作得到开展。

2008年全球金融危机带来了有吸引力的机会,促使中欧双方要增进并深化贸易关系。确实,美国与欧盟之间高度互联的金融网络崩溃后,与中国增进合作被认为是一次大好机会,能够带给欧洲出口商们巨大的国内市场,也能让深陷债务的欧洲各国为其政府债券得到投资者和买家。大多数欧洲国家都深

---

① Samir Tata, "Deconstructing China's Energy Security Strategy", in *The Diplomat*, January 14, 2017, https://thediplomat.com/2017/01/deconstructing-chinas-energy-security-strategy/; Marc Lanteigne, "China's maritime security and the Malacca dilemma", *Asian Security*, vol. 4, no. 2, 2008, pp. 143-161.

② Horia Ciurtin, *A Pivot to Europe. China's Belt and Road Balancing Act*, European Institute of Romania, Policy Brief, no. 5, December 2017, p. 2, http://ier.gov.ro/wp-content/uploads/publicatii/Final_Policy-Brief-5_Horia-Ciurtin-A-Pivot-to-Europe_web.pdf.

③ Paulo Duarte, "China in the Heartland: The Challenges and Opportunities of OBOR for Central Asia", in Marlene Laruelle(ed.), *China's Belt and Road Initiative and its Impact in Central Asia*, Washington, D.C.: The George Washington University, Central Asia Program, 2018, p. 13.

受金融危机造成的危害,所以它们乐于见到中国增加投资和贷款力度,支持其私有化国家资产(包括重要的基础设施)的政策,希腊比雷埃夫斯港口的私有化工程无疑是一个最为显著的例子。[1]

2013年"一带一路"倡议发布后,习近平主席抵达欧盟总部布鲁塞尔,开展了历史性的访问,公开宣告倡议带给包括欧盟在内成员的利益。与此同时,中国和欧盟领导人同意,为了达成互利共赢的合作,深化中欧全面战略伙伴关系,还要充分贯彻落实2013年启动的"中欧合作2020战略规划"。这一合作包容性强且涉及范围广,目的是要建立以和平、增长、改革、文明为目标的伙伴关系,进一步加强中欧关系的全球影响力。[2]

中国政府强调"一带一路"倡议与现有国家和欧盟的计划是互补的,有助于发展基础设施,增强欧洲及其他地区的互联互通。[3] 在此基础上,欧盟委员会和中国国家发展和改革委员会启动了"中欧互联互通平台",旨在提高透明度,增进基础设施建设合作,提升技术水平,并且发展互联互通项目的协同增效作用,此即在中国的新丝绸之路和全欧交通网络(TEN-T)政策之间实现对接。[4]

在2017年6月中欧互联互通平台第二次会晤期间,中欧双方积极参与政策交流,确保原则和首要任务统一,优先考虑建设中欧之间的交通运输连接网,以全欧交通网络框架和"一带一路"倡议为基础,同时与相关的第三国开展合作。[5]

---

[1] Giulia Di Donato, *China's Approach to the Belt and Road Initiative and Europe's Response*, ISPI, Milan, May 8, 2020, https://www.ispionline.it/it/pubblicazione/chinas-approach-belt-and-road-initiative-and-europes-response-25980; Erik Brattberg and Etienne Soula, *Europe's emerging approach to China's Belt and Road Initiative*, Carnegie Endowment for International Peace, October 19, 2018, https://carnegieendowment.org/2018/10/19/europe-s-emerging-approach-to-china-s-belt-and-road-initiative-pub-77536.

[2] Mission of the People's Republic of China to the European Union, *China's Policy Paper on the EU: Deepen the China-EU Comprehensive Strategic Partnership for Mutual Benefit and Win-win Cooperation*, April 2, 2014, http://www.chinamission.be/eng/zywj/zywd/t1143406.htm.

[3] Frans-Paul van der Putten, John Seaman et al. (eds), *Europe and China's New Silk Roads*, ETNC Report, December 2016, p. 5, https://www.clingendael.org/sites/default/files/pdfs/Europe_and_Chinas_New_Silk_Roads_0.pdf.

[4] European Commission, *The EU-China connectivity platform*, https://ec.europa.eu/transport/themes/international/eu-china-connectivity-platform_en.

[5] European Commission, *EU-China Summit: moving forward with our global partnership*, June 2, 2017, https://ec.europa.eu/commission/news/eu-china-summit-moving-forward-our-global-partnership-2017-jun-02_en.

中欧共同推进合作的兴趣主要聚焦于金融投资,借以升级欧亚地区的基础设施建设(全欧交通网络在第三国的延伸路段及其与"一带一路"走廊的链接路段),推动中国参与欧盟委员会的投资计划,同时加入欧洲复兴开发银行。2016年,欧洲复兴开发银行与丝路基金签署了一份谅解备忘录,想以此推动合作进展并开发针对"一带一路"走廊沿线地区的投资机会。①

2013年以来,中国在欧盟的投资急剧上升,跟"一带一路"倡议的启动几乎同时发生。然而,2017年和2018年,北京政府减少了针对欧盟的外商直接投资,中国在欧直接投资额2017年降至291亿欧元(与前年相比降幅为17%),2018年进一步滑落至173亿欧元——当然,这些投资似乎更加精准,而且被用于中国所说的具有战略重要性的领域和特定的对象。实际上,我们可以看到,2017年中国针对战略性领域的投资从71亿欧元攀升至153亿欧元,涉及交通运输、公用设施和基础设施,随后于2018年则下降了。然而,最大的投资增长出现在金融服务、健康与生物医药、消费品及其服务,以及汽车产业。②

中国针对基础设施建设领域的投资是具有战略性的,接下来要实现一条连接东方与西方的综合性路线及商业桥梁,协助运输中国商品进入欧盟市场。

"一带一路"倡议投资铁路运输和港口基础设施,是为了在降低交通运输成本的同时增加贸易体量,以此提升中欧之间的贸易关系,推进双方经济合作。通过与欧洲公司的合作,中国公司参与建设集装箱码头、运输铁路和物流服务。连接波兰、德国、荷兰、法国和西班牙至中国的直线铁路已开通,而中远集装箱运输有限公司和其他中国的港口公司已在多地的海港城市投入资金,如比利时、荷兰、克罗地亚、斯洛文尼亚、意大利、葡萄牙、西班牙、拉脱维亚和立陶宛。③

欧盟对"一带一路"项目工程采取了谨慎务实的态度,试图将这一伙伴关系的利益与合乎原则、务实的差异管理相结合。

尽管欧盟成员国总体而言都想从中国的投资和贷款中获取利益(它们期望借此弥补金融危机带来的严重影响,也想在亚洲市场开拓出口机会),但各

---

① Svitlana Pyrkalo, *EBRD, Silk Road Fund agree to cooperate*, European Bank for Reconstruction and Development, June 15, 2016, https://www.ebrd.com/news/2016/ebrd-silk-road-fund-agree-to-cooperate.html.

② Steven Blockmans, Weinian Hu, "Systemic rivalry and balancing interests: Chinese investment meets EU law on the Belt and Road", *CEPS Policy Insight*, No. 4, March 21, 2019, p. 6, https://www.ceps.eu/system/files/PI_2019_04_SB-WH_EU-China_0.pdf.

③ Frans-Paul van der Putten, John Seaman et al. (eds) *Europe and China's New Silk Roads*, p. 4.

成员国对"一带一路"倡议各有不同看法。

其中一些国家满怀热情地欣然接受倡议,如匈牙利,是第一个在2015年与中国签署"一带一路"合作谅解备忘录的欧洲国家。五年内,另有22个其他欧洲国家(其中包含欧盟成员国波兰、保加利亚、希腊、葡萄牙和意大利)也签署了"一带一路"合作协定。

然而,政治和经济上相关联的欧盟领导人,如法国和德国,依旧持怀疑态度,也不愿意正式支持"一带一路"合作,它们选择了一种更加谨慎的态度。

(一)西欧与"一带一路"倡议

从理论上说,西欧位于现代丝绸之路的象征性终点,也是中国商品的重要终端市场,应该在"一带一路"合作中处于首要地位。但是中国的全方位包容态度并不意味着在它心目中所有欧盟成员国对"一带一路"倡议都同等重要。"一带一路"合作项目在欧洲实际上集中于两个特定区域:一是中东欧,二是欧洲的地中海国家。[①]

德国、荷兰、法国和比利时是"一带一路"合作走廊的战略入口,为当地内陆和沿海提供相关铁路枢纽和海上码头。它们乐于作为生产制造技术的提供者,与北京深化贸易联系,但在中国看来,在下一阶段发展合作即向服务型经济转变过程中,英国似乎是一个重要伙伴。

2015—2016年间,英国、德国、法国、荷兰加入了亚洲基础设施投资银行,该银行是这个地缘经济合作项目的主要国际投资来源。这意味着欧盟的大部分强大经济体都认可了中国在推动全球发展中的角色及其贡献,尽管这些国家并不需要太多中方的投资来改善它们的基础设施。

参与投资的中国公司在最重要的欧盟集装箱运输港口中获得了股份,这些港口包括法国的勒阿弗尔港(中方投资者为中国招商局集团)、比利时的安特卫普港(中国远洋运输集团公司),以及荷兰的鹿特丹港(中国远洋运输集团公司)。还有在欧盟两个港口的集装箱码头——希腊的比雷埃夫斯港和比利时的泽布吕赫港,中国远洋运输集团公司成为拥有多数股权的所有者。[②]

[①] Xavier Richet, Joel Ruet, and Xieshu Wang, "New Belts and Roads: Redrawing EU-China Relations", in A. Amighini(ed), *Belt and Road: a game changer?*, ISPI, May 2017, pp. 97 - 103.

[②] Clingendael China Centre, "Building the 'Belt and Road' in Europe?", *Clingendael Policy Brief*, April 2020, pp. 3 - 4, https://www.clingendael.org/publication/building-belt-and-road-europe.

除了海上港口以外，铁路网络也是"一带一路"合作的主要框架。欧盟的西部成员中，德国应该是建设"一带一路"铁路走廊的主要伙伴，已经有5个中德合作的铁路运输项目（莱比锡—沈阳、杜伊斯堡—重庆、汉堡—郑州、汉堡—哈尔滨、纽伦堡—成都）正在实施中。另外还有穿过荷兰—鹿特丹—提尔堡—成都的铁路线路，是另一条连接欧盟和中国、连通海上和陆上的铁路运输线。[①]

从德国的角度来看，与中国合作建设铁路网络是一个能收获盈利的选择，强化其工业生产和出口的经济竞争力。鉴于在国家贸易构成中，汽车行业占德国向中国出口的32%，所以开展铁路走廊建设能够让德国公司和制造商比意大利竞争者们更早一些抵达中国市场。[②]

欧洲国家通过铁路运输从中国进口商品的一半都是电脑、打印机、电视和显示器，而它们向中国出口商品的1/3为汽车零部件。法国也参与了"一带一路"合作项目，自2016年武汉—里昂铁路走廊连接了中国和法国的第二大城市以来，勒阿弗尔港（大西洋沿岸）和马赛港（地中海南部）受益于其在落实海上丝绸之路的战略性地位。

即使法国似乎不想跟在意大利之后加入"一带一路"倡议，法国总统埃马纽埃尔·马克龙于2019年9月访问北京期间和中国国家主席习近平共同宣布了主要的贸易合约，双方共同签署了航空学、能源和农业方面的协议，价值150亿美元（135亿欧元）。中国将购买将近300架空客飞机，而法国电力公司（EDF）将助力建造一个近海风力发电厂，另外还有20家法国企业获批向中国出口家禽、牛肉和猪肉。[③]

（二）东欧与中欧（巴尔干半岛）

东欧和中欧是最乐于接受"一带一路"倡议的地区，原因是，这些国家认识

[①] Xavier Richet, Joel Ruet, and Xieshu Wang, 2017, pp. 97 - 103.

[②] Giorgio Prodi and Enrico Fardella, *The Belt and Road Initiative and its impact on Europe*, Valdai Papers, March 28, 2018, pp. 4 - 5, https://eng. globalaffairs. ru/articles/the-belt-and-road-initiative-and-its-impact-on-europe/.

[③] "Macron in China: Xi hails $15 billion trade contracts as 'strong signal of free trade'", Deutsche Well, November 6, 2019, https://www. dw. com/en/macron-in-china-xi-hails-15-billion-trade-contracts-as-strong-signal-of-free-trade/a-51128799; "Voici les principaux accords commerciaux signés entre la France et la Chine celundi", Le Figaro, March 25, 2019, https://www. lefigaro. fr/conjoncture/2019/03/25/20002-20190325ARTFIG00155-voici-les-principaux-accords-commerciaux-signes-entre-la-france-et-la-chine-ce-lundi. php.

到,它们作为连接中国和西欧的桥梁,在丝绸之路成功道路上占据战略性地理位置,同时,它们也需要大量的外商投资用以扶持当地发展,并增强自身较弱的经济实力。

中国承诺与中欧和东欧国家开展优先合作,名为"16+1"合作对话框架。该合作框架于2012年建立,目的是要打造连接中国与中东欧及巴尔干半岛西部(属于欧洲国家但不是欧盟成员国)16国之间的合作机制。这16国包括:阿尔巴尼亚、波斯尼亚-黑塞哥维那、保加利亚、克罗地亚、捷克共和国、爱沙尼亚、匈牙利、拉脱维亚、立陶宛、北马其顿、黑山、波兰、罗马尼亚、塞尔维亚、斯洛伐克共和国和斯洛文尼亚。[1]

这个论坛机制是为了协调参与合作成员国之间的投资和经济合作。随着希腊2019年加入后,这一模式变为17+1。在讨论会的合作中,"维谢格拉德集团"国家(捷克共和国、匈牙利、波兰、斯洛伐克,也称为"V4"),占据了向中国出口总量的75%以上,还有大约80%的进口总量。从一开始,波兰就大力支持并推动"一带一路"合作在中东欧的落实,波兰是2015年最先与中国签署"一带一路"合作谅解备忘录的欧盟国家之一,也是中东欧第一个加入亚洲基础设施投资银行的国家(华沙是该机构的创始成员之一)。

华沙和北京寻求在"一带一路"倡议下深化合作的可能性,将其作为共同获利的方法。波兰因其地理位置,能够成为欧洲中心地区的重要交通枢纽,在此条件下建造了连接罗兹和四川省省会成都市的铁轨路线,这成了中波关系中的旗舰工程。站在波兰的角度看,与中国贸易关系的提升能够为快速成长的市场经济开辟新的机会。[2]

"17+1"的旗舰工程和"一带一路"合作框架下最引人注目的工程,就是布达佩斯与贝尔格莱德之间高速铁路的重建工程。匈塞铁路价值24.4亿欧元,也会成为"一带一路"走廊当中的重要组成部分。它连接希腊的比雷埃夫斯港口(由中国远洋海运集团经营)与欧洲东南部至欧洲中部和西部,途经北马其

---

[1] François Godement, Abigaël Vasselier, *China at the gates a new power audit of EU-China relations*, European Council of Foreign Relations, December 2017, pp. 64 – 65, https://www.ecfr.eu/page/-/ECFR12_-_A_POWER_AUDIT_OF_EU-CHINA_RELATIONS.pdf.
[2] Łukasz Sarek, "The '16+1' Initiative and Poland's Disengagement from China", *China Brief*, Volume: 19 Issue: 4, February 15, 2019, https://jamestown.org/program/the-161-initiative-and-polands-disengagement-from-china/; Patrycja Pendrakowska, "Poland's perspective on the Belt and Road Initiative", *Journal of Contemporary East Asia Studies*, 7: 2, pp. 190 – 206, 2018, DOI: 10.1080/24761028.2018.1552491.

顿、塞尔维亚和匈牙利。一旦完工通车，两座首府之间的旅行时间将从8小时缩短到约3小时。[1]

中国进出口银行向该工程提供贷款，占所需资金的85%，而匈牙利政府负责余下的15%。类似比例的资助也提供给了塞尔维亚，工程总花费的85%由进出口银行贷款资助，塞尔维亚负责剩下的15%。[2]

当局预期在2023年完成该铁路工程，尽管匈牙利部分路段的建设经常因为欧盟委员会的调查而滞后。欧盟调查内容涉及工程是否违反了其公开招标要求（欧洲联盟指令，2014/25）。而塞尔维亚部分路段在持续建造，不像在匈牙利有那么严格的公开招标流程规定。

由于地理上接近欧盟市场，巴尔干半岛西部在"一带一路"蓝图中被认为是进入欧洲的入口，作为海陆特快路线计划中必不可缺的部分。有关设施将连接比雷埃夫斯港口，经过巴尔干半岛，再进一步进入欧盟市场。[3]

在克罗地亚，中国路桥工程有限责任公司作为中国交通建设集团的子公司，负责在塞尔维亚的铁路工程项目。该公司已通过公开招标开始建造佩列沙茨大桥，它能够让欧盟—巴尔干半岛的国家建立联系，连接起国内主要部分和杜布罗夫尼克附近的南部飞地，同时避开波黑的领土（不属于欧盟）。

塞尔维亚不属于欧盟但在欧洲境内，中国向这一地区聚焦力量建设基础设施项目。有关项目必定是更大规模工程中重要的国家级部分，以增进互联互通为目的。

塞尔维亚—黑山（贝尔格莱德至巴尔）高速公路是意义最为重大、最具有战略性的项目工程之一，因为巴尔港坐落于亚得里亚海，对面就是意大利，在"一带一路"路线上可能成为新的海上运输枢纽。多山的地形为工程建造带来

---

[1] Chris Devonshire-Ellis, "The European Belt & Road: Railways, Roads & Ports That EU Investors Should Be Examining For Post-Completion Investment Opportunities", *Silk Road Briefing*, November 20, 2020, https://www.silkroadbriefing.com/news/2020/10/22/the-european-belt-road-railways-roads-ports-that-eu-investors-should-be-examining-for-post-completion-investment-opportunities/.

[2] Clingendael China Centre, "Building the 'Belt and Road' in Europe?".

[3] Plamen Tonchev, *China's Road: Into the Western Balkans*, European Union Institute for Security Studies, February 2017, p. 2, https://www.iss.europa.eu/sites/default/files/EUISSFiles/Brief%203%20China%27s%20Silk%20Road.pdf; "The potential for growth through Chinese infrastructure investments in Central and South-Eastern Europe along the 'Balkan Silk Road'", Report prepared by Dr Jens Bastian for the European Bank for Reconstruction and Development (with funding from the Central European Initiative), Athens/London July 2017.

了困难，必须建造隧道、桥梁和高架道路，估算成本在大约20亿欧元。然而，意大利、黑山和塞尔维亚正在游说欧盟将这条路线列在泛欧洲走廊（第十一个走廊）的支线当中，期望建设一条多式联运（结合渡轮和高速公路）的路线，连接意大利巴里和巴尔、贝尔格莱德和罗马尼亚布加勒斯特。①

另外，阿尔巴尼亚和波黑的高速公路项目都处于计划阶段或已经开始实施。

中国政府的主要想法就是要连接位于亚得里亚海巴尔干半岛的口岸（黑山沿岸的巴尔和阿尔巴尼亚的都拉斯）②和希腊—塞尔维亚—匈牙利铁路走廊，形成一个综合的贸易运输交通系统。

（三）南欧与"一带一路"倡议：聚焦地中海

在南欧和地中海国家中，并没有出现类似中东欧"16＋1"的地区平台，但是中国政府已经表达了想要与六个南欧国家（希腊、马耳他、塞浦路斯、意大利、西班牙和葡萄牙）建立部门类合作机制的意愿，具体以农业和海上部门的合作为重点。③

虽然希腊在"一带一路"倡议中应该属于地中海圈，但是在杜布罗夫尼克（克罗地亚）举办的"16＋1"年度峰会上，希腊加入了该平台，从而将其变成了"17＋1"模式，这也是该机构首次扩大。希腊做这个决定，似乎是因为它希望介入并影响毗邻的巴尔干半岛地区的发展，也希望把从中国合作中取得的政治经济收益最大化，那主要是指比雷埃夫斯港口建设那个旗舰项目。④

在"一带一路"倡议启动前，中国就对这个位于地中海的战略性口岸富有兴趣。2008年，中国远洋运输（集团）公司签署了比雷埃夫斯港两个码头的租赁协议，2016年中远集团又收购了港口的主要股份，投资43亿美元。在此期

---

① Chris Devonshire-Ellis, "The European Belt & Road: Railways, Roads & Ports That EU Investors Should Be Examining For Post-Completion Investment Opportunities".

② "Albanian Durres port to become strategic point of freight transport: minister", Xinhua, November 16, 2018, http://www.xinhuanet.com/english/2018-11/16/c_137612136.htm.

③ Frans-Paul van der Putten, John Seaman et al. (eds), 2016, pp.35-38; Michal Makocki, *China's Road: into Eastern Europe*, EUISS, 4/2017, https://www.iss.europa.eu/sites/default/files/EUISSFiles/Brief_4_China_Eastern_Europe_0.pdf.

④ Horia Ciurtin, "The '16＋1' Becomes the '17＋1': Greece Joins China's Dwindling Cooperation Framework in Central and Eastern Europe", *China Brief* Volume: 19 Issue: 10, May 29, 2019, https://jamestown.org/program/the-161-becomes-the-171-greece-joins-chinas-dwindling-cooperation-framework-in-central-and-eastern-europe/.

间,中国的投资与管理导致了进口自中国商品的增加,由此提升了口岸吞吐量和经济收益。①

作为亚洲与欧洲之间海上路线的入口,比雷埃夫斯港将成为世界上成长速度最快的集装箱口岸,有助于中国商品运往欧洲东南部和中部,特别是在连接布达佩斯的高速铁路网建成之后。

事实上,在希腊、巴尔干半岛和东欧的联合投资是为了增强地区内的互联互通,以支撑"一带一路"合作的切实落实和贸易走廊的多样化发展。中国也正在计划升级希腊铁路的北部路段延伸至北马其顿,再到塞尔维亚,从而与贝尔格莱德—布达佩斯铁路相连接。一旦所有的项目都完工,高速铁路网络将会一路从雅典的比雷埃夫斯港延伸至布达佩斯,比雷埃夫斯港是船只由苏伊士运河进入地中海后的首个主要集装箱口岸。通过缩短航运时间,新的路线能够让中国商品在欧洲市场更有竞争力,可抵消国内日益上升的成本。②

西班牙有志在海上丝绸之路中占据一席之地,利用地中海西部地区几个能够与中欧铁路和陆上路线相连口岸的位置。2017年,中远集团投资了巴伦西亚口岸,收购了智高码头51%的股份,同时也投资了巴塞罗那口岸。

义乌与马德里之间的火车路线,途经哈萨克斯坦、俄罗斯、白俄罗斯、波兰、德国和法国,是世界上最长的铁路,这是另一个以西班牙为重点的"一带一路"相关工程。然而,这一铁路是专门为了低附加值商品而开设的,而且也不能自行实现盈利。③

(四) 意大利与"一带一路"倡议:进入欧盟的地理与战略入口

意大利是丝绸之路连接东亚和欧洲路线的天然的、历史性着陆点。④ 意大

---

① Dragan Pavlicevic, "China docks at Southern Europe's ports", in Jérôme Doyon, François Godement et al. (Eds.), *China and the Mediterranean: open for business?*, European Council on Foreign Relations, June 21, 2017, pp. 2 - 4, https://ecfr.eu/publication/china_and_the_mediterranean_open_for_business/.
② Plamen Tonchev, "One Belt, One Road' Projects in Greece: A Key Driver of Sino-Greek Relations", in Frans-Paul van der Putten, John Seaman et al. (eds), *Europe and China's New Silk Roads*, ETNC Report, December 2016, p. 32, https://www.clingendael.org/sites/default/files/pdfs/Europe_and_Chinas_New_Silk_Roads_0.pdf.
③ Christina Müller-Markus, "ONE BELT, ONE ROAD: the Chinese Dream and its impact on Europe", *CIDOB Notes Internacionales*, 148, May 2016, p. 5.
④ Francesca Manenti, *The Italian Gateway for BRI toward Europe*, CeSI Paper, April 2018, p. 10, https://www.cesi-italia.org/en/articoli/840/the-italian-gateway-for-bri-toward-europe.

利得益于其位于"一带一路"项目工程中的战略性地理位置,既然这些工程聚焦于增进地区互联互通,意大利作为位于地中海中心的潜在物流门户和进入欧盟市场的入口便作用重大。意大利港口热那亚和的里雅斯特(以及希腊的比雷埃夫斯港)与欧洲北部港口相比,距离中国更近,这就意味着它们能为欧盟市场带来航运时间缩短、交通运输成本降低、货运路线多样化等好处。例如,上海和亚得里亚海上意大利口岸之间的运输路线,比上海与欧盟南部口岸之间的运输路线快了八天。

2019年签署谅解备忘录之前,中国有意把意大利的港口囊括进"一带一路"倡议中,尽管这个双边协定首先着眼于为开发并升级意大利的基础设施而增加有针对性的投资。

亚得里亚海上的的里雅斯特港口和第勒尼安海上的热那亚港口代表了两个主要的物流先锋,能够帮助实现海上丝绸之路在欧盟的部分。

的里雅斯特的地理位置重要,对于"一带一路"倡议的互联互通项目十分有吸引力且具备战略意义。它位于波罗的海—亚得里亚海(北—南)和里斯本—布达佩斯(东—西)全欧交通网络欧洲走廊的交叉部分,已经有道路和铁轨网络连接的里雅斯特和中东欧的码头及巴尔干半岛地区。的里雅斯特港口似乎是完美的交通枢纽,坐落在连通中国与欧洲的主要跨欧亚大陆桥和欧洲与远东的跨海航运道路之间。[1]

中国交通建设集团参与了的里雅斯特港新建深水码头的工作,中国将通过这个地标性港口进入欧洲。[2] 此外,中国交通建设集团还负责开展"三枢纽"(Tri-Hub)项目工程,即与意大利合作,开拓、推进的里雅斯特码头、切维尼亚诺、奥皮奇纳之间的铁路互联互通。这项工程主要是由中欧互联互通平台出资赞助,该平台承担预计总成本2亿欧元中的1.6亿欧元。

与此同时,意大利当局也在努力增强的里雅斯特口岸潜在的贸易活跃度。2019年1月,港口自贸区(FREEeste)启动,这是一块能够享受自由经济区优势的新内陆物流片区。随着铁路线路连接海上码头工程的完工,该自贸区能

---

[1] Nicola P. Contessi, *Italy, China's Latest Gateway to Europe*, Reconnecting Asia, May 7, 2019, https://reconnectingasia.csis.org/analysis/entries/italy-chinas-latest-gateway-europe/.
[2] Syed Ali Nawaz Gilani, "Europe needs to unite with China's Belt & Road Initiative", in *China Daily*, April 9, 2019, http://www.chinadaily.com.cn/a/201904/09/WS5cac5f99a3104842260b53b0.html.

为有关合作开辟新的机会,①并为物流和工业生产提供大范围的免税服务。②

的里雅斯特也加入了北亚得里亚海口岸协会(NAPA),这个也被称为五港联盟的协会也包括意大利的威尼斯港、拉韦纳港,斯洛文尼亚的科佩尔,以及克罗地亚的里耶卡。这些港口组合在一起,有志于创建口岸网络,服务来自中国的特大号船只,还能便于与欧洲各个市场的联络。③

第勒尼安海上的热那亚港口也同样具有价值,能够增加中国商品进入西欧(法国和西班牙)的渠道,也便于进入利古里亚地区的其他口岸如瓦多利古雷港和萨沃纳港。意大利当局准备建设公路和铁路的主干道,连接利古里亚地区的口岸和内陆地区,还有邻近地区(伦巴第大区和皮埃蒙特大区)和国际市场。

除了作为"一带一路"海上路线的码头之外,中国和意大利政府也试图建造一条中意之间的货运铁路直通线,从莫尔塔拉(靠近伦巴第大区帕维亚的北部城市)直至中国的成都,途经阿拉山口(中国—哈萨克斯坦)和布雷斯特(白俄罗斯—波兰)。按计划,这条路线能够在 17—19 天内行驶 10 800 千米。

然而,2017 年 12 月落成典礼以后,这条铁路走廊目前并未处于运行中。中意双方也都在寻找其他解决方法,考虑到有机会能够将"意大利制造"产品直接运往中国市场。④

除了基础设施建设的合作,2015 年以来,意大利加入了亚洲基础设施投资银行,展现了与中国开拓伙伴关系的明确意愿。意大利成为中国针对性投资的收益者,2014 年中国银行获得了几个对中国而言具有战略性重要意义的公司 2%的股份,其中有能源领域(国家碳化氢公司和意大利国家电力公司),有著名的汽车厂商菲亚特克莱斯勒汽车公司,有通信行业(意大利电信),也有银行部门(忠利保险公司和投资银行中期银行)。⑤ 此外,中国化工集团投资 70 亿美元

---

① "FREEeste, a new logistics Free zone, is now operative", *AdriaPorts*, January 19, 2019, http://www.adriaports.com/en/freeeste-new-logistics-free-zone-now-operative.
② This exemption regime includes the non-discriminatory right of entry for vessels and cargo, VAT exemption on EU exports, no customs controls on goods entering and leaving the FEZ, and the tax-free processing and transformation of goods and commodities.
③ Francesca Manenti, *The Italian Gateway for BRI toward Europe*, p. 11.
④ Andrea Carli, "Nuovo tentativo per trasportare merci su rotaia dall'Italia alla Cina", Il Sole 24 Ore, July 30, 2018, https://www.ilsole24ore.com/art/nuovo-tentativo-trasportare-merci-rotaia-dall-italia-cina-AETKxPUF.
⑤ Giorgio Prodi and Enrico Fardella, *The Belt and Road Initiative and its impact on Europe*, pp. 2-3.

收购了意大利轮胎制造商倍耐力 45% 的股份,此项收购由丝路基金出资,丝路基金是国有的投资基金,旨在支持针对"一带一路"合作沿线国家的资金投入。①

2017 年,前意大利总理西尔维奥·贝卢斯科尼出席了北京举办的"一带一路"合作论坛,意大利计划未来将参与中国的合作项目。

2019 年 3 月习近平主席正式访问罗马以后,意大利签署了一份全面谅解备忘录(但不具备法律约束力),加入"一带一路"倡议,②成为欧盟创始成员中首个,也是七国集团成员中首个确认加入中国项目的国家。这份谅解备忘录,涵盖了道路、铁轨、桥梁、民航、港口、能源和电信,是价值 28 亿美元(25 亿欧元)的 29 个合约之一,与各个领域相关,包括航空航天、电子商务、农业种植、牲畜养殖、文化媒体、经济金融、能源开发,以及交通运输中的钢铁。③

意大利总理朱塞佩·孔特和经济发展部长路易吉·迪马约强调,意大利加入"一带一路"倡议能够增加本国向中国的出口贸易,将有机会能在世界最大市场上拓展贸易,毕竟中国消费者对于"意大利生产"制品有着日益浓厚的兴趣。意方也希望,贸易扩展将减少意大利对中国的贸易逆差。中国是意大利的第八大出口市场,仅占意大利出口贸易总额的 2.7%(估值约 110 亿欧元),④难以与其他欧洲主要经济体(如法国和德国)相提并论。另外,这一革新的经济合作模式能够吸引中国投资者的外来直接投资,注重基础设施建设中的投资,将有助于巩固国家经济、克服经济衰退。⑤

意大利的经济发展部长也同时安抚了欧盟和北大西洋公约组织的成员国,他表示,意大利不会因为决定深化与中国的战略纽带就转变一直以来亲欧洲和亲大西洋的态度。⑥

---

① "Silk Road Fund joins ChemChina in industrial investment in Pirelli & C. SpA", *China Daily*, June 5, 2015, http://www.chinadaily.com.cn/business/2015-06/05/content_20923643.htm.
② Italian Government, *Memorandum of Understanding between the Government of the Italian Republic and the Government of the People's Republic of China on cooperation within the framework of the Silk Road Economic Belt and the 21st Century Maritime Silk Road Initiative*, http://www.governo.it/sites/governo.it/files/Memorandum_Italia-Cina_EN.pdf.
③ Nicola P. Contessi, *Italy, China's Latest Gateway to Europe*.
④ "How Italy's ruling class has warmed to China investments", *The Financial Times*, March 7, 2019, https://www.ft.com/content/4b170d34-40f9-11e9-b896-fe36ec32aece.
⑤ Giulia Di Donato, *China's Approach to the Belt and Road Initiative and Europe's Response*.
⑥ Natasha Turak, "Italy's Di Maio tries to reassure Washington after becoming first G-7 country to join China's massive Belt and Road initiative", *CNBC*, March 28, 2019, https://www.cnbc.com/2019/03/24/italy-di-maio-first-g7-country-to-join-china-belt-and-road-initiative.html.

三、欧盟对"一带一路"倡议的态度转变

"一带一路"倡议所涉的中欧关系中,需要处理的挑战之一就是,人们对全力投入的合作项目持有普遍的怀疑情绪。欧盟及某些成员国表达了这样的情绪,至少对"一带一路"倡议抱有模棱两可的态度,这反映它们对可能出现的贸易不平衡关系和国内政治顾虑不无担心。

2019年4月末,欧盟官员参加了北京主办的"一带一路"会议,确认了欧盟集团不考虑加入"一带一路"倡议,但是成员国可以自由选择单独加入合作,因为有将近一半成员国已经加入了。[①]

通过"一带一路"倡议,中国提出建立基于彼此友谊和相互信任的双赢合作关系,但是欧盟仍对倡议的具体成果持疑虑态度。

中欧战略前景中,展示了欧盟的态度转变可能,因为中国被认为是"与欧盟有密切一致目标的合作伙伴,是需要与之寻求利益平衡的谈判伙伴,是追求技术领先的经济竞争者,也是推进另类治理模式的体制性对手"。[②] 把中国定义为"战略竞争对手"体现了难以置信的思想偏离,即偏离了2016年欧盟对华战略,[③]当时曾称,优化的双边关系有可能在政治和经济方面都带来互利互惠的收益。[④]

欧盟一般支持基于平衡对等、互利互惠的合作,包括让欧洲企业有更多进入中国市场的渠道。所以,"一带一路"蓝图中若缺少欧盟企业参与的话,

---

① Jorge Valero, *European bloc not considering joining China's Belt and Road plans*, Euractive, April 26, 2019, https://www. euractiv. com/section/eu-china/news/european-bloc-not-considering-joining-chinas-belt-and-road-plans/.
② European Commission, *EU-China. A strategic outlook*, JOINT COMMUNICATION TO THE EUROPEAN PARLIAMENT, THE EUROPEAN COUNCIL AND THE COUNCIL, March 12, 2019, https://ec. europa. eu/commission/sites/beta-political/files/communication-eu-china-a-strategic-outlook. pdf.
③ European Commission, *Elements for a new EU strategy on China*, Joint Communication To The European Parliament and The Council, June 22, 2016, https://eeas. europa. eu/sites/eeas/files/joint_communication_to_the_european_parliament_and_the_council_-_elements_for_a_new_eu_strategy_on_china. pdf.
④ Victor De Decker, "To BRI Or Not To BRI? Europe's Warring Member States", in A. Amighini, G. Sciorati(eds.), *EU-China Relations: Challenges and Opportunities*, ISPI Dossier, April 8, 2019, https://www. ispionline. it/en/pubblicazione/eu-china-relations-challenges-and-opportunities-22790.

就会形成影响中欧关系的一种主要畸变。根据欧盟在华商会所发布的《人迹罕至的道路：欧洲参与中国"一带一路"合作情况》报告,[1]欧洲的企业在"一带一路"合作项目中仅仅扮演着"边缘性"角色,报告还宣称,很多欧盟的农业、食物和饮料产品都因为高额关税和非关税壁垒而未能进入中国市场。[2]

欧盟的投资商们依旧面临进入中国市场的障碍,另一方面,中国用于建设战略基础设施的投资和贷款有可能会破坏债务可持续性的稳定。建造佩列沙茨大桥(克罗地亚)的例子就完美演绎了欧盟对于中国投资的担忧。事实上,中国路桥工程有限责任公司赢得了克罗地亚政府启动的公开招标,但在欧盟舆论中出现了质疑的声音,毕竟该项目的85%都由欧盟凝聚基金(Cohesion fund)资助,且欧盟委员会拨付3.57亿欧元给克罗地亚建造大桥。[3] 欧盟的另一个担忧来自"17+1"合作平台,该机制被认为是一个用于削弱欧洲整体的工具,会弱化针对东欧、南欧和巴尔干国家的凝聚性政策的作用,何况中国投资还有可能侵蚀欧盟在当地的政治和外交影响力。[4]

我们能观察到,中国与东欧和南欧国家战略上存在利益趋同的情况。站在中国的角度看,这些国家拥有适合中国投资获利的政治和监管环境,同时有必要重点发展本国缺乏融资条件、但非常必要的基础设施。[5]

站在中东欧国家的角度看,它们表现出对欧盟机构的公开不满,这种不满主要由其国内不断攀升的民族主义和民粹主义情绪所推动。这些国家也批评欧洲的行为规范和官僚主义。因此,这些国家愿意吸引中国投资,借以推动发展其疲软的经济,将中国投资作为替代资金。相比之下,欧盟的投资一般受附带条件的限制,如要求接受投资的国家应遵守规范标准,并在国家治理和政治

---

[1] The European Union Chamber of Commerce in China, *The Road Less Traveled: European Involvement in China's Belt and Road Initiative*, January 16, 2020, https://www.europeanchamber.com.cn/en/publications-archive/762/The_Road_Less_Travelled_European_Involvement_in_China_s_Belt_and_Road_Initiative.

[2] Gary Sands, "Europe sees few benefits from China's Belt and Road", *Asia Times*, February 11, 2020, https://asiatimes.com/2020/02/europe-sees-few-benefits-from-chinas-belt-and-road/.

[3] Clingendael China Centre, "Building the 'Belt and Road' in Europe?", pp.6-7.

[4] Svante E. Cornell and Niklas Swanström, *Compatible Interests? The EU and China's Belt and Road Initiative*, p.35.

[5] Erik Brattberg and Etienne Soula, *Europe's emerging approach to China's Belt and Road Initiative*.

运行中实施特定的改革。①

此外，欧盟非常小心地看待中国在巴尔干半岛地区的投资，认为这种投资有可能削弱欧盟的一体化政策。南斯拉夫解体之后，欧盟考虑过投入资金保障当地的安全和稳定，为将来2025年前吸纳塞尔维亚、阿尔巴尼亚和黑山加入欧盟作好准备。欧盟计划，如果它们满足了所有条件，包括主要改革和睦邻友好的关系，就将可以入盟。②

尽管从长远角度看，"一带一路"倡议能带来优化的经济合作和对话，令人惊讶的是，2018年欧盟委员会发布的"欧亚互联互通战略"中并没有提到这一倡议。这增加了人们的看法，大家认为这份文件代表了官方对"一带一路"倡议的回应。欧亚连通战略的目的，是要以国际准则、环境和社会标准为基础，发展可持续的全面互联互通，也强调需要保障投资活动在财政上和金融上的可持续性，如此方能规避被债务困扰的风险。③

然而，欧盟是否有能力划拨大规模经济资源、展现共同的政治意愿，去落实自己所设想的基础设施工程和互联互通走廊，这些都还存在很大争议。更有甚者，欧盟这些路线中的大多数，必然会成为更大规模的"一带一路"合作走廊的分支，必定会与"一带一路"项目互相联通。

与此同时，中国反复重申与欧盟合作是以双赢为基础的，有助于深化经济和贸易合作，并要求避免把贸易和经济事务政治化。2018年12月，中国政府发布了第三份《中国对欧盟政策文件》，在文件中呼吁利用现有的欧亚连通战略和"一带一路"合作的协同增效作用，进一步强化与欧盟之间的关系。④ 文件还进而强调，中欧都在为世界多极化和经济全球化作出贡献，同时认为，在促

---

① Bogdan Lucian Cumpănașu, *China's linkages and leverages in Central and Eastern Europe-a new challenge for EU*. CES Working Papers-Volume XI, Issue 3, 2019, pp. 189–193; Anastas Vangeli, "16+1 and the re-emergence of the China Threat Theory in Europe", in Chen Xin, He Zhigao (Eds.), *16+1 cooperation and China-EU relations*, China-CEE Institute, 2018, p. 136, https://china-cee.eu/wp-content/uploads/2018/11/161-cooperation.pdf.
② Martina Vetrovcova and Sebastian Harnisch, "Towards an "Expectations Fulfillment Gap" in 16+1 Relations? China, the EU and the Central and Eastern European Countries", in Chen Xin, He Zhigao(Eds.), *16+1 cooperation and China-EU relations*, China-CEE Institute, 2018, p. 128, https://china-cee.eu/wp-content/uploads/2018/11/161-cooperation.pdf.
③ Svante E. Cornell and Niklas Swanström, *Compatible Interests? The EU and China's Belt and Road Initiative*, pp. 49–50.
④ China Daily, *Full text of China's Policy Paper on the European Union*, December 18, 2018, https://global.chinadaily.com.cn/a/201812/18/WS5c1897a0a3107d4c3a001758_1.html.

进全球繁荣和可持续发展、维护世界和平稳定、推动人类进步的方面,双方是不可或缺的伙伴,享有共同的利益。①

然而,所谓中国为应对欧盟采取了"分而治之"策略,②这本质上是欧盟没能表达与"一带一路"合作项目有共同立场之后的一个直接结果。正如前文所说,欧盟不加入"一带一路"项目,可某些成员国却已经加入并试图仅仅实现国家自己的目标。

即使德国和法国是中国推进这一地缘经济项目的伙伴,这些欧盟的西方国家至今却拒绝跟随意大利加入"一带一路"合作。德法都指责意大利加入"一带一路"双边合作的决定,它们更倾向于通过采取共同的欧盟方法,去应对雄心勃勃的中国。

除了"一带一路"合作铁路走廊的主要枢纽以外,德国也是中国在欧盟最重要的经济伙伴,而中国是德国在亚洲最重要的经济伙伴。③ 德国的政治领导层渐渐改变了对"一带一路"合作的态度,因为他们害怕本国制造行业的全球竞争力会被"中国制造2025"的制造业策略所破坏。中国表现出要提升高科技产业、减少依赖外国科技进口的意愿,在此姿态面前,德国显得很脆弱,德国还担心会失去本国在全球供应链中的重要地位。

中国的家用电器制造商美的集团2016年收购德国机器人生产公司库卡,那只是最引人注目的案例。由于在工业4.0计划中机器人生产商扮演着重要的角色,德国政府部门随之采取政治手段想要保护国家战略部门,但又希望尽量不至于陷入保护主义做法中。

德国的政治领导人宣称,需要在互利互惠的基础上与北京方面重新调整贸易合作,使得计划在中国投资的德国和外国企业也享有同样的开放市场和无差别的投资制度,须知,这些做法都让中国企业在欧洲获益匪浅。

法国政府最初对"一带一路"倡议抱有积极的态度,主要是在里昂和武汉的铁路连线启动之后。目前法国想要在互利互惠的基础上重塑与中国的合

---

① Ibidem.
② Jie Yu, "The Belt and Road Initiative: domestic interests, bureaucratic politics and the EU-China relations", *Asia Europe Journal*, 16, 2018, pp. 231 - 232, https://doi.org/10.1007/s10308-018-0510-0.
③ Cora Jungbluth, "Neither Naïve Nor Protectionist: Readjusting Germany's Approach Towards China", in A. Amighini, G. Sciorati(eds.), *EU-China Relations: Challenges and Opportunities*, ISPI Dossier, April 8, 2019, https://www.ispionline.it/en/pubblicazione/eu-china-relations-challenges-and-opportunities-22790.

作。2018年，马克龙总统访问中国时声明："丝绸之路合作必须是双向的。"[1]2019年2月，法国和德国的经济部长共同认可了一份产业战略计划书，号召为创新科技投入更多资金，以保护关键技术不被海外收购，并保障欧洲制造业的竞争能力。[2]

尽管如此，它们并没有讨论与中国经济合作的战略意义，这当然也是它们总希望保持某种地缘政治的模糊性。法国于2019年4月与北京签署了重要的贸易合约，估值超过400亿欧元。该合约并未表示对"一带一路"合作蓝图的支持，而只是希望促进与北京的双边关系，参与建设"一带一路"框架下的具体工程项目。

在"17+1"的框架下，一些国家与中国就"一带一路"合作重新展开讨论。

波兰抱怨与中国合作过程中缺少切实的长期经济收益，主要是因为出现了失衡的贸易逆差。也出于地缘政治和地缘战略的原因，波兰决定调整其外交政策，要向美国看齐，同时淡化和北京的关系。捷克共和国、波罗的海三国和罗马尼亚也加入了这样的共同趋势，而匈牙利和巴尔干半岛国家依旧支持在"17+1"的模式下扩大合作范围。[3]

中国的目标并不是要瓦解欧盟的向心力和一体化。鉴于增进互联互通是"一带一路"合作蓝图中关键的优先任务，中国更期待与能够采取共同立场、整体实施"一带一路"项目工程的欧盟进行交涉。

在《中国对欧盟政策文件》中，中国积极寻求"一个团结、稳定、开放、繁荣的欧洲"，也表达了支持欧洲一体化的态度，这展现了一种有意义的榜样。中国公开感谢欧盟同意自愿的态度，以及成员国寻求对话而非冲突而做出的努力，包括在进行中的英国脱欧过程中欧盟的立场。[4] 文件中写道："欧洲一体化进程是欧洲国家和人民追求平等、联合自强的产物。作为当今世界一体化程度最高、综合实力雄厚的国家联合体，欧盟是国际格局中一支重要的战略性

---

[1] Françoise Nicolas, "France and China's Belt and Road Initiative", in A. Amighini, G. Sciorati (eds.), *EU-China Relations: Challenges and Opportunities*, ISPI Dossier, April 8, 2019, https://www.ispionline.it/en/pubblicazione/eu-china-relations-challenges-and-opportunities-22790.

[2] "Germany, France agree industrial policy plan for Europe", *Reuters*, February 19, 2019, https://www.reuters.com/article/us-germany-france-industrial-policy/germany-france-agree-industrial-policy-plan-for-europe-idUSKCN1Q81IO.

[3] Horia Ciurtin, *The "16+1" Becomes the "17+1": Greece Joins China's Dwindling Cooperation Framework in Central and Eastern Europe*.

[4] China Daily, *Full text of China's Policy Paper on the European Union*.

力量。"

可持续的、延伸的互联互通作为欧盟的特征，可能是吸引中国的主要因素之一，它也极大程度上受益于商品和服务的共同市场：欧盟委员会副主席马罗什·谢夫乔维奇曾说过，"……作为世界上相互联系程度最高的地区，欧盟体现了通过交通运输、能源和电子网络通道连接28个成员国和邻近地区之后带来的优势"。①

欧盟长期以来在一体化框架下实现互联互通的成功经验，与中国努力建设"一带一路"合作有相同之处。

2020年间，尽管遭受全球疫情大流行的影响，中国和欧盟共同调解了矛盾。1月中国修订了《外商投资法》，逐步满足欧洲企业的要求，提升他们在"一带一路"基础设施建设项目中的参与程度，主要是期望能够建立中外合资企业处理一些特定的项目。此外，目前的法律框架为外国竞买者打开了中国的采购市场，让他们能够精准购买所需的商品和服务。②

经过七年的复杂谈判，12月30日中国和欧盟达成了中欧全面投资协定，③这代表着中欧关系中具有战略意义的一块奠基石，为深化基于增强互信的经济一体化开辟了新的道路，可望在双方市场之间创造条件达成经济重新平衡。这一重要协定还有待参与方签署后正式生效，可能要等到2022年年末。

中欧全面投资协定不是一份自由贸易协定，但它会替代中国和多数欧盟成员国间现有的多个双边投资条约。凭借这份新的协定，欧洲企业能通过更多渠道进入中国市场，也不再需要与中国伙伴设立合资企业。④

协定充分体现了中国要逐渐开放市场的明确政治意图，它认可欧盟作为

---

① Maroš Šefčovič, *Connecting Europe and Asia: seeking synergies with China's Belt and Road*, European External Action Service Op-Eds, April 25, 2019, https://eeas.europa.eu/delegations/china/61412/connecting-europe-and-asia-seeking-synergies-china%E2%80%99s-belt-and-road_en.

② Chris Devonshire-Ellis, "European Union Businesses And The Belt And Road Initiative-A Guide To Changing The Modus Operandi And Getting Involved", *Silk Road Briefing*, January 21, 2020, https://www.silkroadbriefing.com/news/2020/01/21/european-union-businesses-belt-road-initiative-guide-changing-modus-operandi-getting-involved/.

③ European Commission, *Key elements of the EU-China Comprehensive Agreement on Investment*, EC Press Release, December 30, 2020, https://ec.europa.eu/commission/presscorner/detail/en/IP_20_2542.

④ Sebastien Goulard, "EU-China-EU Comprehensive Agreement on Investment", *OBOR Europe*, https://www.oboreurope.com/en/eu-china-eu-comprehensive-agreement-on-investment/.

其主要贸易伙伴之一,同时满足欧洲企业希望优化、修订中国投资法律框架的首要需求,还能消除有歧视性的法律条文和实践方法。中国会更进一步让拨付给国有企业的补贴更透明化,但不会完全停止发放补贴。[①]

尤为意义重大的一点在于,宣布协定生效的视频会议不仅仅由主要参与者出席,即中国国家主席习近平、欧洲理事会主席夏尔·米歇尔和欧盟委员会主席乌尔苏拉·冯德莱恩出席,而且还有德国总理安格拉·默克尔和法国总统埃马纽埃尔·马克龙也出席了会议,他们肯定乐于看到,两国制造业和汽车行业的敏感部门都在中欧全面投资协定中得到了保障。合约还进一步保证了德国和法国企业都能在中国有利可图的市场上获得新的投资机会。

四、总结与建议

中国与欧洲之间的伙伴关系会对多极化的世界产生重大影响,双方必须共同合作增进互信,认可彼此作为可靠的伙伴而不是战略竞争对手。

作为陆上(铁路)和海上运输路线的主要门户,欧盟应该与中国建立有一定盈利的双赢合作,保障定期贸易往来、运输多样化商品,以及实现一体化的交通运输系统,升级现有的基础设施,建设新型设施设备,这些都是"一带一路"合作蓝图中的重要部分。

"一带一路"倡议和欧盟的全欧交通网络(TEN-T)项目存在着公认的互补性,都代表了建立可盈利伙伴关系的基本框架。另外,在战略利益趋同方面,我们可以观察到建设跨越巴尔干半岛地区的互通网络(由"一带一路"合作框架推进的铁路、高速公路、港口)会连接到欧盟内的交通网络,延伸到地中海和亚得里亚海,可进一步扩大欧盟的一体化进程,为巴尔干半岛拓展新的贸易机会。

然而,合作实现长期成功的前提条件在于,欧盟要正式支持"一带一路"倡议,成为独立的活跃参与者,并采取共同一致的态度应对中国。双方都在一起努力解决最为敏感的忧虑,即互利互惠问题、中欧全面投资协定的签署、欧盟增加出口商品由铁路运往中国的总量。鉴于"一带一路"倡议框架下合作的主

---

① "EU-China Comprehensive Investment Agreement", *China Briefing*, December 28,2020, https://www.china-briefing.com/news/eu-china-comprehensive-investment-agreement/#:~:text=From%20December%206%20to%2011, uniform%20legal%20framework%20for%20EU%2D.

要优势是通过双边合作和联合战略,而不是让单个国家承担不同的倡议。单个参与会淡化合作的包容性和连通性,须知,包容性和连通性正是"一带一路"项目的关键优先任务。

近期有关双边投资的协定代表了中欧关系中历史性的一步,这一结果来自彼此增强的相互信任和对双方共同战略利益的考量,涉及贸易总量以及互惠条件下进入双方国家市场的渠道。把中国转变为开放市场的过程正在一步步实现,这也将在今后改变双边关系的本质。

为消除欧盟对"17+1"模式的担忧,以及对参与国与中方不对称贸易关系日益增长的批评,中国宣布已准备就绪,要重点关注农业合作、电子商务和交通运输作为未来发展的优先部门。欧盟必须接受现实,允许巴尔干半岛地区可以由北京通过针对基础设施建设拨款和投资的形式协助这一地区的发展,但是,这种援助也要符合欧盟的明确标准,以帮助它们实现在经济上和基础设施上融入欧盟这一共同目标。

鉴别并建设"一带一路"合作框架之下能创造共同利益的项目,可能是中欧关系可以采纳的最佳办法,这有助于让相关投资聚焦于有针对性的合作,并由此增进互信,进一步改善外交关系。

后 记

　　正如哈萨克斯坦学者拉扎特在文中指出,"一带一路"倡议是动态发展的,是随着中国与其他参与国的优先事项和利益的变化而不断演变。"一带一路"倡议不是一成不变的,而是一个不断发展的概念。最初只是建造基础设施项目,现在它提供了更多的机会,涵盖了更广泛的领域,包括健康、教育、信息技术、人文等领域积极的文化交流,以及从科学界、媒体界到青年界的扩大接触。

　　我们有理由相信以共建"一带一路"引领中国全面对外开放,是以习近平同志为核心的党中央,根据我国和世界发展大势,为推动形成全面开放新格局,建设更高水平开放型经济新体制作出的重大决策。同时,共建"一带一路"倡议是应对全球性挑战的中国方案。

　　本书由上海国际经济交流中心的理事长王战教授提出方案,副理事长徐明棋教授和陆军荣教授负责统筹,并获得了上海社会科学院诸多研究所的大力支持。书中的观点代表了"一带一路"沿线 20 多位海外学者的真知灼见。本书按照地域和区块划分,引入了 18 个国家 20 多位专家的深层次分析,揭示了"一带一路"在该国(地区)的成就和未来发展方向,本书以外国学者的视角诠释了"一带一路"高质量发展的周边环境,体现了"一带一路"秉持共商共建共享原则,倡导多边主义,推动各方各施所长、各尽所能。几乎所有的海外学者都认同,高质量共建"一带一路"应凝心聚力、不断发展,形成更广泛共识。在此背景下,我们需要坚持对话协商、合作共赢、交流互鉴,形成更多可视性的成果,进一步增强共建"一带一路"的感召力和吸引力。

　　本书的作者之一日本帝京大学经济学系露口洋介教授在书中指出,中国的"双循环"方针需要扩大内需,加速资本流入,进一步增强日本作为中国资本流入窗口的功能,将成为活跃日本金融市场的有力选择。他期盼中日在"一带一路"金融领域未来合作将更加广泛。韩国东北亚历史财团车在福研究员也认为,中国和朝鲜半岛之间的和平机制有可能成为中国在东北亚地区扩大友好合作带战略的试金石。俄罗斯科学院远东研究所东北亚与上合组织战略问题研究中心的库林采夫副研究员指出,"一带一路"倡议加速了欧亚大陆的多边经济合作内容,且这份倡议可以弥补上海合作组织经济合作中的"非积极"成分。这些分析和愿景都很好地阐述了"一带一路"倡议未来高质量发展的起点和动能,也成为本书的主要特色。

我们在此感谢为本书做出积极贡献的联络、组稿和翻译团队,他们均来自上海社会科学院,分别是:沈桂龙研究员(负责亚非板块)、李开盛研究员(负责东北亚板块)、刘阿明研究员(负责东南亚板块)、李立凡副研究员(负责俄罗斯和欧亚板块)、孙霞副研究员(负责中东板块)、苏宁副研究员(负责欧洲板块)、胡丽艳助理研究员(负责中东欧板块)和张焮助理研究员(负责中东欧板块)。

本书也得到了上海社科院的研究生张启平、陈波的校订。在此,向为本书出版作出努力的所有人员表示最诚挚的感谢。

由于译者的水平有限,加之时间仓促,疏误在所难免,尚祈读者不吝赐正。

《迈向高质量的"一带一路":海外学者的视角》编写组

2021 年 7 月 6 日

图书在版编目(CIP)数据

迈向高质量的"一带一路":海外学者的视角 / 上海国际经济交流中心组编 .— 上海 : 上海社会科学院出版社,2021
 ISBN 978-7-5520-3710-4

Ⅰ.①迈… Ⅱ.①上… Ⅲ.①"一带一路"—国际合作—文集 Ⅳ.①F125-53

中国版本图书馆 CIP 数据核字(2021)第 212309 号

迈向高质量的"一带一路":海外学者的视角

组　　编:上海国际经济交流中心
责任编辑:应韶荃
封面设计:右序设计
出版发行:上海社会科学院出版社
　　　　　上海顺昌路 622 号　邮编 200025
　　　　　电话总机 021-63315947　销售热线 021-53063735
　　　　　http://www.sassp.cn　E-mail:sassp@sassp.cn
照　　排:南京前锦排版服务有限公司
印　　刷:镇江文苑制版印刷有限责任公司
开　　本:710 毫米×1010 毫米　1/16
印　　张:24.25
字　　数:407 千
版　　次:2021 年 12 月第 1 版　2021 年 12 月第 1 次印刷

ISBN 978-7-5520-3710-4/F·688　　　　　定价:128.00 元

版权所有　翻印必究